国家级一流本科专业（会计学）建设点配套教材
普通高等教育『十四五』规划教材
应用型本科院校财会专业教改系列
普通高等教育省级精品教材

审计学

（第五版）

郭莉　蔡竞云　主编

立信会计出版社

图书在版编目（CIP）数据

　　审计学/郭莉主编. -- 5 版. -- 上海：立信会计
出版社，2025.3. -- ISBN 978-7-5429-7820-2
　　Ⅰ. F239.0
　　中国国家版本馆 CIP 数据核字第 2025MX3801 号

策划编辑	蔡伟莉
责任编辑	孙　勇
美术编辑	北京任燕飞工作室

审计学（第五版）

SHENJIXUE

出版发行	立信会计出版社		
地　　址	上海市中山西路 2230 号	邮政编码	200235
电　　话	(021)64411389	传　　真	(021)64411325
网　　址	www. lixinaph. com	电子邮箱	lixinaph2019@126. com
网上书店	http：//lixin. jd. com		http：//lxkjcbs. tmall. com
经　　销	各地新华书店		

印　　刷	上海万卷印刷股份有限公司
开　　本	787 毫米×1092 毫米　　　1/16
印　　张	21.75
字　　数	558 千字
版　　次	2025 年 3 月第 5 版
印　　次	2025 年 3 月第 1 次
书　　号	ISBN 978 - 7 - 5429 - 7820 - 2/F
定　　价	55.00 元

如有印订差错，请与本社联系调换

总　序

自 20 世纪末期开始,我国高等教育步入大众化教育发展阶段。当前,我国已建成了世界上最大规模的高等教育体系。随着经济发展进入新常态,经济结构深刻调整、产业升级步伐加快、社会文化建设不断进步,党中央、国务院适时作出了引导本科院校向应用型高校转变,推动高等院校转型发展的重大战略部署,以便为生产服务一线培养出大量的高层次应用型人才。

广东金融学院创建于 1950 年,是一所省属公办普通本科院校。近年来,我校以"建成国内知名的应用型金融品牌大学"为发展目标,坚持"面向金融、面向地方、面向需求"的办学思路,秉承"金融为根、育人为本、应用为先、创新为范"的办学理念,不断提高办学质量,在人才培养、科学研究、社会服务等方面履行大学职能和社会责任,赢得了良好的社会声誉。

广东金融学院会计系创立于 1993 年,现已升格为会计学院。伴随着我国会计市场化、国际化的改革进程,以及我国会计规则体系的不断完善,会计学院获得了"跨越式、可持续"的高速发展。几十年来,会计学院始终立足于"培养高层次应用型会计人才",在会计学科建设、专业建设、人才培养模式、师资队伍建设、课程建设等方面进行了积极探索,取得了可喜的成就。

教材既是体现教学内容和教学方法的知识载体,也是组织教学的基本工具,还是深入教学改革、提高教学质量的重要保证。教材建设既是专业建设、课程建设的基本要素,也是教师教学、科研水平及其成果的重要反映。我们推出的"应用型本科院校财会专业教改系列"教材,是会计学院近年来教材建设成果及应用型人才培养教改成果的集中体现。

"应用型本科院校财会专业教改系列"教材建设的指导思想及目标定位是:

(1) 坚持和服务于应用型本科会计人才的培养定位。应用型本科会计人才,是能够将会计学专业知识和技能应用于会计工作实践的高级专门人才。应用型本科院校教材建设,始终要坚持以社会人才需求为导向,坚持以本科层次的学科教育为依托,以应用型专业教育为基础,服务于高层次应用型会计人才的培养目标。

(2) 坚持"突出基础、突出应用、突出技能、突出特色"来构造教材体系和教材内容。在理论知识上,以保证系统性为前提,突出基础知识,以"应知应会"为度;在体例结构上,强化业务举例、知识链接、习题练习、实训案例等应用技能要素,以期打造出"在基础理论上弱于研究型本科、在知识体系上强于高职高专",符合应用型本科层次会计人才培养定位的专业教材。

（3）坚持"系统性"，兼顾"可行性"和"开放性"。坚持"系统性"，我们全面推出了财会专业的系列核心课教材、选修课教材及部分实验课教材；兼顾"可行性"，此次组织编写的教材均具备一定的历史积累，主编均具有本门学科的编写经验或本门课程长期的执教经历；兼顾"开放性"，对暂时不成熟的课程，将进行持续积累建设，陆续推出。

（4）坚持、发挥金融行业特色和优势。我校有几十年金融行业办学的历史积累和优势，在金融企业会计教学和课程建设中，已形成自己的特色和优势。在本系列教材中，我们组织推出了《银行会计》《非银行金融企业会计》《银行财务管理》三本金融行业特色专业教材。

本系列教材的推出，一方面得益于我们拥有的一支"双师型、双强型"专业师资团队，我校会计学院现有12名教授、19名副教授、49名博士（含在读），教授和博士的全面参与，构成了系列教材建设的中坚力量；另一方面也得益于会计学院在"十一五""十二五""十三五""十四五"期间积累和取得的一系列教学成果，会计学院会计学专业、财务管理专业取得省级质量工程立项建设，"会计学基础""会计信息系统""银行会计"等课程获得省精品课程立项建设，会计学专业获批2021年度国家级一流本科专业建设点，会计学院在国家级教学实验中心建设、国家级教学实习基地建设、人才培养模式创新、校企协同培养班等方面取得的教学成果，均为推出本系列教材提供了基本的支撑和保证。

本系列教材凝结了全体参编人员的辛勤付出和智慧，也得到了立信会计出版社同仁的大力协作和支持。同时我们深知，随着财会体制变革的不断深化，加之编写人员的水平所限，教材的不足和错误之处在所难免，恳请读者不吝赐教，多提宝贵意见，以便我们继续修订完善，不断提升本系列教材建设的质量和水平。

第五版前言

"审计学"是会计学、审计学、财务管理及其他相关专业的核心课程之一,主要教授现代审计的基本原理、基本流程与基本方法。

本教材根据最新的审计准则编写而成,具有以下几个突出特点:

(1) 以注册会计师审计为主线,对现代审计学的基本原理、重要理论、审计测试流程等做了系统的阐述。

(2) 为适应案例教学的需要,本教材附有与教学内容相关的知识链接、实训案例;针对实务性强的第三篇,每章正文之前均附有引例,使读者对该章的内容先有一个初步的了解。

(3) 章节安排紧凑、内容精炼,每章附有大量的思考题和各类练习题,更有利于读者学习和老师组织教学。

(4) 充分考虑本科教学的特点,教材内容的安排由浅到深、由易到难、循序渐进,力求做到通俗易懂。

本教材由广东金融学院会计学院郭莉副教授、蔡竞云讲师任主编,负责设计框架,拟订编写大纲;由广东金融学院会计学院包强教授任副主编。具体分工如下:第一章至第五章以及第七章由郭莉编写;第八章至第十二章由蔡竞云编写;第六章由包强编写。初稿完成后,经过反复审阅修改,最后由主编负责修订、总纂和定稿。

本次改版依据审计准则的变化修订了全书内容(如重大错报风险的识别和评估)并更新了习题,新增了课程思政内容,替换了部分审计案例。本教材可作为高等院校经济管理类专业审计学课程的教材,也可以作为审计从业者的自学用书。

由于编者水平有限,本教材可能存在疏漏之处,恳请读者批评指正。

编　者
2025 年 3 月

目 录

第一篇 审计基本原理

第一章 审计概述 ··· 3
第一节 审计的产生与发展 ·· 3
第二节 审计的含义与分类 ·· 8
第三节 我国审计的组织形式 ····································· 11
练习题 ··· 19

第二章 注册会计师的职业规范与法律责任 ···················· 23
第一节 注册会计师的职业规范 ································· 23
第二节 注册会计师的法律责任 ································· 33
练习题 ··· 41

第三章 审计目标与审计程序 ······································· 47
第一节 审计目标 ··· 47
第二节 审计目标实现的过程 ····································· 50
第三节 审计程序 ··· 52
第四节 抽样技术在审计中的运用 ······························ 54
练习题 ··· 69

第四章 审计证据与审计工作底稿 ································· 73
第一节 审计证据 ··· 73
第二节 审计工作底稿 ··· 79
练习题 ··· 87

第五章 计划审计工作 ·· 91
第一节 初步业务活动 ··· 91
第二节 审计计划 ··· 97
第三节 重要性 ·· 103
第四节 审计风险 ··· 108
练习题 ··· 115

第六章 信息技术对审计的影响 ···································· 119
第一节 信息技术对企业财务报表和内部控制的影响 ······· 119

第二节 信息技术中的一般控制和应用控制测试 …………………………… 123

第三节 信息技术对审计过程的影响 ……………………………………… 126

第四节 计算机辅助审计技术和电子表格的运用 ……………………… 130

第五节 数据分析 ……………………………………………………………… 132

第六节 不同信息技术环境下的问题 …………………………………… 134

练习题 ………………………………………………………………………… 137

第二篇 审计测试流程

第七章 风险评估与风险应对 ……………………………………………… 141

第一节 风险评估程序 ……………………………………………………… 141

第二节 了解被审计单位及其环境等方面 …………………………… 143

第三节 了解被审计单位的内部控制体系各要素 ………………… 146

第四节 重大错报风险的评估及风险应对措施 …………………… 154

第五节 控制测试 …………………………………………………………… 159

第六节 实质性程序 ………………………………………………………… 162

练习题 ………………………………………………………………………… 167

第三篇 各类交易与账户余额的审计

第八章 销售与收款循环的审计 ………………………………………… 173

第一节 销售与收款循环的特点 ………………………………………… 174

第二节 销售与收款循环的内部控制和控制测试 ………………… 178

第三节 营业收入的审计 ………………………………………………… 183

第四节 应收账款的审计 ………………………………………………… 191

第五节 坏账准备的审计 ………………………………………………… 199

练习题 ………………………………………………………………………… 209

第九章 采购与付款循环的审计 ………………………………………… 215

第一节 采购与付款循环的特点 ………………………………………… 216

第二节 采购与付款循环的内部控制和控制测试 ………………… 218

第三节 应付账款的审计 ………………………………………………… 225

第四节 固定资产的审计 ………………………………………………… 228

练习题 ………………………………………………………………………… 239

第十章 生产与存货循环的审计 ………………………………………… 245

第一节 生产与存货循环的特点 ………………………………………… 246

第二节 生产与存货循环的内部控制和控制测试 ………………… 249

第三节　存货的审计 ·· 252

练习题 ·· 263

第十一章　货币资金的审计 ·· 269

第一节　货币资金审计概述 ·· 270

第二节　库存现金的审计 ·· 273

第三节　银行存款的审计 ·· 278

练习题 ·· 293

第四篇　完成审计工作与出具审计报告

第十二章　完成审计工作与审计报告 ····································· 301

第一节　完成审计工作概述 ·· 301

第二节　评价审计结果 ··· 305

第三节　审计报告 ·· 310

练习题 ·· 331

参考文献 ·· 335

第一篇

审计基本原理

第一章
审计概述

教学目标·········

本章主要介绍审计的产生与发展、审计的含义与分类、我国审计的组织形式、鉴证业务的类别。通过学习,学生应理解并掌握审计产生的原因、审计发展的阶段、审计的含义与分类、鉴证业务的类别。

第一节 审计的产生与发展

一、注册会计师审计的产生

无论在中国还是在西方,政府审计的产生都要早于注册会计师审计和内部审计。在西方国家审计发展史上,注册会计师审计占主导地位,本书以介绍注册会计师审计为主。注册会计师审计是商品经济发展到一定程度时,随着企业财产所有权与经营权分离,基于经济监督的需要而产生的。通常认为,注册会计师审计产生于资本主义工业革命时代,而其萌芽则可以追溯到 16 世纪。

16 世纪,威尼斯城的航海贸易日益发达并出现了早期的合伙企业。在合伙企业中,通常只有少数几人充当执行合伙人,负责企业的经营管理,其他合伙人则只出资而不参加经营管理。非执行合伙人需要了解合伙企业的经营情况和经营成果,执行合伙人也希望能证实自己经营管理的能力与效率,因此双方都希望能从外部聘请独立的会计专业人员来承担查账和监督工作。这些会计专业人员所进行的查账与监督,可以被看作是注册会计师审计的最初萌芽。

现代民间审计产生并得到初步发展的历史进程是在英国完成的。18 世纪的英国发生了工业革命,资本主义经济迅速发展,产业规模日益扩大,独资或合伙性质的企业已经不能满足经济发展的需要。在这种情况下,股份公司应运而生,并在英国以极快的速度发展起来。股份公司的这种组织形式,导致了企业的所有权与经营权进一步分离,大多数股东都不再直接参与企业经营管理,经营管理者便有可能为谋取私利而损害股东和债权人的利益。由于信息不对称的客观存在,股东只有借助反映公司财务状况和经营成果的会计报表才能了解公司经营的详细情况。但是,要从会计报表中得到真实可靠的会计信息,也并不是一件容易的事情。因此,股东和债权人迫切需要对企业经营者的经济活动进行监督。

1720 年,民间审计史上著名的"南海公司破产事件"的爆发,揭开了民间审计走向现代的序幕。当时的南海公司以虚假的会计信息吸引了大量投资,导致其股价飞涨,但最终以经营失败宣告破产,使广大的投资者和债权人蒙受了巨大损失。迫于压力,英国议会聘请了会计师查尔斯·斯内尔对南海公司进行审计。1721 年,他出具了一份审计报告书,指出了南海公司存在的舞弊行为,英国议会也根据该审计报告对相关责任人进行了严厉的处罚。查尔斯·斯内尔因此被公认为第一位受聘审查股份公司会计账目的会计师,这份报告也是世界上最早由会计师出具的审计报告。

在此后的 100 多年里,人们逐渐认识到,必须加强对股份公司的监督,只有这样才能切实有效地保护投资者及债权人的利益。1844 年,英国政府颁布了《合股公司法》,规定在股份公司中,必须由董事以外的第三者——监事对公司的会计账簿进行审查,并且监事是由股东大会选举产生的股东代表。1845 年,议会对《合股公司法》作了修订,新法案允许监事聘请会计师协助办理审计业务。1856 年,议会又对《合股公司法》进行了修订,规定监事不一定必须是公司的股东,允许公司聘请会计师担任监事,从事审计业务。1862 年,英国再次颁布新的《合股公司法》,规定股份公司每年都要编制资产负债表和收支计算书,并且至少要接受一个以上监事的审查。从此,对股份公司进行年度审计成为法定要求。《合股公司法》的颁布实施,使英国的民间审计职业得到了迅速发展,1853 年,在苏格兰成立了世界上第一个民间审计职业组织——爱丁堡会计师协会,这标志着民间审计职业的诞生。在随后的数十年里,英国又陆续创立了多个民间审计组织,从 1882 年 7 月开始,会计师都要经过严格的考试,才能被会计师协会接收为新会员。考试科目也超出了以往簿记的范围,其中的主要科目是审计学,这无疑大大提高了民间审计从业人员的素质。到 19 世纪末,英国已经形成了一个比较系统、完整的民间审计组织体系。

1844 年到 20 世纪初,是注册会计师审计的形成时期。在这一时期内,由于英国的法律规定股份公司和银行必须聘请注册会计师审计,英国注册会计师审计得到了迅速发展,这对欧洲、美国及日本等产生了重要影响。这一时期英国注册会计师审计的主要特点是:注册会计师审计的法律地位得到了法律确认;审计的目的是查错防弊,保护企业资产的安全和完整;审计的方法是对会计账目进行详细审计;审计报告使用人主要为企业股东等。

二、注册会计师审计的发展

从 20 世纪初开始,美国逐渐成为世界经济发展的中心,同时也是民间审计事业的先行者和领跑者。

19 世纪,随着英国的资本大量流入美国,为了保护英国投资者、债权人及英国政府的利益,许多英国的会计师纷纷来到美国开展审计业务,对自己的委托人在美国投资的公司财产和会计账目进行审查,这也推动了美国民间审计事业的迅猛发展。1887 年,美国创建了自己的民间审计组织——美国公共会计师协会,该协会于 1916 年改组为美国会计师协会,后来又于 1957 年改称为美国注册会计师协会,如今已经发展成为世界最大的注册会计师职业团体。到 1921 年,美国大部分地区都实行了统一的会计师资格考试制度,大大提高了会计师的专业素质。

最初,美国在审计技术和方法上完全照搬英国的"详细审计"模式,要求对所有的经济业务、会计报表和会计凭证进行审核,目的是揭露会计差错和舞弊行为。进入 20 世纪以后,美国的经济情况发生了很大变化,股份公司的数量不断增加,规模不断扩大,需要花费大量时间和费用的详细审计方式已经无法适应企业发展的需要。与此同时,当时美国企业的融资方式主要是向银行贷款,对审计的需求更多来自银行等金融机构,银行逐渐把企业的资产负债表作为了解企业信用的重要依据,尤其是被审计企业的流动资产与流动负债的比例,以便决定是否借款。在这种情况下,独具美国特色的资产负债表审计便诞生了,这种审计方式是以对少数重要的会计账目进行集中彻底的审查为基础的,而不需要检查企业全部的经济业务,很快在美国得到推广,并取代了英国式的详细审计。此外,在这一时期,以著名审计学家蒙哥马利为代表的一些美国学者已经认识到了内部控制的重要性,他们主张应该把确定审计的必要范围与评价被审企业的内部控制系统联系起来,这样就不必在检查会计差错与舞弊方面花费大量的时间,从而可以提高审计效率。到了 20 世纪 20 年代,美国审计人员开始把对内部控制的初步评价作为实施审计工作的基础。这一时期注册会计师审计的主要特点是:审计对象由会计账目扩大到资产负债表;审计的主要目的在于通过审查资产负债表来判断企业的信用状况;审计方法从详细审计初步转向抽样审计;审计报告的使用人除企业股东外,债权人的需要更为突出。

随着企业规模的不断扩大,仅靠银行贷款已经不能满足企业对资金的需要,企业开始倾向于从证券市场筹集资金,证券投资者的利益越来越受到重视。1929 年,从美国开始,爆发了震惊世界的经济大危机,证券市场股价暴跌,大批企业破产倒闭,数以万计的投资者和债权人蒙受了巨大损失。在这种情况下,这些企业的利益相关者将关注重点从企业的短期财务状况转移到企业的盈利水平上,这就在客观上要求对包括利润表在内的财务报表进行审计。同时,美国政府也认识到,大量虚假财务报表信息的存在是导致此次资本市场崩溃的一个重要原因。为了保证资本市场的正常运行,也为了保护广大投资者的利益,1933 年,美国颁布了《证券法》,规定所有在证券交易所上市的公司,在向社会公众发行有价证券之前,必须对外公布其经过注册会计师审计的财务报表。1934 年制定的《证券交易法》还规定,所有准备在证券交易所上市的公司在上市之前都要进行有价证券发行登记,并向证券交易委员会报送经过注册会计师审计的财务报表。自从该法案公布以后,自愿聘请注册会计师对财务报表进行审计的上市公司大大地增多了,至此,美国进入了财务报表审计时代。在此阶段,注册会计师审计的主要特点为:审计对象转为企业的全部财务报表及相关资料;审计的主要目的在于对财务报表发表审计意见;审计范围扩大到测试相关的内部控制制度;抽样审计和计算机辅助审计技术逐渐被运用;审计报告的使用人进一步扩大,包括股东、债权人、潜在的投资者、证券交易机构、政府及社会公众;注册会计师审计准则体系不断建立和完善;注册会计师资格考试和认证制度逐步推行。

第二次世界大战以后,经济发达国家通过各种渠道推动本国的企业向海外拓展,跨国公司获得空前发展,这也带动了注册会计师的业务向世界范围扩展。为服务分设在不同国家和地区的跨国公司,一些国家的会计师事务所组成大规模的国际会计师事务所,或者是跨国公司母国的会计师事务所在投资国分设机构,从而形成国际会计师事务所。这些国际会计师事务所包括普华永道、德勤、安永、毕马威等,它们机构庞大、人员众多,有统一的工作程序和质量要求,它们通过遍布世界各地的事务所,在国际经济活动中起重要作用。与此同时,注册会计师的业务扩大到代理纳税、代理记账等方面。

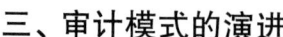

三、审计模式的演进

审计模式是审计导向性目标、范围和方法等要素的组合,它规定了如何分配审计资源、如何控制审计风险、如何规划审计程序、如何收集审计证据、如何形成审计结论等问题。审计环境的不断变化和审计理论水平的不断提高,促进了审计模式和方法的不断发展和完善。审计模式和方法的演进经历了账项导向审计阶段、内控导向审计阶段和风险导向审计阶段。

(一)账项导向审计阶段

账项导向审计阶段大致从 19 世纪中叶到 20 世纪 40 年代。最初的账项导向审计以查错防弊为主,详细审查公司的全部账簿和凭证,即检查各项分录的有效性和准确性、账簿记录的加总和过账是否正确、总账和明细账是否一致。经过一段时期后,企业规模日渐增大,审计范围也不断扩大,注册会计师已无法全面审查企业的会计账目,客观上要求改变原有的审计模式。注册会计师审计开始转向以财务报表为基础进行抽查,审计方式由顺查法改为逆查法,即先审查资产负债表有关项目,再有针对性地抽取凭证进行详细检查。在此阶段,抽查的数量仍然很大,但由于采取判断抽样为主,审计师仍难以有效揭示企业财务报表中可能存在的重大错报。

(二)内控导向审计阶段

20 世纪 40 年代后,随着经济的发展,财务报表的外部使用者越来越关注企业的经营管理活动,更加希望审计师全面了解企业的内部控制情况,审计目标逐渐从查错防弊发展到对财务报表发表审计意见。经过长期的审计实践,注册会计师们也发现内部控制制度与财务信息质量具有很大的相关性。如果内部控制制度健全有效,财务报表发生错误和舞弊的可能性就小,财务信息的质量就更有保证,审计测试范围也可以相应缩小;反之,就必须扩大审计测试范围,抽查更多的样本。为顺应这种要求并提高审计工作效率,账项导向审计逐渐发展为内控导向审计,即通过了解和评价被审计单位的内部控制制度,评估审计风险,制订审计计划并确定审计实施的范围和重点,在此基础上进行实质性测试,获取充分、适当的审计证据,从而提出合理的审计意见。实施内控导向审计,大大提高了审计工作的效率和质量,但客观上也增加了审计风险。

(三)风险导向审计阶段

随着经济环境的变化,社会公众对注册会计师寄予了更高的期望,要求注册会计师肩负更大的责任。20 世纪 70 年代以来,审计诉讼案件日益增多,如何防范和降低审计风险成为审计职业界的重要任务。为合理地防范和降低审计风险并降低审计成本,注册会计师审计逐渐从内控导向审计发展到风险导向审计。风险导向审计既关注和评估企业内部控制风险,又关注和评估企业经营所面临的各种外部风险。了解被审计单位及其环境评估重大错报风险,采取风险应对措施,使审计风险的控制更加科学有效。风险导向审计的出现,有助于注册会计师有效地控制审计风险,提高审计工作的效率和效果,这也标志着注册会计师审计发展到了一个新阶段。

四、中国注册会计师审计的起源与发展

我国民间审计也称注册会计师审计,它的产生远远晚于西方国家。我国封建社会长达

数千年,社会经济的发展长期受到自给自足的自然经济的束缚,到明清时期,也没有出现较大规模的民间企业,在这种情况下,既不可能也不需要产生任何形式的民间审计组织。鸦片战争以后,伴随着资本主义列强的大规模入侵,资本主义经济接踵而至,促使中国的自然经济迅速解体,中国民族资本主义工商业得以迅速发展。同时,一些学成归国的优秀知识分子根据当时我国经济发展的客观需要,开始将西方的会计师制度引入中国,并且竭力倡导建立中国会计师制度,因此中国的会计师职业诞生于民国。

1918 年 6 月,著名会计学家谢霖上书当时的北洋政府财政部和农商部,要求推行中国会计师制度。谢霖在其递交的呈文中说"查东西各国,夙有专门会计师之制",并呈请"用特远法各国专门会计师之成规,近效上海佐克时之先例,设会计师事务所于京师"。同年 9 月,农商部颁布了我国第一部注册会计师法规——《会计师暂行章程》,并援用谢霖呈文中的称谓,将注册会计师命名为"会计师","会计师"一词便从此产生,一直沿用至新中国成立。之后,农商部又向谢霖先生颁发了我国第一号会计师证书。几年后,谢霖在北京创办了我国第一家会计师事务所,取名为"正则会计师事务所"。会计师证书的颁发及会计师事务所的创立,标志着我国民间审计的诞生。此后,我国会计师职业不断向前发展,业务范围不断扩大,并于 1925 年在上海成立了我国第一个民间审计职业组织——上海会计师公会,之后各地的会计师公会也都相继成立,我国的会计师职业因此得到了确立。

1927 年,南京国民政府财政部颁发了《会计师注册章程》。1929 年,农商部又颁发了《会计师章程》,由于在《会计师章程》中对会计师的资历及考试要求有所放宽,会计师人数迅速增加,会计师事务所的组织和业务都得到了一定的发展。1930 年,国民政府颁布了经立法院通过的《会计师条例》,第一次以立法的形式明确了会计师职业的法律地位。1935 年,国民政府又发布了《会计师条例》修订稿,进一步放宽了会计师的学历、资历条件,促进了会计师队伍规模的扩大及各地会计师事务所的创立。在这一时期内,随着会计师队伍业务素质的不断提高,实业界对会计师事务所的认识也在不断加深,会计师事务所开始遍及全国各大中城市,业务范围也得到了极大的扩展。

在新中国成立初期,注册会计师依然在恢复国民经济方面发挥了重要的作用。但是随着 1956 年我国完成了对生产资料私有制的社会主义改造,确立了计划经济体制,注册会计师便丧失了其职业基础,民间审计也随之消失。改革开放后,我国将工作重点转移到了建设和完善社会主义市场经济上,商品经济得以迅速发展,为注册会计师制度的恢复创造了客观条件。随着改革开放的深入,外商来华投资日益增多,在这种情况下,1980 年 12 月 14 日,财政部颁发了《中华人民共和国中外合资经营企业所得税实施细则》,其中规定外资企业的财务报表要由注册会计师进行审计,为恢复我国注册会计师制度提供了法律依据。1980 年 12 月 23 日,财政部发布了《关于成立会计顾问处的暂行规定》,对注册会计师的资格、业务范围等事项做出了规定,迈出了我国开始重建注册会计师制度的第一步。1981 年 1 月 1 日,经财政部批准后,在上海成立了新中国第一家独立承办审计业务的会计师事务所"上海会计师事务所",随后,全国各地也相继成立了会计师事务所。这一时期,注册会计师的服务对象主要是外商投资企业。1986 年 7 月 3 日,国务院颁发了《中华人民共和国注册会计师条例》,明确规定了注册会计师的审计原则、工作规则、业务范围等内容。1988 年 11 月 15 日,在财政部的领导下,中国注册会计师协会(以下简称中注协)正式宣告成立,开始着手制定注册会计师执业规范。1993 年 10 月 31 日,我国颁布了《中华人民共和国注册会计师法》,自 1994 年 1 月 1 日起实施。1995 年 12 月,我国发布了《中国注册会计师独立审计准则》。它们的颁布和实施,标志着我国现代民间审计日益成熟。2006 年 2 月 15 日,中注协发布了新修订的与国际审计准则趋同的审计准则。在国家法律、法规的规范下,我国注册会计师行业得到了快速发展。

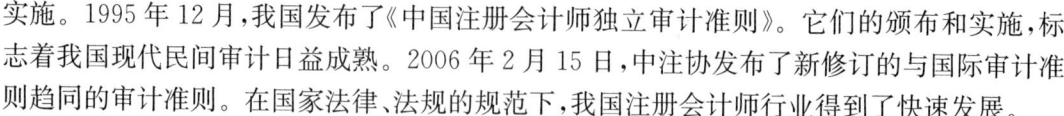

【知识链接】

四大会计师事务所

通常人们说的四大会计师事务所(以下简称"四大")是指目前全球最大的四家会计师事务所——普华永道(Price Waterhouse Coopers,PWC)、安永(Ernst & Young,E & Y)、毕马威(KPMG)和德勤(Deloitte Touche Tohmatsu,DTT)。

四大会计师事务所都有着上百年或近百年的历史。普华永道的前身是 1848 年成立于英国伦敦的普华(Price Waterhouse)会计公司和 1898 年成立于美国费城的永道(Coopers & Lybrand)会计公司;安永的前身是 1903 年成立于美国克利夫兰的 Ernst & Ernst(1979 年后合并为 Ernst & Whinney)会计公司和 1894 年成立于美国纽约的 Arthur Young 会计公司;毕马威的前身是 1897 年成立于美国纽约的 Peat Marwick International(PMI)会计公司和 1979 年成立于欧洲的 Klynveld Main Goerdeler(KMG)会计公司;德勤的前身是 1845 年成立于英国伦敦的 Deloitte 会计公司和 1900 年成立于美国纽约的 Touche,Niven & Co. 会计公司。

在不少人的心目中,"四大"代表了会计行业中的高专业水平、高收入群体、财会精英人才。

第二节 / 审计的含义与分类

一、审计的含义

美国会计学会在 1973 年《基本审计概念报告》中将审计定义如下:"审计是一个客观地获取和评价与经济活动和经济事项的认定有关的证据,以确认这些认定与既定标准之间的符合程度,并把审计结果传达给有利害关系的用户的系统过程。"

财务报表审计是注册会计师的核心业务。财务报表审计是指注册会计师对财务报表是否不存在重大错报提供合理保证,以积极方式提出意见,增强除管理层之外的预期使用者对财务报表信赖的程度。

上述定义可以从以下几个方面加以理解:

(1)审计的用户是财务报表的预期使用者,即审计可以用来有效满足财务报表预期使用者的需求。

(2)审计的目的是改善财务报表的质量或内涵,增强预期使用者对财务报表的信赖程度,即以合理保证的方式提高财务报表的质量,而不涉及为如何利用信息提供建议。

(3)审计的保证程度是合理保证。注册会计师将审计业务风险降至审计业务环境下可接受的低水平,以此作为以积极方式提出意见的基础。合理保证是一种高水平保证,当注册会计师获得充分、适当的审计证据将审计风险降至可接受的低水平时,就获得了合理保证。由于审计存在固有限制,注册会计师据以得出结论和形成意见的大多数审计证据是说服性而非结论性的,因此,审计只能提供合理保证,不能提供绝对保证。

（4）审计的基础是独立性和专业性,其通常由具备专业胜任能力和独立性的注册会计师来执行,注册会计师应当独立于被审计单位和预期使用者。

（5）审计的最终产品是审计报告。注册会计师针对财务报表是否在所有重大方面按照财务报表编制基础编制并实现公允反映发表审计意见,并以审计报告的形式予以传达。注册会计师严格按照审计准则和相关职业道德要求执行审计工作,就能够形成公允的审计意见。

二、审计的分类

（一）按审计主体分类

审计按其主体不同,分为政府审计、内部审计和民间审计。

1. 政府审计

政府审计是政府审计机关实施的审计,又称国家审计。我国政府审计的主体是由国务院设置的审计署和由各省、自治区、直辖市、地、市、县各级政府设置的审计局（厅）。政府审计机关依法对国务院各部门、地方各级人民政府及其各部门、国有金融机构、国有企事业单位以及其他有国有资产单位的财政财务收支及其经济效益进行审计监督。政府审计机关依照法律的规定,对被审计单位主动实施强制审计。从独立性的角度来看,政府审计仅与被审计单位独立,与委托方不独立。

2. 内部审计

内部审计是本部门和本单位内部所设立的专职审计机构或审计人员所进行的审计,其包括部门内部审计和单位内部审计两大类。内部审计的主体是从事单位内部审计活动的机构及其人员。内部审计的对象是本部门和本单位财务收支、管理活动等。内部审计主要服务于单位的经营管理,是增强本单位内部控制的重要环节。

3. 民间审计

民间审计是经有关部门审核批准的注册会计师组成的会计师事务所进行的审计,又称注册会计师审计或社会审计。民间审计主体是从事独立审计活动的会计师事务所及其注册会计师等审计人员。民间审计的主要特点是独立性、受托性和有偿性。独立性是指会计师事务所及其审计人员既独立于被审计人,又独立于审计委托人,是唯一的一种双向独立。受托性是指会计师事务所只有收到客户书面委托才能实施约定的审计业务。注册会计师审计的委托人或授权人通常是各类资源财产的所有人或主管人,包括政府审计机关、国家行政机关、企业、事业单位和个人等。注册会计师审计的内容十分广泛,主要有鉴证业务和相关服务业务。鉴证业务包括审计业务、审阅业务以及其他鉴证业务。有偿性是指会计师事务所在双方签订了业务约定书并按其要求提供了服务后,应当根据约定向客户收取费用。

（二）按审计的内容和目的分类

审计按其内容和目的的不同,可以分为财务报表审计、经营审计和合规性审计。

1. 财务报表审计

财务报表审计亦称会计报表审计,是通过执行审计工作,对财务报表是否按照适用的财务报表编制基础编制发表审计意见。财务报表编制基础分为通用目的编制基础和特殊目的编制基础,其中通用目的编制基础主要是指会计准则。财务报表通常包括资产负债表、利润表、现金流量表、所有者权益(或股东权益)变动表以及财务报表附注。一般来说,经注册会计师审计的财务报表通常由被审计单位管理层提供给外部利益相关者使用。在许多情况下,财务报表的信息也供管理层进行内部决策使用。尽管财务报表审计在大多数情况下由注册会计师完成,以独立第三者的身份对财务报表发表意见,但政府审计和内部审计有时也会对企业财务报表进行审计。

2. 经营审计

经营审计是为了评价被审计单位经营活动的效率和效果,而对其经营程序和方法进行的审计。经营审计的独立性要求不像财务报表审计那么严格,内部审计人员、政府审计人员和注册会计师都可以执行经营审计。经营审计的结果以一定的报告形式传达给用户,但这种报告的形式与内容随着约定任务的情况不同而有着非常大的区别。经营审计的用户通常是被审计单位,经营审计报告的使用人主要是企业管理层,很少被第三方所获取,其主要审计依据是管理层或法令设立的目标。

3. 合规性审计

合规性审计是为了查明和确定被审计单位是否遵循了特定的法律、法规、程序或规则,或者是否遵守将影响经营或报告的合同的要求而进行的审计。例如,由注册会计师或税务审核人员就企业所得税申报书是否遵循税法规定申报而进行的审计。财经法纪审计、对严重违反国家现金管理规定、银行结算规定、成本开支范围、税法规定等行为进行的审计,都是属于合规性审计。

除上述两种基本分类以外,审计还可以按其时间分为事前审计、事中审计、事后审计;按其范围分为全面审计和局部审计;按其方式分为报送审计和就地审计。

三、审计人员

审计人员是指专门从事审计工作、完成审计任务的人员。其包括政府审计人员、内部审计人员和民间审计人员三部分。

(一) 政府审计人员

政府审计人员是指在各级政府审计机关中从事审计工作的人员,他们属于国家公务人员。作为国家公务员的审计人员,政府审计人员必须具备一定的政治素质和业务素质条件。政府审计人员主要是由熟悉审计、会计、财政、税务、经济管理等业务知识的专业人员构成的,也包括了部分工程技术、法律和计算机专业人员。审计专业技术资格分为初级(审计员、助理审计师)资格、中级(审计师)资格、高级(高级审计师)资格。

(二) 内部审计人员

内部审计人员是指在部门、单位内部专设的审计机构从事内部审计工作的人员。内部审计人员要根据各部门、单位的情况,按照一定的条件要求来选配。

(三) 民间审计人员

民间审计人员是指在会计师事务所受托从事审计和会计咨询、会计服务业务的人员。我国民间审计人员主要是注册会计师。注册会计师是指取得注册会计师证书并在会计师事务所执业的人员。我国实行注册会计师全国统一考试制度,考生可以通过注册会计师全国统一考试取得注册会计师资格。

根据《注册会计师法》及《注册会计师全国统一考试办法》的规定,具有下列条件之一的中国公民,可报名参加考试:①高等专科以上学历;②会计或者相关专业(指审计、统计、经济)中级以上专业技术职称。通过注册会计师全国统一考试,考试科目全科成绩合格的,可以申请办理注册会计师考试全科合格证书,并可以申请加入注册会计师协会,成为注册会计师协会的非执业会员。根据《注册会计师法》的规定,参加注册会计师全国统一考试成绩合格,并从事审计业务工作两年以上的,可以向省、自治区、直辖市注册会计师协会申请注册。

【知识链接】

注册会计师考试

注册会计师考试(也称 CPA 考试)是根据《中华人民共和国注册会计师法》设立的执业资格考试,是目前取得中国注册会计师执业资格的必备条件。中国注册会计师考试于 1991 年首次举办,注册会计师考试划分为专业阶段考试和综合阶段考试。考生在通过专业阶段考试的全部科目后,才能参加综合阶段考试。

专业阶段考试科目:会计、审计、财务成本管理、公司战略与风险管理、经济法、税法 6 个科目,专业阶段考试的单科考试合格成绩 5 年内有效。对在连续 5 个年度考试中取得专业阶段全部科目考试合格成绩的应考人员,财政部考委会颁发专业阶段考试合格证书。

综合阶段考试科目:职业能力综合测试(试卷一、试卷二)。综合阶段考试科目应在取得注册会计师全国统一考试专业阶段考试合格证书后完成。对取得综合阶段考试科目考试合格成绩的考生,财政部考委会颁发注册会计师全国统一考试全科合格证。

第三节 我国审计的组织形式

根据《中华人民共和国宪法》《中华人民共和国审计法》《中华人民共和国注册会计师法》的规定,我国的审计组织形式主要有政府审计机关、部门和单位内部审计机构以及民间审计组织。

一、政府审计机关

(一)政府审计机关及其人员

政府审计机关是代表政府依法行使审计监督权的行政机关,它具有宪法赋予的独立性和权威性。政府审计机关实行统一领导、分级负责的原则。国务院设审计署,在国务院总理的领导下负责组织领导全国的审计工作,对国务院负责并报告工作。县级以上各级人民政府设立地方各级审计机关。地方各级审计机关分别在省长、自治区主席、市长、州长、县长、区长和上一级审计机关的领导下,组织领导本行政区的审计工作,负责领导本级审计机关审

计范围的审计事项,对上一级审计机关和本级人民政府负责并报告工作。

审计机关根据工作需要,可以在重点地区、部门设立派出机构,进行审计监督。审计机关还可按工作内容和范围分设财政、金融、工业交通、商业粮食供销、外贸外资、农林水利、基本建设、科教卫生等职能审计部门,开展对行政机关、企业、事业、团体、军队等各种专业性审计工作。审计署对地方各级审计机关实行业务上的领导。

(二)政府审计机关的职责权限

政府审计机关是依照宪法和审计条例规定建立的,实行的是法定审计,承担着繁重的审计任务。为此,《中华人民共和国审计法》明确规定了其职责和权限。

(1)政府审计机关的主要职责。政府审计机关应按有关法律、法规规定的审计客体的范围,对各单位的有关事项进行审计监督。

(2)政府审计机关的权限。政府审计机关在审计过程中,有规定的监督检查权;对违反财经法规的被审计单位,可按有关规定进行处理。

(3)政府审计机关审计监督活动的原则。政府审计机关进行审计监督活动的原则包括合法性原则、独立性原则和强制性原则。合法性原则是指审计机关应按照法律规定的权限,依法取证,应以国家法规、制度为监督依据,依法做出审计决定;独立性原则是指审计机关不参与被审计单位的经济活动,与被审计者没有任何的经济利害关系,具有职能上的独立性;强制性原则是指被审计单位必须积极配合审计机关的工作,审计机关做出的审计结论和决定,被审计单位必须执行。

(三)政府审计是高层次的经济监督

在经济监督体系中,与财政、税务、金融、工商行政管理等经济监督相比,政府审计是高层次的经济监督。其一,政府审计的对象决定了它是高层次的经济监督。我国现阶段设立了财政、税务、金融、工商行政管理等经济监督,这些监督主要是从某个侧面对微观经济活动进行的监督,无法对整个国民经济进行有效的监督。而政府审计监督是根据法律、制度,对国务院各部门和地方各级人民政府及其各部门的财政收支、银行信贷、重大投资项目进行审计监督,从而保证在经济活动中有决定影响的部门及企业的经济效益。其二,政府审计的地位和性质也决定了它是高层次的经济监督。政府审计对计划、预算执行情况、决算、信贷、重大项目的客观公正的监督是任何其他经济监督部门和其他审计所不能替代的,对中央与地方、国家与企业有关资金分配、使用等问题的监督、执法作用也胜于其他任何经济监督部门和其他审计形式。其三,政府审计实施了对国民经济的全面经济监督。政府审计通过遍布全国的各级审计机构,按照法律、制度、规定,对一切影响国民经济正常运行的单位和事项,用分别做出没收其非法所得、处以罚款、停止财政拨款等处理方法强行和及时制止一切损害政府利益的错误行为,解决那些普遍存在的,或者有重大影响的倾向性问题。

(四)最高审计机关国际组织

目前,世界上已有210多个国家和地区设置了适应各自国情的政府审计机关。绝大多数国家的政府审计机关都加入了国际性的审计组织——最高审计机关国际组织(INTO-SAI)。

最高审计机关国际组织是联合国经济和社会理事会下属的、一个由联合国成员国的最高审计机关组成的永久性国际审计组织,联合国组织及其任何一个专门机构中的所有成员国的最高审计组织均可参加,但各国政府对国际审计组织不承担任何义务。该组织的宗旨是互相介绍情况,交流经验,推动和促进各国最高审计组织更好地完成该国的审计工作。

最高审计机关国际组织设有代表大会、理事会、秘书处等机构。总部设在奥地利首都维也纳。

二、部门和单位内部审计机构

(一)内部审计机构及其特征

内部审计是指由部门或单位内部相对独立的审计机构和审计人员对本部门或本单位的财政财务收支、经营管理活动及其经济效益进行审核和评价,查明其真实性、正确性、合法性、合规性和有效性,提出意见和建议的一种专职经济监督活动。其主要目的是通过审计加强风险管理、健全内部控制系统、差错防弊、改善经营管理和提高经济效益。

(1)内部审计机构。我国的内部审计机构是根据审计法规和其他财经法规的规定设置的,主要包括部门内部审计机构和单位内部审计机构。不管是部门内部审计机构还是单位内部审计机构,都有其专职业务,其性质和会计检查并不相同,因此其必须单独设立,并由本部门或本单位董事会下设的审计委员会或主要负责人直接领导。内部审计机构不应设在财会部门之内,受财会负责人的领导。

(2)内部审计的特征。我国内部审计的特征,有些是与西方企业的内部审计基本相似的,有些则是社会主义市场经济体制下所特有的。我国内部审计的一般特征包括服务上的内向性、审查范围的广泛性、作用的稳定性、微观监督与宏观监督的统一性。

(二)内部审计机构的职责权限

我国部门和单位内部审计机构是依据审计条例和其他财经法规而建立的,为了便于其行使审计监督权,相关法规对其职责权限也做了明确规定。

(1)内部审计机构的职责。内部审计机构或者审计工作人员对本单位及本单位下属单位的规定事项进行审计监督。

(2)内部审计机构的职权。内部审计机构在审计过程中,具有履行职责所必须的权限,如资料检查权、建议权等。此外,内部审计机构所在单位可以在管理权限范围内,授予内部审计机构经济处理、处罚的权限。

(三)国际内部审计机构

西方国家很多部门和企业都设有内部审计机构。西方国家内部审计机构的隶属关系,一般有以下几种类型:

(1)受本单位主计长领导。

(2)受本单位总裁或总经理领导。

(3)受本单位董事会下属的审计委员会领导。

(4)受本单位董事会下设的审计委员会和主计长双重领导。

实际上,早在20世纪40年代初,国际内部审计机构就成立了。1941年,内部审计师协会在美国正式成立,标志着内部审计工作开始向现代内部审计发展。1947年,该协会制定了《内部审计师职责条例》,规定了内部审计人员的职责和工作范围。20世纪50年代以后,内部审计师协会逐步发展成为一个国际性的学术团体。

目前,内部审计师协会已发展为拥有 200 多个分会和 7 万多名会员的国际性学术团体,每年定期召开一次国际会议,讨论内部审计的学术问题。1987 年,内部审计师协会在美国纽约举行了理事会,经过讨论,批准中国内部审计学会以国家分会形式加入该组织,这标志着中国内部审计步入国际化的轨道。

三、民间审计组织

(一)民间审计组织及其管理

民间审计是商品经济发展到一定阶段的必然产物。只要商品经济中存在两权分离,存在不同利益的集团和阶层,民间审计就有存在和发展的必要。

(1)民间审计组织。民间审计组织是指根据国家法律或条例规定,经政府有关部门审核,注册登记的会计师事务所。会计师事务所是指经国家批准注册登记,依法独立承办审计业务和会计咨询业务的负有限责任的组织。会计师事务所由注册会计师组成,是其承办法定业务的工作机构。会计师事务所实行自收自支,独立核算,依法纳税,具有法人资格。但合伙设立的会计师事务所则不具有法人资格。

(2)中国注册会计师协会。中国注册会计师协会是在财政部领导下,经政府批准成立的注册会计师的职业组织,它成立于 1988 年。一方面,它对会计师事务所和注册会计师进行自我教育和自我管理;另一方面,它又是联系政府机关和注册会计师的桥梁和纽带。中国注册会计师协会对外作为一个独立的社会团体,发展与外国和国际会计职业组织之间的相互交往,为我国注册会计师步入国际舞台发挥作用;对内协助财政机关拟定会计师事务所管理制度和注册会计师专业标准、组织注册会计师业务培训和考试考核等方面的工作。

(二)民间审计的业务范围

民间审计的业务范围是根据审计法规和其他经济法规的规定而确定的,现阶段我国注册会计师执行的业务主要分为鉴证业务和相关服务业务两类。鉴证业务包括审计、审阅和其他鉴证业务。相关服务业务包括税务代理、代编财务信息、对财务信息执行商定程序等。

从理论上来说,鉴证业务的保证程度有绝对保证、合理保证和有限保证三种。然而由于下列因素的存在,将鉴证业务风险降至零是几乎不可能的,也不符合成本效益原则:①选择性测试方法的运用。注册会计师要在合理的时间以合理的成本完成鉴证工作,通常只能采用选取特定项目和抽样等选择性测试方法对鉴证对象进行鉴证。选取特定项目实施鉴证程序的结果不能用于推断总体,而抽样也可能产生误差,在采用这两种方法的情况下,都不能百分之百地保证鉴证对象信息不存在重大错报。②内部控制的固有局限性。例如,决策时的人为判断可能出现错误和由于人为失误而导致内部控制失效;内部控制可能由于两个或更多的人员进行串通或管理层凌驾于内部控制之上而被规避。③大多数证据是说服性而非结论性的。证据的性质决定了注册会计师所依靠的并非完全可靠的证据。不同类型的证据,其可靠程度存在差异,即使是可靠程度最高的证据也有其自身的缺陷。④在获取和评价证据及由此得出结论时,涉及大量判断;获取证据之后,注册会计师要依据职业判断,对其充分性和适当性进行评价;注册会计师在依据证据得出结论时,更是离不开自身的职业判断。⑤在某些情况下,鉴证对象具有特殊性。例如,鉴证对象是矿产资源的储量、艺术品的价值、计算机软件开发的进度等。所以,实务中鉴证业务依据其提供的保证程度分为合理保证的鉴证业务和有限保证的鉴证业务两类。

审计属于合理保证(高水平保证)的鉴证业务,注册会计师将审计业务风险降至审计业务环境下可接受的低水平,以此作为以积极方式提出审计意见的基础。审阅属于有限保证(低于审计业务的保证水平)的鉴证业务,注册会计师将审阅业务风险降至审阅业务环境下可接受的水平,以此作为以消极方式提出审阅结论的基础。

这两种鉴证业务的主要区别如表 1-1 所示。

表 1-1　　　　　合理保证的鉴证业务与有限保证的鉴证业务的区别

项目	合理保证的鉴证业务(财务报表审计)	有限保证的鉴证业务(财务报表审阅)
业务目标	在可接受的低审计风险下,以积极方式对财务报表整体发表审计意见,提供高水平的保证	在可接受的审阅风险下,以消极方式对财务报表整体发表审阅意见,提供有限水平的保证。该保证水平低于审计业务的保证水平
证据收集程序	通过一个不断修正的、系统化的执业过程,获取充分、适当的证据,证据收集程序包括检查记录或文件、检查有形资产、观察、询问、函证、重新计算、重新执行、分析程序等	通过一个不断修正的、系统化的执业过程,获取充分、适当的证据,证据收集程序受到有意识的限制,主要采用询问和分析程序获取证据
证据数量	较多	较少
业务风险	较低	较高
鉴证对象信息的可信性	较高	较低
提出结论的方式	以积极方式提出结论。例如:"我们认为,ABC 公司财务报表已经按照企业会计准则的规定编制,在所有重大方面公允反映了 ABC 公司 202×年 12 月 31 日的财务状况以及 202×年度的经营成果和现金流量。"	以消极方式提出结论。例如:"根据我们的审阅,我们没有注意到任何事项使我们相信,ABC 公司财务报表没有按照企业会计准则的规定编制,未能在所有重大方面公允反映被审阅单位的财务状况、经营成果和现金流量。"

(三) 西方国家的民间审计组织

西方国家的会计师事务所主要有独资、普通合伙制、有限责任公司制、有限责任合伙制四种组织形式。

此外,国家之间资本的相互流动,带动了民间审计的跨国界发展。为服务分设在不同国家和地区的跨国公司,一些国家的会计师事务所联合组成大规模的国际会计师事务所,或者是跨国公司母国的会计师事务所在所在投资国分设机构,形成国际会计师事务所(公司)。目前,国际四大会计师事务所分别为普华永道、安永、毕马威和德勤。

【知识链接】

会计师事务所的组织形式

综观注册会计师行业在各国的发展,会计师事务所主要有独资、普通合伙制、有限责任公司制、有限责任合伙制四种组织形式。

1. 独资会计师事务所

独资会计师事务所由具有注册会计师执业资格的个人独立开业,承担无限责任。它的优点是:对执业人员的需求不多,容易设立,执业灵活,能够在代理记账、代理纳税等方面很好地满足小型企业对注册会计师服务的需求,虽承担无限责任,但实际发生风险的程度相对较低。缺点是:由于个人拥有的资本有限,且融资较为困难,无力承担大型业务,缺乏发展后劲;由于承担无限责任,难以通过其他途径分散风险,业主个人承担的风险较大。

2. 普通合伙制会计师事务所

普通合伙制会计师事务所是由两位或两位以上注册会计师组成的合伙组织。合伙人以各自的财产对事务所的债务承担无限连带责任。它的优点是:在风险的牵制和共同利益的驱动下,促使事务所强化专业发展,扩大规模,提高规避风险的能力。缺点是:建立一个跨地区、跨国界的大型会计师事务所要经历一个漫长的过程;任何一个合伙人执业中的失误或舞弊行为,都可能给整个会计师事务所带来灭顶之灾,使之一日之间土崩瓦解。

3. 有限责任公司制会计师事务所

有限责任公司制会计师事务所由注册会计师认购会计师事务所股份,并以其所认购股份对会计师事务所承担有限责任。会计师事务所以其全部资产对其债务承担有限责任。它的优点是:可以通过公司制形式迅速聚集一批注册会计师,建立规模型会计师事务所,承办大型业务。缺点是:降低了风险责任对执业行为的高度制约,弱化了注册会计师的个人责任。

4. 有限责任合伙制会计师事务所

有限责任合伙制会计师事务所是指一个合伙人或者数个合伙人在执业活动中因故意或者重大过失造成合伙企业债务的,应当承担无限责任或者无限连带责任,其他合伙人以其在合伙企业中的财产份额为限承担责任。合伙人在执业活动中非因故意或者重大过失造成的合伙企业债务以及合伙企业的其他债务,由全体合伙人承担无限连带责任。四大会计师事务所采用的都是这种形式。

【关键术语】

风险导向审计　会计师事务所　注册会计师　鉴证业务　三方关系

【拓展分析】

1. 注册会计师对鉴证业务为什么不能提供绝对保证?

2. 试以财务报表审计作为合理保证鉴证业务的例子,以财务报表审阅业务作为有限保证鉴证业务的例子,对两类业务的保证程度进行比较。

3. 有人认为,审计是会计的分支。这种看法对吗?你如何理解审计和会计的关系?

【课程思政案例】

英国南海股份公司审计案例

一、英国南海股份公司审计案例概述

300多年前,英国成立了南海股份有限公司(以下简称南海公司)。由于经营无方,公司效益一直不理想。该公司董事会为使股票达到预期价格,不惜采取散布谣言等手法,使股票价格直线上升。事情败露后,英国议会聘请了一位懂会计的人,因其审计了该公司的账簿,然后据此查处了该公司的主要负责人。于是,审核该公司账簿的人开创了世界注册会计师行业的先河,民间审计从此在英国拉开了序幕。

(一)大肆造假

1710 年,英国政府用发行中奖债券所募集到的资金创立了南海股份公司。经过近 10 年的经营,该公司业绩依然平平。1719 年,英国政府允许中奖债券总额的 70%,即约 1 000 万英镑,与南海公司股票进行转换。该年年底,公司的董事们开始对外散布各种所谓的好消息,即南海公司在年底将有大量利润可实现,并煞有其事地预计,在 1720 年的圣诞节,公司可能要按面值的 60% 支付股利。

这一消息的宣布,加上公众对股价上扬的预期,促进了债券转换,进而带动了股价上升。1719 年,南海公司股价为 114 英镑,1720 年 3 月,股价劲升至 300 英镑以上,到了 1720 年 7 月,股票价格已高达 1 050 英镑。此时,南海公司老板布伦特又想出了新主意:以数倍于面额的价格,发行可分期付款的新股。同时,南海公司将获取的现金,转贷给购买股票的公众。这样,随着南海股价的扶摇直上,一场投机浪潮席卷全国。由此,170 多家新成立的股份公司股票以及原有的公司股票,都成了投机对象。

1720 年 6 月,英国国会通过了《泡沫公司取缔法》,该法对股份公司的成立进行了严格的限制,只有取得国王的御批,才能得到公司的经营执照。事实上,股份公司的形式基本上名存实亡。自此,许多公司被解散,公众开始清醒过来,对一些公司的怀疑逐渐扩展到南海公司身上。从 7 月份开始,外国投资者首先抛出南海公司股票,撤回资金。随着投机热潮的冷却,南海公司股价一落千丈,最终到 1720 年 12 月份仅为 124 英镑。当年年底,政府对南海公司资产进行清理,发现其实际资本已所剩无几。

(二)一朝梦醒

南海公司倒闭的消息犹如晴天霹雳,惊呆了正陶醉在黄金美梦中的债权人和投资者。迫于舆论的压力,1720 年 9 月,英国议会组织了一个由 13 人参加的特别委员会,对"南海泡沫"事件进行秘密查证。

在调查过程中,特别委员会发现该公司的会计记录严重失实,明显存在蓄意篡改数据的舞弊行为,于是特邀了一名叫查尔斯·斯内尔的资深会计师,对南海公司的分公司"索布里奇商社"的会计账目进行检查。查尔斯·斯内尔的商业审计实践经验丰富,理论基础扎实,在伦敦地区享有盛誉。查尔斯·斯内尔通过对南海公司账目的查询、审核,于 1721 年提交了一份对索布里奇商社会计账簿的检查意见。在该份报告中,查尔斯·斯内尔指出了公司存在舞弊行为、会计记录严重不实等问题,但没有对公司为何编制这种虚假的会计记录表明自己的看法。

议会根据这份查账报告,将南海公司董事之一的雅各希·布伦特及其合伙人的不动产全部予以没收。其中,一位叫乔治·卡斯韦尔的爵士被关进了著名的伦敦塔监狱。

直到 1828 年,英国政府在充分认识到股份公司利弊的基础上,通过设立民间审计的方式,对股份公司因所有权与经营权分离所产生的不足予以制约,才完善了这一现代化的企业制度。据此,英国政府撤销了《泡沫公司取缔法》,重新恢复了股份公司这一现代企业制度的形式。

二、该案例对注册会计师行业的影响与启示

英国南海公司的舞弊案例对世界民间审计史具有里程碑式的影响。尽管在 1720 年之前,就有人认为已有民间审计这一行业,但世界上绝大多数的审计理论工作者都认为,查尔斯·斯内尔是世界上第一位民间审计人员,他所撰写的查账报告是世界上第一份民间审计报告。而英国南海公司的舞弊案例也被列为世界上第一起比较正式的民间审计案例。由此可见,该案例对注册会计师行业来说,具有举足轻重的影响。

南海公司审计案的发生进一步说明,建立在所有权与经营权相分离基础上的股份公司,必须要有一个了解、熟悉会计语言的第三者,站在公正、客观的立场,对表达所有者与经营者利益的财务报表,进行独立的检查,通过提高会计信息的可靠性,来协调、平衡所有者与经营者之间的经济责任关系。所以,经济越发展,审计越重要。

案例思考和讨论题

1. 审计产生的客观基础是什么? 为什么需要审计? 如果当时的英国建立了相应的审计机制,南海公司的经营者是否仍可以随心所欲、为所欲为?

2. 在南海公司案例发生时,我国处于什么样的社会背景? 结合审计发展史和我国近代史中被西方列强欺侮的历史,谈谈案例对你的启示。

一、单项选择题

1. 审计产生和发展的客观依据是(　　)。
   - A. 委托监督检查关系
   - B. 制约控制关系
   - C. 效益评价关系
   - D. 委托经济责任关系

2. 在注册会计师审计发展的过程中,审计报告使用人从股东、债权人扩大到整个社会公众是在(　　)。
   - A. 详细审计阶段
   - B. 资产负债表审计阶段
   - C. 财务报表审计阶段
   - D. 抽样审计阶段

3. 下列事项中,标志着注册会计师审计职业诞生的是(　　)。
   - A. 威尼斯会计师协会的成立
   - B. 热那亚会计师协会的成立
   - C. 美国注册会计师协会的成立
   - D. 爱丁堡会计师协会的成立

4. 编制财务报表的责任在于(　　)。
   - A. 公司管理层
   - B. 审计委员会
   - C. 注册会计师
   - D. 内部审计人员

5. 下列关于注册会计师审计的提法中,不正确的是(　　)。
   - A. 注册会计师审计的产生早于政府审计
   - B. 注册会计师审计产生的直接原因是财产所有权与经营权的分离
   - C. 注册会计师审计是由会计师事务所和注册会计师实施的审计
   - D. 注册会计师审计在经济活动中的特殊作用是提高财务信息的可靠性和可信性

6. 注册会计师进行的独立审计称为(　　)。
   - A. 内部审计
   - B. 国家审计
   - C. 定期审计
   - D. 民间审计

7. 下列关于政府审计、内部审计和注册会计师审计的论述中,正确的是(　　)。
   - A. 注册会计师审计和政府审计都是随着商品经济的发展而产生和发展的
   - B. 注册会计师审计和内部审计尽管存在很大的差别,但注册会计师审计作为一种外部审计,在工作中要利用内部审计的工作成果,因此,内部审计是注册会计师审计的基础
   - C. 从独立性和权威性上讲,内部审计最强
   - D. 相对审计客体而言,政府审计和注册会计师审计均为外部审计,都具有较强的独立性

8. 经营审计的判断标准是(　　)。
   - A. 会计准则

B. 审计准则

C. 管理层或法令设立的目标

D. 政府颁布的政策、法规、规定或第三者的要求

9. 下列各项中,属于合规审计的是(　　　)。

A. 环境审计

B. 上市公司年度财务报表审计

C. 经济效益审计

D. 财经法纪审计

10. 下列有关财务报表审计的说法中,错误的是(　　　)。

A. 审计只提供合理保证,不提供绝对保证

B. 审计的目的是提高财务报表预期使用者对财务报表的信赖程度

C. 审计涉及为财务报表预期使用者如何利用相关信息提供建议

D. 财务报表审计的基础是注册会计师的独立性和专业性

11. 下列审计中,起源、发展最早的应当是(　　　)。

A. 内部审计　　　　　　　　　　B. 政府审计

C. 注册会计师审计　　　　　　　D. 国际审计

12. 下列各项中,不属于注册会计师审计特点的是(　　　)。

A. 强制审计　　　　　　　　　　B. 有偿审计

C. 委托审计　　　　　　　　　　D. 双向独立

13. 对于合理保证的鉴证业务和有限保证的鉴证业务,下列表述中,正确的是(　　　)。

A. 合理保证的鉴证业务所需执行的审计程序较多

B. 有限保证的鉴证业务是以积极的方式提出结论

C. 合理保证的鉴证业务收集的证据较少

D. 财务报表审阅属于合理保证的鉴证业务

二、多项选择题

1. 从审计对象的演变过程看,注册会计师审计发展的几个阶段包括(　　　)。

A. 19 世纪初以详细审计为标志的英国式审计

B. 20 世纪初以资产负债表为核心的美国式审计

C. 20 世纪 30 年代之后的财务报表审计

D. 20 世纪 90 年代之后以内部控制为中心的抽样审计

2. 我国和世界许多国家的审计组织系统都是由(　　　)三部分组成。

A. 财政监督机构　　　　　　　　B. 政府审计机关

C. 内部审计机构　　　　　　　　D. 民间审计组织

3. 按照审计范围不同,审计可以分为(　　　)。

A. 全部审计　　　　　　　　　　B. 局部审计

C. 联合审计　　　　　　　　　　D. 独立审计

4. 按目的和内容的不同,审计可以分为(　　　)。

A. 经营审计　　　　　　　　　　B. 合规审计

C. 全面审计   D. 财务报表审计

5. 审计结果需要传达的对象可能包括(   )。
    A. 被审计单位   B. 审计委托人
    C. 股东   D. 债权人

6. 审计的三方关系是指(   )。
    A. 审计人   B. 管理人
    C. 审计委托人   D. 被审计人

7. 鉴证业务按照提供的保证程度和鉴证对象的不同分为(   )。
    A. 审计业务   B. 审阅业务
    C. 其他鉴证业务   D. 验资

8. 合理保证的鉴证业务主要特点有(   )。
    A. 所需执行的审计程序较多
    B. 以积极的方式提出结论
    C. 收集的证据较少
    D. 业务风险较低

9. 时至今日,四大会计师事务所包括(   )。
    A. 普华永道   B. 安永   C. 毕马威   D. 德勤

三、判断题

1. 财产所有权和经营权的分离是注册会计师审计产生的原因。   (   )

2. 1720 年,英国的"南海股份公司破产事件"催生了世界上第一位民间审计师。1721 年,查尔斯·斯内尔以"会计师"名义出具了"查账报告书",从而宣告了独立会计师——注册会计师的诞生,查尔斯·斯内尔也由此成为世界上第一位注册会计师。   (   )

3. 1993 年 10 月 31 日,第八届全国人民代表大会常务委员会第四次会议审议通过新中国第一部注册会计师法律——《中华人民共和国注册会计师法》,自 1994 年 1 月 1 日起实施。   (   )

4. 经营审计的独立性要求比财务报表审计的独立性要求要低。   (   )

5. 注册会计师审计是国家维护市场经济秩序的有力手段,其收费列入财政预算。   (   )

6. 政府审计是独立性最强的一种审计。   (   )

7. 我国政府审计人员是指在各级政府审计机关中从事审计工作的人员,他们属于国家公务人员;社会审计人员是指在社会审计组织中受托从事审计和会计咨询、会计服务业务的人员,主要是指注册会计师。   (   )

8. 审计与企业财务会计的目的均是提高企业的经济效益。   (   )

9. 合理保证的鉴证业务的目标是注册会计师将鉴证业务风险降至该业务环境下可接受的低水平,以此作为以积极方式提出结论的基础。   (   )

10. 在财务报表审阅业务中,注册会计师作为独立第三方,运用专业知识、技能和经验对财务报表进行审阅并以积极方式发表专业意见,旨在提高财务报表的可信赖程度。   (   )

11. 财务报表审计中使用的取证程序种类通常多于财务报表审阅。   (   )

12. 政府审计的对象是政府部门的财政收支,但不包括国有企业的财务收支。   (   )

四、思考题

1. 从国内外民间审计的产生及演进史中,你得到了哪些启示?
2. 何为审计? 如何理解审计?
3. 鉴证业务包括哪些类别?

第二章
注册会计师的职业规范与法律责任

教学目标

本章主要介绍注册会计师职业规范和法律责任。通过学习，学生应理解掌握我国注册会计师职业规范体系、注册会计师法律责任成因及注册会计师承担的法律责任、防范注册会计师法律风险的对策。

第一节 注册会计师的职业规范

注册会计师职业规范是注册会计师在审计工作中应当遵循的业务标准和行为准则，它既是会计师事务所与注册会计师开展审计工作的标准，也是衡量会计师事务所与注册会计师素质及其工作质量的准绳。

注册会计师职业规范体系包括执业准则、职业道德守则、审计质量控制准则和后续教育准则，这四个组成部分相辅相成，共同构成了注册会计师职业规范体系。执业准则由中国注册会计师协会负责拟定，主要规范注册会计师的技术行为，是注册会计师从事审计工作时必须遵循的行为规范，是衡量审计工作质量的准绳。职业道德守则主要是规范注册会计师的职业道德行为。质量控制准则主要是规范会计师事务所的质量控制行为。后续教育准则主要是规范会计师的职业后续教育活动，目的在于巩固和提高注册会计师的专业胜任能力。执业准则从技术角度对注册会计师的行为提出要求；职业道德守则从社会角度对注册会计师的行为提出要求；质量控制准则是针对会计师事务所整体提出的质量控制要求；后续教育准则是针对注册会计师整个职业生涯所提出的教育要求。

一、注册会计师执业准则

注册会计师执业准则是指注册会计师在执行业务的过程中所应遵守的职业规范，其包括业务准则和质量控制准则。

（一）注册会计师执业准则的作用

注册会计师执业准则体系的确定，为注册会计师执行各项业务提供了执业标准和指导，保证了注册会计师执业质量，规范了审计工作，促进了审计经验的交流，从而推动审计理论

的发展。具体来说,注册会计师执业准则的作用主要表现在以下几个方面。

1. 有助于提高和评价注册会计师行业的服务质量

注册会计师执业准则体系对注册会计师在执业过程中保持职业态度,对财务报表审计、审阅、验资、执行商定程序等业务均做出了详细的规定,涵盖了鉴证业务和相关服务等业务领域,为质量控制提供了标准,有助于注册会计师行业服务质量的保证与提高。

审计和鉴证业务质量直接影响着客户、社会公众及注册会计师自身的利益,因此无论是客户、社会公众还是注册会计师职业界本身都需要一个衡量和评价注册会计师执业质量的标准,而注册会计师执业准则体系为会计师事务所和注册会计师执业质量的评价提供了依据。在注册会计师行业内部进行执业质量检查、会计师事务所(或者注册会计师)被起诉时,注册会计师执业准则体系都是用于评判会计师事务所(或者注册会计师)是否存在过失或不当行为的重要依据。

2. 有助于规范审计工作

注册会计师执业准则规范了在审计业务中注册会计师如何签订审计业务约定书,如何编制审计计划,如何实施审计程序,以及如何记录工作底稿和出具审计报告等;注册会计师执业准则也对注册会计师从事财务报表审阅、其他鉴证业务和相关服务进行了规范。这就使注册会计师在执行业务的每一环节都有了相应的依据和标准。从而规范了注册会计师的行为,维护了社会经济的秩序。

3. 有利于维护会计师事务所和注册会计师的正当权益

注册会计师不能就审计结果做出绝对的保证,只要能严格按照注册会计师执业准则的要求执业,就应认为已尽责。当客户与注册会计师发生纠纷并诉诸法律时,注册会计师执业准则就成为法庭判明是非、划清责任界限的重要依据,有利于维护会计师事务所和注册会计师的正当权益。

4. 有助于推动审计理论和实务的发展与完善

注册会计师执业准则是审计实践经验的总结和升华,已成为审计理论的一个重要组成部分,在执业准则的制定过程中,必然会激发各种理论的争论、探讨,从而带动审计理论的研究。注册会计师执业准则颁布以后,审计学界仍然要围绕着如何实施准则和怎样达到准则的要求展开细致的工作和研究,不断改进完善这些准则。因此,审计理论水平会随着执业准则的制定和实施不断得以提高。

(二)中国注册会计师执业准则体系

中国注册会计师执业准则体系受注册会计师职业道德守则统御,其包括注册会计师业务准则和会计师事务所质量控制准则,注册会计师职业规范体系如图2-1所示。注册会计师业务准则包括鉴证业务准则和相关服务准则,如图2-2所示。

鉴证业务准则由鉴证业务基本准则统领,按照鉴证业务提供的保证程度和鉴证对象的不同,其分为中国注册会计师审计准则、中国注册会计师审阅准则和中国注册会计师其他鉴证业务准则(以下分别简称"审计准则""审阅准则""其他鉴证业务准则")。其中,审计准则是整个

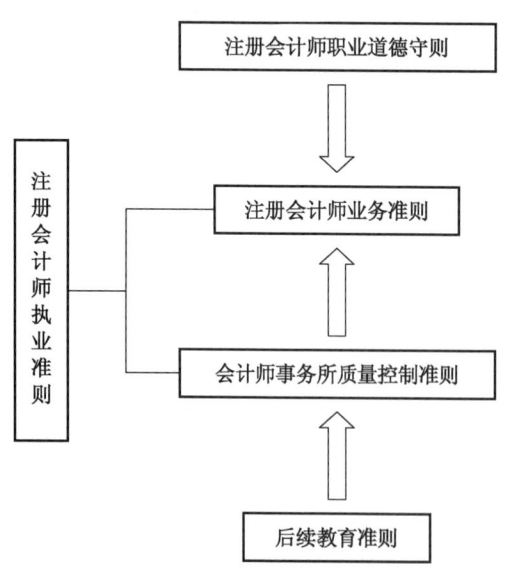

图2-1 注册会计师职业规范体系

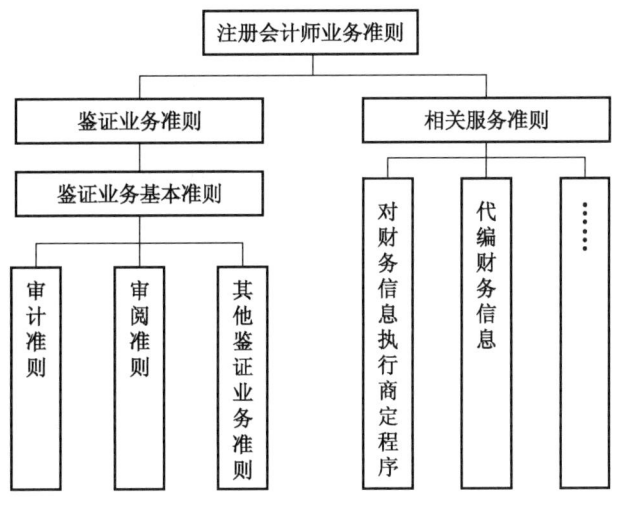

图 2-2　注册会计师业务准则体系

执业准则体系的核心。

审计准则用于规范注册会计师执行历史财务信息的审计业务。在提供审计服务时,注册会计师对所审计信息是否不存在重大错报提供合理保证,并以积极方式提出结论。审计准则包括涉及审计业务的一般原则与责任、风险评估与应对、审计证据、利用其他主体的工作、审计结论与报告、特殊领域审计六个方面。

审阅准则用于规范注册会计师执行历史财务信息的审阅业务。在提供审阅服务时,注册会计师对所审阅信息是否不存在重大错报提供有限保证,并以消极方式提出结论。该准则,对审阅范围和保证程度、业务约定书、审阅计划、审阅程序和审阅证据、结论和报告等进行了重点说明,以规范注册会计师执行审阅业务。

其他鉴证业务准则用于规范注册会计师执行历史财务信息审计和审阅以外的其他鉴证业务,根据鉴证业务的性质和业务约定的要求,提供有限保证或合理保证。该准则共有两项,包括历史财务信息审计或审阅以外的鉴证业务和预测性财务信息的审核。

相关服务准则用于规范注册会计师代编财务信息、执行商定程序、提供管理咨询等其他服务。在提供相关服务时,注册会计师不提供任何程度的保证。该准则共有两项,包括对财务信息执行商定程序和代编财务信息。

会计师事务所质量控制准则用于规范会计师事务所在执行各类业务时应当遵守的质量控制政策和程序,是对会计师事务所质量控制提出的制度要求。

二、注册会计师职业道德

道德作为一种社会意识形态,表现在特定的职业中,就是职业道德。例如,医生的职业道德是救死扶伤,商人的职业道德是买卖公平。职业道德是指职业组织以公约、守则等形式公布的,其会员自愿接受的职业行为标准。凡被认定为专门职业的行业大多都会制定本行业的职业道德准则。道德规范是一系列道德标准、行为规范及价值观。注册会计师职业道德规范是注册会计师在审计过程中形成的,具有审计职业特征的道德准则和行为规范。

在现代社会中任何一种职业的存在和发展,都离不开社会对其的理解和支持。特别是当这种职业的复杂性,使外界无法对其过程予以评价时,通过公布自身约束机制来取得外界对该职业的理解和支持就显得更为重要。注册会计师职业道德规范的作用主要有:为独立审计职业界提供实用的行动指南;促进注册会计师按照审计准则等职业准则的要求提供专业服务,保证并提高服务质量;向社会公众昭示注册会计师应达到的道德水准,提高社会对审计的信任程度;明确注册会计师的职业责任,进而规范注册会计师与客户、同行及社会公众的关系;维护注册会计师的正当权益。为了规范中国注册会计师职业行为,提高职业道德水准,维护职业形象,我国注册会计师协会制定了《中国注册会计师职业道德守则》。

（一）职业道德基本原则

注册会计师为实现执业目标,必须遵守一系列前提或一般原则。这些基本原则包括下列职业道德基本原则:诚信、独立性、客观和公正、专业胜任能力和勤勉尽责、保密、良好职业行为。

1. 诚信

诚信是指诚实、守信。也就是说,一个人言行与内心思想一致,不虚伪,能够履行与别人的约定而取得对方的信任。诚信原则要求注册会计师应当在所有的职业关系和商业关系中保持正直和诚实,秉公处事、实事求是。

注册会计师如果认为业务报告、申报资料或其他信息存在下列问题,则不得与这些有关问题的信息发生牵连,具体包括:

（1）含有严重虚假或误导性的陈述。

（2）含有缺乏充分根据的陈述或信息。

（3）存在遗漏或含糊其辞的信息。

注册会计师如果注意到已与有问题的信息发生牵连,应当采取措施消除牵连。在鉴证业务中,如果注册会计师依据执业准则出具了恰当的非标准业务报告,不被视为违反上述要求。

2. 独立性

独立性是指不受外来力量控制、支配,按照一定的规则行事。独立性原则通常是对注册会计师提出的明确要求。在执行鉴证业务时,注册会计师必须保持独立。如果注册会计师不能与客户保持独立,而是存在经济利益、关联关系,或屈从于外界压力,就很难取信于社会公众。

注册会计师执行审计和审阅业务以及其他鉴证业务时,应当从实质上和形式上保持独立性,不得因任何利害关系影响其客观性。其中实质上的独立是一种内心状态,是注册会计师提出结论时不受任何外部因素的影响和干扰,诚信行事、遵循客观和公正原则;形式上的独立是一种外在表现,使得一个理性的且掌握充分信息的第三方,在权衡所有事实和情况后,认为注册会计师不会受到任何外部因素的影响或干扰。不过社会各界一般先关注注册会计师形式上的独立性,比如注册会计师与客户的总经理有亲戚关系,则无论该注册会计师怎么表白他是公正不偏的,其他人都很难信任他提出的审计意见。所以自然的逻辑推理是,要达到实质上的独立,首先必须做到形式上的独立。

会计师事务所在承办审计和审阅业务以及其他鉴证业务时,应当从整体层面和具体业务层面采取措施,以保持会计师事务所和项目组的独立性。

3. 客观和公正

客观是指按照事物的本来面目去考察,不添加个人的偏见。公正是指公平、正直,不偏祖。客观和公正原则要求注册会计师应当公正处事、实事求是,不得由于偏见、利益冲突或他人的不当影响而损害自己的职业判断。如果存在导致职业判断出现偏差,或对职业判断产生不当影响的情形,注册会计师不得提供相关专业服务。

4. 专业胜任能力和勤勉尽责

专业胜任能力和勤勉尽责原则要求注册会计师通过教育、培训和执业实践获取和保持专业胜任能力。注册会计师应当持续了解并掌握当前法律、技术和实务的发展变化,将专业知识和技能始终保持在应有的水平,确保为客户提供具有专业水准的服务。

注册会计师作为专业人士,在许多方面都要履行相应的责任,保持和提高专业胜任能力就是其中的重要内容。专业胜任能力是指注册会计师具有专业知识、技能和经验,能够经济、有效地完成客户委托的业务。注册会计师如果不能保持和提高专业胜任能力,就难以完成客户委托的业务。事实上,如果注册会计师在缺乏足够的知识、技能和经验的情况下提供专业服务,就构成了一种欺诈。一个合格的注册会计师,不仅要充分认识自己的能力,对自己充满信心,更重要的是,必须清醒地认识到自己在专业胜任能力方面存在的不足。如果注册会计师不能认识到这一点,承接了难以胜任的业务,就可能给客户乃至社会公众带来危害。专业服务要求注册会计师在应用专业知识和技能时,还应当合理运用职业判断。

勤勉尽责要求注册会计师遵守法律法规、相关职业准则的要求并保持应有的职业怀疑,认真、全面、及时地完成工作任务。同时,注册会计师应当采取适当措施以确保在其授权下从事专业服务的人员得到应有的培训和督导。在适当时,注册会计师应当使客户、工作单位和专业服务的其他使用者了解专业服务的固有局限。

5. 保密

注册会计师能否与客户维持正常的关系,有赖于双方能否自愿而又充分地进行沟通和交流,不掩盖任何重要的事实和情况。只有这样,注册会计师才能有效地完成工作。但是,注册会计师与客户的沟通,必须建立在为客户信息保密的基础上。这里所说的客户信息,通常是指涉密信息。一旦涉密信息被泄露或被利用,往往会给客户造成损失。因此,许多国家规定,在公众领域执业的注册会计师,在没有取得客户同意的情况下,不能泄露任何客户的信息。

保密原则要求注册会计师应当对因职业关系和商业关系而获知的信息予以保密,不得有下列行为:

(1) 未经客户授权或法律、法规允许,向会计师事务所以外的第三方披露其所获知的涉密信息。

(2) 利用所获知的涉密信息为自己或第三方谋取利益。

注册会计师在社会交往中应当遵循保密原则。注册会计师应当警惕无意泄密的可能性,特别是向主要近亲属和其他近亲属以及关系密切的商业伙伴无意泄密的可能性。主要近亲属是指配偶、父母或子女。其他近亲属是指兄弟姐妹、祖父母、外祖父母、孙子女、外孙子女。

但是在下列情况下,注册会计师可以披露涉密信息:

(1) 法律、法规允许披露,并且取得客户或工作单位的授权。

(2) 根据法律、法规的要求,为法律诉讼、仲裁准备文件或提供证据,以及向有关监管机构报告发现的违法行为。

（3）法律、法规允许的情况下，在法律诉讼、仲裁中维护自己的合法权益。

（4）接受注册会计师协会或监管机构的执业质量检查，答复其询问和调查。

（5）法律、法规，执业准则和职业道德规范规定的其他情形。

6. 良好职业行为

任何职业的存在和发展都必须对其所提供的服务是否达到社会期望，也就是该职业所承担的责任予以特别关注。对注册会计师行业而言，这种社会期望集中体现在职业声誉上，良好的职业声誉是整个行业赖以生存的命脉。《中国注册会计师职业道德守则》要求注册会计师应当遵守相关法律、法规，避免发生任何损害职业声誉的行为。在向公众传递信息以及推介自己和工作时，注册会计师应当客观、真实、得体、不得损害职业形象。注册会计师不得夸大宣传提供的服务、拥有的资质或获得的经验；不得贬低或无根据地比较其他注册会计师的工作。

（二）注册会计师的职业责任

注册会计师的行为应符合本职业的良好声誉，不得损害职业形象。这一义务要求注册会计师履行对社会公众、客户和同行的责任。

1. 对社会公众的责任

注册会计师行业的一个显著标志是对社会公众承担责任。注册会计师应当遵守职业道德基本原则，履行相应的社会责任，维护社会公众利益。社会公众利益是指注册会计师为之服务的人士和机构组成的整体的共同利益。注册会计师行业作为一个肩负重大社会责任的行业，应当以维护社会公众利益为根本目标。

2. 对客户的责任

注册会计师在对社会公众履行责任的同时，也对客户承担着特殊责任，包括注册会计师应当在维护社会公众利益的前提下，竭诚为客户服务；注册会计师应当按照业务约定履行对客户的责任；注册会计师应当对执行业务过程中知悉的秘密保密，并不得利用其为自己或他人谋取利益；除有关法律、法规允许的情形外，会计师事务所不得以或有收费形式为客户提供鉴证服务。

3. 对同行的责任

对同行的责任是指会计师事务所、注册会计师在处理与其他会计师事务所、注册会计师相互关系中所应遵循的道德标准。同行之间能否保持一种良好的关系，关系到整个职业界在公众中的形象和信誉。各会计师事务所之间应当以大局为重，相互尊重，团结协作，共同维护和增进本行业的职业信誉。对同行的责任包括会计师事务所层面和具体业务承接层面两个方面。

（1）会计师事务所层面。会计师事务所对同行的责任，具体包括：①各会计师事务所应树立"以质量求信誉，以信誉求发展"的宗旨，相互尊重，团结协作，共同维护和增进本行业的职业道德和职业信誉。②会计师事务所可以跨地区承接和执行业务，所跨地区的同业不得以任何方式进行阻挠或排斥。③委托单位变更委托的会计师事务所时，后任注册会计师在接受委托之前，应与前任注册会计师联系，相互了解和介绍变更的情况和原因。④委托单位变更委托后，前任注册会计师应对后任注册会计师的工作予以支持和合作，包括需要时提供以前年度的审计工作底稿等资料。

（2）具体业务承接层面。注册会计师应当维护职业形象，不得有损害职业形象的行为，在业务承接过程中应遵循职业道德。具体包括:①注册会计师执行的各项业务,均应由会计师事务所统一接受委托。注册会计师及其他有关人员不得以个人名义承接业务。②会计师事务所与委托单位之间的业务委托关系,应实行双向自愿选择的原则,不得以任何方式限定或干预委托单位对会计师事务所的选择或会计师事务所在业务承接上的自主权。③会计师事务所不得在新闻媒介上直接或间接地作诋毁同业或自我夸张、内容虚假、容易引起误解的广告,也不能向委托单位或其他组织散发具有上述倾向的函件,但会计师事务所与注册会计师的名称、姓名、地址、电话、业务范围、开业声明、迁址之类的公告不在此限。④会计师事务所不得以任何名义向帮助取得委托业务的其他单位或个人支付介绍费或回扣等,也不得向得到本会计师事务所帮助取得委托业务的其他会计师事务所收取介绍费、佣金、手续费或回扣等。⑤会计师事务所不得以降低收费的方式招揽业务。⑥对应由会计师事务所从事的法定审计业务,会计师事务所不得与其他机构进行收益分成式的业务合作,但会计师事务所聘请其他机构有关专业人员协助工作以及各会计师事务所之间的业务合作不在此限。⑦注册会计师和所在的会计师事务所不得允许其他单位和个人借用本人或本组织的名义承接、执行业务。

(三) 可能对职业道德基本原则产生不利影响的因素及防范措施

按照独立性规范,会计师事务所以及鉴证小组成员有义务识别和评价可能对职业道德基本原则产生不利影响的各种环境和关系,并采取适当行动消除这些不利影响或运用防范措施将其降至可接受的水平。

1. 对遵循职业道德基本原则产生不利影响的因素

注册会计师对职业道德基本原则的遵循可能受到多种因素的不利影响,可能对职业道德基本原则产生不利影响的因素包括自身利益、自我评价、过度推介、密切关系和外在压力等。

(1) 自身利益导致的不利影响。如果经济利益或其他利益对注册会计师的职业判断或行为产生不当影响,将产生自身利益导致的不利影响。其具体情形主要包括:鉴证业务项目组成员在鉴证客户中拥有直接经济利益;会计师事务所的收入过分依赖某一客户;鉴证业务项目组成员与鉴证客户存在重要且密切的商业关系;会计师事务所担心可能失去某一重要客户;鉴证业务项目组成员正在与鉴证客户协商受雇于该客户;会计师事务所与客户就鉴证业务达成或有收费的协议;注册会计师在评价所在会计师事务所以往提供的专业服务时,发现了重大错误。

(2) 自我评价导致的不利影响。如果注册会计师对其(或者其所在会计师事务所或工作单位的其他人员)以前的判断或服务结果做出不恰当的评价,并且将据此形成的判断作为当前服务的组成部分,将产生自我评价导致的不利影响。其具体情形主要包括:会计师事务所在对客户提供财务系统的设计或操作服务后,又对系统的运行有效性出具鉴证报告;会计师事务所为客户编制原始数据,这些数据构成鉴证业务的对象;鉴证业务项目组成员担任或最近曾经担任客户的董事或高级管理人员;鉴证业务项目组成员目前或最近曾受雇于客户,并且所处职位能够对鉴证对象施加重大影响;会计师事务所为鉴证客户提供直接影响鉴证对象信息的其他服务。

(3) 过度推介导致的不利影响。如果注册会计师过度推介客户或工作单位的某种立场或意见,使其客观性受到损害,将产生过度推介导致的不利影响。其具体情形主要包括:会

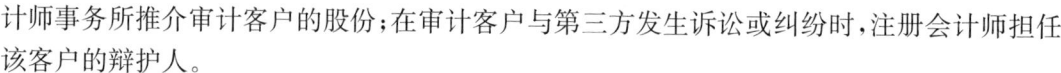

计师事务所推介审计客户的股份;在审计客户与第三方发生诉讼或纠纷时,注册会计师担任该客户的辩护人。

(4)密切关系导致的不利影响。如果注册会计师与客户或工作单位存在长期或亲密的关系,而过于倾向他们的利益,或认可他们的工作,将产生密切关系导致的不利影响。其具体情形主要包括:项目组成员的近亲属担任客户的董事或高级管理人员;项目组成员的近亲属是客户的员工,其所处职位能够对业务对象施加重大影响;客户的董事、高级管理人员或所处职位能够对业务对象施加重大影响的员工,最近曾担任会计师事务所的项目合伙人;注册会计师接受客户的礼品或款待;会计师事务所的合伙人或高级员工与鉴证客户存在长期业务关系。

(5)外在压力导致的不利影响。如果注册会计师受到实际的压力或感受到压力(包括对注册会计师实施不当影响的意图)而无法客观行事,将产生外在压力导致的不利影响。其具体情形主要包括:会计师事务所受到客户解除业务关系的威胁;审计客户表示,如果会计师事务所不同意某项交易的会计处理,则不再委托其承办拟议中的非鉴证业务;客户威胁将起诉会计师事务所;会计师事务所受到降低收费的影响而不恰当地缩小工作范围;由于客户员工对所讨论的事项更具有专长,注册会计师面临服从其判断的压力;会计师事务所合伙人告知注册会计师,除非同意审计客户不恰当的会计处理,否则将影响晋升。

2. 应对不利影响的防范措施

防范措施是指可以消除不利影响或将其降至可接受水平的行动或其他措施。应对不利影响的防范措施包括下列两类:

(1)法律、法规和职业规范规定的防范措施。其主要包括:取得注册会计师资格必需的教育、培训和经验要求;持续的职业发展要求;公司治理方面的规定;执业准则和职业道德规范的规定;监管机构或注册会计师协会的监控和惩戒程序;由依法授权的第三方对注册会计师编制的业务报告、申报资料或其他信息进行外部复核。

(2)具体工作中采取的防范措施。会计师事务所层面的防范措施包括:领导层强调遵循职业道德基本原则的重要性;领导层强调鉴证业务项目组成员应当维护公众利益;制定有关政策和程序,实施项目质量控制,监督业务质量;制定有关政策和程序,识别对职业道德基本原则的不利影响,评价不利影响的严重程度,采取防范措施消除不利影响或将其降低至可接受的水平;制定有关政策和程序,保证遵循职业道德基本原则;制定有关政策和程序,识别会计师事务所或项目组成员与客户之间的利益或关系;制定有关政策和程序,监控对某一客户收费的依赖程度;向鉴证客户提供非鉴证服务时,指派鉴证业务项目组以外的其他合伙人和项目组,并确保鉴证业务项目组和非鉴证业务项目组分别向各自的业务主管报告工作;制定有关政策和程序,防止项目组以外的人员对业务结果施加不当影响;及时向所有合伙人和专业人员传达会计师事务所的政策和程序及其变化情况,并就这些政策和程序进行适当的培训;指定高级管理人员负责监督质量控制系统是否有效运行;向合伙人和专业人员提供鉴证客户及其关联实体的名单,并要求合伙人和专业人员与之保持独立;制定有关政策和程序,鼓励员工就遵循职业道德基本原则方面的问题与领导层沟通;建立惩戒机制,保证相关政策和程序得到遵守。具体业务层面的防范措施包括:对已执行的非鉴证业务,由未参与该业务的注册会计师进行复核,或在必要时提供建议;对已执行的鉴证业务,由鉴证业务项目组以外的注册会计师进行复核,或在必要时提供建议;向客户审计委员会、监管机构或注册会计师协会咨询;与客户治理层讨论有关的职业道德问题;向客户治理层说明提供服务的性质和收费的范围;由其他会计师事务所执行或重新执行部分业务;轮换鉴证业务项目组合伙人和高级员工。

(四) 职业道德面临的窘境

道德窘境是指人们有时面临的道德两难境地,即某种情况和形势下必须做或想要做的事,但从道德层面来看是不应该做的。注册会计师在其执业过程中会面临许多道德两难的问题。例如,审计客户威胁说除非出具无保留意见的审计报告,否则就要改聘其他的会计师事务所,但出具无保留意见审计报告并不恰当,这时注册会计师就面临着一个严重的道德两难问题:失去客户,事务所就失去了收入,会影响事务所的发展甚至生存;迁就客户,事务所就要提供错误的审计报告。事务所该如何做出抉择呢?

有时注册会计师也会面临这样的情况:虽然不道德,但人人都这样做,我不这样做,要么遭受损失,要么得不到该得的利益。比如,其他事务所和注册会计师都在虚夸自己的业务水平和执业能力,如果我们不自我吹嘘,而是实事求是地考虑自己的业务能力,也许就招揽不到业务。

有时注册会计师的行为虽然违反职业道德行为规则,但被发现的可能性很小,也不会对任何一方造成损害,在这些情况下实施的行为也表现为一种道德窘境。比如,注册会计师给自己直系亲属担任董事长的公司进行审计,一般人并不知道,且公司运营良好、会计信息不存在重大错报,如果严格按职业道德行为规范的要求放弃该项业务,则会损害事务所的经济利益,这对于注册会计师来说也是一个两难的选择。

这些道德问题需要职业界通过职业道德建设的不断努力来逐步解决。注册会计师职业界有很多途径来促使注册会计师正当地工作和提供高质量的鉴证与其他服务,这包括审计准则的制定和完善、质量控制和同业检查、协会组织和政府部门的监管、注册会计师的后续教育等。此外,对违反职业道德的行为进行处罚,甚至对违法者追究法律责任,都是维护职业界信誉必不可少的措施。

三、质量控制准则

执业质量是会计师事务所的生命线,是注册会计师行业维护社会公众利益的专业基础。会计师事务所质量控制准则旨在规范会计师事务所建立并保持有关财务报表审计和审阅、其他鉴证和相关服务业务的质量控制制度。

(一) 质量控制制度的目标

会计师事务所应当根据会计师事务所质量控制准则,制定质量控制制度,以合理保证业务质量。质量控制制度的目标主要在以下两个方面提出合理保证:

(1) 会计师事务所及其人员遵守职业准则和适用的法律、法规的规定。

(2) 会计师事务所和项目合伙人出具适合具体情况的报告。

项目合伙人是指会计师事务所中负责某项业务及其执行,并代表会计师事务所在出具的报告上签字的合伙人。

(二) 质量控制制度的要素

会计师事务所的质量控制制度应当包括针对下列要素而制定的政策和程序:

(1) 对业务质量承担的领导责任。

(2) 相关职业道德要求。

(3) 客户关系和具体业务的接受与保持。

（4）人力资源。

（5）业务执行。

（6）监控。

会计师事务所应当将质量控制政策和程序形成书面文件,并传达到全体人员。在记录和传达时,应清楚地描述质量控制政策和程序及其拟实现的目标,包括用适当信息指明每个人都负有各自的质量责任,并被期望遵守这些政策和程序。

四、后续教育准则

注册会计师职业后续教育是指注册会计师为保持和提高其专业胜任能力与执业水平,掌握和运用相关新知识、新技能、新法规所进行的学习与研究。其主要内容包括:会计准则及国家其他有关财务会计法规、独立审计准则及其他职业规范、与执业相关的其他法规、执业所需的其他知识与技能等。

【知识链接】

我国注册会计师执业准则制定历程

执业准则作为规范注册会计师执行业务的权威性标准,对提高注册会计师执业质量,降低执业风险,维护社会公众利益具有重要的作用,其建设经历了三个阶段。

（一）起步阶段（1980—1993 年）

1980 年注册会计师行业恢复重建后不久,针对当时的审计验资业务,启动了执业标准的制定工作,并陆续出台了相关执业规定。随着中注协的成立,专业标准建设工作得到了高度重视,进入了快速发展时期。中注协设立了专业标准部,负责专业标准的研究制定工作。从 1991 年到 1993 年,中注协先后发布了《注册会计师检查验证会计报表规则（试行）》等 7 个执业规则。这些执业规则对我国注册会计师行业走向正规化和专业化起到了积极作用。

（二）制定准则阶段（1994—2004 年）

1993 年 10 月 31 日,第八届全国人民代表大会常务委员会第四次会议通过《中华人民共和国注册会计师法》,赋予中注协依法拟订执业准则、规则的职能。经财政部批准同意,中注协自 1994 年 5 月开始起草独立审计准则。到 2004 年,中注协先后分 6 批制定了独立审计准则,共计发布 41 个项目,基本建立起我国审计准则体系框架。

（三）国际趋同阶段（2005 年至今）

随着审计环境的变化和公司财务舞弊事件的发生,以及国际审计准则的大规模修改,迫切要求我们大力改进审计准则,增加审计的有效性,防范和化解审计风险,维护市场经济的稳定有序运行。在此背景下,财政部于 2005 年年初提出了我国会计审计准则国际趋同的主张和中国会计审计准则体系建设的目标。根据这一目标,遵循科学、民主、透明和公开的准则制定程序,2006 年 2 月 15 日,包括 48 项审计准则的新审计准则体系正式发布,审计准则体系实现了国际趋同的历史性突破。2009 年,根据国际审计准则明晰项目,启动了对 38 项审计准则的修订,此次修订于 2010 年 11 月正式发布,自 2012 年 1 月 1 日起实施。

第二节 / 注册会计师的法律责任

职业道德规范解决的是注册会计师不应该做什么的问题，但仅做到这一步还是不够的，还需要通过明确法律责任来对注册会计师的行为进行"硬"约束。只有当注册会计师对其因未能满足职业规范要求或有意作弊而引起的后果承担相应的责任时，其地位和执业水平才能被社会认可。

一、经营失败和审计失败

在研究会计职业界遇到的各类法律诉讼案件中，中外会计界和法律界的许多人士认为，财务报表使用者指控会计师事务所的原因之一是不理解经营失败和审计失败的区别，因而不能正确区分被审计单位管理层应承担的经营管理责任和会计责任以及注册会计师应承担的审计责任。因此，我们对注册会计师法律责任的讨论要从对这些术语的讨论入手。

经营失败是指企业由于经济或经营条件的变化（如经济衰退、不当的管理决策或出现意料之外的行业竞争等）而无法满足投资者的预期。经营失败的极端情况是申请破产。任何一个企业，经营失败的风险总是存在的。经营失败会使一些利益相关者遭受损失，他们要通过法律途径挽回自己的经济损失，注册会计师往往成为被控告的对象之一。

审计失败则是指注册会计师由于没有遵守审计准则的要求而发表了错误的审计意见。具体来说，其是指反映被审计单位财务状况和经营成果的会计信息中存在重大错报，但是注册会计师执行了审计程序之后没能发现重大错报，或将重大错报判断为不重要的小错报，因而提出错误的审计意见。

经营失败和审计失败的存在，使注册会计师时刻面临着审计风险。审计风险是指财务报表中存在重大错报，而注册会计师发表不恰当审计意见的可能性。经营失败和审计失败是存在审计风险的条件，此外，审计风险存在的一个重要原因是审计中的固有限制，如抽样审计方法等，因而某些错报和较隐蔽的舞弊难以被发现。所以即使注册会计师遵守审计准则，审计中无法发现某些错报的风险仍然存在。

由于一般公众不理解经营失败和审计失败的区别，当公司发生经营失败时，报表使用者通常会归罪于审计失败，尤其是在近期签发的审计意见为无保留意见，表明该公司财务报表的反映是在公允的情况下。更为严重的是，如果发生经营失败而随后又发现财务报表存在错报，那么即使审计工作按照审计准则的要求执业，报表使用者也会指控注册会计师疏忽、过失，要求其承担责任。

这种情况反映出，一般社会公众、大多数报表使用者认为注册会计师审计应当绝对保证财务报表的真实可靠，而会计职业界认为，审计只能合理保证财务报表的公允反映。这样报表使用者和注册会计师之间对审计的看法和期望是不同的。会计职业界将这种现象称为期望差距。期望差距经常导致注册会计师遭受莫须有的法律诉讼，诉讼人的逻辑是，只要经过审计的公司就不应该出现经营失败，公司出了问题注册会计师就要承担责任。实际上是那些遭受经济损失的人希望从某种渠道得到赔偿，而不管错在何方。

二、会计责任和审计责任

审计准则规定,被审计单位负有以下会计责任:建立和健全本单位的内部控制制度;保护本单位的资产安全和完整;保证提交审计的会计资料真实、合法和完整。因此,在被审计单位治理层的监督下,按照适用的会计准则编制财务报表是被审计单位管理层的责任。在整个审计过程中都要让被审计单位的管理层认识到自己的会计责任,为此,这种会计责任要写入审计业务约定书中,在审计报告中也要重点论述,以使报表使用者清楚地认识。

审计责任是注册会计师对委托人和被审计单位应尽的义务。审计准则规定,按照审计准则的要求出具审计报告,保证审计报告的真实性、合法性是注册会计师的审计责任。注册会计师的审计责任不能替代、减轻或免除被审计单位的会计责任。同样,这种审计责任要写入审计业务约定书中,在审计报告中,注册会计师要清楚地表达对财务报表整体的意见,并说明对出具的审计报告负责,要将这种信息传达给报表使用者。

三、对注册会计师法律责任的认定

如果注册会计师行为不当给被审计单位或第三方造成损失,注册会计师将承担法律责任,这些不当行为包括违约、过失和欺诈等。

(一) 违约

违约是指合同的一方或多方未能履行合同条款规定的义务。当违约给他人造成损失时,注册会计师应负违约责任。比如,会计师事务所在商定的期间内未能提交审计报告,或违反了与被审计单位订立的保密协议等。

(二) 过失

过失是指在一定条件下,没有保持应有的职业谨慎。评价注册会计师的过失,是以其他合格注册会计师在相同条件下可做到的谨慎为标准的。当过失给他人造成损失时,注册会计师应负过失责任。过失按程度不同分为普通过失和重大过失。

普通过失也称一般过失,通常是指没有保持职业上应有的职业谨慎,对注册会计师而言则是指没有完全遵循专业准则的要求。比如,在实施存货监盘的审计程序中,未保持应有的合理谨慎,盘点过的存货在所有权、质量、数量等方面存在问题未能查出,通常情况下其他合格的注册会计师是不会出现这种失误的,这可视为一般过失。

重大过失是指连起码的职业谨慎都没有保持。对注册会计师而言,则是指根本没有遵循专业准则或没有按专业准则的基本要求执行审计。比如,未实施存货监盘程序、未进行应收账款函证,不遵循审计准则执业,这些行为可视为重大过失。

(三) 欺诈

欺诈又称舞弊,是以欺骗或坑害他人为目的的一种故意的错误行为。作案具有不良动机是欺诈的重要特征,也是欺诈与普通过失和重大过失的主要区别之一。对于注册会计师而言,欺诈就是为了达到欺骗他人的目的,明知委托单位的财务报表有重大错报,却加以虚伪的陈述,出具无保留意见的审计报告。例如,注册会计师明知被审计单位财务报表存在重大错报,但为了配合他人操纵股价,或为了影响某些经济业务,故意出具无保留意见审计报告,从而欺骗报表使用者,那么这种行为就属于欺诈行为。

与欺诈相关的一个概念是推定欺诈。推定欺诈又称涉嫌欺诈,是指虽无故意欺诈或坑害他人的动机,但却存在极端或异常的过失。推定欺诈和重大过失这两个概念的界限往往很难界定,在美国,许多法院曾经将注册会计师的重大过失解释为推定欺诈,特别是近年来有些法院放宽了"欺诈"一词的范围,使得推定欺诈和欺诈在法律上成为等效的概念。这样,具有重大过失的注册会计师的法律责任就进一步加大了。

综上所述,在涉及注册会计师的不当行为中,普通过失与重大过失、重大过失与推定欺诈、推定欺诈与实际欺诈等概念之间都有一定程度的模糊性,没有特别严格的界限,在实务中较难区分。一般来说,在许多情况下可运用"重要性"和"内部控制"两个概念进行判断。

如果财务报表中存在错报事项,注册会计师运用常规审计程序未能查出,这时运用重要性概念进行判断,如果该错报事项并不重大,那么就可以说注册会计师没有过失。如果该错报事项重大,应分析被审计单位的内部控制是否有效,若有效,常规的内部控制测试应能查出。这时实施内部控制测试应能查出的错报而注册会计师未能查出,那么注册会计师属于普通过失;若任何合格的注册会计师实施常规的内部控制测试一般都不会查出该种错报,则涉及的注册会计师没有过失。若应该实施控制测试而实际上未予实施,则属于注册会计师的重大过失;若不实施控制测试虽找不到直接的不良动机证据,但其后果与有意欺骗报表使用者并无两样,则涉及的注册会计师会被认定为推定欺诈;若不实施控制测试有证据表明要达到某种不良目的,并且确实误导和欺骗了报表使用者,则涉及的注册会计师属于欺诈行为。

在被审计单位内部控制失效的情况下,注册会计师运用实质性测试程序应能查出财务报表中存在的重大错报事项。如果注册会计师实施实质性测试程序后未能查出财务报表中存在的重大错报事项,属于普通过失;如果注册会计师根本没有实施实质性测试程序,故不可能查出财务报表中存在的错报事项,则属于重大过失。同上所述,若不实施实质性测试虽找不到直接的不良动机证据,但其后果与有意欺骗报表使用者并无两样,则涉及的注册会计师会被认定为推定欺诈;若不实施实质性测试有证据表明要达到某种不良目的,并且确实误导和欺骗了报表使用者,则涉及的注册会计师属于欺诈行为。

四、我国注册会计师的法律责任

涉及会计师事务所、注册会计师法律责任的法律、法规有《中华人民共和国注册会计师法》《中华人民共和国公司法》《中华人民共和国证券法》《中华人民共和国刑法》。这些法律所规定的注册会计师法律责任主要有以下三类。

(一) 民事责任

民事责任是指民事主体因违反合同或者不履行其他法律义务,侵害国家、集体的财产,侵害他人财产、人身权利,依法应当承担的民事法律后果。这种法律后果是由国家法律规定并以强制力保证执行的。规定民事责任的目的,就是对已经造成的权利损害和财产损失给予恢复和补救。对注册会计师和会计师事务所而言,主要是赔偿受害人损失。

(二) 行政责任

行政责任是行政法律责任的简称,是指行为主体因其行为违反行政管理相关的法律、法

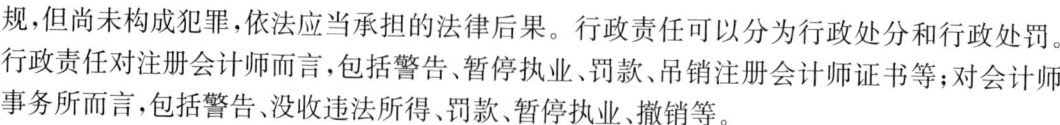

规,但尚未构成犯罪,依法应当承担的法律后果。行政责任可以分为行政处分和行政处罚。行政责任对注册会计师而言,包括警告、暂停执业、罚款、吊销注册会计师证书等;对会计师事务所而言,包括警告、没收违法所得、罚款、暂停执业、撤销等。

(三)刑事责任

刑事责任是指由于违反国家的法律、法规,情节严重,构成刑事犯罪而应承担的法律后果。违反法律规定应承担的刑罚种类主要包括主刑和附加刑两种。主刑有:管制、拘役、有期徒刑、无期徒刑和死刑。附加刑有:罚金、剥夺政治权利和没收财产。判令注册会计师及会计师事务所承担的刑事责任主要包括管制、拘役、徒刑、剥夺政治权利和没收财产等。

一般来说,因违约和过失可能使注册会计师负行政责任和民事责任,因欺诈可能会使注册会计师负民事责任和刑事责任。

五、避免法律诉讼的对策

注册会计师的职业性质决定了它是一个容易遭受法律诉讼的职业,因为那些蒙受损失的受害者总想通过起诉注册会计师以便尽可能得到补偿。因此,注册会计师必须在执业中遵循专业标准和相关要求,尽量避免法律诉讼。注册会计师避免法律诉讼的具体措施,可以概括为以下几点。

(一)严格遵循职业道德守则和执业准则的要求

严格遵循职业道德守则和执业准则的要求是注册会计师保护自身利益,避免法律诉讼最为基本的要求。注册会计师对于财务报表中的错报承担法律责任的关键在于注册会计师是否有过失或故意行为,而判断注册会计师是否具有过失的关键在于注册会计师是否按照执业准则的要求执业。因此,保持良好的职业道德行为,严格遵循执业准则的要求执行工作、出具报告,对于避免法律诉讼或在提起的诉讼中保护注册会计师具有非常重要的作用。

(二)建立健全会计师事务所质量控制制度

会计师事务所不同于一般的企业,质量控制是会计师事务所各项管理工作的核心和关键。因此,会计师事务所必须建立健全一套严密、科学的质量控制制度,并把这套制度落实到整个审计过程和各个审计环节,促使注册会计师按照执业准则的要求执业,保证审计业务质量。

(三)与委托人签订业务约定书

《中华人民共和国注册会计师法》第十六条规定,注册会计师承办业务,会计师事务所应与委托人签订委托合同(即业务约定书)。业务约定书具有法律效力,它是确定注册会计师和委托人责任的一个重要文件。会计师事务所不论承办何种业务,都要按照业务约定书准则的要求与委托人签订约定书,这样才能在发生法律诉讼时将一切口舌之辩减少到最低限度。

(四)审慎选择被审计单位

中外注册会计师诉讼案例告诉我们,注册会计师如欲避免法律诉讼,必须慎重选择被审计单位。被审计单位如果对其顾客、员工、政府部门或其他方面没有展现其正直的品格,则其报表出现重大错报的可能性也较大,审计失败的可能性就比较高,出现法律纠纷的可能性就增大。因此,会计师事务所在接受业务前,一定要对被审计单位的情况有所了解,评价管理层和关键股东的诚信和品质。此外,注册会计师对陷入财务和法律困境的被审计单位要尤为注意。中外历史上,绝大部分涉及注册会计师的诉讼案都集中在宣告破产的被审计单位。对于周转不灵或面临破产的公司,其股东或债权人总想为他们的损失寻找替罪羊,因此对那些已经陷入财务困境的被审计单位要特别注意。

(五)深入了解被审计单位的业务

在很多案件中,注册会计师未能发现错误的一个重要原因是他们不了解被审计单位所在行业的情况及被审计单位的业务。如果注册会计师不熟悉被审计单位的经济业务和生产经营实务,仅局限于有关的会计资料,就很难发现被审计单位的错报。

(六)提取风险基金或购买责任保险

对诉讼案进行充分的保险保护,是会计师事务所一项极为重要的应对法律责任的措施。我国《注册会计师法》规定,会计师事务所应当按规定建立职业风险基金,办理职业保险。

(七)聘请熟悉注册会计师法律责任的法律顾问

在审计过程中遇到重大法律问题,注册会计师应当向有经验的法律顾问进行咨询,详细讨论所有潜在的危险情况,对法律顾问的建议要充分考虑,尽可能采纳。一旦发生法律诉讼,应聘请经验丰富的律师参与诉讼。

【知识链接】

注册会计师法律责任的变化趋势

20世纪80年代之后,中外会计职业界都遇到了各自的法律问题,法律环境较之以往都发生了很大变化,主要表现在以下几个方面。

1. 对注册会计师的法律诉讼大量增加,导致注册会计师的法律责任加大

近些年来,由于经营失败或因管理层舞弊造成企业破产倒闭的事件不断发生,投资者、贷款人和其他利益相关者因此而蒙受重大损失,他们指控注册会计师未能及时揭露或报告被审计单位存在的问题,因而要求赔偿其遭受的损失。这样,在法律制定和法院判决方面都倾向于增加注册会计师的法律责任。

2. 对非签约方承担法律责任成为注册会计师法律责任的一大特点

注册会计师与被审计客户签约为其提供审计服务,但其业务成果——审计报告往往要被除客户以外的非签约方加以利用,据此进行决策,并且决策失误还要追究注册会计师的责任。这种情况在西方早期的司法制度中就已存在,后虽在非签约第三方的范围方面几经变化,但对非签约第三方要承担法律责任的要求并无改变,而且更加明确。

3. 注册会计师法律责任的内涵被扩充

注册会计师法律责任增加的具体表现就是其法律责任的内涵被扩充,虽然会计职业界多年来一直努力将其法律责任限定于对财务报表的公允性表达意见,但近年来中外许多针对注册会计师的法律诉讼案件不认可会计职业界的限定事实,说明注册会计师法律责任的内涵在扩充,即注册会计师对查找被审计单位错误、舞弊和违法行为也负有重大责任。

【关键术语】

独立　客观　公正　违约　过失　欺诈

【拓展分析】

1. 天河公司系 ABC 会计师事务所的常年审计客户。2×23 年 11 月,ABC 会计师事务所与天河公司续签了审计业务约定书,审计天河公司 2×23 年度财务报表。假定存在以下情形:

(1) 天河公司由于财务困难,应付 ABC 会计师事务所 2×22 年度的 100 万元审计费用一直没有支付。经双方协商,ABC 会计师事务所同意天河公司于 2×24 年年底支付审计费用。在此期间,天河公司按银行同期贷款利率支付资金占用费。

(2) 天河公司由于财务人员短缺,2×23 年向 ABC 会计师事务所借用一名注册会计师,由该注册会计师将经会计主管审核的记账凭证录入计算机信息系统。ABC 会计师事务所未将该注册会计师包括在天河公司 2×23 年度财务报表审计项目组。

(3) 由于天河公司降低 2×23 年度财务报表审计费用近 1/3,ABC 会计师事务所审计收入不能弥补审计成本,ABC 会计师事务所决定不再对天河公司下属的 2 个重要的销售分公司进行审计,并以审计范围受限为由出具了保留意见的审计报告。

(4) 天河公司要求 ABC 会计师事务所在出具审计报告的同时,提供内部控制审核报告。为此,双方另行签订了业务约定书。

(5) ABC 会计师事务所针对审计过程中发现的问题,向天河公司提出了会计政策选用和会计处理调整的建议,并协助其解决相关账户调整问题。

要求:请根据中国注册会计师职业道德规范有关独立性的规定,分别判断上述情形是否对 ABC 会计师事务所的独立性造成损害,并简要说明理由。

2. 注册会计师王明希望通过以下行为来扩展业务:

(1) 王明想在报纸上刊登一则关于事务所地址、业务范围、联系方式的公告。

(2) 王明以前和他的同事审计过许多国有企业。他计划与这些企业的财务总监联系,请他们帮忙介绍更多这种类型的工作,并打算付给每个介绍人 2 000 元人民币的介绍费。

(3) 王明精通税法,他有许多朋友自己编制所得税申报单。他向他们提议,在向税务局申报以前,他先为他们进行复核,如果通过他的复核能够为他们找到合法的避税机会,则将省下来的税款的 1/3 作为他的收入,如果找不到,则不收取费用。

要求:请你指出王明上述的这些行为是否违反了注册会计师职业道德规范,并解释其原因。

【课程思政案例】

康美药业财务舞弊案例

一、康美公告财务差错

2018 年 4 月 29 日,康美药业发布了一份《关于前期会计差错更正的公告》。公告具体阐述了公司 2017 年年报中出现的 14 项会计错误。其中最主要的有以下几点:由于财务数据出现会计差错,2017 年营业收入多计 88.98 亿元,营业成本多计 76 亿元,销售费用少计 5 亿元,财务费用少计 2 亿元,销售商品多计 102 亿元,货币资金多计 299 亿元,筹资活动有关的现金项目多计 3 亿元。

二、正中珠江被立案调查

证监会向正中珠江下发调查通知书,因正中珠江在康美药业审计业务中涉嫌违反证券相关法律法规,证监会对其立案调查,其调查时间为 2019 年 5 月 9 日。

三、康美存在假存款、假收入

证监会 2019 年 5 月 17 日通报,2018 年年底证监会在日常监管中发现,康美药业股份有限公司(以下简称康美药业)财务报告真实性存疑,涉嫌虚假陈述等违法违规,当即立案调查。

12 月 29 日,康美药业披露有关信息。现已初步查明,康美药业披露的 2016 至 2018 年财务报告存在重大虚假,涉嫌违反证券法第 63 条等相关规定。一是使用虚假银行单据虚增存款;二是通过伪造业务凭证进行收入造假;三是将部分资金转入关联方账户买卖本公司股票。

四、康美深夜道歉,主动"ST"

康美药业在 2019 年 5 月 17 日晚近 12 点的时候发公告道歉,并主动"ST"。康美药业在公告称,公司经核查发现,公司与相关关联公司存在 88.79 亿元的资金往来,该等资金被相关关联公司用于购买康美药业股票。

五、康美药业股东大会董事长鞠躬道歉

2019 年 6 月 28 日下午,处于漩涡中的 ST 康美在普宁召开 2018 年年度股东大会,审议 2018 年年报、董监事会工作报告、年度利润分配预案、续聘会计师事务所、拟发行债务融资产品等 10 项议案,均获得通过。

在与现场股东交流环节中,公司董事长马兴田表示,借这次股东大会的机会,向所有股东说声"对不起"! 随后,马兴田起身鞠躬致歉。"公司在二十多年的发展中,特别是在近几年的高速发展中,确实存在不规范的情况,被证监会立案调查。"马兴田说,"我们正在积极配合调查,争取在调查结果出来后更有信心地做好主业。"

六、遭《焦点访谈》点名

2019 年 8 月 9 日,央视焦点访谈《财务造假须严惩》专题报道了康得新、康美药业、辅仁药业等一批上市公司涉嫌财务造假的违法违规行为。

七、马兴田被公安机关采取强制措施

2020 年 7 月 10 日,康美药业发布《关于公司实际控制人被采取强制措施的公告》,称收到公司实际控制人马兴田先生家属的通知,马兴田先生因涉嫌违规披露、不披露重要信息罪被公安机关采取强制措施。马兴田先生自 2020 年 5 月份已不在公司担任任何职务。

八、康美药业发布《2020 年度业绩预亏公告》

2021 年 1 月 30 日,康美药业发布《2020 年度业绩预亏公告》,称:"针对可能面临的投资者民事诉讼索赔,公司期末补充计提或有诉讼费用 50 000 万元。"

在被发现财务造假之前,负责审计康美药业的是广东正中珠江会计师事务所,它出具的意见都是"无保留意见"。即使在被质疑财务造假,虚构近 300 亿元货币资金后,正中珠江仍然出具报告称这是"会计处理存在错误",并非财务造假。因在康美药业审计业务中涉嫌违反相关法律法规,2019 年广东正中珠江会计师事务所被证监会立案调查。2021 年 2 月 20 日,证监会发布了对正中珠江的行政处罚决定书。处罚书中显示,证监会决定对正中珠江会计师事务所责令改正,罚没 5 700 万元;对注册会计师杨文蔚、张静璐、苏创升三人给予警告,并分别处以 10 万元罚款;对注册会计师刘清给予警告,并处以 3 万元罚款。

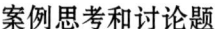

案例思考和讨论题

1. 从审计职业道德角度,分析探讨康美药业审计失败的原因及应对策略,并谈谈从中得到的感悟。

2. 诚信不仅是对注册会计师职业道德的要求,而且是做人做事的基本原则,结合自身的情况,谈谈如何做一个诚信的人。

练 习 题

姓名＿＿＿＿＿＿

学号＿＿＿＿＿＿

分数＿＿＿＿＿＿

一、单项选择题

1. 下列各项中,既是注册会计师在执行注册会计师审计业务中必须遵循的准则,也是衡量注册会计师审计工作质量的权威性标准是(   )。

   A. 注册会计师执业准则
   B. 质量控制准则
   C. 职业道德准则
   D. 职业后续教育准则

2. 注册会计师执业准则体系的核心是(   )。

   A. 审阅准则
   B. 审计质量控制准则
   C. 审计准则
   D. 职业后续教育准则

3. 鉴证业务准则由鉴证业务基本准则统领,按照鉴证业务提供的保证程度和鉴证对象的不同,不应包括(   )。

   A. 中国注册会计师审计准则
   B. 中国注册会计师审阅准则
   C. 中国注册会计师其他鉴证业务准则
   D. 相关服务准则

4. 中国注册会计师执业准则由(   )负责拟定。

   A. 财政部
   B. 中国注册会计师协会
   C. 审计署
   D. 全国人民代表大会

5. 注册会计师从事的下列工作中,属于其他鉴证业务的是(   )。

   A. 预测性财务信息审核
   B. 对公司的治理结构提出意见
   C. 参与企业破产清算审计,出具清算审计报告
   D. 审查企业内部控制制度,提出管理建议书

6. 下列关于独立性的陈述中,不恰当的是(   )。

   A. 实质上的独立性要求注册会计师与所有客户之间不存在任何经济利益关系
   B. 注册会计师执行审计业务时,形式上的独立性与实质上的独立性同样重要
   C. 实质上的独立性要求注册会计师在执行审计业务提出结论时保证其职业判断不受损害
   D. 形式上的不独立会被推定为其诚信、客观和公正或职业怀疑态度已经受到损害

7. 注册会计师担任某审计业务的项目负责人,如果在执业过程中发现自己无法胜任,则应要求其所在的会计师事务所(   )。

   A. 聘请相关专家
   B. 改派其他注册会计师
   C. 终止该审计业务的约定
   D. 出具无法表示意见的审计报告

8. 会计师事务所对无法胜任或不能按时完成的审计业务,应该(   )。

A. 减少审计收费   B. 转包给其他会计师事务所

C. 聘请其他专业人员帮助   D. 拒绝接受委托

9. 下列关于业务准则的说法中,不正确的是( )。

  A. 对于审计业务,注册会计师对所审计信息是否不存在重大错报提供合理保证,并以积极方式提出结论

  B. 在提供审阅服务时,注册会计师对所审阅信息是否不存在重大错报提供有限保证,并以积极方式提出结论

  C. 对于其他鉴证业务,根据鉴证业务的性质和业务约定的要求,注册会计师提供有限保证或合理保证

  D. 在提供相关服务时,注册会计师不提供任何程度的保证

10. 某会计师事务所在宣传媒介中夸大自己所拥有的资质和获得的经验,贬低其他事务所的工作,这种行为违反了职业道德中的( )原则。

  A. 诚信   B. 客观和公正

  C. 专业胜任能力和应有的关注   D. 良好的职业行为

11. 注册会计师的下列行为中,不违反职业道德规范的是( )。

  A. 承接了主要工作需由事务所外部专家完成的业务

  B. 按服务成果大小收取审计费用

  C. 不以个人名义承接业务

  D. 对自身业务能力进行广告宣传

12. 下列有关注册会计师专业胜任能力和应有的关注的陈述中,不恰当的是( )。

  A. 注册会计师应当通过教育、培训和执业实践获取和保持专业胜任能力

  B. 在应用专业知识和技能时,注册会计师无需运用职业判断

  C. 注册会计师应当采取适当措施确保在其领导下工作的人员得到应有的培训和督导

  D. 注册会计师在必要时应当使客户以及业务报告的其他使用者了解专业服务的固有局限性

13. 下列情形中,没有违背注册会计师职业道德相关规定的是( )。

  A. 鉴证业务项目组成员与鉴证客户存在重要的密切商业关系

  B. 注册会计师采用或有收费的方式向客户提供鉴证服务

  C. 某注册会计师为 W 公司提供代理记账服务,由于对 W 公司较熟悉,容易发现问题,故今年安排其负责该公司的年度财务报表审计工作

  D. 除非法律、法规允许或要求,注册会计师应当拒绝承担保管客户资金和其他资产的责任

14. 下列事项中,不会损害注册会计师良好职业行为的是( )。

  A. 对所在会计师事务所职业经验夸大宣传

  B. 无根据地比较其他事务所的工作能力

  C. 与审计客户管理层沟通其审计业务收费的性质和依据

  D. 夸大宣传其拥有的资质

15. 审计风险与审计失败的主要区别在于( )。

  A. 注册会计师是否查出了财务报表的重大错误

B. 注册会计师是否提出了错误的审计意见

C. 注册会计师是否遵循审计准则的要求

D. 注册会计师是否明知财务报表有重大错报却不如实表述

二、多项选择题

1. 注册会计师执业准则的作用主要体现在( )。

   A. 为衡量和评价注册会计师执业质量提供依据,从而有助于注册会计师执业质量的提高

   B. 有助于规范审计工作,维护社会经济秩序

   C. 有助于维护会计师事务所和注册会计师的正当权益

   D. 有助于推动审计与鉴证理论的研究和现代审计人才的培养

2. 中国注册会计师业务准则体系是由( )构成的。

   A. 鉴证业务准则   B. 相关服务准则

   C. 职业道德规范   D. 质量控制准则

3. 《中国注册会计师鉴证业务基本准则》的目的在于规范注册会计师执行鉴证业务,明确鉴证业务的目标和要素。适用于鉴证业务的准则包括( )。

   A. 中国注册会计师审计准则   B. 中国注册会计师审阅准则

   C. 中国注册会计师其他鉴证业务准则 D. 相关服务准则

4. 注册会计师的下列行为中,不违反保密原则的有( )。

   A. 将被审计单位商洽重组的内部消息,提前告知家人,让其购入股票

   B. 未经客户授权或法律、法规允许,向所在事务所汇报所获知的涉密信息

   C. 在法律允许的范围内,向第三方披露所获知的涉密信息

   D. 接受监管机构的执业质量检查,答复其询问和调查

5. 下列各项中,属于自我评价导致的不利影响的情形有( )。

   A. 会计师事务所在对客户提供财务系统的设计或操作服务后,又对系统的运行有效性出具鉴证报告

   B. 会计师事务所为审计客户编制财务报表,又对该套报表进行审计

   C. 某项目组成员的父亲担任所审计客户的董事

   D. 客户员工更具有专长,注册会计师面临服从其判断的压力

6. 下列情形中,可能表明存在过度推介导致对职业道德产生不利影响的有( )。

   A. 会计师事务所向公众推销审计客户甲公司的可转换公司债券

   B. 会计师事务所收入的50%是从审计客户甲公司收取的业务收入

   C. 审计项目组成员 A 与审计客户甲公司的财务总监是配偶关系

   D. 审计项目组成员 B 担任审计客户甲公司的辩护人

7. 注册会计师法律责任的种类有( )。

   A. 民事责任   B. 刑事责任

   C. 过失   D. 行政责任

8. 注册会计师所负过失责任,通常将过失按其程度不同分为( )。

   A. 轻微过失   B. 欺诈

C. 普通过失   D. 重大过失

9. 会计师事务所违约的情形有(　　　)。

A. 未按商定的时间提交审计报告

B. 违反了与被审计单位订立的保密协议

C. 修改了审计程序

D. 追加了审计程序

10. 属于注册会计师避免法律诉讼的对策有(　　　)。

A. 建立职业风险基金   B. 审慎选择被审计单位

C. 出具管理建议书   D. 深入了解被审计单位业务

三、判断题

1. 中国注册会计师执业准则体系包括鉴证业务准则、相关服务准则和会计师事务所质量控制准则。　　　　　　　　　　　　　　　　　　　　　　　　　　(　　)

2. 鉴证业务准则由鉴证业务基本准则统领,按照鉴证业务提供的保证程度和鉴证对象的不同,分为中国注册会计师审计准则、中国注册会计师审阅准则和中国注册会计师其他鉴证业务准则。其中,审计准则是整个执业准则的核心。　　　　　　　　　(　　)

3. 审计准则用于规范注册会计师执行历史财务信息的审计业务。在提供审计业务时,注册会计师对所审计信息是否不存在重大错报提供合理保证,并以积极方式提出结论。　(　　)

4. 中国注册会计师审计准则所规范的所有内容都属于法定要求,注册会计师在执行审计业务和出具报告时,都应遵照执行。　　　　　　　　　　　　　　　　　　(　　)

5. 注册会计师可以根据需要配备相应的业务助理人员并聘请专家协助工作,但应对其工作结果负责。　　　　　　　　　　　　　　　　　　　　　　　　　　　　　(　　)

6. 中国注册会计师执业准则体系中的相关服务准则对注册会计师执行商定程序和代编财务信息等业务进行了规范。在提供相关服务时,注册会计师不提供任何程度的保证。

　　　　　　　　　　　　　　　　　　　　　　　　　　　　　　　　　　　(　　)

7. 会计师事务所在从事鉴证业务时,除有关法规允许的情形外,不得以服务成果的大小为条件来决定收费标准的高低。　　　　　　　　　　　　　　　　　　　　　(　　)

8. 审计质量控制准则是针对每个审计项目制定的,是每个注册会计师及其助理人员都应遵守的标准。　　　　　　　　　　　　　　　　　　　　　　　　　　　　　(　　)

9. 如果被审计单位认为某些项目属于商业秘密,不愿公开披露,注册会计师就应该尊重企业意愿,不能对外公布。　　　　　　　　　　　　　　　　　　　　　　　　(　　)

10. 注册会计师及其所在会计师事务所不得对其能力进行广告宣传以招揽业务。　(　　)

11. 会计师事务所在商定的期间内未能提交审计报告,应承担违约责任。　　　　(　　)

12. 注册会计师如果未能将财务报表中的错误与舞弊揭露出来,就一定得负审计责任。(　　)

13. 经营失败必然引发审计失败。　　　　　　　　　　　　　　　　　　　　　(　　)

14. 注册会计师的审计意见应保证被审计单位财务报表的可靠,以利于财务报表使用人做出正确的决策。　　　　　　　　　　　　　　　　　　　　　　　　　　　　(　　)

15. 被审计单位治理层与管理层的责任与注册会计师审计责任的内容是完全相同的。(　　)

四、思考题

1. 我国注册会计师执业规范体系的构成是怎样的,其核心是什么?

2. 注册会计师执业道德规范从哪些方面对注册会计师提出基本规定和要求?

3. 如何区分经营失败与审计失败?

4. 注册会计师如何避免法律诉讼?

第三章
审计目标与审计程序

教学目标

本章主要介绍审计目标、审计程序及抽样审计的运用。通过学习,学生应理解掌握审计的总目标和具体目标、被审计单位管理层的认定、审计程序、抽样审计的种类及运用。

第一节 / 审计目标

一、财务报表审计的总体目标

注册会计师最终责任是按照审计准则的要求对财务报表发表审计意见,这是注册会计师的审计责任,也是注册会计师要达到的审计目标。概括地说,财务报表审计的总体目标是注册会计师通过执行审计工作,对财务报表整体是否不存在由舞弊或错误导致的重大错报获取合理保证,使得注册会计师能够对财务报表是否在所有重大方面按照适用的财务报表编制基础编制发表审计意见,并且按照审计准则规定,根据审计结果对财务报表出具审计报告,并与管理层和治理层沟通。在任何情况下,如果不能获取合理保证,并且在审计报告中发表保留意见也不足以实现向预期使用者报告的目的,注册会计师应按照审计准则的规定出具无法表示意见的审计报告,或者在法律、法规允许的情况下终止业务约定或解除业务委托。

从整个社会的角度来说,尤其是从证券市场的角度来说,注册会计师的审计意见旨在提高财务报表的可信性,但是它不应被视为对被审计单位未来生存能力或管理层经营效率、效果提供的保证,审计工作不能对财务报表不存在重大错报提供担保。提高财务报表可信性的含义是,注册会计师要合理保证财务报表整体不存在重大错报。这里要强调的是合理保证而不是绝对保证,合理保证是指注册会计师通过积累必要的审计证据得出财务报表整体不存在重大错报的结论,对财务报表使用人提供一种高度但非绝对的保证。

二、认定

(一)认定的含义

在理解审计目标之前,需要先了解被审计单位管理层对财务报表的认定。认定是指管理层针对财务报表要素的确认、计量和列报(包括披露)作出的一系列明确或暗含的意思表达。认定与审计目标密切相关,注册会计师的基本职责就是确定被审计单位管理层对其财务报表的认定是否恰当。注册会计师了解了认定,就很容易确定每个项目的具体审计目标。

当管理层声明财务报表已按照适用的财务报表编制基础进行编制,在所有重大方面做出公允反映时,就意味着管理层对财务报表各组成要素的确认、计量、列报以及相关的披露做出了认定。管理层在财务报表上的认定有些是明确表达的,有些则是隐含表达的。例如,天河公司管理层提交的公司财务报表中列报固定资产共有 100 万元。对这一列报,管理层至少表达了这样几个方面:在资产负债表日,该公司存在 100 万元的固定资产,这些固定资产的所有权归该公司所有,这些固定资产的价值是 100 万元,公司所有的固定资产就是这些,没有遗漏等。而且,除非财务报表中另有揭示,否则管理层还隐含表达固定资产没有受到限制、可用于正常生产经营活动的意思。财务报表中的每一项资产、负债、所有者权益、收入和费用项目都有类似的认定。管理层的认定不仅适用于各账户余额,也同样适用于各类交易和财务报表的列报与披露。

管理层对财务报表各组成要素均做出了认定,注册会计师的审计工作就是要确定管理层的认定是否恰当。按照风险导向审计的理念和方法,注册会计师需要将认定具体运用于各类交易、账户余额、列报与披露三个类别,并且作为评估重大错报风险以及设计与实施进一步审计程序的基础,故认定层次的构成分为两个类别:关于所审计期间各类交易、事项及相关披露的认定以及关于期末账户余额及相关披露的认定。

(二)与所审计期间各类交易和事项相关的认定

注册会计师关于所审计期间的各类交易和事项运用的认定通常分为下列类别:

(1)发生:记录的交易和事项已发生,且与被审计单位有关。由发生认定推导的审计目标是确认已记录的交易是真实的。例如,没有发生销售交易,但在销售日记账中记录了一笔销售,则违反了该目标。

发生认定所要解决的问题是管理层是否把那些不曾发生的项目列入财务报表,它主要与财务报表组成要素的高估有关。

(2)完整性:所有应当记录的交易和事项均已记录。由完整性认定推导的审计目标是确认已发生的交易确实已经记录。例如,发生了销售交易,但没有在销售明细账和总账中记录,则违反了该目标。

发生和完整性两者强调的是相反的关注点。发生目标针对潜在的高估,而完整性目标则针对漏记交易(低估)。

(3)准确性:与交易和事项有关的金额及其他数据已恰当记录。由准确性认定推导出的审计目标是确认已记录的交易是按正确金额反映的。例如,在销售交易中,发出商品的数量与账单上的数量不符,或是开账单时使用了错误的销售价格,或是账单中的乘积或加总有误,或是在销售明细账中记录了错误的金额,则违反了该目标。

准确性与发生、完整性之间存在区别。例如,已记录的销售交易是不应当记录的(如发出的商品是寄销商品),则即使发票金额是准确计算的,仍违反了发生目标。又如,若已入账的销售交易是对正确发出商品的记录,但金额计算错误,则违反了准确性目标,但没有违反发生目标。在完整性与准确性之间也存在同样的关系。

(4)截止:交易和事项已记录于正确的会计期间。由截止认定推导出的审计目标是确认接近于资产负债表日的交易记录于恰当的期间。例如,本期交易推迟到下期,或下期交易提前到本期,均违反了截止目标。

（5）分类:交易和事项已记录于恰当的账户。由分类认定推导出的审计目标是确认被审计单位记录的交易经过适当分类。例如,将现销记录为赊销、将出售经营性固定资产所得的收入记录为营业收入,则导致交易分类的错误,违反了分类的目标。

（6）列报:交易和事项已被恰当地汇总或分解且表述清楚,相关披露在适用的财务报告编制基础上是相关的、可理解的。

（三）关于期末账户余额及相关披露的认定

注册会计师关于期末账户余额运用的认定通常分为下列类别:

（1）存在:记录的资产、负债和所有者权益是存在的。由存在认定推导的审计目标是确认记录的金额确实存在。例如,不存在某顾客的应收账款,在应收账款明细表中却列入了对该顾客的应收账款,则违反了存在目标。

（2）权利和义务:记录的资产由被审计单位拥有或控制,记录的负债是被审计单位应当履行的偿还义务。由权利和义务认定推导的审计目标是确认资产归属于被审计单位,负债属于被审计单位的义务。例如,将他人寄售商品列入被审计单位的存货中,违反了权利目标;将不属于被审计单位的债务记入账内,违反了义务目标。

（3）完整性:所有应当记录的资产、负债和所有者权益均已记录。由完整性认定推导的审计目标是确认已存在的金额均已记录。例如,存在某顾客的应收账款,在应收账款明细表中却没有列入对该顾客的应收账款,则违反了完整性目标。

（4）准确性、计价和分摊:资产、负债和所有者权益以恰当的金额包括在财务报表中,与之相关的计价或分摊调整已恰当记录。资产、负债和所有者权益以恰当的金额包括在财务报表中,与之相关的计价或分摊调整已恰当记录。

（5）分类:资产、负债和所有者权益已记录于恰当的账户。

（6）列报:资产、负债和所有者权益已被恰当地汇总或分解且表述清楚,相关披露在适用的财务报告编制基础下是相关的、可理解的。

三、具体审计目标

由此可知,认定是确定具体审计目标的基础,注册会计师通常将认定转化为能够通过审计程序予以实现的审计目标。针对财务报表每一项目所表现出的各项认定,注册会计师相应地确定一项或多项审计目标,然后通过执行一系列审计程序获取充分、适当的审计证据以实现审计目标,并以此作为评估重大错报风险以及设计和实施进一步审计程序的基础。

（一）与所审计期间各类交易和事项相关的审计目标

（1）发生:由发生认定推导的审计目标是确认已记录的交易是真实的。

（2）完整性:由完整性认定推导的审计目标是确认已发生的交易确实已经记录。

（3）准确性:由准确性认定推导出的审计目标是确认已记录的交易是按正确金额反映的。

（4）截止:由截止认定推导出的审计目标是确认接近资产负债表日的交易记录于恰当

的期间。

（5）分类：由分类认定推导出的审计目标是确认被审计单位记录的交易经过适当分类。

（6）列报：由列报认定推导出的审计目标是确认被审计单位的交易和事项已被恰当地汇总或分解且表述清楚，相关披露在适用的财务报告编制基础上是相关的、可理解的。

（二）与期末账户余额相关的审计目标

（1）存在：由存在认定推导的审计目标是确认记录的金额确实存在。

（2）权利和义务：由权利和义务认定推导的审计目标是确认资产归属于被审计单位，负债属于被审计单位的义务。

（3）完整性：由完整性认定推导的审计目标是确认已存在的金额均已记录。

（4）计价和分摊：资产、负债和所有者权益以恰当的金额包括在财务报表中，与之相关的计价或分摊调整已恰当记录。

（5）分类：资产、负债和所有者权益已记录于恰当的账户。

（6）列报：资产、负债和所有者权益已被恰当地汇总或分解且表述清楚，相关披露在适用的财务报告编制基础下是相关的、可理解的。

认定、审计目标和审计程序之间的关系举例如表 3-1 所示。

表 3-1 　　　　　　　认定、审计目标和审计程序之间的关系举例——销售业务

认定	审计目标	审计程序
发生	所记录的销售是否确实已经发生	审查销售交易发生时的原始凭证
完整性	已发生的销售业务均已入账	检查发货单和销售发票并核对销售明细账
准确性	已入账的销售业务金额是正确的	比较价格清单与发票上的价格，发货单与销售订购单上的数量是否一致，重新计算发票上的金额并核对销售明细账
截止	销售业务记录在恰当的期间	比较上一年度最后几天和下一年度最初几天的发货单日期与记账日期
分类	销售业务已经正确分类	销售收入正确分类计入主营业务收入、其他业务收入

第二节　审计目标实现的过程

在审计目标确定后，注册会计师可以开始收集审计证据，从而实现财务报表审计总目标和各项具体审计目标。而审计证据的收集是在审计过程中实现的，因此审计目标的实现与审计过程密切相关。具体说来，审计过程可以包括以下几个阶段。

一、接受业务委托

会计师事务所应当按照执业准则的规定，谨慎决策是否接受或保持某客户关系和具体审计业务。在接受委托前，注册会计师应当初步了解审计业务环境，包括业务约定事项、审计对象特征、使用的标准、预期使用者的需求、责任方及其环境的相关特征，以及可能对审计业务产

生重大影响的事项、交易、条件和惯例等其他事项。只有在了解后认为符合专业胜任能力、独立性和应有的关注等职业道德要求,并且拟承接的业务具备审计业务特征时,注册会计师才能将其作为审计业务予以承接。总的来说,接受业务委托阶段的主要工作包括:了解和评价审计对象的可审性,决定是否接受委托,商定业务约定条款,签订审计业务约定书等。

二、计划审计工作

计划审计工作十分重要,计划不周不仅会导致盲目实施审计程序,无法获得充分、适当的审计证据以将审计风险降至可接受的程度,影响审计目标的实现,而且会浪费有限的审计资源,增加不必要的审计成本,影响审计工作的效率。因此,对于任何一项审计业务,注册会计师在执行具体审计程序之前,都必须根据具体情况制定科学、合理的计划,使审计业务以有效的方式得到执行。一般来说,计划审计工作主要包括:在审计业务开始时开展初步业务活动,制定总体审计策略,制定具体审计计划等。计划审计工作不是审计业务的一个孤立阶段,而是一个持续的、不断修正的过程,贯穿于整个审计业务的始终。

三、评估重大错报风险

审计准则规定,注册会计师必须实施风险评估,以此作为评估财务报表层次和认定层次重大错报风险的基础。风险评估程序是指注册会计师为了了解被审计单位及其环境,以识别和评估财务报表层次和认定层次的重大错报风险而实施的审计程序。风险评估程序是必要程序,了解被审计单位及其环境为注册会计师在许多关键环节做出职业判断提供了重要基础。了解被审计单位及其环境实际上是一个连续和动态地收集、更新和分析信息的过程,贯穿于整个审计过程的始终。一般来说,实施风险评估程序的主要工作包括:了解被审计单位及其环境;识别和评估财务报表层次以及各类交易、账户余额和披露认定层次的重大错报风险。

四、应对重大错报风险

注册会计师实施风险评估程序本身并不足以为发表审计意见提供充分、适当的审计证据,还应当实施进一步审计程序,包括实施控制测试(必要时或决定测试时)和实质性程序。因此,注册会计师在评估财务报表层次的重大错报风险后,应当运用职业判断,针对评估的财务报表层次重大错报风险确定总体应对措施,针对评估的认定层次重大错报风险确定设计和实施进一步审计程序,以将审计风险降至可接受的低水平。

五、完成审计工作和出具审计报告

注册会计师在完成了进一步审计程序后,就有必要将所获得的信息综合起来,形成对财务报表是否公允反映的总体结论。在审计完成后,注册会计师必须对被审计单位公布的财务报表出具审计报告。这一过程的主要工作有:整理、评价执行审计业务中收集到的审计证据;复核审计工作底稿;审计期后事项;汇总审计差异,并提请被审计单位调整或做出适当披露;形成审计意见,编制审计报告。在这一过程中,为了实现审计目标,注册会计师必须正确运用职业判断,综合所收集到的各种证据,并根据审计准则,形成适当的审计意见,最终出具审计报告。

第三节 / 审 计 程 序

注册会计师为实现具体审计目标,必须通过实施审计程序,获取充分、适当的审计证据。注册会计师可以采用检查、观察、询问、函证、重新计算、重新执行、分析程序等具体审计程序获取审计证据。

一、检查

检查是指注册会计师对被审计单位内部或外部生成的,以纸质、电子或其他介质形式存在的记录或文件进行检查,或对资产实物进行检查。检查记录或文件可提供可靠程度不同的审计证据,审计证据的可靠性取决于记录或文件的来源和性质。检查记录或文件是每一次审计业务中都广泛采用的审计程序,因为审计师可以凭较低的成本取得这类证据。

文件可以分为内部文件和外部文件。内部文件是在客户单位内部编制和使用的,并且从未经过外部人员之手的文件。外部文件是曾经过客户单位外部某些人员之手的文件,这些人员是该文件所记录的业务的一方当事人。该文件目前在被审计客户之手或随时可以取得。在某些情况下,外部文件产生于被审计客户单位外部,最后流入客户手中。

检查有形资产可为其存在性提供可靠的审计证据,但不一定能够为权利和义务或计价认定提供可靠的审计证据。检查有形资产实物是验证资产确实存在的直接手段,检查结果被视为最可靠、最有用的审计证据。检查有形资产程序大多数情况下适用于对现金和存货的审计,也适用于对有价证券、应收票据等的验证。

二、观察

观察是利用感官去评价某些活动,它是指注册会计师查看相关人员正在从事的活动或执行的程序。在整个审计过程中,注册会计师有很多机会利用视觉、听觉、触觉以及嗅觉去感知和评价各种各样的事物。例如,注册会计师到车间参观,可以取得对设备和生产过程的总体印象,通过仔细察看设备的磨损情况可以评价设备的新旧程度;通过观察生产线的运行速度和工人的工作效率,可以判断产品的生产状况;通过观看会计流程,可以确定会计人员履行其职责的情况。观察本身并不足以提供充分的证据,但是通过观察有了初步印象以后,可以确定进一步收集证据的方向和类别,以便使用其他类型的确证证据对观察的结果加以证实。

三、询问

询问是指注册会计师以书面或口头方式,向被审计单位内部或外部的知情人员获取财务信息和非财务信息,并对答复进行评价的过程。知情人员对询问的答复可能为注册会计师提供尚未获悉的信息或佐证证据,也可能提供与已获悉信息存在重大差异的信息,注册会计师可以根据询问结果考虑修改审计程序或追加审计程序。尽管通过询问可以从客户那里获得大量的证据,但通常不能把询问结果作为结论,因为它有可能带有回答者的偏见。询问通常不足以发现认定层次存在的重大错报,也不足以测试内部控制运行的有效性,注册会计师还应当实施其他审计程序获取充分、适当的审计证据。

四、函证

函证是指注册会计师为了印证影响财务报表认定的账户余额或其他信息,以被审计单位的名义向第三方发出询证函,获取和评价审计证据的过程。函证回函来自独立于被审计单位的第三方,因而是一种常用取证手段。其主要用于证明应收账款、银行存款真实性。

五、重新计算

重新计算是指注册会计师以人工方式或使用计算机辅助审计技术,对记录或文件的数字准确性进行核对。例如,计算销售发票的金额是否正确、加总日记账和明细账、计算存货计价中的加权平均单价、计算折旧费用、计算应纳税额等。注册会计师的计算不一定要按照被审计单位原先的计算程序和顺序进行,有时可以逆算或倒轧。

六、重新执行

重新执行是指注册会计师以人工方式或使用计算机辅助审计技术,重新独立执行作为被审计单位内部控制组成部分的程序或控制。通过重新执行,检查被审计单位内部控制制度是否健全,实际存在的内部控制运行是否有效。在实质性程序中,注册会计师会利用被审计单位的银行存款日记账和银行对账单,重新编制银行存款余额调节表,并与被审计单位编制的银行存款余额调节表进行比较。

七、分析程序

分析程序是指注册会计师通过研究财务数据之间、非财务数据之间以及财务数据与非财务数据之间的内在关系,对财务信息做出评价。分析程序还包括调查其他相关信息不一致或与预测数据严重偏离的波动和关系。在实务中,经常使用的方法主要有比较分析法、比率分析法、趋势分析法、回归分析法等。

注册会计师实施分析程序的目的包括:

(1)用作风险评估程序,以了解被审计单位及其环境。注册会计师实施风险评估程序的目的在于了解被审计单位及其环境并评估财务报表层次和认定层次的重大错报风险。在风险评估过程中使用分析程序也服务于这一目的。分析程序可以帮助注册会计师发现财务报表中的异常变化,或者预期发生而未发生的变化,识别存在潜在重大错报风险的领域。分析程序还可以帮助注册会计师发现财务状况或盈利能力发生变化的信息和征兆,识别那些表明被审计单位持续经营能力问题的事项。

(2)当使用分析程序比细节测试能更有效地将认定层次的检查风险降至可接受的水平时,分析程序可以用作实质性程序。在针对评估的重大错报风险实施进一步审计程序时,注册会计师可以将分析程序作为实质性程序的一种,单独或结合其他细节测试,收集充分、适当的审计证据。此时运用分析程序可以减少细节测试的工作量,节约审计成本,降低审计风险,使审计工作更有效率和效果。

(3)在审计结束或临近结束时对财务报表进行总体复核。在审计结束或临近结束时,注册会计师应当运用分析程序,在已收集的审计证据的基础上,对财务报表整体的合理性做

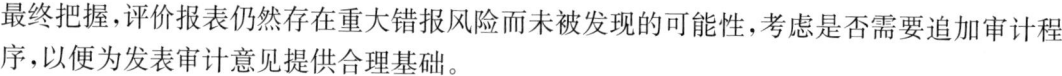

最终把握,评价报表仍然存在重大错报风险而未被发现的可能性,考虑是否需要追加审计程序,以便为发表审计意见提供合理基础。

【知识链接】

调 节 法

调节法是以一定时点的数据为基础,结合已经发生的正常业务中增加和减少的金额,将其调整为所需确定的数据,从而验证被审计项目在审查日金额是否正确的一种审计技术。在实际工作中,注册会计师一般是在被审计单位报表日之后进行审计工作的,因而财产物资的盘点日(即审计日)往往与结账日(报表日)不一致。在这一段时间内,被审计单位的经济业务已发生变化,即发生了正常的财产物资的收、发业务,因而注册会计师已无法直接取得被审计单位报表日实际资产结存数来验证账实的一致性。采用调节法就是以一定时点(审计盘点日)上的数据,将被审计单位正常业务而发生的资产增加、减少的数据相应进行调节,然后将盘点日的有关数据倒推到报表日,以调节后的数据与账面余额进行核对,这样就可验证财务报表的编制日账实是否相符。调节法一般结合盘点法使用。盘点日在结账日之后采用调节法可用以下公式表示:

结账日存量＝盘点日存量＋结账日至盘点日发出量－结账日至盘点日收入量

第四节 抽样技术在审计中的运用

抽样技术运用于审计工作是审计理论和实践的重大突破,实现了审计从详查到抽查的历史性飞跃。

一、选取测试项目的方法

在设计审计程序时,注册会计师需要确定选取测试项目的适当方法。注册会计师可以使用的方法包括选取全部项目、选取特定项目和审计抽样。注册会计师可以根据具体情况,单独或综合使用选取测试项目的方法,但所使用的方法应当能够有效地提供充分、适当的审计证据,以实现审计程序的目标。

1. 选取全部项目进行测试

当存在下列情形之一时,注册会计师要考虑选取全部项目进行测试:

(1) 总体由少量的大额项目构成。

(2) 存在特别风险且其他方法未提供充分、适当的审计证据。

(3) 由于信息系统自动执行的计算或其他程序具有重复性,对全部项目进行检查符合成本效益原则。

2. 选取特定项目进行测试

根据对被审计单位的了解、评估的重大错报风险以及所测试总体的特征等,注册会计师可以确定从总体中选取特定项目进行测试。选取的特定项目可能包括：

（1）大额或关键项目。

（2）超过某一金额的全部项目。

（3）用于获取某些信息的项目。

（4）用于测试控制活动的项目。

需要注意的是，根据判断选取特定项目容易产生非抽样风险。选取特定项目实施检查，通常是获取审计证据的有效手段，但并不构成审计抽样。对按照这种方法选取的项目实施审计程序的结果，不能推断至整个总体。当总体的剩余部分重大时，注册会计师应当考虑是否需要针对该剩余部分获取充分、适当的审计证据。

3. 审计抽样

审计抽样是指注册会计师对具有审计相关性的总体中低于百分之百的项目实施审计程序，使所有抽样单元都有被选取的机会，为注册会计师针对整个总体得出结论提供合理基础。审计抽样能使注册会计师获取和评价有关所选取项目某一特征的审计证据，形成或有助于形成有关总体的结论。总体是指注册会计师从中选取样本并期望据此得出结论的整个数据集合。

审计抽样应当具备以下三个特征：

（1）对某类交易或账户余额低于百分之百的项目实施审计程序。

（2）所有抽样单元都有被选取的机会。

（3）审计测试的目的是评价该账户余额或交易类型的某一特征。

二、获取证据时对审计抽样等方法的考虑

审计抽样并非在所有的审计程序中都可以使用。注册会计师拟实施的审计程序将对运用审计抽样产生重要的影响。在风险评估程序、控制测试和实质性程序中，有些审计程序可以使用审计抽样，有些审计程序则不宜使用审计抽样。

风险评估程序通常不涉及使用审计抽样和其他选取测试项目的方法。但如果注册会计师在了解控制的设计和确定其是否得到执行时，一并计划和实施控制测试，则会涉及审计抽样和其他选取测试项目的方法。

当控制的运行留下轨迹时，注册会计师可以考虑使用审计抽样和其他选取测试项目的方法实施控制测试。例如，被审计单位规定，信用部门负责人需在销售合同上签名批准赊销，带有该负责人签字的销售合同即为该项控制的书面轨迹，此时注册会计师可以使用审计抽样来抽取部分销售合同实施检查，以确定被审计单位的该项信用控制是否有效运行。某些控制的运行可能没有书面记录，或文件记录与证实控制运行有效性不相关，即属于没有留下运行轨迹，对这类控制实施测试不涉及审计抽样。注册会计师通常应考虑实施询问、观察等程序来获取相关控制运行有效性的审计证据。例如，在对被审计单位的存货盘点过程实施控制测试时，注册会计师只能通过对存货移动控制、盘点程序、被审计单位用于控制存货盘点的其他活动的观察来进行，实施观察程序不需要审计抽样。

实质性程序包括对各类交易、账户余额、列报的细节测试，以及实质性分析程序。在实施细节测试时，注册会计师可以使用审计抽样和其他选取测试项目的方法获取审计证据，以验证有关财务报表金额的一项或多项认定，或对某些金额做出独立估计。在实施实质性分析程序时，注册会计师不宜使用审计抽样和其他选取测试项目的方法。

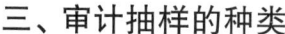

三、审计抽样的种类

（一）按抽样的依据分类

按抽样的依据，审计抽样可分为统计抽样和非统计抽样两种类型。

统计抽样是注册会计师运用概率论原理，遵循随机原则，从审计对象总体中抽取一部分有效样本进行审查，然后以样本的审查结果来推断总体的抽样方法。运用统计抽样可以使总体中的每一单位都有被抽查的机会，使样本的特征尽可能接近总体的特征。在抽样过程中，要使样本的特征接近总体特征，必须有一定数量的样本。抽查的样本越多，则越可能接近总体的特征，但需要花费更多的时间；反之，抽查的样本过少，虽能节省时间，但抽查的误差必然大。而正确地运用统计抽样就可以做到抽查适度的样本数量，使其既取得较好的效果，又能花费较少的时间，还能科学地评价审计结果的可靠程度。但是，统计抽样运用难度大，要求注册会计师具有较高的数学和统计学水平。此外，对资料残缺不全的被审计单位以及揭露贪污舞弊的财经法纪审计，均不宜采用统计抽样。

统计抽样的意义在于：①统计抽样能够科学地确定抽样规模。②统计抽样中总体各项目被抽中的机会是均等的，可以防止主观判断。③统计抽样能计算抽样误差在预先给定的范围内的概率有多大，并根据抽样推断的要求，把这种误差控制在预先给定的范围之内。④统计抽样便于审计工作规范化。

不同时具备上述两个特征的抽样方法属于非统计抽样。非统计抽样又有任意抽样和判断抽样之分。在任意抽样法下，从总体中抽取多少样本、抽取哪些样本都是主观随意的，没有客观的依据和标准。显然，任意抽样的样本往往代表性较差，很难保证它能够反映总体的真实情况，根据对这种样本的审查结果来推断总体，审计结论的可靠性难以保证。判断抽样是基于注册会计师对审计对象的了解和个人的职业判断，有目的、有重点地选取一定量的样本进行审查。判断抽样是在任意抽样的基础上融入了个人的经验和判断，所以其结果在很大程度上取决于注册会计师的经验水平和判断能力的高低，但它们都不能科学地确定样本规模，不能用数学评估的方法测定和控制抽样风险。

注册会计师应当根据具体情况并运用职业判断，确定使用统计抽样或非统计抽样，以最有效率地获取审计证据。两种技术只要运用得当，都可以提供审计所要求的充分、适当的证据，并且都存在某种程度的抽样风险和非抽样风险。非统计抽样离不开职业判断，统计抽样也不排除职业判断，事实上，在运用统计抽样的全过程中都需要使用职业判断。例如，确定审计对象总体，定义总体特征，决定所采用的选样方法，对抽样结果进行质量和数量上的评价等，都需要职业判断。注册会计师在统计抽样和非统计抽样之间进行选择时，成本效益是要考虑的一个主要问题。一般情况下，非统计抽样可能比统计抽样的成本低，但统计抽样的效果则可能比非统计抽样更可靠。在某些情况下，使用统计抽样需要较高的成本，比如，为了使注册会计师掌握使用统计抽样所需要的特殊专业技能，可能需要增加培训费用。非统计抽样只要设计得当，也能够获得与统计抽样相同的结果。在实际工作中，把统计抽样和非统计抽样结合起来使用，往往能收到较好的审计效果。

（二）按抽样的目的分类

按抽样技术在审计工作中的具体目的，审计抽样可以分为属性抽样和变量抽样。

属性抽样是指在精确度界限和可靠程度一定的条件下,为了测定总体特征的发生频率而采用的一种方法;变量抽样是指用来估计总体金额而采用的一种方法。根据控制测试的目的和特点所采用的审计抽样通常称为属性抽样;根据实质性程序的目的和特点所采用的审计抽样称为变量抽样。在审计实务中,经常存在同时进行控制测试和实质性程序的情况,在此情况下采用的审计抽样称为双重目的抽样。属性抽样和变量抽样的主要区别如表3-2所示。

表 3-2 属性抽样和变量抽样的区别

抽样技术	测试种类	目的
属性抽样	控制测试	估计总体既定控制的偏差率(次数)
变量抽样	实质性程序	估计总体金额或者总体中的错报金额

四、抽样风险与非抽样风险

注册会计师在运用抽样技术进行审计时,有两方面的不确定性因素:一方面的因素直接与抽样相关,另一方面的因素与抽样无关。我们将直接与抽样相关的因素造成的不确定性称为抽样风险,将与抽样无关的因素造成的不确定性称为非抽样风险。

(一)抽样风险

抽样风险是指注册会计师根据样本得出的结论,可能不同于如果对整个总体实施与样本相同的审计程序得出的结论的风险。抽样风险与样本量成反比,样本量越大,抽样风险越小。

注册会计师在进行控制测试时,应关注以下抽样风险:

(1)信赖不足风险。信赖不足风险是指推断的控制有效性低于其实际有效性的风险,即抽样结果使注册会计师没有充分信赖实际上应予信赖的内部控制的可能性。

(2)信赖过度风险。信赖过度风险是指推断的控制有效性高于其实际有效性的风险,即抽样结果使注册会计师对内部控制的信赖超过了其实际上可予信赖程度的可能性。

注册会计师在进行实质性测试时,应关注以下抽样风险:

(1)误受风险。误受风险是指注册会计师推断某一重大错报不存在而实际上存在的风险。

(2)误拒风险。与误受风险相反,误拒风险是指抽样结果表明账户余额存在重大错报而实际上不存在重大错报的可能性。

信赖不足风险与误拒风险一般会导致注册会计师执行额外的审计程序,降低审计效率。当注册会计师评估的控制有效性低于其实际有效性时,评估的重大错报风险水平高于实际水平,注册会计师可能会增加不必要的实质性程序。在这种情况下,审计效率可能降低。与信赖不足风险类似,误拒风险影响审计效率。

信赖过度风险与误受风险很可能导致注册会计师形成不正确的审计结论。如果注册会计师评估的控制有效性高于其实际有效性,从而导致评估的重大错报风险水平偏低,注册会计师可能不适当地减少从实质性程序中获取的证据,因此审计的有效性下降。对于注册会计师而言,信赖过度风险更容易导致注册会计师发表不恰当的审计意见,因而更应予以关注。与信赖过度风险类似,误受风险影响审计效果。

可见,信赖过度风险和误受风险对注册会计师来说是最危险的风险,因为它使审计无法达到预期的效果。而信赖不足风险和误拒风险则属于保守型风险,出现这两种风险后,审计效率虽不高,但其效果一般都能保证。

(二)非抽样风险

非抽样风险是指因注册会计师采用不恰当的审计程序或方法,或因误解审计证据等而未能发现重大误差的可能性。产生这种风险的原因主要有:

(1)人为错误,如未能找出样本文件中的错误等。

(2)运用了不切合审计目标的程序。

(3)错误解释样本结果。

非抽样风险无法量化,但会计师事务所和注册会计师应当通过对审计工作适当的计划、指导和监督,以坚持质量控制标准,力争有效地降低非抽样风险。非抽样风险对审计工作的效率和效果都有一定影响。

五、抽样审计的基本程序

在审计过程中采用抽样的方法,就是要在一个较大数量的被查总体中抽出一定数量的项目进行审查,并根据审查结果对该被查总体做出判断、得出结论。抽样过程可以采用很复杂、严谨的技术和程序,也可以采用相对简单、易做的方式方法。不论哪种情况,采用抽样方法实施审计的基本程序可概括为八个步骤:①确定测试目标和总体范围。②分析能否采用抽样的方法。③确定要审查什么和什么是抽样单元。④分析影响样本规模的因素。⑤确定抽取多大规模的样本。⑥从被查总体中抽取样本。⑦对抽出的样本进行审查。⑧根据对样本审查的结果推断总体,并最终得出结论。

下面对这八个步骤进行详细讨论。

(一)确定审计测试的目标和被审查总体的范围

在实施抽样之前必须首先确定审计测试的目标和被审查总体的范围。比如,是测试内部控制的有效性,还是测试经济业务的真实性?是测试账簿记录的完整性,还是测试账户余额的正确性?要在哪些项目中进行抽样,这些项目的边界在哪里?被审查总体可以包括构成某类交易或账户余额的所有项目,也可以只包括某类交易或账户余额中的部分项目。例如,如果应收账款中没有个别重大项目,注册会计师直接对应收账款账面余额进行抽样,则总体包括构成应收账款期末余额的所有项目。如果注册会计师已使用选取特定项目的方法将应收账款中的个别重大项目挑选出来单独测试,只对剩余的应收账款余额进行抽样,则总体只包括构成应收账款期末余额的部分项目。

注册会计师应当确保总体的适当性和完整性。也就是说,注册会计师所定义的总体应具备下列两个特征:①适当性,注册会计师应确定总体适合于特定的审计目标,包括适合于测试的方向。②完整性,注册会计师应当从总体项目内容和涉及时间等方面确定总体的完整性。

(二)分析审计抽样的可行性

审计抽样适用于注册会计师计划根据样本对总体进行推断的情况,需要注册会计师对审计方案进行分析,以确定在哪些审计程序和哪些被审查总体中可以实施审计抽样。在分析审计抽样的可行性时,注册会计师首先要考虑被审查总体中项目数量的充分性,即被审查总体中的项目必须达到一定的数量。当某一总体中的项目很少时,不宜运用统计抽样法,因为总体项目过少会影响抽样的准确性,这时可以运用非统计的判断抽样法,或选取全部项目进行测试,这样并不会增加太多的耗费,当总体规模太小时实施抽样技术没有必要。

(三)定义特征和确定抽样单元

特征是指被查对象应当具有的属性和要件。只有明确了要审查的被查对象的特征,才能指导注册会计师查出被查对象中缺乏或错报其应有属性和要件的内容,才能确定什么是错误的或有问题的项目。例如,销售发票上应载明所售商品的单价和数量,将此确定为被查企业销售发票应有的特征,那么在抽查的样本中发现没有载明所售商品的单价和数量或列报有误的发票就可被列为错误的或有问题的项目范围。

特征是在每一个被查单位上表现出来的,所以需要确定抽样单元。抽样单元的确定需要与审计测试的目标保持一致。通常情况下抽样单元是直观的、较易确定的,定义总体时实际上即将抽样单元确定下来了。例如,审计测试的目标是审查已记录的销售的存在性或是否发生,那么销售发票存根就成为被查总体,抽样单元就可以确定为每一张发票。

在设计审计样本时,注册会计师应当考虑审计程序的目标和抽样总体的属性。注册会计师应当根据调查了解阶段所获取的审计证据的性质,以及与该审计证据相关的可能的误差情况或其他特征,界定误差构成条件和抽样总体。

(四)分析影响样本规模的因素

从被审查总体中抽取样本的数量称为样本规模。在审计抽样中,注册会计师面临选取多大规模样本的抉择,样本规模过小往往不能反映出总体的特征,而样本规模过大则会加大审计成本,失去抽样的意义。因此,对于样本规模的大小,注册会计师做出的抉择应有所依据。在非统计抽样中,注册会计师主要依据经验来确定样本规模;在统计抽样中,注册会计师则可以依据一些客观因素来确定样本规模。

1. 可容忍误差

可容忍误差是注册会计师认为抽样结果可以达到审计目的,因而愿意接受的审计对象总体的最大误差。注册会计师需要在审计计划阶段,根据审计重要性原则,合理确定可容忍误差。确定可容忍的误差直接影响抽取多大规模的样本,可容忍误差越小,需选取的样本量相应越大,其极限是不容忍存在误差,这种情况下只能进行百分之百的全面审查,抽样方法不再适用。

2. 预计总体误差

预计总体误差是指总体的偏差水平,它对样本规模有直接的影响。一般来说,预计总体误差高,所需要的样本规模就要大。在实施控制测试时,注册会计师通常根据对相关控制的设计和执行情况的了解,或根据从总体中抽取少量项目进行检查的结果,对拟测试总体的预计误差率进行评估。在实施细节测试时,注册会计师通常对总体的预计误差额进行评估。

3. 审计结论的可信赖程度

抽样审查是从总体中抽取一部分样本进行审查,而并非全部审查,因此根据样本特征所推断的总体特征与实际的总体特征之间必然存在抽样误差,这使得通过抽样所得出的审计结论处于某种可信赖程度水平上。审计结论的可信赖程度与抽样规模成正比,要求审计结论可信赖程度越高,抽样规模就越大;反之,则越小。

4. 总体数量

总体数量对样本规模只有很小的影响,甚至没有任何影响。当总体规模趋于无穷大时,样本规模将不受总体数量的影响。

（五）确定样市规模

根据影响样本规模的因素,按照确定样本规模的计算公式或经验规则,确定样本规模。在确定样本规模时,注册会计师应当考虑能否将抽样风险降至可接受的低水平。样本规模受注册会计师可接受的抽样风险水平的影响:可接受的抽样风险水平越低,需要的样本规模越大。注册会计师可以使用统计学公式或运用职业判断,确定样本规模。在属性抽样中,我们可以利用样本规模确定表(表3-3)直接查得样本规模。

表3-3　　控制测试中统计抽样样本规模确定表——信赖过度风险10%(括号内是可接受的偏差数)

预计总体偏差率	可容忍偏差率										
	2%	3%	4%	5%	6%	7%	8%	9%	10%	15%	20%
0	114(0)	76(0)	57(0)	45(0)	38(0)	32(0)	28(0)	25(0)	22(0)	15(0)	11(0)
0.25	194(1)	129(1)	96(1)	77(1)	64(1)	55(1)	48(1)	42(1)	38(1)	25(1)	18(1)
0.50	194(1)	129(1)	96(1)	77(1)	64(1)	55(1)	48(1)	42(1)	38(1)	25(1)	18(1)
0.75	265(2)	129(1)	96(1)	77(1)	64(1)	55(1)	48(1)	42(1)	38(1)	25(1)	18(1)
1.00	*	176(2)	96(1)	77(1)	64(1)	55(1)	48(1)	42(1)	38(1)	25(1)	18(1)
1.25	*	221(3)	132(2)	77(1)	64(1)	55(1)	48(1)	42(1)	38(1)	25(1)	18(1)
1.50	*	*	132(2)	105(2)	64(1)	55(1)	48(1)	42(1)	38(1)	25(1)	18(1)
1.75	*	*	166(3)	105(2)	88(2)	55(1)	48(1)	42(1)	38(1)	25(1)	18(1)
2.00	*	*	198(4)	132(3)	88(2)	75(2)	65(2)	42(2)	38(2)	25(1)	18(1)
2.25	*	*	*	132(3)	88(2)	75(2)	65(2)	42(2)	38(2)	25(1)	18(1)
2.50	*	*	*	158(4)	110(3)	75(2)	65(2)	58(2)	38(2)	25(1)	18(1)
2.75	*	*	*	209(6)	132(4)	94(3)	65(2)	58(2)	52(2)	25(1)	18(1)
3.00	*	*	*	*	132(4)	94(3)	65(2)	58(2)	52(2)	25(1)	18(1)
3.25	*	*	*	*	153(5)	113(4)	82(3)	58(2)	52(2)	25(1)	18(1)
3.50	*	*	*	*	194(7)	113(4)	82(3)	73(3)	52(2)	25(1)	18(1)
3.75	*	*	*	*	*	131(5)	98(4)	73(3)	52(2)	25(1)	18(1)
4.00	*	*	*	*	*	149(9)	98(4)	73(3)	65(3)	25(1)	18(1)
5.00	*	*	*	*	*	*	160(8)	115(6)	78(4)	34(2)	18(1)
6.00	*	*	*	*	*	*	*	182(11)	116(7)	43(3)	25(2)
7.00	*	*	*	*	*	*	*	*	199(14)	52(4)	25(2)

*样本规模太大,因而在多数情况下不符合成本效益原则。

注:本表假设总体为大总体。

资料来源:AICPA. Audit and Accounting Guide: Audit Sampling. 2005.

（六）抽取样市项目

在确定总体范围和样本规模后,注册会计师可以开始实施抽样,即从总体中选取相当于样本规模数量的样本。注册会计师在抽取样本时,最关键的是应使审计对象总体内所有抽样单元均有被选取的机会,以使样本能够代表总体。实务中有各种不同的抽样方法可供注册会计师选择。按照是否运用随机原则抽样,抽样方法可以分为统计抽样法和非统计抽样法两类。随机原则是指在选取样本时,总体中抽样单元被选中与否完全是由概率因素决定的,主观因素一般不起作用,因而总体中每一个抽样单元以相等的机会被选中。在非统计抽样中,注册会计师应当运用职业判断选取样本项目。由于抽样的目的是对整个总体得出结论,注册会计师应当尽量选取具有总体典型特征的样本项目,并在选取样本时避免偏见。注册会计师可以采用统计抽样或非统计抽样的方法选取样本,只要运用得当,均可获得充分、适当的审计证据。以下介绍几种常见的样本选取方法。

1. 随机选样

在单据凭证已经事先编号并且顺序归档的情况下,注册会计师可以利用随机数表来进行随机选样。表 3-4 就是一个随机数表的一部分。

表 3-4　　　　　　　　　　　　随机数表示例

	1	2	3	4	5	6	7	8	9	10
1	32044	69037	29655	92114	81034	40582	01584	77184	85762	46505
2	23821	96070	82592	81642	08971	07411	09037	81530	56195	98425
3	82383	94987	66441	28677	95961	78346	37916	09416	42438	48432
4	68310	21792	71635	86089	38157	95620	96718	79554	50209	17705
5	94856	76940	22165	01414	01413	37231	05509	37489	56459	52983
6	95000	61958	83430	98250	70030	05436	74814	45978	09277	13827
7	20764	64638	11359	32556	89822	02713	81293	52970	25080	33555
8	71401	17964	50940	95753	34905	93566	36318	79530	51105	26952
9	38464	75707	16750	61371	01523	69205	32122	03436	14489	02086
10	59442	59247	74955	82835	98378	83513	47870	20795	01352	89906

注册会计师在使用随机数表时应遵循以下几个步骤:①注册会计师必须在单据凭证的编号与随机数表之间建立起联系。比如,单据凭证的编号是 4 位,而随机数表中的随机数是 5 位,注册会计师必须确定要使用随机数的哪 4 位,并在整个选样过程中保持一致。如果所选择的某个随机数没有相对应的单据凭证编号,那么注册会计师应该忽略这个随机数,并按顺序继续选择下一个随机数。②注册会计师必须确定在随机数表中移动的路径,路径一旦确定,就必须在选样的过程中保持一致。路径可以是纵向的、横向的或者是对角线的。③注册会计师还需要确定随机数表中选样的起点,选样的起点同样必须是随机的。

在完成了以上三个步骤之后,注册会计师就可以根据事先确定的路径和起点,依序选取出样本单位,直到选取的样本数量达到样本规模。例如,注册会计师为了测试销售收款循环的内部控制系统的有效性,所需的样本为 100 张销售凭证。假定销售凭证的编号是 4 位(0001—9020),注册会计师随机确定了选样的起点为第九行第三列的交叉点,移动路径为由上至下,核对的数字是前四位。据此,注册会计师依序选取出 1675、7495、8164……当某个随机数没有对应的销售凭证时,注册会计师将忽略这个随机数。比如,选取的第三个随机数 9211 没有与之对应的凭证,注册会计师则跳过 9211,继续依次选择下一个随机数 8164。注册会计师依据以上规则选取样本,直到选取的销售凭证数量达到 100 张为止。注册会计师除了可以使用随机数表外,还可以利用计算机生成随机数的方法来进行随机选样。

2. 系统选样

系统选样也称等距选样,是指首先计算选样间距,其次再随机确定一个(或多个)选样起点,最后按照间距,自动顺序选取样本。这里的选样间距可用总体规模除以样本量得出。如总体规模为1 500,样本量为50,则选择间距为30。

系统选样使用方便,一旦确定了间距和(最少一个)起点就能开始选样。此外,系统选样可以用于无限总体,而且总体中的项目不需要编号(注册会计师只需要简单地按间距数就可以了),这也是它的两个突出优点。

系统选样的缺陷是当总体不是随机排列时容易产生较大偏见,造成非随机的不具代表性的样本,如总体里的循环周期与选样间距成倍数关系时就可能产生非随机的样本。注册会计师应警觉系统选样的缺陷,要么先确定总体确实是随机排列,要么使用设立多个随机起点的办法来减少这种可能性。当使用多个随机起点时,其间距等于一个起点时的选样间距乘以其起点数,这样才能保持样本量不变。

一般认为,在采用概率性选样时应当尽量考虑采用随机选样,只在不得已的情况下才采用系统选样。

3. 随意选样

随意选样是指注册会计师无视金额大小,资料来源的难易程度等种种因素,以无偏好的意识,随意地选取样本。随意选样属于非概率性选样。

这种选样方法的最大问题是难以彻底排除注册会计师的个人偏好对选取样本的影响,因而很可能使样本丧失代表性。由于各个注册会计师所受训练和文化背景的不同,每个注册会计师都可能无意识地带有某种偏好。例如,某些注册会计师会更倾向于选择处于明细账账页中间位置的那些分录,另一些注册会计师则可能更倾向于选择处于明细账中较靠前页码的那些账页中的分录进行抽样,他们的选择可能是主观上无偏好的、随意的,但他们的选择结果可能是客观上有偏见的、非随机的。

(七) 审查样本项目

注册会计师在选取样本后,要对每一个样本实施适合于具体审计目标的审计程序。如果选取的项目不适合实施审计程序,注册会计师通常使用替代项目。如果因凭证缺失等原因导致注册会计师无法对所选取的项目实施已设计的审计程序,且不能针对该项目实施适当的替代审计程序,注册会计师通常考虑将该项目视作误差。

注册会计师获得样本的误差率后,要将这一样本误差率与预期的总体误差率进行比较,以确定所使用的样本规模是否合适,如不合适应做适当调整。一般来讲,如果样本误差率与预计总体误差率大致相同,则说明对总体中的错误估计恰当,预计总体误差率较为正确,以此确定的样本规模是合适的;如果样本误差率小于预计总体误差率,则说明对总体中的错误估计过分,预计总体误差率过大,以此确定的样本规模也过大,但也无缩小样本规模的必要;如果样本误差率大于预计总体误差率,则说明对总体中的错误估计不足,预计总体误差率过小,以此确定的样本规模也过小,此时必须以样本误差率代替预计总体误差率,重新确定样本规模,抽取和审查新增的样本项目,并重新获得样本误差率,再与预计总体误差率比较,直至小于或等于它为止。经过上述的审查和比较过程后,注册会计师应把最终的审查结果记录下来,作为推断总体特征,即总体误差率的依据。

注册会计师对样本实施必要的审计程序后,可以按下列步骤评价抽样结果分析:①分析样本误差。②推断总体误差。③重估抽样风险。④形成审计结论。注册会计师应当考虑样本的结果、已识别的所有误差的性质和原因,及其对具体审计目标和审计的其他方面可能产生的影响。

(八) 推断总体、进行评价

一般来说,如果注册会计师推断的总体误差超过可容忍误差,经重估后的抽样风险不能接受,那么应增加样本量或执行替代审计程序。如果注册会计师推断的总体误差接近可容忍误差,那么是否要增加样本量或执行替代审计程序要由注册会计师运用职业判断来决定。

在实施控制测试时,由于样本的误差率就是整个总体的推断误差率,注册会计师无须推断总体误差率。注册会计师应当评价样本结果,以确定对总体相关特征的评估是否得到证实或需要修正。在实施控制测试时,如果样本的误差率超出预期,注册会计师应当修正评估的重大错报风险,或获取进一步审计证据支持初始评估结果。

当实施细节测试时,注册会计师要根据样本中发现的误差金额推断总体误差金额,并考虑推断误差对特定审计目标及审计的其他方面的影响。注册会计师需要将推断的总体误差金额与可容忍误差比较。在细节测试中,可容忍误差即可容忍错报,其金额小于或等于注册会计师针对所审计的某类交易或账户余额而使用的重要性水平。

在实施细节测试时,如果样本的误差额超出预期,除非有进一步的证据证明不存在重大错报,注册会计师应当认为所测试的交易或账户余额存在重大错报。如果推断误差低于但接近可容忍误差,注册会计师应当根据其他审计程序考虑样本结果的说服力,并考虑是否需要获取更多的审计证据。

如果对样本结果的评价显示,对总体相关特征的评估需要修正,注册会计师可以单独或综合采取下列措施:①提请管理层对已识别的误差和存在更多误差的可能性进行调查,并在必要时予以调整;②修改进一步审计程序的性质、时间和范围;③考虑对审计报告的影响。

审计抽样的最终目的不在于抽取和审查样本,而是希望通过审查样本,从样本特征推断总体特征,进而形成审计结论。根据样本的审查结果,了解样本的差错率或样本的金额水平,以此去推断总体的差错率或总体的金额水平,并计算在预先确定的可靠程度之上,样本推断结果与实际情况之间的误差有多大,并将这一误差控制在可接受的范围之内,从而获得切合实际的审计结论。

【知识链接】

计算机辅助审计技术

计算机辅助审计技术是指利用计算机和相关软件,使审计测试工作实现自动化的技术。计算机辅助审计技术可以在以下方面使审计工作更富效率和效果:

(1) 将现有手工执行的审计测试自动化。比如,对报告数据的准确性进行测试。

(2) 在手工方式不可行的情况下执行测试或分析。比如,审阅大量的和非正常的销售交易,尽管这项工作有可能通过手工执行来实现,但对于多数大型公司而言,从时间角度出发,需要审阅的交易数量是无法通过手工方式来进行的。计算机辅助审计技术不仅能够提高审阅大量交易的效率,而且计算机不会受到过度工作的影响〈而注册会计师在审阅了大量的交易后很容易疲劳〉,从这个意义上讲,计算机辅助审计技术还可以使审阅工作更具效果。相比用手工的方式进行同样的测试,即便是第一年使用计算机辅助审计技术进行审计,也会节省大量的审计工作量,而后续年度节约的审计时间和成本则会更多。

【关键术语】

认定　审计目标　检查　函证　分析程序　统计抽样　抽样风险　非抽样风险

【拓展分析】

1. 注册会计师通常依据各类交易、账户余额和列报的相关认定确定审计目标,根据审计目标设计审计程序。表3-5给出了各个项目的认定,请填写对应的审计目标和审计程序。

表3-5　　　　　　　　　　项目的相关认定对应的审计目标和审计程序

项目	认定	审计目标	审计程序
应收账款	存在		
营业收入	发生		
固定资产	权利和义务		
存货	计价和分摊		

2. 注册会计师甲在审计天河股份有限公司(以下简称天河公司)年度财务报表时,根据风险评估的结果,对该公司财务报表的若干事项分别提出了具体审计目标或审计程序,下面摘录了其中的一部分。所摘录的审计目标或审计程序对所述项目并不一定是最重要的。请指出与所示的审计目标或审计程序最适应的管理层认定,填入表3-6。

表3-6　　　　　　　　　　具体审计目标或审计程序对应的管理层认定

具体审计目标或审计程序	管理层认定
(1) 确定所有的应付账款均已反映在账簿记录中	
(2) 检查原材料的购货发票,核对付款人是否为天河公司	
(3) 营业收入是否正确划分为主营业务收入、其他业务收入	
(4) 应收账款明细账余额加计是否与总账余额相符	
(5) 期末存货按成本与可变现净值孰低法计价	
(6) 检查已入账销售业务的支持性凭证中是否包含顾客订单	
(7) 进行库存现金监盘	

3. 请根据认定的种类与具体审计目标的内容填列表3-7。

表3-7　　　　　　　　　　认定的含义与具体审计目标

认定	各类认定的含义	具体审计目标
发生		
准确性		
截止		
存在		
权利和义务		
完整性		
分类		

【课程思政案例】

"浑水"摸鱼？解析浑水公司的做空手段

浑水公司(Muddy Waters Research)是一家美国调查机构,依靠揭露上市公司的虚假财报和欺诈行为并做空获利。"浑水"这个名字取自中国谚语"浑水摸鱼",既指公司专门调查在资本市场里"浑水摸鱼"的公司,又指"在浑浊的水中更容易摸到鱼",即先把水搅浑,然后再通过借券卖出的方式获利。

赋予公司一个在中文中寓意深刻的名字,是因为创始人卡森·布洛克(Carson Block)是一个"中国通",他对中国文化十分感兴趣,甚至还与人一起写过一本教外国人在中国赚钱的书 Doing Business in China for Dummies。

卡森·布洛克是美国人,其在大学时主修金融,辅修汉语,后攻读了芝加哥肯特法学院的法学学位。2005年,他来到上海,在一家外资律师事务所工作,但这令他感到十分枯燥乏味;2008年,他创办了一家仓储物流公司,但这段创业经历也不怎么令他满意;转折的发生缘于他的父亲怀着做多东方纸业的目的,要求他对在美国上市的中国公司东方纸业进行调查。

在中国期间,卡森·布洛克也会帮一些对冲基金和他的父亲做一些调研,然而就是这次对东方纸业的调研,促成了"浑水"的诞生。当时,东方纸业的报表堪称完美,然而呈现在他眼前的却是公司废弃的大门、陈旧的仓库宿舍以及无所事事的工人们,事实与财报描述大相径庭。做多东方纸业的想法泡汤了,但是手里的调研报告却让卡森·布洛克看到了赚钱的机会。于是,凭借自己的金融法律知识和对中国市场的了解,他于2010年创办了"浑水",其业务是做空在国外上市的中国概念股。

截至2020年4月14日,浑水官网显示,公司累计发布了针对35家上市公司的调研报告。"浑水"偏爱研究工业、医疗、原材料等实体产业,一部分原因是其在选择公司时会考虑到行业的管理漏洞和调研成本。另外,由于同一行业的公司的业务模式相似,造假手段也可能类似,"浑水"热衷于在同一行业内狙击相似的公司。

从结果看来,"浑水"带来的影响是不容忽视的,被"浑水"盯上的公司,如果后续发现确非清白,轻则股价波动,重则破产退市;即使能够自证清白,也难全身而退,甚至连新东方这样漂亮翻身的公司,俞敏洪也直言期间付出了2000万美元的巨额调查费和律师费。那么"浑水"究竟是如何做空这些企业的呢?

做空(short sale)是指预期未来行情下跌,将借入的股票按目前价格卖出,待行情下跌后买进股票归还,获取差价利润。而浑水公司的做空机制是股票期货市场中的一种"找茬"模式,即找到企业的财务、经营造假疑点,甚至是"实锤"证据,形成做空报告,导致企业股价下跌,从中获利。

调研证伪是其中最为关键的一环。在中概股与"浑水"作斗争的过程中,确实有绿诺科技、多元环球水务、嘉汉林业等被坐实造假,后来也有瑞幸、好未来顶住攻势后又爆出造假,"浑水"的命中率如此之高,自然与其充分的调研工作密不可分。

浑水公司的调研方法,重在全面细致,而且远超常规的财务分析,调查内容涉及公司及其关联方、供应商、客户、竞争对手、行业专家等各个方面,以获取更多的非财务信息,为猎杀进行充分准备。浑水公司的调研方法主要有以下几种:

（1）查阅资料。从"浑水"发布的调查报告中可以发现，"浑水"擅长利用同业公司进行对比，这也是选择做空指标的有效方法。财务指标存在异常很容易被发现，例如，辉山乳业的利润率远高于蒙牛、伊利、光明等国内知名企业。难点在于验证异常背后的业务实质。"浑水"很注重参考竞争对手的经营和财务情况，借以判断上市公司的价值，在后期获得更多的资料后，就能更全面地进行对比。毕竟太美好的东西，往往是不真实的。

（2）调查关联方。"浑水"在查阅奇峰国际的资料时，发现该上市公司2012年93.2%的收入来自一家间接持股的子公司天津利宝煤炭销售有限公司，2013年7.733亿港元的收入全部来自"煤炭及相关产品的销售"。奇峰国际声称，已于2012年收购了天津市利宝煤炭销售有限公司80%的股权。但从天津工商局得到的信息证明，其间天津利宝的控股公司和最终受益人与奇峰国际并无关联，且自2007年12月至2014年2月，天津力宝的法定代表人、董事、经理或监事均未发生变更。这些都无法证明奇峰国际于2012年取得了天津利宝的实际控制权。

（3）实地调研。在多元环球水务案例中，"浑水"对其工厂进行了广泛监测，并未发现有卡车进出工厂，这意味着其间公司没有运送原材料、零部件和存货，与周围其他工厂热火朝天的生产状况形成鲜明对比。另外，圣盈信财报显示借出了一笔2 310万美元的巨额款项，"浑水"走访了借款方北京艾利瑞商贸有限公司，结果发现对方是一个空办公室。

在瑞幸的案例中，做空机构动用了92名全职人员和1 418名兼职人员，在全国45个城市的2 213家瑞幸咖啡门店，录下了大量的监控视频，从10 119名顾客手中拿到了25 843张收据。经过缜密分析，做空机构认为瑞幸从2019年第三季度开始捏造财务和运营数据，夸大门店的每日订单量、每笔订单包含的商品数、每件商品的净售价，从而营造出单店盈利的假象。

（4）调查供应商。核查收入成本等财务数据是否造假的一种方法是从供应链上下游寻求有力证据。在辉山乳业的案例中，辉山乳业对自己远高于同行的利润率解释说，奶牛饲料苜蓿全部依靠自己生产，降低了牛奶的生产成本从而增加了利润。而"浑水"却通过供应商方面了解到辉山乳业长期从安德鲁森进口大量苜蓿，调研团队还拍到了苜蓿到货的照片，证实了辉山存在采购行为。

（5）调查客户。对下游客户的核查可以有效发现上市公司虚增的收入。在网秦的案例中，"浑水"盯紧其最大的客户易达通，认为网秦是易达通的实际控制人，"浑水"从易达通官网、政府文件等找到十处易达通的地址，试图找到其实际办公室，但最终发现多为虚拟办公地址。网秦对此并不能给出有力的解释，双方关系存疑。另外，网秦称其在中国的市场份额占55%，于是"浑水"对北京、上海、深圳、宁波、湖州五个城市的消费者进行了调研，仅就手机中安装的防护软件品牌这一问题，发现80%以上的消费者都选择了360或腾讯。"浑水"还从两大独立应用商店豌豆荚和91市场中寻求证据，根据双方的数据统计，网秦在下载次数上远远落后于竞争对手，最终"浑水"得出网秦的实际市场份额仅有1.5%的结论。

除此之外，"浑水"的调查对象还包括给上市公司提供审计和法律咨询服务的会计师和律师事务所等机构。有意思的是，"浑水"在调研过程中像一名侦探，有着自己的小技巧。例如，在调查辉山乳业的牧场时，"浑水"使用无人机进行拍摄取证，并使用卫星拍摄观察辉山乳业的投资建设活动；在调查网秦时，"浑水"通过邮箱域名，居然查到了隐藏的关联公司，因不信任网秦的产品，"浑水"还特地聘请了顶尖的安全软件工程师进行产品分析。

（6）重估价值。经过上述一系列调研，"浑水"可以获取丰富的行业资料和市场信息，并重新对上市公司进行价值评估。若上市公司，尤其是实体制造业，存在财务造假，其经营数据的逻辑漏洞很难不被发现。

案例思考和讨论题

1. 在审计中运用分析程序的目的是什么？

2. 在实施审计程序过程中应保持客观严谨，注册会计师应如何运用分析程序以获取审计证据？

练 习 题

姓名_____

学号_____

分数_____

一、单项选择题

1. "发生"认定指记录的交易和事项已经发生且与被审计单位有关,其目标主要针对(   )。

   A. 数量   B. 低估   C. 高估   D. 金额

2. "完整性"认定指所有应当记录的交易和事项均已记录,其目标主要针对(   )。

   A. 数量   B. 低估   C. 高估   D. 金额

3. 其组成要素与"权利和义务"认定有关的是(   )。

   A. 资产负债表   B. 利润表   C. 审计项目目标   D. 审计总目标

4. 下列有关"完整性"认定的表达中,不正确的是(   )。

   A. 该认定是指应在财务报表中列示的所有交易和项目是否都列入了

   B. 该认定主要与财务报表组成要素的低估有关

   C. 该认定所要解决的问题是被审计单位管理层是否把应包括的项目给遗漏或省略了

   D. 该认定还涉及所报告的交易和项目的金额是否正确

5. 注册会计师在审查销售部门的销货合同时,发现有一笔与 A 公司之间的 100 万元销售未入账,通过函证 A 公司,检查该笔销货记录,证实 A 公司实际已购且欠款 100 万元。那么,注册会计师首先认为管理层对营业收入账户的(   )认定存在问题。

   A. 发生   B. 完整性

   C. 准确性   D. 准确性、计价和分摊

6. 如果将现销记录为赊销,将出售经营性固定资产所得的收入记录为营业收入,则违反了(   )的目标。

   A. 发生   B. 完整性   C. 准确性   D. 分类

7. 如将经营租入固定资产列入被审计单位的资产中,则违反了(   )的目标。

   A. 完整性   B. 分类   C. 权利   D. 义务

8. 如果将本期交易推到下期,或下期交易提到本期,均违反了(   )的目标。

   A. 截止   B. 分类   C. 完整性   D. 发生

9. 注册会计师所确定的下列具体审计目标中,(   )是根据管理层关于完整性认定推论得出的。

   A. 主营业务收入明细账余额合计是否与总账余额相符

   B. 存货是否已适当地计提跌价损失准备

   C. 存放在其他企业的存货是否包括在存货项目内

   D. 有关短期借款的入账是否及时

10. 注册会计师为发现被审计单位的财务报表和其他会计资料中的重要比率及趋势的异常变动应采用的审计程序是(　　　)。

    A. 检查　　　　　　B. 计算　　　　　　C. 分析程序　　　　　　D. 估价

11. 下列关于审计程序的说法中,不正确的是(　　　)。

    A. 分析程序包括调查识别出的、与其他相关信息不一致或与预期数据严重偏离的波动和关系

    B. 对于询问的答复,注册会计师应当通过获取其他证据予以佐证

    C. 观察提供的审计证据仅限于观察发生的时点

    D. 检查有形资产可提供权利和义务的全部审计证据

12. 在实施下列程序时,注册会计师应当考虑使用审计抽样的是(　　　)。

    A. 风险评估程序　　B. 实质性分析程序　　C. 实质性程序　　　　D. 细节测试

13. 在控制测试中,信赖过度风险与样本规模之间是(　　　)。

    A. 反向变动关系　　　　　　　　　　B. 同向变动关系

    C. 同比例变动关系　　　　　　　　　D. 反比例变动关系

14. 下列风险中,对审计工作的效率和效果都有影响的是(　　　)。

    A. 信赖过度风险　　B. 信赖不足风险　　C. 误受风险　　　　D. 非抽样风险

15. 注册会计师欲从 1 000 张凭单中按系统选样方法选出 40 张作为样本,确定的选样起点为 556,则所得到的最小编号是(　　　)。

    A. 6　　　　　　　　B. 24　　　　　　　C. 128　　　　　　　D. 38

二、多项选择题

1. 审计具体目标的确定依据包括(　　　)。

    A. 审计一般目标　　　　　　　　　　B. 审计项目目标

    C. 审计总目标　　　　　　　　　　　D. 被审计单位管理层的认定

2. 被审计单位管理层在资产负债表中列报银行存款及其金额,意味着需做出的认定有(　　　)。

    A. 记录的银行存款是存在的

    B. 银行存款以恰当的金额包括在财务报表中

    C. 所有应当记录的银行存款均已记录

    D. 记录的银行存款都由被审计单位拥有

3. 与期末账户余额相关的认定有(　　　)。

    A. 计价或分摊　　　B. 完整性　　　　　C. 权利和义务　　　　D. 存在

4. 下列各项中,应当运用分析程序的有(　　　)。

    A. 风险评估程序　　　　　　　　　　B. 实质性程序

    C. 控制测试　　　　　　　　　　　　D. 总体复核

5. 与各类交易和事项相关的认定有(　　　)。

    A. 准确性　　　　　B. 发生和完整性　　C. 分类　　　　　　D. 截止

6. 账户余额的"计价和分摊"认定指被审计单位管理层明示或暗示其财务报表的资产、负债、所有者权益(　　　)。

    A. 金额是恰当的　　　　　　　　　　B. 计价是恰当的

C. 分摊已恰当记录   D. 分类是恰当的

7. 注册会计师在选取测试项目的时候可以使用的方法包括(　　)。

    A. 选取全部项目　　 B. 选取特定项目　　 C. 审计抽样　　　　 D. 抽查

8. 按审计抽样所了解的总体特征不同可以将审计抽样划分为(　　)。

    A. 非统计抽样　　 B. 统计抽样　　　 C. 变量抽样　　　 D. 属性抽样

9. 适合使用选取全部项目进行测试的情况包括(　　)。

    A. 总体由少量的大额项目构成

    B. 存在特别风险且其他方法未提供充分、适当的审计证据

    C. 符合成本效益原则

    D. 审计资源充足

10. 注册会计师在采用选取特定项目进行测试的方法时,考虑选取的项目可能包括(　　)。

    A. 大额或关键项目   B. 超过某一金额的全部项目

    C. 被用于获取某些信息的项目   D. 被用于测试控制活动的项目

11. 影响审计效率的抽样风险包括(　　)。

    A. 对内部控制信赖过度风险   B. 对内部控制信赖不足风险

    C. 误拒风险   D. 误受风险

12. 影响审计效果的抽样风险包括(　　)。

    A. 对内部控制信赖过度风险   B. 对内部控制信赖不足风险

    C. 误拒风险   D. 误受风险

13. 非抽样风险可能来自(　　)。

    A. 选择的总体不适合测试目标   B. 控制偏差或错报的定义不恰当

    C. 审计程序选择不当   D. 对审计发现的评价不当

三、判断题

1. 注册会计师审计的总目标是对被审计单位财务报表的合法性、公允性及会计处理方法的一贯性负责。 (　　)

2. 被审计单位管理层的认定是指管理层在财务报表中做出的明确或隐含的表达。 (　　)

3. 被审计单位管理层的认定就是指与各类交易和事项相关的认定。 (　　)

4. 注册会计师对财务报表的编制承担完全责任。 (　　)

5. 检查有形资产可为其存在性提供可靠的审计证据,但不一定能够为权利和义务或计价认定提供可靠的审计证据。 (　　)

6. 检查有形资产是指注册会计师对有形资产书面文件可靠程度的审阅与复核。 (　　)

7. 审计抽样的基本目标是在有限的审计资源条件限制下,收集充分、适当的审计证据,以形成和支持审计结论。 (　　)

8. 选取特定项目进行测试是审计抽样的一种。 (　　)

9. 实施风险评估程序时一般不使用审计抽样。 (　　)

10. 统计抽样不存在非抽样风险。 (　　)

11. 统计抽样的成本一般比非统计抽样的成本高。 (　　)

12. 非统计抽样需要职业判断,而统计抽样不需要职业判断。 (　　)

13. 无论使用统计抽样还是非统计抽样,都存在一定程度的抽样风险和非抽样风险。 （　）

14. 在进行细节测试时通常使用变量抽样。 （　）

15. 属性抽样是用来测定总体特征的发生频率,而变量抽样是用来估计总体差错金额。 （　）

16. 如果被审计单位内部控制运行有效性留下了书面证据,注册会计师可以考虑使用审计抽样进行控制测试。 （　）

四、思考题

　　1. 具体审计目标有哪些?

　　2. 试述被审计单位管理层认定、具体审计目标、审计程序之间的内在联系。

第四章
审计证据与审计工作底稿

教学目标 ·················

本章主要介绍审计证据的含义及种类、审计证据的特征、审计工作底稿的含义及其要素。通过学习,学生应理解掌握审计证据的含义、种类、特征,以及审计工作底稿的含义、作用及其内容。

第一节 审 计 证 据

审计证据是审计理论的核心概念之一,实现审计目标必须以具有充分证明力的审计证据为基础。审计的整个过程就是执行审计计划、收集审计证据、根据审计证据形成审计结论和意见的过程。

一、审计证据的含义及种类

(一) 审计证据的含义

审计证据是指注册会计师为了得出审计结论、形成审计意见时使用的所有信息。审计证据包括构成财务报表基础的会计记录所含有的信息和其他信息。注册会计师必须在每项审计工作中获取充分、适当的审计证据,作为形成审计意见的基础。审计证据具体由以下几部分组成。

1. 构成财务报表编制基础的会计记录中含有的信息

依据会计记录编制财务报表是被审计单位管理层的责任,注册会计师应当测试会计记录以获取审计证据。会计记录主要包括原始凭证、记账凭证、总分类账和明细分类账、未在记账凭证中反映的对财务报表的其他调整,以及支持成本分配、计算、调节和披露的手工计算表和电子数据表。上述会计记录是编制财务报表的基础,构成注册会计师执行财务报表审计业务所需获取的审计证据的重要部分。这些会计记录通常是电子数据,因而要求注册会计师对内部控制予以充分关注,以保证这些记录的真实性、准确性和完整性。进一步说,电子形式的会计记录可能只能在特定时间获取,如果不存在备份文件,特定期间之后有可能无法再获取这些记录。会计记录取决于相关交易的性质,它既包括被审计单位内部生成的手工或电子形式的凭证,也包括从与被审计单位进行交易的其他企业收到的凭证。除此之外,会计记录还可能包括:销售发运单和发票、顾客对账单以及顾客的汇款通知单;附有验货单的订购单、购货发票和对账单;考勤卡和其他工时记录、工薪单、个别支付记录和人事档案;支票存根、电子转移支付记录、银行存款单和银行对账单;合同记录;分类账账户调节表等。将这些会计记录作为审计证据时,其来源和被审计单位内部控制的相关强度(对内部生成的证据而言)都会影响注册会计师对这些原始凭证的信赖程度。

2. 其他信息

会计记录中含有的信息本身并不足以提供充分的审计证据,作为对财务报表发表审计意见的基础,注册会计师还应当获取用作审计证据的其他信息。

其他信息的范围很广,可用作审计证据的其他信息包括:①注册会计师从被审计单位内部或外部获取的会计记录以外的信息,如被审计单位会议记录、内部控制手册、询证函的回函、分析师的报告、与竞争者的比较数据等;②注册会计师通过询问、观察和检查等审计程序获取的信息,如通过检查存货获取存货存在性的证据等;③注册会计师自身编制或获取的可以通过合理推断得出结论的信息,如注册会计师编制的各种计算表、分析表等。

财务报表依据的会计记录中包含的信息和其他信息共同构成了审计证据,两者缺一不可。如果没有前者,审计工作将无法进行;如果没有后者,可能无法识别重大错报风险。只有将两者结合在一起,才能将审计风险降至可接受的低水平,为注册会计师发表审计意见提供合理基础。

(二)审计证据的种类

审计证据按其表现形态可分为实物证据、书面证据、口头证据和环境证据四大类。

1. 实物证据

实物证据是指通过检查有形资产或观察等手段取得的、用于确定某些实物资产是否确实存在的证据。实物证据通常被认为是最可靠的证据,具有很强的证明力。通过对库存现金、存货和固定资产等的监盘,可以取得这些资产的实物证据,以证实它们是否确实存在。实物证据通常能有效地证明实物资产的存在,并不能完全证实被审计单位对这些资产的所有权和计价。例如,年终盘点的存货可能包括其他企业寄售或委托加工的部分,或者已经销售而等待发运的商品;固定资产可能有经营性租赁的。某些实物资产在数量相符的情况下,其质量好坏却难以通过清点来确定,如次品或过时产品等。所以,对于取得实物证据的资产还应就其所有权归属以及其价值情况等收集另外的审计证据。

2. 书面证据

书面证据是指以书面文件形式存在的一类证据。这类证据是审计中获得的主要证据,其包括与审计有关的各种原始凭证、会计记录、会议记录、各种合同、报告函件等。书面证据按来源可以分为外部证据和内部证据两类。一般来说,外部证据比内部证据更加可靠、证明力更强。

(1)外部证据。外部证据是指注册会计师从被审计单位以外的有关单位取得的证据。例如,采购时的购置发票、函证回函等,一般具有较强的证明力。

按照证据的处理过程,外部证据主要包括:①由被审计单位以外的机构或人员编制,并由其直接递交给注册会计师的外部证据。例如,应收账款函证回函,被审计单位律师与其他独立的专家关于被审计单位资产所有权和或有负债等的证明函件,保险公司、寄售公司、证券经纪人的证明等,此类证据不仅由完全独立于被审计单位的外界机构或人员提供,而且未经被审计单位有关职员之手,从而排除了伪造、更改凭证或业务记录的可能性,其证明力最强。②由被审计单位以外的机构或人员编制,但为被审计单位持有并提交给审计人员的书面证据。例如,银行对账单、购货发票、应收票据、顾客订购单、有关的契约及合同等,由于此类证据已经过被审计单位有关职员之手,在评价其可靠性时,注册会计师应考虑被涂改或伪造的难易程度及其已被涂改的可能性。当获取的书面证据有被涂改或伪造的痕迹时,注册会计师应予以高度警觉。尽管如此,在一般情况下,外部证据仍是相对于被审计单位的内部证据更具证明力的一种书面证据。

(2) 内部证据。内部证据是指注册会计师从被审计单位内部取得的证据。它主要包括被审计单位的会计记录、被审计单位管理当局声明书,以及其他各种由被审计单位编制和提供的有关书面文件。

按照证据的处理过程,内部证据可以再进一步分为两类:①只在被审计单位内部流转的证据。②由被审计单位产生,但在被审计单位外部流转,并获得其他单位或个人承认的内部证据。

一般来说,内部证据不如外部证据可靠。但是,如果内部证据在外部流转,并获得其他单位或个人的承认(如销货发票、付款支票等),则具有较强的可靠性。即使只在被审计单位内部流转的书面证据,其可靠程度也因被审计单位内部控制的强弱而有差别。如内部证据(如收料单与发料单)经过了被审计单位内部不同部门的审核、签章,且所有凭证预先都有连续编号并依次处理,则这些证据也具有较强的可靠性;相反,如果被审计单位内部控制不健全,注册会计师就不能过分地信赖其内部自制的书面证据。

3. 口头证据

口头证据是指由被询问人员的口头回答所形成的一类证据。一般而言,口头证据本身并不足以证明事情的真相,但注册会计师可以根据口头证据挖掘出一些重要线索,有利于进一步的调查,最终有利于收集到更加可靠的证据,降低审计风险。在审计过程中,注册会计师还应把各种重要的口头证据尽快做成记录,并注明是何人、何时、在何种情况下所做的口头陈述,必要时还应获得被询问者的签名确认。

4. 环境证据

环境证据也称状况证据,是指那些对被审计单位产生影响的各种环境事件。它主要包括被审计单位的内部控制情况、被审计单位管理人员的素质、各种管理条件和管理水平等。例如,当注册会计师获知被审计单位有着良好的内部控制制度、并且管理水平较高时,就可以认为被审计单位现行的内部控制制度为会计报表项目的真实性提供了强有力的环境证据。环境证据一般不属于主要的审计证据,但它可帮助注册会计师了解被审计单位及其经济活动所处的环境,是注册会计师进一步审计所必须掌握的资料。

二、审计证据的特征

注册会计师应当获取充分、适当的审计证据,以得出合理的审计结论,作为形成审计意见的基础。充分性和适当性是审计证据的两大特征。

(一) 充分性

审计证据的充分性又称为足够性。按照审计准则的含义,它是指审计证据的数量能足

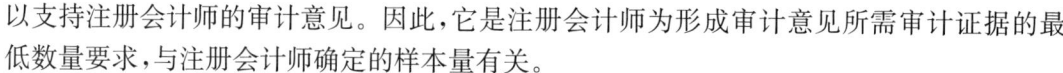

以支持注册会计师的审计意见。因此,它是注册会计师为形成审计意见所需审计证据的最低数量要求,与注册会计师确定的样本量有关。

客观公正的审计意见必须建立在有足够数量的审计证据的基础之上,但是这并不是说审计证据的数量越多越好。为了使审计人员进行有效率、有效益的审计,注册会计师通常把需要足够数量审计证据的范围降到最低限度。因此,每一审计项目对审计证据的需要量,以及取得这些证据的途径和方法,应当根据该项目的具体情况来定。在某些情况下,由于时间、空间或成本的限制,注册会计师不能获取最为理想的审计证据时,可考虑通过其他的途径或用其他的审计证据来替代。注册会计师只有通过不同的渠道和方法取得他认为足够的审计证据时,才能据以发表审计意见。

注册会计师判断审计证据是否充分时,主要考虑以下因素。

1. 审计风险大小

审计风险由重大错报风险和检查风险组成。这里,注册会计师判断审计证据是否充分时应考虑的是重大错报风险。一般来说,如果注册会计师对会计报表层次和账户余额或某类交易层次重大错报风险的性质估计得严重,其风险水平估计得很高,那么所需收集的证据的数量就多;反之,所需收集的证据的数量就少。

2. 具体审计项目的重要性

越是重要的审计项目,注册会计师就越需获取充分的审计证据以支持其审计结论或意见;否则一旦出现判断错误,就会影响注册会计师对审计整体的判断,从而导致注册会计师的整体判断失误。相对而言,对于不太重要的审计项目,即使注册会计师出现判断上的偏差,也不至于引发注册会计师的整体判断失误,故此时注册会计师可相应减少审计证据的数量。

3. 注册会计师及其业务助理人员的审计经验

丰富的审计经验可使注册会计师及其助理人员从较少的审计证据中判断出被审事项是否存在错误或舞弊行为。相对来说,此时就可减少对审计证据数量的依赖程度。相反,当注册会计师及其助理人员缺乏审计经验时,少量的审计证据就不一定能使其发现被审事项是否存在错误或舞弊行为,因而应增加审计证据的需要量。

4. 审计过程中是否发现错误或舞弊

一旦审计过程中发现了被审事项存在错误或舞弊的行为,则被审计单位整体会计报表存在问题的可能性就增加,因此,注册会计师需增加审计证据的数量,以确保能做出合理的审计结论,形成恰当的审计意见。

5. 审计证据的类型与获取途径

如果大多数审计证据都是从独立于被审计单位的第三者所获取的,而且这些证据本身不易伪造,则审计证据的质量就较高。相对而言,注册会计师所需获取的审计证据的数量就可减少;反之,审计证据的数量就应增加。

6. 成本效益制约

审计工作中的成本效益原则决定审计证据的数量并非越多越好,注册会计师应在既定的审计时间和合理的成本限度内取得满足需要的适量的审计证据。

(二) 适当性

审计证据的适当性是对审计证据质量的衡量,是指审计证据在支持审计结论方面具有相关性和可靠性。相关性是指审计证据与审计目标相关联;可靠性是指审计证据能如实地

反映实际情况。

1. 相关性

审计证据的相关性只能结合具体审计目标来考虑。在确定审计证据的相关性时,注册会计师通常考虑:①特定的审计程序可能只为某些认定提供相关的审计证据,而与其他认定无关。例如,通过对应收账款函证获取应收账款询证函的回函,可以证明应收账款的存在,但是不能证明应收账款的完整性。②针对同一项认定可以获取不同来源或不同性质的审计证据。例如,为证明应收账款的存在可以通过函证,但是如果函证无法实施时,也可以执行检查文件和记录。③只与某项认定相关的审计证据并不能替代与其他认定相关的审计证据。例如,有关存货实物存在的审计证据并不能替代与存货计价相关的审计证据。

2. 可靠性

可靠性是指证据的可信程度或值得信任的程度,其主要受审计证据的来源和性质影响。注册会计师通常按照下列原则考虑审计证据的可靠性:

(1) 从外部独立来源获取的审计证据比从其他来源获取的审计证据可靠。从外部独立来源获取的审计证据由完全独立于被审计单位以外的机构或人员提供,没有经过被审计单位人员之手,减少了被伪造、篡改的可能性,因而较可靠。例如,从银行、律师或顾客那里取得的外部证据,一般认为比从被审计单位获取的会计记录更可靠。

(2) 内部控制有效时内部生成的审计证据比内部控制薄弱时内部生成的审计证据可靠。被审计单位内部控制健全且一贯遵循时,所生成的会计记录等可信赖程度较高;而内部控制薄弱时,所生成的会计记录可信赖程度较低。例如,销售和开票业务的内部控制有效,那么注册会计师就能从销售发票和发货单中取得比控制不健全时更有证明力的证据。

(3) 直接获取的审计证据比间接获取或推论得出的审计证据更可靠。注册会计师通过实物检查、观察、计算和文件检查等直接获得的证据比间接获得的信息更有证明力。间接获取或推论得出的审计证据,其主观性较强,可信赖程度会受到影响。

(4) 以文件、记录形式(无论是纸质、电子或其他介质)存在的审计证据比口头形式的审计证据更可靠;从原件获取的审计证据比从传真或复印件获取的审计证据更可靠;客观证据比需要经过大量主观判断才能确定其是否正确的证据更可靠。

(5) 不同来源或不同性质的审计证据能够相互印证时,审计证据更可靠;反之,若通过某一来源所获取的证据与通过其他来源所获取的证据相互印证时不一致,或者不同性质的证据相互矛盾时,审计人员就需进一步审计。

注册会计师在按照上述标准评价审计证据的可靠性时,还应当注意可能出现的重要例外情况。例如,审计证据虽然是从独立的外部来源获得的,但如果该证据是由不知情或不具备资格者提供的,审计证据也可能是不可靠的。同样,如果注册会计师不具备评价证据的专业能力,那么即使是直接获取的证据,也可能不可靠。

(三) 充分性和适当性之间的关系

充分性和适当性是审计证据的两个重要特性,两者缺一不可,只有充分且适当的审计证据才是有证明力的。

审计证据的适当性会影响其充分性。一般而言,审计证据的相关与可靠程度越高,则所需审计证据的数量就可减少;反之,审计证据的数量就要相应增加。例如,被审计单位内部控制健全时生成的审计证据更可靠,注册会计师只需获取适量的审计证据,就可以为发表审计意见提供合理的基础。

需要注意的是,尽管审计证据的充分性和适当性相关,但如果审计证据的质量存在缺陷,那么注册会计师仅靠获取更多的审计证据可能无法弥补其质量上的缺陷。例如,注册会计师应当获取与销售收入完整性相关的证据,实际获取到的却是有关销售收入真实性的证据,审计证据与完整性目标不相关,即使获取的证据再多,也证明不了收入的完整性。同样,如果注册会计师获取的证据不可靠,那么证据再多也难以起到证明作用。

(四) 评价充分性和适当性时的特殊考虑

1. 对文件记录可靠性的考虑

审计工作通常不涉及鉴定文件记录的真伪,注册会计师也不是鉴定文件记录真伪的专家,但应当考虑用作审计证据的信息的可靠性,并考虑与这些信息生成和维护相关控制的有效性。

如果在审计过程中识别出的情况使其认为文件记录是伪造的,或文件记录中的某些条款已发生变动,注册会计师应做进一步调查,包括直接向第三方询证,或考虑利用专家的工作以评价文件记录的真伪。

2. 使用被审计单位生成信息时的考虑

注册会计师为获取可靠的审计证据,在实施审计程序时使用的被审计单位生成的信息需要足够完整和准确,注册会计师应当就这些信息的准确性和完整性获取审计证据。

3. 证据相互矛盾时的考虑

如果针对某项认定从不同来源获取的审计证据或获取的不同性质的审计证据能够相互印证,与该项认定相关的审计证据则具有更强的说服力。如果针对某项认定从不同来源获取的审计证据或获取的不同性质的审计证据不一致,则表明某项审计证据不可靠,注册会计师应当追加必要的审计程序。

4. 获取审计证据时对成本的考虑

注册会计师在获取审计证据时,可以考虑成本效益原则,但不应以获取审计证据的困难和成本为由减少不可替代的审计程序。对于重要的审计项目,注册会计师不应以审计成本的高低或获取审计证据的难易程度作为减少必要审计程序的理由。此时,注册会计师如若无法取得充分且适当的审计证据,则应视情况发表保留意见或无法表示意见的审计报告。

【知识链接】

审计证据按相关程度的分类

审计证据按相关程度分类,可以分为直接证据和间接证据。

直接证据是指对审计事项具有直接证明力,能单独、直接地证明审计事项真相的资料和事实。例如,在审计人员亲自监督实物和现金盘点情况下的盘点实物和现金的记录,就是证明实物和现金实存数的直接证据。

间接证据又称旁证,是指对审计事项只起间接证明的作用,需要与其他证据结合起来,经过分析、判断、核实才能证明审计事项真相的资料和事实。例如,应证事项是销售收入的公允性,就应收账款而言,其是与销售收入相关的资料,因此应收账款是对销售收入公允性证明的间接证据。

第二节 | 审计工作底稿

一、审计工作底稿的含义与作用

(一)审计工作底稿的含义

审计工作底稿包括注册会计师在审计过程中形成的审计工作记录和获取的资料,是注册会计师对制订的审计计划、实施的审计程序、获取的相关审计证据,以及得出的审计结论做出的记录。工作底稿应当包括注册会计师认为恰当实施审计和为审计报告提供依据所必需的全部信息。审计工作底稿必须如实反映审计计划的制订及其实施情况,包括与形成和发表审计意见有关的所有重要事项以及注册会计师的专业判断。

(二)审计工作底稿的作用

审计工作底稿在计划和执行审计工作中发挥重要的作用,其主要体现在以下几个方面。

1. 审计工作底稿是组织审计工作、协调审计分工、考核注册会计师工作质量的依据

注册会计师所从事的各项审计工作,都要及时地记录于审计工作底稿,包括根据会计记录所编制的试算表、分析表、计算表和调节表等各种审计证据资料,以及审计计划、工作程序及日程安排等各项审计组织管理资料,这就便于项目经理及时协调和组织各个成员的工作,共同完成审计任务。审计工作底稿是评价和考核注册会计师的专业能力及其工作业绩的重要依据,直接反映整个审计工作的质量。

2. 审计工作底稿是审计质量控制及监督的基础

审计工作底稿可以清晰地反映出全部审计工作的轨迹,因此注册会计师协会、会计师事务所的合伙人、审计项目经理等在对审计质量进行控制或者监督时,都将审计工作底稿作为最重要的依据。

3. 审计工作底稿是形成审计结论、发表审计意见的直接依据

在审计工作底稿中,各式各样的审计证据以及审计工作中职业判断的记录是支持审计结论最有力的资料。注册会计师在审计工作底稿的制作过程中实际上已经形成或者初步形成审计意见,因此审计工作底稿对于审计结论的形成起着极为重要的作用。审计工作底稿是系统化的审计证据的表现形式,在形成审计意见的过程中,审计工作底稿是直接的依据。

4. 审计工作底稿是明确审计责任的重要依据

注册会计师的责任是按照审计准则的规定,实施必要的审计程序,发表客观、公正的意见,做出审计结论。审计工作底稿能够反映注册会计师的工作状况和工作业绩,反映注册会计师执行审计工作程序的实际情况,可以作为明确注册会计师审计责任的重要依据。

5. 审计工作底稿为未来审计业务提供有价值的参考资料

审计工作底稿是审计工作的总结材料,可以为以后的审计工作提供有价值的参考资料。因为审计工作有一定的连续性,不同单位的审计、前后各期的审计都有一定的联系和相通之

处,所以各年度形成的审计工作底稿对以后年度的审计业务具有参考和备查作用。

二、审计工作底稿的内容与要素

(一)审计工作底稿的内容

审计工作底稿可以以纸质、电子或其他介质形式存在。审计工作底稿通常包括总体审计策略、具体审计计划、分析表、问题备忘录、重大事项概要、询证函回函、管理层声明书、核对表、有关重大事项的往来信件(包括电子邮件),以及对被审计单位文件记录的摘要或复印件等。

此外,审计工作底稿通常还包括业务约定书、管理建议书、项目组内部或项目组与被审计单位举行的会议记录、与其他人士(如其他注册会计师、律师、专家等)的沟通文件及错报汇总表等。

(二)审计工作底稿的要素

通常,审计工作底稿包括下列要素。

1. 审计工作底稿的标题

每张审计工作底稿都应当包括被审计单位的名称、审计项目的名称及资产负债表日或审计工作底稿覆盖的会计期间(如果与交易相关)。

被审计单位的名称应是全称,且该名称是审计期间被审计单位对外公开使用的名称,如公章上的名称。审计项目名称是具体的审计项目,如审查营业收入还是对固定资产实施审计。审计项目时点或期间是审计的财务报表的时间,对于资产负债表项目应注明发生的时点,而对于利润表项目则应该注明发生的期间。

2. 审计过程记录

审计工作底稿是注册会计师进行审计工作的轨迹,在审计工作中要求对审计程序实施的全过程进行详细的记录。在记录审计过程时,应当特别注意以下几个方面:

(1)具体项目或事项的识别特征。在记录实施审计程序的性质、时间安排和范围时,注册会计师应当记录测试的具体项目或事项的识别特征。记录具体项目或事项的识别特征可以实现多种目的,例如,能反映项目组履行职责的情况,也便于对例外事项或不符事项进行调查,以及对测试的项目或事项进行复核。

识别特征是指被测试的项目或事项表现出的征象或标志。识别特征因审计程序的性质和测试的项目或事项不同而不同。对某个具体项目或事项而言,其识别特征通常具有唯一性,这种特征可以使其他人员根据识别特征在总体中识别该项目或事项并重新执行该测试。例如,在对被审计单位生成的订购单进行细节测试时,注册会计师可以以订购单的日期或其唯一编号作为测试订购单的识别特征。需要注意的是,在以日期或编号作为识别特征时,注册会计师需要同时考虑被审计单位对订购单编号的方式。例如,若被审计单位按年对订购单依次编号,则识别特征是××××年的××号;若被审计单位仅以序列号进行编号,则可以直接将该号码作为识别特征。

对于需要询问被审计单位中特定人员的审计程序,注册会计师可能会以询问的时间、被询问人的姓名及职位作为识别特征。对于观察程序,注册会计师可以以观察的对象或观察过程、相关被观察人员及其各自的责任、观察的地点和时间作为识别特征。

（2）重大事项及相关重大职业判断。注册会计师应当根据具体情况判断某一事项是否属于重大事项。重大事项通常包括：引起特别风险的事项；实施审计程序的结果，该结果表明财务信息可能存在重大错报，或需要修正以前对重大错报风险的评估和针对这些风险拟采取的应对措施；导致注册会计师难以实施必要审计程序的情形；导致出具非标准审计报告的事项。

注册会计师应当记录与被审计单位管理层、治理层和其他人员对重大事项的讨论，包括所讨论的重大事项的性质以及讨论的时间、地点和参加人员。当涉及重大事项和重大职业判断时，注册会计师需要编制与运用职业判断相关的审计工作底稿。例如，如果审计准则要求注册会计师应当考虑某些信息或因素，并且这种考虑在特定业务情况下是重要的，记录注册会计师得出结论的理由；记录注册会计师对某些方面主观判断的合理性（如某些重大会计估计的合理性）；记录注册会计师针对审计过程识别出的导致其对某些文件记录的真实性产生怀疑的情况实施了进一步调查（如适当利用专家的工作或实施函证程序）；记录注册会计师对这些文件记录真实性得出结论的基础。

针对重大事项如何处理不一致的情况。如果识别出的信息与针对某重大事项得出的最终结论不一致，注册会计师应当记录如何处理不一致的情况。

上述情况包括但不限于注册会计师针对该信息执行的审计程序、项目组成员对某事项的职业判断不同而向专业技术部门的咨询情况，以及项目组成员和被咨询人员不同意见（如项目组与专业技术部门的不同意见）的解决情况。

3. 审计结论

审计工作的每一部分都应包含与已实施审计程序的结果及其是否实现既定审计目标相关的结论，还应包括审计程序识别出的例外情况和重大事项如何得到解决的结论。注册会计师恰当地记录审计结论非常重要。注册会计师需要根据所实施的审计程序及获取的审计证据得出结论，并以此作为对财务报表发表审计意见的基础。在记录审计结论时需注意，注册会计师在审计工作底稿中记录的审计程序和审计证据是否足以支持所得出并记录的审计结论。

4. 审计标识及其说明

审计工作底稿中可使用各种审计标识，但应说明其含义，并保持前后一致。以下是注册会计师在审计工作底稿中列明标识并说明其含义的例子，供参考。在实务中，注册会计师也可以依据实际情况运用更多的审计标识。

∧：纵加核对；

＜：横加核对；

B：与上年结转数核对一致；

T：与原始凭证核对一致；

G：与总分类账核对一致；

S：与明细账核对一致；

T/B：与试算平衡表核对一致；

C：已发询证函；

C\：已收回询证函。

5. 索引号及编号

通常，审计工作底稿需要注明索引号及顺序编号，相关审计工作底稿之间需要保持清晰的钩稽关系。在实务中,注册会计师可以按照所记录的审计工作的内容层次进行编号。例如,固定资产汇总表的编号为 C1。按类别列示的固定资产明细表的编号为 C1-1,房屋建筑物的编号为 C1-1-1,机器设备的编号为 C1-1-2,运输工具的编号为 C1-1-3,其他设备的编号为 C1-1-4。相互引用时,需要在审计工作底稿中交叉注明索引号。

6. 编制者姓名及编制日期

为了明确审计责任和便于查阅有关事项,审计工作底稿上应该写明编制者的姓名及编制工作底稿的日期,如果为了在现场时减少工作量采用了简写签名,应该在工作底稿中加以说明。

7. 复核者姓名及复核日期

审计工作底稿一般是由多级复核后才出具审计报告书的。为了明确责任,复核者也应该签名并且写明复核日期,如果是多级复核应该分别签名。如果审计工作底稿直接取自第三者,那么应该由注册会计师审核后注明来自何方,存放入档。注册会计师认为比较重要的问题,也可以在审计工作底稿中特别注明,以便提醒使用者注意。

8. 其他应说明事项

具体内容根据实际工作而定。

三、审计工作底稿的编制要求

注册会计师编制的审计工作底稿,应当使未曾接触该项审计工作的有经验的专业人士清楚地了解审计程序、审计证据与审计结论三个方面的内容,具体要求如下:

(1) 按照审计准则和相关法律、法规的规定实施的审计程序的性质、时间安排和范围。

(2) 实施审计程序的结果和获取的审计证据。

(3) 审计中遇到的重大事项和得出的结论,以及在得出结论时做出的重大职业判断。

有经验的专业人士是指会计师事务所内部或外部的具有审计实务经验,并且对下列方面有合理了解的人士:

(1) 审计过程。

(2) 审计准则和相关法律、法规的规定。

(3) 被审计单位所处的经营环境。

(4) 与被审计单位所处行业相关的会计和审计问题。

四、审计工作底稿的复核

(一) 审计工作底稿复核的意义

审计工作底稿复核的意义主要体现在以下三个方面:

(1) 减少或消除人为的审计误差,以降低审计风险,提高审计质量。

(2) 及时发现和解决问题,保证审计计划顺利执行,并能够不断地协调审计进度、节约审计时间、提高审计效率。

(3) 便于注册会计师协会对注册会计师进行审计质量监控和工作业绩考评。

(二) 审计工作底稿复核的要点

根据审计准则的要求,审计单位应当建立多层次的审计工作底稿复核制度,而不同层次

的复核人可能有不同的复核重点,但就复核工作的基本要点来看,不外乎以下几点:

(1) 引用的有关资料是否翔实、可靠。

(2) 获取的审计证据是否充分、适当。

(3) 审计判断是否有理有据。

(4) 审计结论是否恰当。

(三) 审计工作底稿复核的基本要求

复核是会计师事务所进行审计项目质量控制的一项重要程序,必须有严格和明确的规则。一般说来,复核时应做好下面几项工作:

(1) 做好复核记录,对审计工作底稿中存在的问题和疑点要明确指出,并以文字记录于审计工作底稿中。

(2) 复核人签名和签署日期,这样,有利于划清审计责任,也有利于上级复核人对下级复核人的监督。

(3) 书面表示复核意见。

(4) 督促编制人员及时修改、完善审计工作底稿。

(四) 审计工作底稿复核的具体内容

1. 项目组成员实施的复核

根据中国注册会计师审计准则规定,由项目组内经验较多的人员(包括项目合伙人)复核经验较少人员的工作时,复核人员应当复核:①审计工作是否已按照法律、法规,相关职业道德要求和审计准则的规定执行。②重大事项是否已提请进一步考虑。③相关事项是否已进行适当咨询,由此形成的结论是否得到记录和执行。④是否需要修改已执行审计工作的性质、时间安排和范围。⑤已执行的审计工作是否支持形成的结论,并已得到适当记录。⑥获取的审计证据是否充分、适当,足以支持审计结论。⑦审计程序的目标是否已经实现。

为了监督审计业务的进程,并考虑助理人员是否具备足够的专业技能和胜任能力,了解审计指令及按照总体审计策略和具体审计计划执行工作,有必要对执行业务的助理人员进行适当的督导和复核。

复核人员应当知悉并解决重大的会计和审计问题,考虑其重要程度并适当修改总体审计策略和具体审计计划。此外,项目组成员与客户的专业判断分歧应当得到解决,必要时,应考虑寻求恰当的咨询。

复核工作应当由至少具备同等专业胜任能力的人员来完成,复核时应考虑是否已按照具体审计计划执行审计工作,审计工作和结论是否予以充分记录,所有重大事项是否已得到解决或在审计结论中予以反映,审计程序的目标是否已实现,审计结论是否与审计工作的结果一致并支持审计意见。

复核范围因审计规模、审计复杂程度以及工作安排的不同而存在显著差异。有时由高级助理人员复核低层次助理人员执行的工作,有时由项目经理完成,并最终由项目合伙人复核。如上所述,对工作底稿实施的复核必须留下证据,一般由复核者在相关审计工作底稿上签名并署明日期。

2. 项目质量控制复核

中国注册会计师审计准则规定,注册会计师在出具审计报告前,会计师事务所应当指定

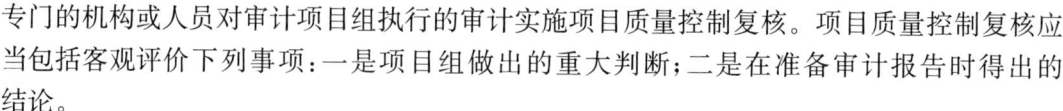

专门的机构或人员对审计项目组执行的审计实施项目质量控制复核。项目质量控制复核应当包括客观评价下列事项：一是项目组做出的重大判断；二是在准备审计报告时得出的结论。

项目合伙人有责任采取以下措施：一是确定会计师事务所已委派项目质量控制复核人员；二是与项目质量控制复核人员讨论在审计过程中遇到的重大事项，包括项目质量控制复核中识别的重大事项；三是在项目质量控制复核完成后，才能出具审计报告。

会计师事务所采用制衡制度，以确保委派独立的、有经验的注册会计师作为其所熟悉行业的项目质量控制复核人员。复核范围取决于审计项目的复杂程度以及未能根据具体情况出具审计报告的风险。许多会计师事务所不仅对上市公司审计进行项目质量控制复核，还会对那些高风险或涉及公众利益的审计项目实施项目质量控制复核。

五、审计工作底稿的归档

（一）审计工作底稿归档的期限

审计工作底稿形成后，注册会计师应按照一定的标准予以归档。归档时，注册会计师可以按照审计循环或会计报表项目，以及审计工作底稿的使用期限长短先行分类，再标上相应的标识号和页次后，分别存档。

审计业务完成之后事务所要尽快归档，审计工作底稿的归档期限为审计报告日后 60 天内。如果注册会计师未能完成审计业务，审计工作底稿的归档期限为审计业务中止后的 60 天内。

（二）审计档案的所有权和保存期限

在审计过程中所编制和收集的工作底稿，包括由客户代注册会计师编制的工作底稿，都是会计师事务所的财产，其所有权属于接受委托进行审计的会计师事务所。

会计师事务所应当自审计报告日起，对审计工作底稿至少保存 10 年。如果注册会计师未能完成审计业务，会计师事务所应当自审计业务中止日起，对审计工作底稿至少保存 10 年。对于保管期限届满的审计档案，会计师事务所可以决定将其销毁。销毁应履行必要的手续。

【关键术语】

审计证据　充分性　适当性　审计工作底稿　复核　当期档案　永久性档案

【拓展分析】

1. 注册会计师 A 在对天河公司 2×24 年度财务报表进行审计时，收集到以下六组证据：

（1）收料单与购货发票。

（2）销货发票副本与产品出库单。

（3）领料单与材料成本计算表。

（4）工资计算单与工资发放单。

（5）存货盘点表与存货监盘记录。

（6）银行询证函回函与银行对账单。

要求:分别说明每组证据中哪项审计证据较为可靠,并简要说明理由。

2. 注册会计师 B 在对天河公司存货项目的相关内部控制进行研究、评价后,发现天河公司存在以下可能导致错误的情况:

(1) 寄存在越秀公司的商品可能不存在。

(2) 期末存货盘点程序不规范,结果不准确。

(3) 接近资产负债表日前入库的产成品可能已计入存货项目,但可能未进行相关会计处理。

(4) 当年对存货计提的跌价准备可能不正确。

(5) 可能将部分低值易耗品记入固定资产。

要求:完成以下问题。

(1) 为证实上述情况是否真正导致错误,注册会计师 B 应当分别执行的最主要的实质性程序是什么?

(2) 执行的实质性程序能够实现哪些审计目标?

(3) 执行各项实质性程序所获取的审计证据,按其外形特征分属哪些种类?

【课程思政案例】

调查取证 为民履职——审计"用证据说话"

银行函证及回函工作是提高会计信息质量、防范金融风险、维护市场秩序的重要途径,也是注册会计师独立审计的核心程序之一,其对于注册会计师在审计工作中识别财务报表错误与舞弊行为极为重要。财政部、原银监会曾在 2016 年发布《关于进一步规范银行函证及回函工作的通知》(财会〔2016〕13 号),从重视并规范银行函证及回函工作、严格银行回函的内部控制等方面对银行函证及回函工作提出了要求,对于规范银行函证程序、防范函证风险起到了较大作用。但随着银企之间资金往来形式日趋复杂多样,金融科技的快速发展以及金融产品、业务模式的不断创新,特别是银行资金归集(资金池)业务的兴起,银行函证及回函工作面临一系列新问题。此外,部分银行内部控制不完善、回函不真实、信息不完整等引发的操作风险日渐增多,函证及回函程序不规范所引发的审计失败屡有发生,特别是 2019 年上市公司康得新和康美药业巨额银行存款不实的舞弊行为,在市场上造成了极大的负面影响,银行函证及回函工作也受到了广泛质疑。为进一步规范银行函证及回函工作,财政部、银保监会于 2020 年 8 月发布了《关于进一步规范银行函证及回函工作的通知》(财会〔2020〕12 号)及《银行函证及回函工作操作指引》(财办会〔2020〕21 号),从高度重视银行函证及回函工作、强化银行函证及回函工作管理、切实提升回函服务质效、推动回函集中处理和数字化、加强监督管理和行业自律等五个方面对银行函证及回函工作提出了新的要求,并就其中的一些事项作了具体的明确和细化,以推进会计师事务所和银行提高函证和回函工作质量。

2021 年 7 月 30 日,国务院办公厅发布《关于进一步规范财务审计秩序促进注册会计师行业健康发展的意见》,专门提出进一步规范银行函证业务,加强银行函证数字化平台建设,加快推进函证集约化、规范化、数字化进程。2022 年 1 月,按照财政部、人民银行、国资委、银保监会、证监会联合印发的《关于开展银行函证试点工作的通知》的要求,中注协组织部分会计师事务所参与银行函证试点工作。2022 年 12 月 30 日,财政部、银保监会发布《关于加快推进银行函证规范化、集约化、数字化建设的通知》,进一步推进银行函证规范化、集约化、数字化,提升审计质量和效率,有效发挥注册会计师审计鉴证作用,履行会计师事务所"看门人"职责。

案例思考和讨论题

1. 注册会计师得出审计结论的基础是什么?

2. 结合《论衡·薄葬》中的名句"事莫明于有效,论莫定于有证"和毛泽东同志的名句"没有调查就没有发言权,不做正确的调查同样没有发言权",谈谈你对调查取证的重要性以及取证方法和技巧的看法。

练 习 题

姓名＿＿＿＿＿＿＿

学号＿＿＿＿＿＿＿

分数＿＿＿＿＿＿＿

一、单项选择题

1. 下列有关审计证据的表述中,正确的是(　　)。
   A. 注册会计师获取的环境证据一般属于基本证据
   B. 注册会计师运用观察、查询、函证、监盘、计算、检查和分析程序等方法,均可获取与内部控制相关的审计证据
   C. 注册会计师自行获取的审计证据通常比审计单位提供的证据可靠
   D. 注册会计师运用观察、查询、函证、监盘、计算、检查和分析程序等方法,均可获取书面证据

2. 实物证据通常证明(　　)。
   A. 实物资产是否存在
   B. 实物资产的所有权
   C. 实物资产的计价准确性
   D. 有关会计记录是否正确

3. 审计人员通过监盘,可以获取(　　)。
   A. 实物证据　　　B. 书面证据　　　C. 口头证据　　　D. 环境证据

4. 下列关于审计证据充分性的说法中,错误的是(　　)。
   A. 审计证据的充分性是对审计证据数量的衡量,主要与确定的样本量有关
   B. 获取更多的审计证据可以弥补这些审计证据在质量上的缺陷
   C. 注册会计师需获取审计证据的数量受其对重大错报风险评估的影响
   D. 需要获取的审计证据的数量受审计证据质量的影响

5. 审计证据相关性是指审计证据应与(　　)相关。
   A. 审计目标　　　B. 审计范围　　　C. 审计事实　　　D. 会计报表

6. 下列证据中,属于外部证据的是(　　)。
   A. 被审计单位管理当局声明书
   B. 被审计单位与客户签订的购销合同
   C. 被审计单位提供的购货发票
   D. 被审计单位提供的销货发票

7. 注册会计师获取的下列审计证据中,可靠性最弱的是(　　)。
   A. 应收账款函证回函
   B. 销售发票
   C. 购货发票
   D. 入库单

8. 下列各项中,为获取适当审计证据所实施的审计程序与审计目标最相关的是(　　)。
   A. 从甲公司销售发票中选取样本,追查至对应的发货单,以确定销售的完整性
   B. 实地观察甲公司固定资产,以确定固定资产的所有权
   C. 对已盘点的甲公司存货进行检查,将检查结果与盘点记录相核对,以确定存货的计价正确性

D. 复核甲公司编制的银行存款余额调节表,以确定银行存款余额的正确性

9. 审计工作底稿的归档期限为审计报告日后( )日内。

    A. 30   B. 60   C. 90   D. 180

10. 会计师事务所应当自审计报告日起,对审计工作底稿( )。

    A. 至少保存 8 年   B. 至少保存 10 年

    C. 至少保存 15 年   D. 永久保存

二、多项选择题

1. 审计证据按证据外在形式分为( )。

    A. 实物证据   B. 书面证据   C. 口头证据   D. 环境证据

2. 审计证据的充分性是对审计证据数量的衡量,主要与以下因素中的( )有关。

    A. 审计项目的重要程度   B. 重大错报风险

    C. 审计人员的经验   D. 审计证据的质量

3. 外部证据是由被审计单位以外的组织机构或人士所编制的书面证据,其中包括( )。

    A. 应收账款函证的回函   B. 收到的支票

    C. 购货发票   D. 被审计单位管理层声明

4. 审计证据按证据的来源分为( )。

    A. 口头证据   B. 亲知证据   C. 内部证据   D. 外部证据

5. 环境证据包括( )。

    A. 被审计单位经营条件、经营方针

    B. 被审计单位各种管理制度和管理水平

    C. 被审计单位管理人员的素质

    D. 被审计单位内部控制情况

6. 评价审计证据的适当性时,注册会计师一般考虑( )。

    A. 审计证据的相关性   B. 审计证据的充分性

    C. 审计证据的来源和及时性   D. 审计证据的可靠性

7. 作为审计证据的会计记录有( )。

    A. 会计凭证   B. 会计账簿

    C. 各种试算表   D. 各种汇总表

8. 在确定审计证据相关性时,下列事项中,属于注册会计师应当考虑的有( )。

    A. 特定的审计程序可能只为某些认定提供相关的审计证据,而与其他认定无关

    B. 针对同一项认定可以从不同来源获取审计证据或获取不同性质的审计证据

    C. 从外部独立来源获取的审计证据比其他来源获取的审计证据更可靠

    D. 只与特定认定相关的审计证据并不能替代与其他认定相关的审计证据

9. 下列说法中,正确的有( )。

    A. 书面证据比口头证据可靠

    B. 来自独立于被审计单位的第三者的外部证据比来自被审计单位内部的证据可靠

    C. 内部控制制度严密、健全的被审计单位提供的审计证据比内部控制薄弱的单位提供的审计证据可靠

D. 客观性审计证据比主观性审计证据可靠

E. 审计人员亲自观察、函询等取得的审计证据比被审计单位提供的审计证据可靠

10. 对注册会计师复核工作底稿的要求包括(　　　)。

A. 做好复核记录

B. 复核人签名和签署日期

C. 书面表示复核意见

D. 督促编制人员及时修改完善工作底稿

三、判断题

1. 实物资产通常是证实被审计单位对其拥有所有权的非常有说服力的证据。　(　　)

2. 收集或获取审计证据是审计工作的核心,也是考核审计工作质量的重要依据,关系着审计工作的成败。　(　　)

3. 被审计单位管理层声明不属于审计证据。　(　　)

4. 在审计过程中,注册会计师对被审计单位有关人员的询问做成文字记录,因而它属于书面证据。　(　　)

5. 外部证据是由会计师事务所以外的组织机构或人士编制的书面证据。　(　　)

6. 审计证据的充分性是对审计证据质量的衡量。　(　　)

7. 一般而言,内部证据不如外部证据可靠。　(　　)

8. 通常,直接获取的审计证据比间接获取或推论得出的审计证据更可靠。　(　　)

9. 审计证据的充分性是注册会计师为形成审计意见所需要审计证据的最高数量要求。(　　)

10. 注册会计师可以考虑获取审计证据的成本与所获取信息的有用性之间的关系。若获取审计证据很困难或成本很高,注册会计师可以以此为由减少必要的审计程序。　(　　)

11. 会计记录中含有的信息本身并不足以提供充分的审计证据作为对财务报表发表审计意见的基础,注册会计师还应当获取用作审计证据的其他信息。　(　　)

12. 会计师事务所应建立审计工作底稿复核制度。　(　　)

13. 如果未能完成审计工作,审计工作底稿的归档期限为审计业务中止后的60天内。(　　)

四、思考题

1. 如何理解审计证据的适当性?

2. 审计证据的种类包括哪些?

3. 什么是审计工作底稿? 审计工作底稿有什么作用?

4. 审计工作底稿的基本要素包括哪些?

第五章
计划审计工作

教学目标 ·········

本章主要介绍审计计划的内容及编制、审计重要性的概念及其运用。通过学习,学生应理解掌握审计计划的具体编制过程、审计重要性的概念、审计重要性在计划阶段及报告阶段的运用。

第一节 / 初步业务活动

根据风险导向审计的理念,审计工作重心必须前移,注册会计师必须加强计划审计工作。计划审计工作是注册会计师审计工作的第一步,也是整个审计工作的基础。在这个阶段,注册会计师需要完成两方面的工作:第一,开展初步业务活动;第二,确定总体审计策略,并制订具体审计计划。

一、初步业务活动的目的和内容

(一) 初步业务活动的目的

注册会计师在计划审计工作前,需要开展初步业务活动,以实现三个主要目的:第一,确保注册会计师具备执行业务所需的独立性和能力;第二,不存在因管理层诚信问题而可能影响注册会计师保持该项业务的意愿的事项;第三,与被审计单位之间不存在对业务约定条款的误解。

(二) 初步业务活动的内容

为实现上述三个目的,注册会计师在审计业务开始时应当开展下列初步业务活动:一是针对保持客户关系和具体审计业务实施相应的质量控制程序;二是评价遵守相关职业道德要求的情况;三是就审计业务约定条款达成一致意见。

1. 针对保持客户关系和具体审计业务实施质量控制程序

针对保持客户关系和具体审计业务实施质量控制程序,并且根据实施相应程序的结果做出适当的决策是注册会计师控制审计风险的重要环节。与之有关的内容在第二章做了详细论述,请参阅第二章。

2. 评价遵守相关职业道德要求的情况

评价遵守相关职业道德要求的情况也是一项非常重要的初步业务活动。质量控制准则

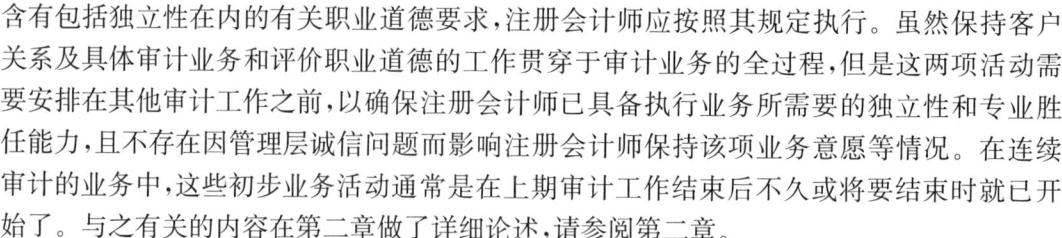

含有包括独立性在内的有关职业道德要求,注册会计师应按照其规定执行。虽然保持客户关系及具体审计业务和评价职业道德的工作贯穿于审计业务的全过程,但是这两项活动需要安排在其他审计工作之前,以确保注册会计师已具备执行业务所需要的独立性和专业胜任能力,且不存在因管理层诚信问题而影响注册会计师保持该项业务意愿等情况。在连续审计的业务中,这些初步业务活动通常是在上期审计工作结束后不久或将要结束时就已开始了。与之有关的内容在第二章做了详细论述,请参阅第二章。

3. 就审计业务约定条款达成一致意见

在做出接受或保持客户关系及具体审计业务的决策后,注册会计师应当按照规定,在审计业务开始前,与被审计单位就审计业务约定条款达成一致意见,签订或修改审计业务约定书,以避免双方对审计业务的理解产生分歧。

二、审计的前提条件

审计的前提条件是指被审计单位管理层在编制财务报表时采用可接受的财务报告编制基础,以及管理层对注册会计师执行审计工作的前提的认可。

(一)财务报告编制基础

承接鉴证业务的条件之一是使用的标准适当,且预期使用者能够获取该标准。标准是指用于评价或计量鉴证对象的基准,当涉及列报时,还包括列报与披露的基准。适当的标准使注册会计师能够运用职业判断对鉴证对象作出合理一致的评价或计量。就审计准则而言,适用的财务报告编制基础为注册会计师提供了用以审计财务报表的标准。如果不存在可接受的财务报告编制基础,管理层就不具有编制财务报表的恰当基础,注册会计师也不具有对财务报表进行审计的适当标准。

如果财务报告准则由经授权或获得认可的准则制定机构制定和发布,供某类实体使用,只要这些机构遵循一套既定和透明的程序,则认为财务报告准则对于这类实体编制通用目的财务报表是可接受的。这些财务报告准则主要有国际会计准则理事会发布的国际财务报告准则、国际公共部门会计准则理事会发布的国际公共部门会计准则和某一国家或地区经授权或获得认可的准则制定机构在遵循一套既定和透明的程序的基础上发布的会计准则,例如,我国财政部发布的企业会计准则和企业会计制度。

在规范通用目的财务报表编制的法律法规中,这些财务报告准则通常被界定为适用的财务报告编制基础。

(二)就管理层的责任达成一致意见

按照审计准则的规定执行审计工作的前提是管理层已认可并理解其承担的责任。独立审计的理念要求注册会计师不对财务报表的编制或被审计单位的相关内部控制承担责任,并要求注册会计师合理预期能够获取审计所需要的信息。因此,管理层认可并理解其责任,这一前提对执行独立审计工作是至关重要的。

(1)按照适用的财务报告编制基础编制财务报表,并使其实现公允反映(如适用)。大多数财务报告编制基础包括与财务报表列报相关的要求,对于这些财务报告编制基础,在提到"按照适用的财务报告编制基础编制财务报表"时,编制包括列报。实现公允列报的报告目标非常重要,因而在与管理层达成一致意见的执行审计工作的前提中需要特别提及公允列报，或需要特别提及管理层负有确保财务报表根据财务报告编制基础编制并使其实现公允反映的责任。

（2）设计、执行和维护必要的内部控制，使财务报表不存在由于舞弊或错误而导致的重大错报。由于内部控制的固有限制，无论其如何有效，也只能合理保证被审计单位实现其财务报告目标。注册会计师按照审计准则的规定执行的独立审计工作，不能代替管理层维护编制财务报表所需要的内部控制。因此，注册会计师需要就管理层认可并理解其与内部控制有关的责任与管理层达成共识。

（3）向注册会计师提供必要的工作条件，包括允许注册会计师接触与编制财务报表相关的所有信息（如记录、文件和其他事项），向注册会计师提供审计所需要的其他信息，允许注册会计师在获取审计证据时不受限制地接触其认为必要的内部人员和其他相关人员。

（三）确认的形式

按照《中国注册会计师审计准则第 1341 号——书面声明》的规定，注册会计师应当要求管理层就其已履行的某些责任提供书面声明。因此，注册会计师需要获取针对管理层责任的书面声明、其他审计准则要求的书面声明，以及在必要时需要获取用于支持其他审计证据的书面声明。

如果管理层不认可其责任，或不同意提供书面声明，注册会计师将视为不能获取充分、适当的审计证据。在这种情况下，注册会计师承接此类审计业务是不恰当的，除非法律法规另有规定。

三、审计业务约定书

（一）审计业务约定书的意义

审计业务约定书是会计师事务所与被审计单位签订的，用于记录和确认审计业务的委托与受托关系、审计目标和范围、双方的责任以及报告的格式等事项的书面合同。其目的在于明确约定双方的责任与义务，促使双方遵守约定事项并加强合作，以保护会计师事务所与被审计单位的利益。

会计师事务所承接任何审计业务，都应与被审计单位签订审计业务约定书。审计业务约定书应由会计师事务所和被审计单位双方的法定代表人或其授权人共同签订，并加盖委托人和会计师事务所的印章。签订后的审计业务约定书具有法定约束力，具有和其他根据《中华人民共和国合同法》签订的经济合同一样（同等）的法律效力，成为委托人和受托人双方之间在法律上的生效契约，如果一方违约，需负法律责任。签署审计业务约定书具有十分重要的意义：审计业务约定书可作为签约双方检查审计工作完成情况的依据，如果被审计单位对注册会计师的服务提出质疑，注册会计师可以根据审计业务约定书的有关内容做出解释；审计业务约定书可增强双方的相互了解，也使被审计单位了解注册会计师的责任及需要提供的合作，避免双方在审计目的、范围和双方责任等方面产生误解；如果涉及法律诉讼，审计业务约定书是确定双方应负责任的重要依据。

审计业务约定书是编制审计计划的依据，其中包括审计工作的时间预算、进度安排以及相应的费用预算。例如，根据审计业务约定书的约定，在资产负债表日之后 3 个月提交审计报告，则要相应地安排审计工作的进度。

（二）审计业务约定书的内容

审计业务约定书在早期审计实践中并无定式，其内容和形式因具体审计项目不同而不同。随着审计实务经验的积累,审计业务约定书的内容和形式逐渐地统一起来。许多国家通过审计准则的方式将其固定下来。

1. 审计业务约定书的基本内容

中国审计准则规范的审计业务约定书的基本内容包括以下几个方面:

(1) 签约双方的名称。

(2) 财务报表审计的目标。

(3) 双方的责任,包括被审计单位管理层的责任与注册会计师的责任。

(4) 管理层编制财务报表所使用的财务报表编制基础。

(5) 审计范围,包括指明在执行财务报表审计业务时遵守的中国注册会计师审计准则。

(6) 执行审计工作的安排,包括出具审计报告的时间要求。

(7) 审计业务执行结果的报告格式或其他沟通形式。

(8) 由于测试的性质和审计的其他固有限制,以及内部控制的固有局限性,不可避免地存在着某些重大错报可能仍然未被发现的风险。

(9) 注册会计师不受限制地接触任何与审计有关的记录、文件和所需要的其他信息。

(10) 管理层对其做出的与审计有关的声明予以书面确认。

(11) 管理层为注册会计师提供必要的工作条件和协助。

(12) 注册会计师对执业过程中获知的客户信息保密。

(13) 审计收费,包括收费的计算基础和收费安排。

(14) 违约责任。

(15) 解决争议的方法。

(16) 签约双方法定代表人或其授权代表的签字盖章,以及签约双方加盖的公章。

2. 可以增加的内容

如果情况需要,会计师事务所和客户可以通过协商确定在审计业务约定书中列明下列内容:

(1) 在某些审计方面对利用其他注册会计师和专家工作的安排。

(2) 与审计涉及的客户内部审计人员和其他员工工作的协调。

(3) 说明预期向客户提交的其他函件或报告。

(4) 与治理层整体直接沟通。

(5) 在首次接受审计委托时,对与前任注册会计师沟通的安排。

(6) 注册会计师与客户之间需要达成进一步协议的事项。

(三) 审计业务约定书的范例

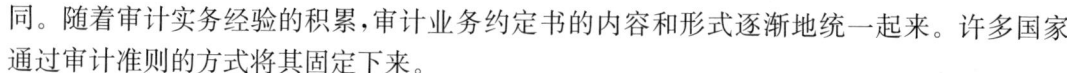

审计业务约定书

甲方:广州天河股份有限公司

乙方:广州粤星会计师事务所

兹由甲方委托乙方对 2×20 年度财务报表进行审计,经双方协商,达成如下约定。

一、审计的目标和范围

1. 乙方接受甲方委托,对甲方按照企业会计准则编制的 2×20 年 12 月 31 日资产负债表、2×20 年度的利润表、所有者权益变动表和现金流量表以及财务报表附注(以下统称财务报表)进行审计。

（续上）

2. 乙方通过执行审计工作,对财务报表的下列方面发表审计意见:①财务报表是否在所有重大方面按照企业会计准则的规定编制;②财务报表是否在所有重大方面公允反映了甲方2×20年12月31日的财务状况以及2×20年度的经营成果和现金流量。

二、甲方的责任

1. 根据《中华人民共和国会计法》及《企业财务会计报告条例》,甲方及甲方负责人有责任保证会计资料的真实性和完整性。因此,甲方管理层有责任妥善保存和提供会计记录(包括但不限于会计凭证、会计账簿及其他会计资料),这些记录必须真实、完整地反映甲方的财务状况、经营成果和现金流量。

2. 按照企业会计准则的规定编制和公允列报财务报表是甲方管理层的责任,这种责任包括:①按照企业会计准则的规定编制财务报表,并使其实现公允反映。②设计、执行和维护必要的内部控制,以使财务报表不存在由于舞弊或错误导致的重大错报。

3. 及时为乙方的审计工作提供与审计有关的所有记录、文件和所需的其他信息,并保证所提供的资料的真实性和完整性。

4. 确保乙方不受限制地接触其认为必要的甲方内部人员和其他相关人员。

5. 甲方管理层对其做出的与审计有关的声明予以书面确认。

6. 为乙方派出的有关工作人员提供必要的工作条件和协助,乙方将于外勤工作开始前提供主要事项清单。

7. 按照本约定书的约定及时足额支付审计费用以及乙方人员在审计期间的交通、食宿和其他相关费用。

8. 乙方的审计不能减轻甲方管理层的责任。

三、乙方的责任

1. 乙方的责任是在执行审计工作的基础上对甲方财务报表发表审计意见。乙方根据中国注册会计师审计准则的规定执行审计工作。审计准则要求注册会计师遵守中国注册会计师职业道德守则,计划和执行审计工作以对财务报表是否不存在重大错报获取合理保证。

2. 审计工作涉及实施审计程序,以获取有关财务报表金额和披露的审计证据。选择的审计程序取决于乙方的判断,包括对由于舞弊或错误导致的财务报表重大错报风险的评估。在进行风险评估时,乙方考虑与财务报表编制和公允列报相关的内部控制,以设计恰当的审计程序,但目的并非对内部控制的有效性发表意见。审计工作还包括评价管理层选用会计政策的恰当性和做出会计估计的合理性,以及评价财务报表的总体列报。

3. 由于审计和内部控制的固有限制,即使按照审计准则的规定适当地计划和执行审计工作,仍不可避免地存在财务报表的某些重大错报可能未被发现的风险。

4. 在审计过程中,乙方若发现甲方存在乙方认为值得关注的内部控制缺陷,应以书面形式向甲方治理层或管理层通报。但乙方通报的各种事项,并不代表已全面说明所有可能存在的缺陷或已提出所有可行的改进建议。甲方在实施乙方提出的改进建议前应全面评估其影响。未经乙方书面许可,甲方不得向任何第三方提供乙方出具的沟通文件。

5. 按照约定时间完成审计工作,出具审计报告。乙方应于2×21年2月15日前出具审计报告。

（续上）

6. 除下列情况外，乙方应当对执行业务过程中知悉的甲方信息予以保密：①法律、法规允许披露，并取得甲方的授权。②根据法律、法规的要求，为法律诉讼、仲裁准备文件或提供证据，以及向监管机构报告发现的违法行为。③在法律、法规允许的情况下，在法律诉讼、仲裁中维护自己的合法权益。④接受注册会计师协会或监管机构的执业质量检查，答复其询问和调查。⑤法律、法规，执业准则和职业道德规范规定的其他情形。

四、审计收费

1. 本次审计服务的收费是以乙方各级别工作人员在本次工作中所耗费的时间为基础计算的。乙方预计本次审计服务的费用总额为人民币 100 万元。

2. 甲方应于本约定书签署之日起 30 日内支付 50％的审计费用，其余款项于审计报告草稿完成日结清。

3. 如果由于无法预见的原因，致使乙方从事本约定书所涉及的审计服务实际时间较本约定书签订时预计的时间有明显增加或减少的，甲、乙双方应通过协商，相应调整本部分第一段所述的审计费用。

五、审计报告和审计报告的使用

1. 乙方按照中国注册会计师审计准则规定的格式和类型出具审计报告。

2. 乙方向甲方致送审计报告一式五份。

3. 甲方在提交或对外公布乙方出具的审计报告及其后附的已审计财务报表时，不得对其进行修改。当甲方认为有必要修改会计数据、报表附注和所做的说明时，应当事先通知乙方，乙方将考虑有关的修改对审计报告的影响，必要时将重新出具审计报告。

六、本约定书的有效期间

本约定书自签署之日起生效，并在双方履行完毕本约定书约定的所有义务后终止。

七、约定事项的变更

如果出现不可预见的情况，影响审计工作如期完成，或需要提前出具审计报告，甲、乙双方均可要求变更约定事项，但应及时通知对方，并由双方协商解决。

八、终止条款

1. 如果根据乙方的职业道德及其他有关专业职责，适用的法律、法规或其他任何法定要求，乙方认为已不适宜继续为甲方提供本约定书约定的审计服务，乙方可以采取向甲方提出合理通知的方式终止履行本约定书。

2. 在本约定书终止的情况下，乙方有权就其终止之日前对约定的审计服务项目所做的工作收取合理的费用。

九、违约责任

甲、乙双方按照《中华人民共和国合同法》的规定承担违约责任。

十、适用法律和争议解决

本约定书的所有方面均适用中华人民共和国法律进行解释并受其约束。本约定书履行地为乙方出具审计报告所在地，因本约定书引起的或与本约定书有关的任何纠纷或争议，双方协商确定采取以下方式予以解决：

向有管辖权的人民法院提起诉讼。

（续上）

十一、双方对其他有关事项的约定

本约定书一式两份,甲、乙双方各执一份,具有同等法律效力。

甲方:广州天河股份有限公司　　　　　　　乙方:广州粤星会计师事务所

（盖章）　　　　　　　　　　　　　　　　（盖章）

授权代表:刘伟（签名并盖章）　　　　　　授权代表:李红（签名并盖章）

2×20 年 12 月 1 日　　　　　　　　　　2×20 年 12 月 1 日

第二节 审 计 计 划

根据《中国注册会计师审计准则第 1201 号——计划审计工作》,注册会计师应当计划审计工作,使审计业务以更有效的方式得到执行。计划审计工作包括针对审计业务制定总体审计策略和具体审计计划。

计划审计工作对于注册会计师顺利完成审计工作和控制审计风险具有非常重要的意义。合理的审计计划有助于注册会计师关注重点审计领域、及时发现和解决潜在问题及恰当地组织和管理审计工作,以有效率和效果的方式执行审计业务。同时充分的审计计划还可以帮助注册会计师对项目组成员进行恰当分工和指导监督,并复核其工作,还有助于协调其他注册会计师和专家的工作。

一、审计计划的编制

审计计划一般由审计项目负责人牵头编制,项目组其他关键成员也要参与审计计划工作。审计计划应形成书面文件,并最终形成审计工作底稿的一部分。审计计划的文件形式多种多样,主要有表格式、问卷式和文字叙述式三种主要形式。审计计划的繁简程度取决于被审计单位的经营规模和预定审计工作的复杂程度。

（一）总体审计策略

注册会计师应制定总体审计策略,用于确定审计范围、时间和方向;明确审计业务的报告目标、时间安排和所需要的沟通;确定审计方向以及审计资源的规划和调配,并指导制订具体审计计划。总体审计策略的制定一般包括:

（1）确定审计业务的特征,包括采用的会计准则和相关会计制度、特定行业的报告要求以及被审计单位组成部分的分布等,以界定审计范围。

（2）明确审计业务的报告目标,以计划审计的时间安排和所需沟通的性质,包括提交审计报告的时间要求,预期与管理层和治理层沟通的重要日期等。

（3）考虑影响审计业务的重要因素,以确定项目组工作方向,包括确定适当的重要性水平,初步识别可能存在较高的重大错报风险的领域,初步识别重要的组成部分和账户余额,评价是否需要针对内部控制的有效性获取审计证据,识别被审计单位、所处行业、财务报表要求及其他相关方面最近发生的重大变化等。

（4）向具体审计领域调配的资源，包括向高风险领域分派有适当经验的项目组成员，就复杂的问题利用专家工作等。

（5）向具体审计领域分配资源的数量，包括安排到重要存货存放地观察存货盘点的项目组成员的数量，对其他注册会计师工作的复核范围，对高风险领域安排的审计时间预算等。

（6）何时调配这些资源，包括是在期中审计阶段还是在关键的截止日期调配资源等。

（7）管理、指导、监督这些资源的利用，包括预期何时召开项目组预备会和总结会，项目负责人和经理如何进行复核，是否需要实施项目质量控制复核等。

注册会计师可以根据实施风险评估程序的结果对上述内容予以调整。总体审计策略一经确定，注册会计师应当针对总体审计策略中所识别的不同事项，制定具体审计计划，并考虑通过有效利用审计资源实现审计目标。

总体审计策略示例如下所示。

总体审计策略

一、审计范围

报告要求	
适用的会计准则或制度	
适用的审计准则	
与财务报表相关的行业特别规定	例如，监管机构发布的有关信息披露法规、特定行业主管部门发布的与财务报表相关的法规等
需审计的集团内组成部分的数量及所在地点	
需要阅读的含有已审计财务报表的文件中的其他信息	例如，上市公司年报
制定审计策略需考虑的其他事项	例如，单独出具报告的子公司范围等

二、审计业务时间安排

（一）对外报告时间安排 _____

（二）执行审计时间安排

执行审计时间安排	时间
1. 期中审计	
（1）制定总体审计策略	
（2）制定具体审计计划	
……	
2. 期末审计	
（1）存货监盘	
……	

（续上）

（三）沟通的时间安排

所需沟通	时间
与管理层及治理层的会议	
项目组会议（包括预备会和总结会）	
与专家或有关人士的沟通	
与前任注册会计师的沟通	
……	

三、影响审计业务的重要因素

（一）重要性

确定的重要性水平	索引号

（二）可能存在较高重大错报风险的领域

可能存在较高重大错报风险的领域	索引号

（三）重要的组成部分和账户余额

填写说明：

1. 记录所审计的集团内重要的组成部分；

2. 记录重要的账户余额，包括本身具有重要性的账户余额（如存货），以及评估出存在重大错报风险的账户余额。

重要的组成部分和账户余额	索引号
1. 重要的组成部分	
……	
2. 重要的账户余额	
……	

（续上）

四、人员安排

（一）项目组主要成员的责任

职位	姓名	主要职责

注:在分配职责时可以根据被审计单位的不同情况按会计科目划分,或按交易类别划分。

（二）与项目质量控制复核人员的沟通(如适用)

复核的范围:＿＿＿＿＿＿＿＿＿＿＿＿＿＿＿＿＿＿＿＿＿

沟通内容	负责沟通的项目组成员	计划沟通时间

五、对专家或有关人士工作的利用(如适用)

注:如果项目组计划利用专家或有关人士的工作,需要记录其工作的范围和涉及的主要会计科目等。另外,项目组还应按照相关审计准则的要求对专家或有关人士的能力、客观性及其工作等进行考虑及评估。

（一）对内部审计工作的利用

主要报表项目	拟利用的内部审计工作	索引号
存货	内部审计部门对各仓库的存货每半年至少盘点一次。在中期审计时,项目组已经对内部审计部门盘点步骤进行观察,对其结果满意,因此项目组将审阅其年底的盘点结果,并缩小存货监盘的范围	

（续上）

（二）对其他注册会计师工作的利用

其他注册会计师名称	利用其工作范围及程度	索引号

（三）对专家工作的利用

主要报表项目	专家名称	主要职责及工作范围	利用专家工作的原因	索引号

（四）对被审计单位使用服务机构的考虑

主要报表项目	服务机构名称	服务机构提供的服务及其注册会计师出具的审计报告意见及日期	索引号

（二）具体审计计划

注册会计师应当为审计工作制定具体审计计划。具体审计计划比总体审计策略更加详细，如果说总体审计策略是一个大的方向，那么具体审计计划是指各个小的方面的具体计划，两者是总体与部分的关系。

具体审计计划比总体审计策略更加详细，其内容包括为获取充分、适当的审计证据以将审计风险降至可接受的低水平，项目组成员拟实施的审计程序的性质、时间和范围。具体审计计划一般包括下列内容：

（1）按照《中国注册会计师审计准则第 1211 号——通过了解被审计单位及其环境识别和评估重大错报风险》的规定，为了足够识别和评估财务报表重大错报风险，注册会计师计划实施的风险评估程序的性质、时间和范围。

（2）按照《中国注册会计师审计准则第 1231 号——针对评估的重大错报风险采取的应对措施》的规定，针对评估的认定层次的重大错报风险，注册会计师计划实施的进一步审计程序的性质、时间和范围。

（3）根据中国注册会计师审计准则的规定，注册会计师针对审计业务需要实施的其他审计程序。其他审计程序是指上述进一步程序的计划中没有涵盖的、根据其他审计准则的要求注册会计师应当执行的既定程序。

具体审计计划示例如下所示。

具体审计计划

客户名称：	财务报表期间：		工作底稿索引号：
编制人：		日期：	
复核人：		日期：	
项目质量控制复核人(如适用)：		日期：	

目 录

1. 风险评估程序
1.1 一般风险评估程序
1.2 针对特定项目的程序
2. 了解被审计单位及其环境(不包括内控)
2.1 行业状况、法律环境与监管环境以及其他外部因素
2.2 被审计单位的性质
2.3 会计政策的选择和运用
2.4 目标、战略及相关经营风险
2.5 财务业绩的衡量和评价
3. 了解内控
3.1 控制环境
3.2 被审计单位的风险评估过程
3.3 信息系统与沟通
3.4 控制活动
3.5 对控制的监督
4. 对风险评估及审计计划的讨论
5. 评估的重大错报风险
5.1 评估的财务报表层次的重大错报风险
5.2 评估的认定层次的重大错报风险
6. 计划的进一步审计程序
7. 其他程序

二、审计计划的记录、审核与修改

（一）对计划审计工作的记录

注册会计师必须记录总体审计策略和具体审计计划，包括在审计工作过程中做出的任何重大更改。对总体审计策略的记录，应当包括为恰当计划审计工作和向项目组传达重大事项而做出的关键决策；对具体审计计划的记录，应当能够反映计划实施的风险评估程序的性质、时间和范围，以及针对评估的重大错报风险计划实施的进一步审计程序的性质、时间和范围。

（二）审计计划的审核

审计计划最终需经会计师事务所的有关业务负责人审核和批准。重大审计项目的审计计划，应经主任会计师审核和批准，甚至需经事务所最高决策层集体讨论决定。对在审核中发现的问题，应及时进行相应的修改、补充、完善。对审计计划的审核和批准意见应记录于审计工作底稿。

对总体审计策略，一般审核以下主要事项：审计目标、审计范围及重点领域的确定是否恰当；时间预算是否合理；审计项目组成员的选派与分工是否恰当；对被审计单位的内部控制制度的信赖程度是否恰当；对审计重要性的确定及审计风险的评估是否恰当；对专家、内部审计人员及其他审计人员工作的利用是否恰当。

对具体审计计划，一般审核以下主要事项：审计程序能否达到审计目标；审计程序是否适合各审计项目的具体情况；重点审计领域中各审计项目的审计程序是否恰当；重点审计程序的制定是否恰当。

（三）审计计划的修改

计划审计工作并非审计业务的一个孤立阶段，而是一个持续的、不断修正的过程，贯穿于整个审计业务的始终。由于未预期事项、条件的变化或在实施审计程序中获取的审计证据等原因，注册会计师经常需要在审计过程中对总体审计策略和具体审计计划做出必要的更新和修改。一般来说，重大的总体审计策略的更新和修改要报经事务所主要负责人审查批准，具体审计计划的更新和修改则授权该审计项目的负责人进行决策。

第三节　重　要　性

审计重要性概念的运用贯穿于整个审计过程。在计划审计工作时，注册会计师应当考虑导致财务报表发生重大错报的原因，并应当在了解被审计单位及其环境的基础上，确定一个可接受的重要性水平，即首先为财务报表层次确定重要性水平，以发现在金额上的重大错报。此外，注册会计师还应当评估各类交易、账户余额和披露认定层次的重要性。在确定审计意见类型时，注册会计师也需要考虑重要性水平。

一、重要性的含义

在审计开始时，注册会计师必须对重大错报的规模和性质做出一个判断，包括确定财务

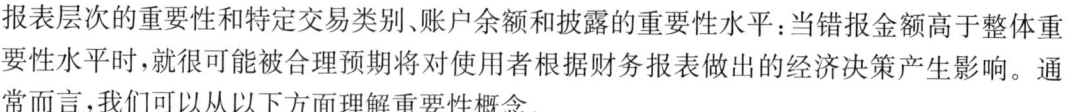

报表层次的重要性和特定交易类别、账户余额和披露的重要性水平:当错报金额高于整体重要性水平时,就很可能被合理预期将对使用者根据财务报表做出的经济决策产生影响。通常而言,我们可以从以下方面理解重要性概念。

(1)如果合理预期错报(包括漏报)单独或汇总起来可能影响财务报表使用者依据财务报表做出的经济决策,通常认为错报是重大的。

(2)对重要性的判断是根据具体环境做出的,并受错报的金额或性质的影响,或受两者共同作用的影响。

(3)判断某事项对财务报表使用者是否重大,是在考虑财务报表使用者整体共同的财务信息需求的基础上做出的。不同财务报表使用者对财务信息的需求可能差异很大,因此不考虑错报对个别财务报表使用者可能产生的影响。

审计准则规定,在计划和执行审计工作,评价识别出的错报对审计的影响,以及未更正错报对财务报表和审计意见的影响时,注册会计师需要运用重要性概念。

二、重要性水平的确定

在计划审计工作中,注册会计师应当确定一个合理的重要性水平,以发现在金额上的重大错报。确定计划的重要性水平时,注册会计师需要考虑自己对被审计单位及其环境的了解、审计的目标、财务报表各项目的性质及其相互关系、财务报表项目的金额及其波动幅度。

(一)财务报表整体的重要性

由于财务报表审计的目标是注册会计师通过执行审计工作对财务报表发表审计意见,因此,注册会计师应当考虑财务报表整体的重要性。只有这样,才能得出财务报表是否公允反映的结论。

确定多大错报会影响到财务报表使用者所做决策,是注册会计师运用职业判断的结果。很多注册会计师根据所在会计师事务所的惯例及自己的经验,考虑重要性。

确定重要性需要运用职业判断。通常先选定一个基准,再乘以某一百分比作为财务报表整体的重要性。在选择基准时,需要考虑的因素包括:

(1)财务报表要素(如资产、负债、所有者权益、收入和费用)。

(2)是否存在特定会计主体的财务报表使用者特别关注的项目(如为了评价财务业绩,使用者可能更关注利润、收入或净资产)。

(3)被审计单位性质、所处生命周期阶段及所处行业和经济环境。

(4)被审计单位的所有权结构和融资方式。

(5)基准的相对波动性。

适当的基准取决于被审计单位的具体情况,需要考虑预期使用者最为关注的财务指标,通常来说,新设期企业可以以总资产为基准;成长期企业可以以营业收入为基准;成熟期企业可以以税前利润为基准。经营状况大幅度波动,盈利和亏损交替发生的企业,选择过去3~5年经常性业务的平均税前利润或亏损作为基准可能更合适。常用的基准如表5-1所示。

表5-1	常用的基准
被审计单位的情况	可能选择的基准
1. 企业的盈利水平保持稳定	经常性业务的税前利润
2. 企业近年来经营状况大幅度波动,盈利和亏损交替发生,或者由正常盈利变为微利或微亏,或者本年度税前利润因情况变化而出现意外增加或减少	过去3~5年经常性业务的平均税前利润或亏损(取绝对值),或其他基准,例如营业收入
3. 企业为新设企业,处于开办期,尚未开始经营,目前正在建造厂房及购买机器设备	总资产
4. 企业处于新兴行业,目前侧重于抢占市场份额、扩大企业知名度和影响力	营业收入

为选定的基准确定百分比需要运用职业判断。百分比和选定的基准之间存在一定的联系,如经常性业务的税前利润对应的百分比通常比营业收入对应的百分比要高。例如,对以营利为目的的制造业,注册会计师可能认为经常性业务税前利润的5%是适当的;而对非营利组织,注册会计师可能认为总收入或费用总额的1%是适当的。无论百分比高一些还是低一些,只要符合具体情况,都是适当的。

（二）特定类别交易、账户余额或披露的重要性水平

根据被审计单位的特定情况,下列因素可能表明存在一个或多个特定类别的交易、账户余额或披露,其发生的错报金额虽然低于财务报表整体的重要性,但合理预期将影响财务报表使用者依据财务报表做出的经济决策:

（1）法律、法规或适用的财务报表编制基础是否影响财务报表使用者对特定项目(如关联方交易、管理层和治理层的薪酬)计量或披露的预期。

（2）与被审计单位所处行业相关的关键性披露(如制药企业的研究与开发成本)。

（3）财务报表使用者是否特别关注财务报表中单独披露的业务的特定方面(如新收购的业务)。

考虑是否存在上述交易、账户余额或披露时,了解治理层和管理层的看法和预期通常是有用的。

（三）实际执行的重要性

确定实际执行的重要性并非简单机械的计算,需要注册会计师运用职业判断。财务报表层次实际执行的重要性是指注册会计师确定的低于财务报表整体重要性的一个或多个金额,旨在将未更正和未发现错报的汇总数超过财务报表整体的重要性的可能性降至适当的低水平。与确定特定类别的交易、账户余额或披露的重要性水平的一个或多个金额,旨在将这些交易、账户余额或披露中未更正与未发现错报的汇总数超过这些交易、账户余额或披露的重要性水平的可能性降至适当的低水平。

1. 考虑因素

注册会计师无需通过将财务报表整体的重要性平均分配或按比例分配至各个报表项目的方法来确定实际执行的重要性,而是根据风险评估结果确定。

确定实际执行的重要性并非简单机械的计算,需要注册会计师运用职业判断,并考虑下列因素的影响:

（1）对被审计单位的了解（这些了解在实施风险评估程序的过程中得到更新）。

（2）前期审计工作中识别出的错报的性质和范围。

（3）根据前期识别出的错报对本期错报做出的预期。

通常而言,实际执行的重要性通常为财务报表整体重要性的50%～75%。

2. 较低的情形

如果存在下列情况,注册会计师可能考虑选择较低的百分比来确定实际执行的重要性:

（1）首次接受委托的审计项目。

（2）连续审计项目,以前年度审计调整较多。

（3）项目总体风险较高,例如处于高风险行业、管理层能力欠缺、面临较大市场竞争压力或业绩压力等。

（4）存在或预期存在值得关注的内部控制缺陷。

3. 较高的情形

如果存在下列情况,注册会计师可能考虑选择较高的百分比来确定实际执行的重要性:

（1）连续审计项目,以前年度审计调整较少。

（2）项目总体风险为低到中等,例如处于非高风险行业、管理层有足够能力、面临较低的市场竞争压力和业绩压力等。

（3）以前期间的审计经验表明内部控制运行有效。

例如,根据以前期间的审计经验和本期审计计划阶段的风险评估结果,注册会计师认为可以以财务报表整体重要性的75%作为大多数报表项目的实际执行的重要性;与营业收入项目相关的内部控制存在控制缺陷,而且以前年度审计中存在审计调整,因此考虑以财务报表整体重要性的50%作为营业收入项目的实际执行的重要性,从而有针对性地对高风险领域执行更多的审计工作。

（四）审计过程中修改重要性

在整个业务过程中,随着审计工作的进展,注册会计师应当根据所获得的新信息更新重要性。例如,注册会计师在审计过程中发现,实际财务成果与最初确定财务报表整体的重要性时使用的预期本期财务成果相比存在着很大差异,则需要修改重要性。

由于存在下列原因,注册会计师可能需要修改财务报表整体的重要性和特定类别的交易、账户余额或披露的重要性水平（如适用）:

（1）审计过程中情况发生重大变化。

（2）获取新信息。

（3）通过实施进一步审计程序,对被审计单位及其经营所了解的情况发生变化。

（五）在审计中运用实际执行的重要性

实际执行的重要性在审计中的作用主要体现在以下几个方面:

（1）注册会计师在计划审计工作时可以根据实际执行的重要性确定需要对哪些类型的交易、账户余额和披露实施进一步审计程序,即通常选取金额超过实际执行的重要性的财务报表项目,因为这些财务报表项目有可能导致财务报表出现重大错报。但是,这不代表注册会计师可以对所有金额低于实际执行的重要性的财务报表项目不实施进一步审计程序,这主要出于以下考虑:①单个金额低于实际执行的重要性的财务报表项目汇总起来可能金额重大(可能远远超过财务报表整体的重要性),注册会计师需要考虑汇总后的潜在错报风险;②对于存在低估风险的财务报表项目,注册会计师不能仅仅因为其金额低于实际执行的重要性而不实施进一步审计程序;③对于识别出存在舞弊风险的财务报表项目,注册会计师不能因为其金额低于实际执行的重要性而不实施进一步审计程序。

(2) 运用实际执行的重要性确定进一步审计程序的性质、时间安排和范围。例如:①实施实质性分析程序时,注册会计师确定的已记录金额与预期值之间的可接受差异额通常不超过实际执行的重要性;②运用审计抽样实施细节测试时,注册会计师可以将可容忍错报的金额设定为等于或低于实际执行的重要性。

三、错报

(一) 错报的定义

错报是指某一财务报表项目的金额、分类、列报或披露,与按照适用的财务报表编制基础应当列示的金额、分类、列报或披露之间存在的差异;或根据注册会计师的判断,为使财务报表在所有重大方面实现公允反映,需要对金额、分类、列报或披露做出的必要调整。错报可能是错误或舞弊导致的。

为了帮助注册会计师评价审计过程中累积的错报的影响,以及与管理层和治理层沟通错报事项,错报可以区分为事实错报、判断错报和推断错报。

(1) 事实错报。事实错报是毋庸置疑的错报。这类错报产生于被审计单位收集和处理数据的错误,对事实的忽略或误解,或故意舞弊行为。例如,注册会计师在审计测试中发现最近购入存货的实际价值为 15 000 元,但账面记录的金额却为 10 000 元。因此,存货和应付账款分别被低估了 5 000 元,这里被低估的 5 000 元就是已识别的对事实的具体错报。

(2) 判断错报。注册会计师认为存在管理层对会计估计做出不合理的判断或不恰当地选择和运用会计政策而导致的差异。这类错报产生于两种情况:一是管理层和注册会计师对会计估计值的判断差异,例如,由于包含在财务报表中的管理层做出的估计值超出了注册会计师确定的一个合理范围,导致出现判断差异;二是管理层和注册会计师对选择和运用会计政策的判断差异,例如,注册会计师认为管理层选用会计政策造成错报,管理层却认为选用会计政策适当,导致出现判断差异。

(3) 推断错报。注册会计师对总体存在的错报做出的最佳估计数,涉及根据在审计样本中识别出的错报来推断总体的错报。推断错报是指通过测试样本估计出的总体的错报减去在测试中发现的已经识别的具体错报。例如,应收账款年末余额为 2 000 万元,注册会计师测试样本发现样本金额有 100 万元的高估,高估部分为账面金额的 20%,据此注册会计师推断总体的错报金额为 400 万元(即 2 000×20%),那么上述 100 万元就是已识别的具体错报,其余的 300 万元即推断误差。

(二) 累积识别出的错报

注册会计师可能将低于某一金额的错报界定为明显微小的错报,对这类错报不需要累积,因为注册会计师认为这些错报的汇总数明显不会对财务报表产生重大影响。"明显微小"不等同于"不重大"。明显微小错报的金额的数量级与重要性的数量级相比,是完全不同的。

在确定明显微小错报的临界值时,注册会计师可能考虑以下因素:

(1) 以前年度审计中识别出的错报(包括已更正和未更正错报)的数量和金额。

(2) 重大错报风险的评估结果。

(3) 被审计单位治理层和管理层对注册会计师与其沟通错报的期望。

(4) 被审计单位的财务指标是否勉强达到监管机构的要求或投资者的期望。

对上述因素的考虑,实际上是在确定审计过程中对错报的过滤程度。注册会计师的目标是要确保不累积的错报(即低于临界值的错报)连同累积的未更正错报不会汇总成为重大错报。

如果预期被审计单位存在数量较多、金额较小的错报,可能考虑采用较低的临界值,以避免大量低于临界值的错报积少成多构成重大错报,如果注册会计师预期被审计单位错报数量较少,则可能采用较高的临界值。

注册会计师可能将明显微小错报的临界值确定为财务报表整体重要性的 3%～5%,也可能低一些或高一些,但通常不超过财务报表整体重要性的 10%,除非注册会计师认为有必要单独为重分类错报确定一个更高的临界值。

(三) 对错报的考虑

错报可能不会孤立发生,一项错报的发生还可能表明存在其他错报。例如,注册会计师识别出由于内部控制失效而导致的错报,或被审计单位广泛运用不恰当的假设或评估方法而导致的错报,均可能表明还存在其他错报。

抽样风险和非抽样风险可能导致某些错报未被发现。审计过程中累积错报的汇总数接近所确定的重要性,则表明存在比可接受的低风险水平更大的风险,即可能未被发现的错报连同审计过程中累积错报的汇总数,可能超过重要性。

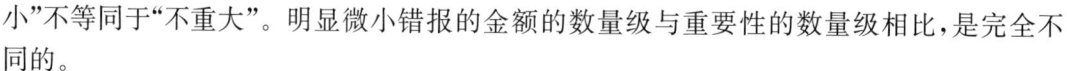

第四节 审 计 风 险

注册会计师应当通过计划和实施审计工作,获取充分、适当的审计证据,将审计风险降至可接受水平。审计风险是指财务报表存在重大错报时,注册会计师发表不恰当审计意见的可能性。审计风险取决于重大错报风险和检查风险。

一、重大错报风险

重大错报风险是指财务报表在审计前存在重大错报的可能性。重大错报风险与被审计单位的风险相关,且独立于财务报表审计而存在。

(一) 两个层次的重大错报风险

在设计审计程序以确定财务报表整体是否存在重大错报时,注册会计师应当从财务报表层次和各类交易、账户余额、列报认定层次方面考虑重大错报风险。

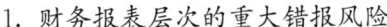

1. 财务报表层次的重大错报风险

财务报表层次重大错报风险与财务报表整体存在广泛联系,它可能影响多项认定,但难以界定某类交易、账户余额、列报的具体认定。此类风险通常与控制环境有关,如管理层缺乏诚信、治理层形同虚设而不能对管理层进行有效监督等;但也可能与其他因素有关,如经济萧条、企业所处行业处于衰退期等。

注册会计师应对财务报表层次重大错报风险的措施包括:考虑审计项目组重要责任人的学识、技术和能力,是否需要专家介入;考虑给予业务助理人员适当程度的监督指导;考虑是否存在导致注册会计师怀疑被审计单位持续经营假设合理性的事项或情况。

2. 认定层次的重大错报风险

《中国注册会计师审计准则第 1231 号——针对评估的重大错报风险采取的应对措施》对注册会计师针对评估的认定层次重大错报风险如何设计和执行进一步的审计程序提出了详细的要求。注册会计师应当考虑特定类别交易、账户余额和列报层次的重大错报风险,考虑的结果有助于注册会计师确定对认定层次实施进一步审计程序的性质、时间安排和范围。

（二）固有风险和控制风险

认定层次的重大错报风险又可以进一步细分为固有风险和控制风险。

它们之间的关系用数学模型表示如下:

$$重大错报风险 = 固有风险 \times 控制风险$$

固有风险是指在考虑相关的内部控制之前,某类交易、账户余额或列报的某一认定易于发生错报（该错报单独或连同其他错报可能是重大的）的可能性。

某些类别的交易、账户余额和列报及其认定,固有风险较高。例如,复杂的计算比简单的计算更可能出错;受重大计量不确定性影响的会计估计发生错报的可能性较大。产生经营风险的外部因素也可能影响固有风险,例如,技术进步可能导致某项产品陈旧,进而导致存货易于发生高估错报（计价认定）。被审计单位及其环境中的某些因素还可能与多个甚至所有类别的交易、账户余额和披露有关,进而影响多个认定的固有风险。这些因素包括维持经营的流动资金匮乏、被审计单位处于夕阳行业等。

控制风险是指某类交易、账户余额或列报的某一认定发生错报,该错报单独或连同其他错报是重大的,但没有被内部控制及时防止或发现并纠正的可能性。控制风险取决于与财务报表编制有关的内部控制的设计和运行的有效性。由于控制的固有局限性,某种程度的控制风险始终存在。

由于固有风险和控制风险不可分割地交织在一起,有时无法单独进行评估,通常不再单独分割固有风险和控制风险,而只是将这两者合并称为"重大错报风险"。但这并不意味着,注册会计师不可以单独对固有风险和控制风险进行评估。注册会计师既可以对两者进行单独评估,也可以对两者进行合并评估。注册会计师具体采用的评估方法取决于会计师事务所偏好的审计技术、方法及实务上的考虑。

二、检查风险

检查风险是指如果存在某一错报,该错报单独或连同其他错报可能是重大的,注册会计师为将审计风险降至可接受的低水平而实施程序后没有发现这种错报的风险。检查风险取决于审计程序设计的合理性和执行的有效性。由于注册会计师通常并不对所有的交易、账户余额和列报进行检查以及其他原因,检查风险不可能降低为零。其他原因包括注册会计师可能选择了不恰当的审计程序、审计过程执行不当,或者错误解读了审计结论。这些其他因素可以通过适当计划、在项目组成员之间进行恰当的职责分配、保持职业怀疑态度以及监督、指导和复核助理人员所执行的审计工作得以解决。

三、审计风险模型

在既定的审计风险水平下,可接受的检查风险水平与认定层次重大错报风险的评估结果呈反向关系。评估的重大错报风险越高,可接受的检查风险越低;评估的重大错报风险越低,可接受的检查风险越高。检查风险与重大错报风险的反向关系用数学模型表示如下:

$$审计风险 = 重大错报风险 \times 检查风险$$

根据该审计风险模型,在总的审计风险水平确定的情况下,检查风险可推算如下:

$$检查风险 = 审计风险 \div 重大错报风险$$

例如,针对某一认定,注册会计师将可接受的审计风险水平设定为 5%,注册会计师实施风险评估程序后将重大错报风险评估为 10%,则根据这一模型,可接受的检查风险为 50%。当然,在实务中,注册会计师不一定用绝对数表达这些风险水平,而是选用“高”“中”“低”等文字进行定量描述。

从上述风险模型可以看出,在审计风险一定的情况下,检查风险与重大错报风险之间呈反比例关系。也就是说,重大错报风险估计水平越低,可接受的检查风险就越高;重大错报风险估计水平越高,可接受的检查风险就越低。

四、审计风险模型的运用

(一)识别和评估重大错报风险

注册会计师应当识别和评估财务报表层次以及各类交易、账户余额、列报认定层次的重大错报风险。在识别和评估重大错报风险时,注册会计师应当实施下列审计程序:

(1)在了解被审计单位及其环境的整个过程中识别风险,并考虑各类交易、账户余额、列报。

(2)将识别的风险与认定层次可能发生错报的领域相联系。

(3)考虑识别的风险的重大性。

(4)考虑识别的风险导致财务报表发生重大错报的可能性。

注册会计师应当利用实施风险评估程序获取的信息,包括在评价控制设计和确定其是否得到执行时获取的审计证据,作为支持风险评估结果的审计证据。注册会计师应当根据风险评估结果,确定实施进一步审计程序的性质、时间和范围。

(二)计算可接受的检查风险

如前所述,审计风险要素之间存在着密切关系。重大错报风险的水平决定着注册会计师可接受的检查风险水平。评估的重大错报风险水平越高,注册会计师可接受的检查风险水平也就越低;反之亦然。

鉴于重大错报风险的评估对检查风险有直接影响,重大错报风险的水平越高,注册会计师就应实施越详细的实质性测试程序,并着重考虑其性质。例如,针对存货和产品销售成本项目,除实施分析程序外,还应对其余额(金额)进行实质性测试,以将检查风险降至可接受的水平。

(三)检查风险对确定实质性测试性质、时间、范围的影响

不论重大错报风险的评估结果如何,注册会计师都应当对各重要账户或交易类别进行实质性测试。然而,注册会计师实施的实质性测试的性质、时间和范围的决定最终取决于根据重大错报风险水平所确定的可接受的检查风险。可接受的检查风险水平与实质性测试的性质、时间和范围的关系详见表5-2。

表5-2　　　　　检查风险与实质性测试的性质、时间、范围的关系

实质性测试 可接受的检查风险	性质	时间	范围
高	分析程序和交易测试为主	期中审计为主	较小样本,较少证据
中	分析程序、交易测试以及余额测试结合运用	期中审计、期末审计和期后审计结合运用	适中样本,适量证据
低	余额测试为主	期末审计和期后审计为主	较大样本,较多证据

【知识链接】

审计风险模型的演变

传统审计风险模型是由AICPA(美国注册会计师协会)在1983年发布的第47号审计准则《审计风险与重要性》中提出的。模型公式为:审计风险＝固有风险×控制风险×检查风险。模型公式可以简写为:$AR = IR \times CR \times DR$。从诞生之日起,各国审计界便一直沿用下来,我国注册会计师协会在1996年年底公布的《独立审计具体准则第9号——内部控制与审计风险》中也采用这一模型。

随着风险导向审计理念和方法的发展,在21世纪之初"安然事件""世通公司事件"等若干审计失败事件的催化下,国际审计与鉴证准则理事会(IAASB)于2003年10月发布了新的国际审计风险准则,改进了传统的审计风险模型,认为审计风险是重大错报风险和检查风险的综合风险。借鉴国际审计准则的先进成果,我国在2006年适时出台了中国注册会计师的审计风险准则,将审计风险模型重构为:审计风险＝重大错报风险×检查风险。该模型可以简写为:$AR = RMM \times DR$,这就是现代审计风险模型。较之于传统的审计风险三要素模型,新模型只考虑两个要素,即重大错报风险和检查风险。

【关键术语】

总体审计策略　具体审计计划　重要性　审计风险　重大错报风险　检查风险

【拓展分析】

1. 某注册会计师在评价被审计单位的审计风险时,分别假定了 A、B、C、D 四种情况,如表 5-3 所示。

表 5-3　　　　　　　　　　　　　　审计风险评估

风险类型	情况 A	情况 B	情况 C	情况 D
可接受的审计风险	1%	5%	10%	5%
重大错报风险	50%	50%	80%	100%

请计算回答以下问题:

(1) 在上述四种情况下,可接受的检查风险水平分别是多少?

(2) 在哪种情况下,注册会计师需要获取最多的审计证据?

(3) 分析审计风险模型中各要素与审计证据之间的关系。

2. 某注册会计师负责对常年审计客户天河公司 202× 年财务报表进行审计,编制了总体审计策略和具体审计计划,部分内容摘录如下:

(1) 因对天河公司内部审计人员的客观性和专业胜任能力存有疑虑,拟不利用内部审计工作。

(2) 对计划的重要性水平做出修正,拟通过修改计划实施的实质性程序的性质、时间安排和范围降低重大错报风险。

(3) 因天河公司 202× 年 9 月关闭某地办事处并注销其银行账户,拟不再函证该银行账户。

(4) 因审计工作时间安排紧张,拟不函证应收账款,直接实施替代审计程序。

要求:请针对上述事项,逐项指出注册会计师拟订的计划是否存在不当之处。如有不当,简要说明理由。

【课程思政案例】

2017 年,证监会查出登云股份在上市前后均进行了财务造假。为登云股份提供审计服务的信永中和会计师事务所因此被证监会重罚 440 万元。令人吃惊的是,这家会计师事务所此前堪称行业标杆,此前的 5 年从未出现在证监会的处罚名单上。对于这次处罚,信永中和会计师事务所不仅不服,还同证监会展开了唇枪舌剑的论辩,一时成为行业热点话题。

经证监会查明,登云股份在 IPO 申请文件、年报中均存在虚假记载、重大遗漏行为,作为登云股份审计服务机构的信永中和会计师事务所,被证监会没收业务收入 32 万元,没收违法所得 188 万元,并处以 220 万元罚款,直接负责的主管人员被给予警告,并分别处以 5 万元罚款。证监会在作出行政处罚时,对当事人提出的重要性水平给予了关注。2013 年信永中和会计师事务所未能发现的累计错报共计 5 351 639.93 元(包括三包索赔费用 2 422 328.73 元及贴现费用 2 929 311.20 元),超过其 2013 年确定的重要性水平(4 049 763.54 元)。

从上述案例中不难发现,未发现错报金额及其影响重大与否,是追究会计师事务所和审计人员法律责任的关键。具体多少为"重大"没有统一标准,需依据职业判断进行审慎评估。

换言之,该标准拟订得恰当与否直接影响审计风险。

案例思考和讨论题

1. 确定实际执行的重要性水平应考虑哪些因素?

2. "凡事预则立,不预则废",你认为注册会计师在审计计划阶段应如何保持"应有的关注"?

练 习 题

一、单项选择题

1. 审计计划通常是由(   )于现场审计工作开始之前起草的。

   A. 会计师事务所主要负责人　　　　　B. 审计项目参与人

   C. 审计项目负责人　　　　　　　　　D. 会计师事务所的法人代表

2. 下列关于审计计划的说法中,错误的是(   )。

   A. 审计计划是对审计工作的一种预先规划

   B. 执行过程中可能随时根据情况对审计计划做必要的修订、补充

   C. 注册会计师在整个审计过程中,应按照审计计划执行审计业务

   D. 在完成外勤审计工作后,必须再对审计计划作修改

3. 在通常情况下,审计计划阶段的主要工作不包括(   )。

   A. 初步评价被审计单位的内部控制制度

   B. 调查了解被审计单位的基本情况

   C. 确定重要性,分析审计风险

   D. 复核审计工作底稿,审计期后事项

4. 下列有关注册会计师为确定财务报表整体的重要性而选择基准的说法中,错误的是(   )。

   A. 注册会计师可以根据经济形势和行业状况的变化对采用的基准作出调整

   B. 注册会计师选择的基准在各年度中通常会保持稳定

   C. 在选择基准时,注册会计师需要考虑基准的相对波动性

   D. 在选择基准时,注册会计师无需考虑是否存在特定会计主体的财务报表使用者特别关注的项目

5. 注册会计师对重要性的估计水平与所需审计证据的数量(   )。

   A. 呈同向变动关系　　　　　　　　　B. 呈反向变动关系

   C. 呈比例变动关系　　　　　　　　　D. 不存在关系

6. 注册会计师在确定重要性时通常选定一个基准。下列因素中,注册会计师在选择基准时不需要考虑的是(   )。

   A. 被审计单位的性质

   B. 以前年度审计调整的金额

   C. 基准的相对波动性

   D. 是否存在财务报表使用者特别关注的项目

7. 在确定重要性水平时,下列各项中,通常不宜作为计算重要性水平基准的是(   )。

   A. 持续经营生产的利润　　　　　　　B. 非经常性收益

C. 资产总额   D. 营业收入

8. 下列因素中,注册会计师在确定明显微小错报临界值时,通常无需考虑的是( )。

A. 以前年度审计中识别出的错报

B. 被审计单位的财务报表是否分发给广大范围的使用者

C. 被审计单位治理层和管理层对注册会计师与其沟通错报的期望

D. 重大错报风险的评估结果

9. 企业处于微利或微亏状态时,注册会计师最不适宜作为基准的是( )。

A. 营业收入

B. 本年经常性业务的税前利润

C. 过去3~5年经常性业务的平均税前利润

D. 总资产

10. 下列关于初步确定重要性水平的考虑中,不正确的是( )。

A. 对于首次接受委托的审计项目,应设定较低重要性水平

B. 对以前年度审计调整较少的项目,应设定较低重要性水平

C. 对存在或预期存在值得关注的内部控制缺陷的,应设定较低重要性水平

D. 项目总体风险程度为低的,可设定较高重要性水平

11. 注册会计师通过审计程序未能发现财务报表中存在重大错报的风险是( )。

A. 程序风险   B. 控制风险   C. 检查风险   D. 重大错报风险

12. 财务报表在审计前存在重大错报可能性,称为( )。

A. 控制风险   B. 检查风险   C. 审计风险   D. 重大错报风险

13. 在特定审计风险水平下,检查风险同重大错报风险之间的关系是( )。

A. 同向变动关系   B. 反向变动关系

C. 有时呈同向变动关系   D. 不明显的关系

二、多项选择题

1. 注册会计师应当在本期审计业务开始时开展的初步业务活动包括( )。

A. 针对保持客户关系和具体审计业务实施相应的质量控制程序

B. 评价遵守职业道德规范的情况,包括评价独立性

C. 风险评估程序

D. 就业务约定条款与被审计单位达成一致理解

2. 审计业务约定应当包括( )。

A. 重要性水平   B. 会计责任和审计责任

C. 审计收费   D. 审计范围

3. 根据审计准则的相关规定,会计师事务所在审计业务约定书中承诺的对被审计单位的主要义务有( )。

A. 高效、优质地为被审计单位服务

B. 按照约定时间完成审计业务,出具审计报告

C. 对在执行过程中获悉的商业秘密保密

D. 确保出具无保留意见审计报告

4. 注册会计师应当在总体审计策略中清楚地说明的内容包括(　　　)。
    A. 向具体审计领域调配的资源
    B. 向具体审计领域分配资源数量
    C. 何时调配这些资源
    D. 如何管理、指导、监督这些资源的利用

5. 具体审计计划应当包括的内容有(　　　)。
    A. 为了识别和评估财务报表重大错报风险,注册会计师计划实施的风险评估程序的性质、时间和范围
    B. 针对评估的认定层次的重大错报风险,注册会计师实施的进一步审计程序的性质、时间和范围
    C. 注册会计师对专家和有关人士工作的利用
    D. 注册会计师对审计业务需要实施的其他审计程序

6. 重要性的判断应从(　　　)方面加以考虑。
    A. 数量　　　　　　B. 金额　　　　　　C. 性质　　　　　　D. 专业判断

7. 确定明显微小错报界限为 5 万元,意味着注册会计师认为(　　　)。
    A. 金额低于 5 万元的错报的汇总数低于实际执行的重要性水平
    B. 金额低于 5 万元的错报不需要纳入汇总范围
    C. 汇总错报的范围应当包括所发现的金额达到 5 万元的所有错报
    D. 金额高于 5 万元的错报都是重大的

8. 错报可能由(　　　)事项导致。
    A. 收集或处理用以编制财务报表的数据时出现错误
    B. 遗漏某项金额或披露
    C. 由于疏忽或明显误解有关事实导致做出不正确的会计估计
    D. 注册会计师认为管理层对会计估计做出不合理的判断或对会计政策做出不恰当的选择和运用

9. 下列有关重要性概念和确定的说法中,正确的有(　　　)。
    A. 财务报表整体重要性通常根据"基准×百分比"确定,百分比在实务中通常为 1%～5%
    B. 特定类别交易、账户余额或披露的重要性水平可以等于财务报表整体重要性
    C. 实际执行的重要性通常为财务报表整体重要性的 50%～75%
    D. 对首次接受委托的项目,可以考虑选择较低的百分比来确定实际执行的重要性

10. 下列各项因素中,注册会计师在确定财务报表整体重要性时通常需要考虑的有(　　　)。
    A. 被审计单位所处的生命周期　　　　B. 财务报表预期使用者的范围
    C. 被审计单位所处的行业和经济环境　　D. 以前年度是否存在审计调整

11. 下列风险中,属于注册会计师可以控制的有(　　　)。
    A. 审计风险　　　　　　　　　　　B. 重大错报风险
    C. 控制风险　　　　　　　　　　　D. 检查风险

12. 下列做法中,能够降低检查风险的有(　　　)。
    A. 恰当设计进一步审计程序的性质、时间安排和范围

B. 由经验丰富的项目组成员复核经验较少的成员的工作

C. 对相互矛盾的审计证据保持必要的警觉

D. 对审计报告的用途进行限定

三、判断题

1. 会计师事务所无法胜任或不能按时完成某项业务时,如能从其他会计师事务所临时聘请到相关专业人员,即可接受该项业务的委托。　　　　　　　　　（　　）

2. 审计业务约定书具有与其他商业合同类似的法律效用。　　　　　　　（　　）

3. 计划审计工作是一个持续的、不断修正的过程,贯穿于整个审计业务的始终。　（　　）

4. 会计师事务所对任何一个审计委托项目,不论其业务繁简程度和规模大小,都应制定审计计划。　　　　　　　　　　　　　　　　　　　　　　　　　（　　）

5. 为保证审计计划的严肃性,审计计划一旦制订,在执行中就不能做出任何修改。　（　　）

6. 注册会计师可以同被审计单位就总体审计策略进行讨论,并协调工作,因此,总体审计策略可以由注册会计师和被审计单位共同编制。　　　　　　　　　（　　）

7. 注册会计师审计小规模企业,应当运用专业判断,合理确定审计重要性和审计风险水平,并可根据实际情况不做审计计划。　　　　　　　　　　　　　（　　）

8. 如果财务报表中的某项错报足以改变或影响财务报表使用者的相关决策,则该项错报就是重要的,否则就不重要。　　　　　　　　　　　　　　　　（　　）

9. 注册会计师对重要性水平做出初步判断的目的是确定所需审计证据的数量。　（　　）

10. 一般而言,重要性水平愈高,所需要证据的数量就愈大。　　　　　　（　　）

11. 注册会计师在以净利润为基础判断重要性水平时,如果被审计单位净利润波动幅度较大,则当年仍以净利润为基础确定重要性水平。　　　　　　　　　　（　　）

12. 财务报表项目的性质不同,在财务报表中被错报、漏报的风险也不一样。　（　　）

13. 对于首次接受委托的项目,注册会计师应当从严制定重要性水平。　　（　　）

14. 不论重大错报风险的评估结果如何,注册会计师都要对各重要账户或交易类别实施实质性程序。　　　　　　　　　　　　　　　　　　　　　　　（　　）

15. 重大错报风险越高,表明财务报表存在重大错报的可能性就越大,相应地,要求的检查风险就越低。　　　　　　　　　　　　　　　　　　　　　　（　　）

四、思考题

1. "审计工作重心需前移"是什么意思,为什么需前移?

2. 编制审计计划的作用有哪些?

3. 如何理解审计的重要性?

4. 如何理解审计风险的要素及其相互关系?

第六章
信息技术对审计的影响

教学目标 ·······

本章主要介绍信息技术对企业财务报表和内部控制的影响、信息技术中的一般控制和应用控制测试、信息技术对审计过程的影响、计算机辅助审计技术和电子表格的运用、数据分析概要、不同信息技术环境下存在的问题。通过学习,学生应掌握信息技术对审计工作的影响,具备在计划和执行审计工作时对企业信息技术进行全面考虑的能力。

第一节 信息技术对企业财务报表和内部控制的影响

一、信息技术的概念

从广义上讲,凡是能扩展人类信息功能的技术,都是信息技术。具体而言,信息技术是指利用电子计算机和现代通信手段实现获取信息、传递信息、存储信息、处理信息、显示信息、分配信息等的相关技术。

现代信息技术是指自 20 世纪 70 年代以来,随着微电子技术、计算机技术和通信技术的发展,围绕信息的产生、收集、存储、处理、检索和传递,形成的一个全新的、用于开发和利用信息资源的高技术群,包括微电子技术、新型元器件技术、通信技术、计算机技术、各类软件及系统集成技术、光盘技术、传感技术、机器人技术、高清晰度电视技术等。其中,微电子技术、计算机技术、软件技术和通信技术是现代信息技术的核心。

二、信息技术对企业财务报表的影响

企业可以运用信息系统来创建、记录、处理和报告各项交易,以衡量和审查自身的财务业绩,并持续记录资产、负债及所有者权益。具体来讲,创建是指企业可以采取手工或自动的方式来创建各项交易信息;记录是指信息系统识别并保留交易及事项的相关信息;处理是指企业可以采取手工或自动的方式对信息系统的数据信息进行编辑、确认、计算、衡量、估价、分析、汇总和调整;报告是指企业以电子或打印的方式,编制财务报表和其他信息,并运用上述信息来衡量和审查企业的财务业绩及其他方面的职能。

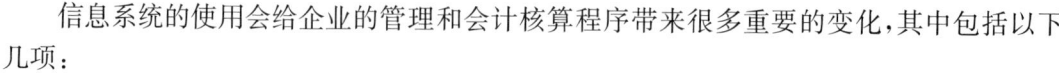

信息系统的使用会给企业的管理和会计核算程序带来很多重要的变化,其中包括以下几项:

(1) 计算机输入和输出设备代替了手工记录。

(2) 计算机显示屏和电子影像代替了纸质凭证。

(3) 计算机文档代替了纸质日记账和分类账。

(4) 网络通信和电子邮件代替了公司间的邮寄。

(5) 管理需求固化到应用程序之中。

(6) 灵活多样的报告代替了固定的定期报告。

(7) 数据更加充分,信息实现共享。

(8) 系统问题的存在比偶然性误差更为普遍。

信息系统形成的信息的质量影响企业编制财务报表、管理企业活动和做出适当的管理决策。因此,有效的信息系统需要实现下列功能并保留记录结果:

(1) 识别和记录全部经授权的交易。

(2) 及时、详细记录交易内容,并在财务报表中对全部交易进行适当分类。

(3) 衡量交易价值,并在财务报表中适当体现相关价值。

(4) 确定交易发生的期间,并将交易记录在适当的会计期间。

(5) 将相关交易信息在财务报表中作适当披露。

因此,注册会计师在进行财务报表审计时,如果依赖相关信息系统所形成的财务信息和报告作为审计工作的依据,则必须考虑相关信息和报告的质量,而财务报表相关的信息质量是通过对交易的录入到输出整个过程适当的控制来实现的,所以,注册会计师需要在整个过程中考虑信息的准确性、完整性、授权体系及访问限制四个方面。

三、信息技术对企业内部控制的影响

在信息技术环境下,传统的人工控制越来越多地被自动控制替代。当然,被审计单位采用信息系统处理业务,并不意味着人工控制被完全取代。信息系统对控制的影响取决于被审计单位对信息系统的依赖程度。例如,在基于信息技术的信息系统中,系统进行自动操作来实现对交易信息的创建、记录、处理和报告,并将相关信息保存为电子形式(如电子的采购订单、采购发票、发运凭证和相关会计记录)。但相关控制活动也可能同时包括手工的部分,例如,订单的审批和事后审阅以及会计记录调整之类的人工控制。由于被审计单位信息技术的特点及复杂程度不同,被审计单位的手工及自动控制的组合方式往往会有所区别。

概括地讲,自动控制能为企业带来以下好处:

(1) 自动控制能够有效处理大流量交易及数据,因为自动信息系统可以提供与业务规则一致的系统处理方法。

(2) 自动控制比较不容易被绕过。

(3) 自动信息系统、数据库及操作系统的相关安全控制可以实现有效的职责分离。

(4) 自动信息系统可以提高信息的及时性、准确性,并使信息变得更易获取。

(5) 自动信息系统可以提高管理层对企业业务活动及相关政策的监督水平。

四、信息技术产生的风险

随着信息技术的发展,内部控制虽然在形式及内涵方面发生了变化,但内部控制的目标并没有发生改变,即:

(1)提高管理层决策制定的效果和业务流程的效率。

(2)提高会计信息的可靠性。

(3)促进企业遵守法律和法规。

信息技术在改进被审计单位内部控制的同时,也产生了特定的风险:

(1)信息系统或相关系统程序可能会对数据进行错误处理,也可能会去处理那些本身就错误的数据。

(2)自动信息系统、数据库及操作系统的相关安全控制如果无效,会增加对数据信息非授权访问的风险。这种风险可能导致系统对非授权交易及假交易请求的拒绝处理功能遭到破坏,系统程序、系统内的数据不适当的改变,系统对交易进行不适当的记录,以及信息技术人员获得超过其职责范围的过大系统权限等。

(3)数据丢失风险或数据无法访问风险,如系统瘫痪。

(4)不适当的人工干预,或人为绕过自动控制。

五、注册会计师在信息化环境下面临的挑战

信息技术在会计处理和财务报表中的运用,把注册会计师带入了一个全新的、充满挑战的信息化环境。在这个环境中,注册会计师面对的是功能复杂、高度集成的大型信息系统,以及系统生成、处理、记录和报告的海量电子数据,甚至还有完全不同于传统形式的舞弊手法。如果作为审计工作对象的财务会计信息和报告是由企业财务报表相关信息系统作为载体所形成的,那么注册会计师在了解业务流程和内部控制、识别和评估审计风险、确定审计风险的应对以及审计范围、制订整体审计计划、执行审计程序以及收集审计证据等方面将面临来自信息化环境的众多挑战,主要体现在以下方面。

(一)对业务流程开展和内部控运作的理解

在传统环境下,业务流程的开展和内部控制的运作主要依赖人工处理。在信息化环境下,相当部分的内部控制环节转移到信息系统中自动执行,或者人工与信息系统相结合而执行。因此,注册会计师需要重新建立对业务流程开展和内部控制运作的理解和认识。

(二)对信息系统相关审计风险的认识

信息系统在带来效率提升的同时,也产生了由于信息技术而导致的风险。注册会计师在执行财务报表审计时,需要充分识别并评估与会计核算和财务报表编制相关的信息技术运用相伴而生的风险,如程序逻辑的错误、权限的不当授予等。对相关控制风险缺乏认识,可能导致审计工作针对性的欠缺,难以有效识别财务报表重大错报。

(三)审计范围的确定

注册会计师在确定审计范围时,往往受困于信息技术的复杂性和专业性。如果注册会计师对诸如"企业的应用系统架构如何?""信息系统间的数据流向是怎样的?"这些根本性问

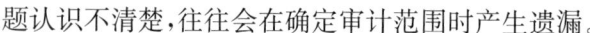

题认识不清楚,往往会在确定审计范围时产生遗漏。

(四)审计内容的变化

在信息化环境下,会计核算与财务报表是由信息系统通过程序进行自动处理的,因此审计内容很有可能包括对信息系统中的相关自动控制的测试。例如,在针对存货计价不准确的重大错报风险执行审计程序时,由于被审计单位存货的计价依赖于高度自动化处理,不存在或存在很少人工干预,针对该风险仅实施实质性程序可能不可行。获取的审计证据,即存货的库龄分析仅以电子形式存在,注册会计师必须测试存货的计价相关的内部控制的有效性,以及存货库龄计算的准确性。

(五)审计线索的隐性化

在信息化环境下,会计信息已经全面数字化,传统的审计线索可能已经不复存在;在信息加工处理方面,信息系统封装了信息处理的过程,其内部处理逻辑、运算的中间过程,往往对系统的用户而言是独立的,传统的审计线索全面隐性化。

(六)审计技术改进的必要性

面对海量的交易、数据和财务信息,传统的审计技术在抽样针对性和样本覆盖程度方面的局限性来越突出。一方面,信息技术的运用改变了企业的运作模式和工作方式,传统审计技术针对的问题特征可能已经消失,或者发生了改变,注册会计师的经验可能无法简单移植,从而丧失了针对性;另一方面,面对海量数据,传统的抽样方式难以覆盖大量的数据,对于不同来源的数据缺乏深刻的洞察力,覆盖性方面也难以提供更强的审计信心。

(七)有待优化的知识结构

信息技术的广泛运用,对注册会计师的知识结构提出了新的要求。他们不仅仅要具备丰富的会计、审计、经济、管理、法律方面的知识和技能,还必须对信息技术有所掌握和了解,熟悉系统的架构、信息处理的基本逻辑、系统运行的原理,以及与信息技术运用相伴而生的风险因素。在信息化环境下,注册会计师必须熟悉信息技术的运用和信息系统的风险及控制,应对新的挑战,对审计的策略、范围、内容、方法和手段做出有针对性的调整,获取充分、适当的审计证据,从而发表恰当的审计意见。

(八)与专业团队的充分协同工作

新兴复杂技术的日新月异,使财务报表审计对专业知识的需求日益迫切。注册会计师在优化自身的知识结构体系的过程中,引入相关技术专业人员参与审计工作成为一种有效的审计手段而普遍存在。比较常见的专业领域如信息技术、税务等。因此,在审计全过程中如何整合各方资源,进行有效的审计成为审计过程中一个重要的议题和考虑方面。需要强调的是,注册会计师在引入专业人员进行审计的项目中,从审计规划、审计执行到审计完成的各个阶段都应该积极引入专业人员参与,以确保相关的审计风险被合理识别和应对,保证审计过程的有效执行和审计效果的提升。

【知识链接】

计算机审计的产生与发展

计算机审计在国内外学术界有多种称谓,如 EDP 审计、电算化审计、信息系统审计等。

尽管称谓不同,但其含义基本相同。计算机审计与一般审计一样,同样是执行审计的基本职能。其特殊性主要体现在两方面:①对执行经济业务和会计信息处理的计算机信息系统进行审计,即计算机信息系统作为审计的对象。②利用计算机辅助审计,即计算机作为审计的工具。概括起来说,无论是对计算机信息系统进行审计还是利用计算机辅助审计、都统称为计算机审计。或者说,计算机审计的含义包括计算机系统作为审计的对象和作为审计的工具。

计算机审计随着现代信息技术的发展而发展。在计算机应用于会计与经济领域的初期,审计基本上采用"绕过计算机审计"的方法。随着信息技术的发展和经济管理自动化的提高,"绕过计算机审计"的方法已无法适应现代信息技术的发展,审计逐步转为直接对计算机信息系统本身进行审查(即"穿过计算机审计"),并广泛应用计算机辅助审计技术(即"利用计算机审计")。随着网络技术的广泛使用,尤其是电子商务的兴起,审计开始进入了"网络审计"阶段。

第二节　信息技术中的一般控制和应用控制测试

在信息技术环境下,人工控制的基本原理与方式并不会发生实质性的改变,注册会计师仍需要按照标准执行相关的审计程序,而对于自动控制,就需要从信息技术一般控制审计、信息技术应用控制审计以及公司层面信息技术控制审计三方面进行考虑。

一、信息技术一般控制

信息技术一般控制是指为了保证信息系统的安全,对整个信息系统以及外部各种环境要素实施的,对所有的应用或控制模块具有普遍影响的控制措施。信息技术一般控制通常会对实现部分或全部财务报表认定做出间接贡献。在有些情况下,信息技术一般控制也可能对实现信息处理目标和财务报表认定做出直接贡献。这是因为有效的信息技术一般控制确保了应用系统控制和依赖计算机处理的自动会计程序得以持续有效地运行。当人工控制依赖系统生成的信息时,信息技术一般控制同样重要。如果注册会计师计划依赖自动应用控制、自动会计程序或依赖系统生成信息的控制,他们就需要对相关的信息技术一般控制进行测试。

注册会计师应当清楚记录信息技术一般控制与关键的自动应用控制及接口、关键的自动会计程序、关键人工控制所依赖的系统生成数据和报告,或生成手工日记账时使用系统生成的数据和报告的关系。

信息技术一般控制包括程序开发、程序变更、程序和数据访问、计算机运行四个方面。

(一) 程序开发

程序开发领域的目标是确保系统的开发、配置和实施能够实现管理层的应用控制目标。程序开发控制一般包括但不限于以下要素:

(1) 程序开发的管理方法论。

（2）项目启动、分析和设计。

（3）测试和质量确保。

（4）数据迁移。

（5）程序实施和应急计划。

（6）流程更新和用户培训。

（7）开发过程中的需求变更管理。

（8）开发过程中的职责分离。

（二）程序变更

程序变更领域的目标是确保对程序和相关基础组件的变更是经过请求、授权、执行、测试和实施的，以达到管理层的应用控制目标。程序变更范围除包含代码类的常规变更，同时还需要关注配置类的变更以及紧急变更。程序变更一般包括但不限于以下要素：

（1）对变更维护活动的管理。

（2）对变更请求的规范、授权与跟踪。

（3）测试和质量确保。

（4）程序实施。

（5）流程更新和用户培训。

（6）变更过程中的职责分离。

（三）程序和数据访问

程序和数据访问这一领域的目标是确保分配的访问程序和数据的权限是经过用户身份认证并经过授权的。程序和数据访问的子组件一般包括安全活动管理、安全管理、数据安全、操作系统安全、网络安全和物理安全。程序和数据访问一般包括但不限于以下要素：

（1）应用用户授权管理。

（2）高权限用户管理。

（3）职责分工和权限管理。

（4）认证和密码控制。

（5）用户监控。

（6）物理访问和环境控制。

（7）网络访问控制。

（四）计算机运行

计算机运行这一领域的目标是确保业务系统根据管理层的控制目标完整准确地运行，确保运行问题被完整准确地识别并解决，以维护财务数据的完整性。计算机运行一般包括但不限于以下要素：

（1）系统作业管理。

（2）问题和故障管理。

（3）数据备份和恢复。

（4）备份介质的异地存放。

（5）灾难恢复。

二、信息技术应用控制

信息技术应用控制一般要经过输入、处理及输出等环节。和人工控制类似，系统自动控制关注的要素包括完整性、准确性、存在和发生等。各要素的主要含义如下：

（1）完整性：系统处理数据的完整性，如各系统之间数据传输的完整性、销售订单的系统自动顺序编号、总账数据的完整性等。

（2）准确性：系统运算逻辑的准确性，如金融机构利息计提逻辑的准确性、生产企业的物料成本运算逻辑的准确性、应收账款账龄的准确性等。

（3）存在和发生：一是信息系统相关的逻辑校验控制，如限制检查、合理性检查、存在检查和格式检查等。二是部分业务操作的授权管理，如入账审批管理的权限设定和授予、物料成本逻辑规则修改权限的设定和授予等。

系统自动控制的信息技术应用控制审计需要在理解业务流程的基础之上进行识别和定义，常见的系统自动控制以及信息技术应用控制审计关注点列示如下：

（1）系统自动生成报告。企业的业务或财务系统会定期或按需生成各类报告，如账龄报告、贷款逾期报告、业务和财务数据核对差异报告等。信息技术应用控制审计包括对这些报告生成逻辑（包括完整性和准确性）的测试、异常报告跟进控制的审计等。

（2）系统配置和科目映射。信息系统中包含了大量的自动校验控制和映射关系，包括数据完整性校验、录入合法性编辑检查、边界阈值设定、财务科目映射关系等。信息技术应用控制审计会对这些系统配置和映射关系的存在性和有效性进行测试。

（3）接口控制。接口控制包括各业务系统之间、业务和财务系统之间、企业内部系统和合作伙伴、交易对手、监管机构之间的接口数据传输。信息技术应用控制审计会对这些接口数据传输的完整性和准确性进行测试。

（4）访问和权限。企业内部各业务部门、财务部门、信息技术部门等均会根据各自的职责需要来对信息系统进行访问，各部门、各团队甚至各岗位访问的权限均可能存在差异，因此在系统控制层面需要对这些权限进行明确的定义和部署，以保证适当的人员授予适当的访问权限。信息技术应用控制审计会对这些访问权限授予情况的合理性进行测试。

三、公司层面信息技术控制

除信息技术一般控制和应用控制外，目前国内外企业的管理层也越来越重视公司层面的信息技术控制管理。常见的公司层面信息技术控制包括但不限于：

（1）信息技术规划的制定。

（2）信息技术年度计划的制订。

（3）信息技术内部审计机制的建立。

（4）信息技术外包管理。

（5）信息技术预算管理。

（6）信息安全和风险管理。

（7）信息技术应急预案的制定。

（8）信息系统架构和信息技术复杂性。

目前,审计机构针对公司层面信息技术控制往往会执行单独的审计,以评估企业信息技术的整体控制环境,来决定信息技术一般控制和应用控制的审计重点、风险等级、审计测试方法等。

四、信息技术一般控制、应用控制与公司层面控制三者之间的关系

公司层面信息技术控制情况代表了该公司的信息技术控制的整体环境,包括该公司对于信息技术的重视程度和依赖程度、信息技术复杂性、对于外部信息技术资源的使用和管理情况、信息技术风险偏好等,这些要素会影响该公司信息技术一般控制和信息技术应用控制的部署和落实。例如,某公司使用了较多的信息技术外部资源和服务,则可能会相应地提高外部用户管理和外联接口失效的风险,因此需要更多关注信息技术一般控制领域内的用户管理类控制,特别是外部用户管理机制,以及信息技术应用控制的外部系统接口管理机制等。

根据目前信息技术审计的业内最佳实践,注册会计师在执行信息技术一般控制和信息技术应用控制审计之前,会首先执行配套的公司层面信息技术控制审计,以了解公司的信息技术整体控制环境,并基于此识别出信息技术一般控制和信息技术应用控制的主要风险点以及审计重点。

应用控制是设计在计算机应用系统中的、有助于达到信息处理目标的控制。例如,许多应用系统中包含很多编辑检查来确保录入数据的准确性。编辑检查可能包括格式检查(如日期格式或数字格式),存在检查(如客户编码存在于客户主数据文档之中),或合理性检查(如最大支付金额)。如果录入数据的某一要素未通过编辑检查,那么系统可能拒绝录入该数据或系统可能将该录入数据拖入系统生成的例外报告之中,留待后续跟进和处理。

如果在带有关键的编辑检查功能的应用系统所依赖的计算机环境中发现了信息技术一般控制的缺陷,注册会计师可能就不能信赖上述编辑检查功能按设计发挥作用。例如,程序变更控制缺陷可能导致未授权人员对检查录入数据字段格式的编程逻辑进行修改,以使系统接受不准确的录入数据。此外,与安全和访问权限相关的控制缺陷可能导致数据录入不恰当地绕过合理性检查,而该合理性检查原本应能使系统拒绝处理金额超过最大容差范围的支付操作。

因此,公司层面信息技术控制是公司信息技术整体控制环境,决定了信息技术一般控制和信息技术应用控制的风险基调;信息技术一般控制是基础,信息技术一般控制的有效与否会直接关系到信息技术应用控制的有效性是否能够信任。

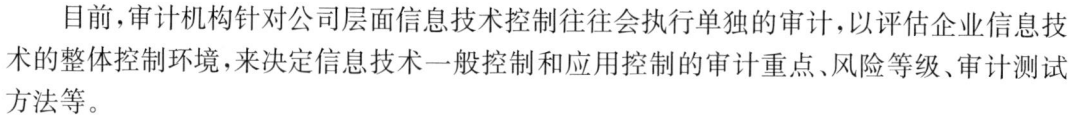

第三节 信息技术对审计过程的影响

一、信息技术对审计的影响

信息技术在企业中的应用并不改变注册会计师制定审计目标、进行风险评估和了解内部控制的原则性要求,审计准则和财务报表审计目标在所有情况下都适用。但是,注册会计师必须更深入了解企业的信息技术应用范围和性质,因为系统的设计和运行对审计风险的

评价、业务流程和控制的了解、审计工作的执行以及需要收集的审计证据的性质都有直接的影响。归纳起来,信息技术对审计过程的影响主要体现在以下几个方面。

（一）对审计线索的影响

审计线索对审计来说极其重要。传统的手工会计系统,审计线索包括凭证、日记账、分类账和报表。注册会计师通过相应的程序来审查记录,检查和确定其是否正确地反映了被审计单位的经济业务,检查企业的会计核算是否合理、合规。而在信息技术环境下,从业务数据的具体处理过程到报表的输出都由计算机按照程序指令完成,数据均保存在磁性介质上,从而会影响到审计线索,如数据存储介质、存取方式以及处理程序等。

（二）对审计技术手段的影响

过去,注册会计师的审计都是手工进行的,但随着信息技术的广泛应用,若仍以手工方式进行审计,显然已经难以满足工作的需要,难以达到审计的目的。因此,注册会计师需要掌握相关信息技术,把信息技术当作一种必备的审计工具。

（三）对内部控制的影响

在现代审计技术中,注册会计师会对被审计单位的内部控制进行审查与评价,以此作为制定审计方案和决定抽样范围的依据。

（四）对审计内容的影响

在信息化条件下,由于信息化的特点,审计内容发生了相应的变化,在信息化的会计系统中,各项会计事项都是由计算机按照程序进行自动处理的,信息系统的特点及固有风险决定了信息化环境下审计的内容,包括对信息化系统的处理和相关控制功能的审查。例如,在审计账龄分析表时,在信息技术环境下,我们必须考虑其数据准确性以支持相关审计结论,因而需要对其基于系统的数据来源及处理过程进行考虑。

（五）对注册会计师的影响

信息技术在被审计单位的广泛应用要求注册会计师一定要具备相关信息技术方面的知识。因此,注册会计师要成为知识全面的复合型人才,他们不仅要有丰富的会计、审计、经济、法律、管理等方面的知识和技能,还需要熟悉信息系统的应用技术、结构和运行原理,有必要对信息化环境下的内部控制做出适当的评价。

因此,注册会计师必须对系统内的风险和控制都非常熟悉,然后对审计的策略、范围、方法和手段做出相应的调整,以获取充分、适当的审计证据,支持发表的审计意见。

二、信息技术审计范围的确定

被审计单位的流程和信息系统可能拥有各自不同的特点,因此注册会计师应按各自特点制定审计计划中包含的信息技术审计内容;另外,如果注册会计师计划依赖自动控制或自动信息系统生成的信息,那么他们就需要适当扩大信息技术审计的范围。

基于此,注册会计师在确定审计策略时,需要结合被审计单位业务流程复杂度、信息系统复杂度、系统生成的交易数量和业务对系统的依赖程度、信息和复杂计算的数量、信息技术环境规模和复杂度五个方面,对信息技术审计范围进行适当考虑。信息技术审计的范围与被审计单位在业务流程及信息系统相关方面的复杂度成正比,在具体评估复杂度时,可以从以下几个方面予以考虑。

（一）评估业务流程的复杂度

对业务流程复杂度（如销售流程、薪酬流程、采购流程等）的评估并不是一个纯粹客观的过程，而是需要注册会计师的职业判断。注册会计师可以通过考虑以下因素，对业务流程复杂度做出适当判断：

（1）某流程是否涉及过多人员及部门，并且相关人员及部门之间的关系复杂且界限不清。

（2）某流程是否涉及大量操作及决策活动。

（3）某流程的数据处理过程是否涉及复杂的公式和大量的数据录入操作。

（4）某流程是否需要对信息进行手工处理。

（5）对系统生成的报告的依赖程度。

（二）评估信息系统的复杂度

与评估业务流程的复杂度相似，对企业信息系统复杂度的评估也不是一个纯粹客观的过程，评估过程包含大量的职业判断，也受到所使用系统类型（如商业软件或自行研发系统）的影响。

具体来说，评估商业软件的复杂程度应当考虑系统复杂程度、市场份额、系统实施和运行所需的参数设置范围，以及客制化程度（对出厂标准配置的变更、变更类型，例如，是仅为报告形式的变更还是对数据处理方式的变更）。

而对于自行研发系统复杂度的评估，应当考虑系统复杂程度、距离上一次系统架构重大变更的时间、系统变更对财务系统的影响结果，以及系统变更之后的系统运行情况及运行期间。

同时，还需要考虑系统生成的交易数量、信息和复杂计算的数量，包括以下各项：

（1）被审计单位是否存在大量交易数据，以致用户无法识别并更正数据处理错误。

（2）数据是否通过网络传输，如 EDI。

（3）是否使用特殊系统，如电子商务系统。

（三）信息技术环境的规模和复杂度

评估信息技术环境的规模和复杂度，主要应当考虑产生财务数据的信息系统数量、信息系统接口以及数据传输方式、信息部门的结构与规模、网络规模、用户数量、外包及访问方式（如本地登录或远程登录）。信息技术环境复杂并不一定意味着信息系统是复杂的；反之亦然。

在具体审计过程中，注册会计师除了考虑以上所提及的复杂度外，还需要充分考虑系统在实际应用中存在的问题，评价这些问题对审计范围的影响：

（1）管理层如何获知与信息技术相关的问题？

（2）系统功能中是否发现严重问题或不准确成分？如果是，是否存在可以绕过的程序（如自行修复程序等）？

（3）是否发生过信息系统运行出错、安全事件或对固定数据的修改等严重问题？如果是，管理层如何应对这些问题，以及管理层如何确保这些问题得到可靠解决？

（4）内部审计或其他报告中是否提出过与信息系统、数据环境或应用系统相关的问题？

（5）报告中提及的最普遍的系统问题是什么？

（6）是否存在由于业务操作不规范而需要经常在系统内数据库中直接进行数据信息更改的情况？

（7）信息系统用户的能力、操作和安全意识如何？

在对被审计单位的业务流程、信息系统和相关风险进行充分了解之后，注册会计师应当判断被审计单位是否包含信息技术关键风险，并且实质性程序是否无法完全控制该风险。如果符合上述情况的描述，注册会计师应将信息技术审计纳入财务审计计划之中。此外，如果注册会计师计划依赖系统自动控制，或依赖以自动系统生成信息为基础的人工控制或业务流程审阅结果，那么注册会计师也同样需要对信息技术相关控制进行评估。

综上所述，在信息技术环境下，审计工作与对系统的依赖程度是直接关联的，注册会计师需要全面考虑其关联关系，从而可以准确定义相关的信息系统审计范围。

了解内部控制有助于注册会计师识别潜在错报的类型和影响重大错报风险的因素，以及设计进一步审计程序的性质、时间安排和范围。无论被审计单位运用信息技术的程度如何，注册会计师均需了解与审计相关的信息技术一般控制和应用控制。

三、信息技术一般控制对控制风险的影响

信息技术一般控制对应用控制的有效性具有普遍性影响。无效的一般控制增加了应用控制不能防止或发现并纠正认定层次重大错报的可能性，即使这些应用控制本身得到了有效设计。如果一般控制有效，注册会计师可以更多地信赖应用控制，测试这些控制的运行有效性，并将控制风险评估为低于"最高"水平。考虑到公司层面信息技术控制是公司的整体控制环境，决定了信息技术的风险基准，因此，注册会计师通常优先评估公司层面信息技术控制和信息技术一般控制的有效性。

四、信息技术应用控制对控制风险和实质性程序的影响

在评估应用控制对控制风险和实质性程序的影响时，注册会计师需要将控制与具体的审计目标相联系。第一，注册会计师需要针对每个具体的审计目标，了解和识别相关的控制与缺陷；第二，在此基础上，对每个相关审计目标评估初步控制风险。但对于一般控制而言，由于其影响广泛，注册会计师通常不会将控制与具体的审计目标相联系。

如果针对某一具体审计目标，注册会计师能够识别出有效的应用控制，在通过测试确定其运行有效后，注册会计师能够减少实质性程序。

五、在不太复杂 IT 环境下的审计

当面临不太复杂的 IT 环境时，如在信息技术并不对传统的审计线索产生重大影响的情况下，注册会计师可采取传统方式进行审计，即"绕过计算机进行审计"。在此情形下，注册会计师虽然仍需要了解信息技术一般控制和应用控制，但不测试其运行有效性，即不依赖其降低评估的控制风险水平，更多的审计工作将依赖非信息技术类审计方法。

六、在较为复杂 IT 环境下的审计

当面临较为复杂的 IT 环境时，"绕过计算机进行审计"就不可行，而要"穿过计算机进行审计"。这时，注册会计师更可能需要更多运用计算机辅助审计技术和审计工具开展具体的审计工作。

第四节 | 计算机辅助审计技术和电子表格的运用

一、计算机辅助审计技术

(一)计算机辅助审计技术的定义

计算机辅助审计技术(computer assisted audit techniques,CAATs),是指利用计算机和相关软件,使审计测试工作实现自动化的技术。通常将计算机助审计技术分为两类:一类是用来测试程序/系统的,即面向系统的计算机辅助审计技术;另一类是用于分析电子数据的,即面向数据的计算机辅助审计技术。

1. 面向系统的计算机辅助审计技术

面向系统的计算机辅助审计技术包括平行模拟法(parallel simulation)、测试数据法(test data)、嵌入审计模块法(embedded audit module)、程序编码审查、程序代码比较和跟踪、快照等方法。

平行模拟法是指注册会计师使用自身的应用软件,并且运用与被审计单位同样的数据文件,执行被审计单位应用软件同样的操作,以确定被审计单位自动控制的有效性或账户余额的准确性。

测试数据法是指注册会计师使用被审计单位的计算机系统和应用软件处理注册会计师自身准备的测试数据,以确定被审计单位的自动控制是否正确地处理测试数据。

嵌入审计模块法是指注册会计师在被审计单位的应用软件系统中嵌入审计模块,以识别特定类型的交易。

程序编码审查是指注册会计师使用专业的编码审查工具,进行开发编码的独立审查,以期发现冗余代码、错误代码、恶意代码等。

程序代码比较和跟踪是指注册会计师使用专业的代码比较工具,进行开发代码的比对,包括客制化开发版本和标准版之间的代码比对、不同版本程序之间代码的比对跟踪等。

快照是指注册会计师使用专业的工具,将系统运行过程中的某一状态进行快照记录,以进行包括系统性能、功能、状态等的横向比较。

2. 面向数据的计算机辅助审计技术

面向数据的计算机辅助审计技术包括数据查询、账表分析、审计抽样、统计分析、数值分析等方法。

计算机辅助审计技术可以在以下方面提高审计工作的效率和效果:

(1)将现有手工执行的审计测试自动化。例如,对报告数据的准确性和完整性进行测试。

(2)在手工方式不可行的情况下执行测试或分析。例如,审计大量的和非正常的销售交易,尽管这项工作有可能通过手工执行来实现,但对于多数大型公司而言,从时间角度出发,需要审计的交易数量是无法通过手工方式来进行的。

计算机辅助审计技术不仅能够提高审计大量交易的效率,而且计算机不会受到劳累过度的影响(而注册会计师在审计大量交易后很容易产生疲劳),从这个意义上讲,计算机辅助审计技术还可以使审计工作效果更佳。与用手工方式进行同样的测试相比较,即便是第一年使用计算机辅助审计技术进行审计,也会节省大量的审计工作量,而后续年度节约的审计时间和成本则会更多。

（二）计算机辅助审计技术的应用

最广泛地应用计算机辅助审计技术的领域是实质性程序,特别是在与分析程序相关的方面。计算机辅助审计技术使得对系统中的每一笔交易进行测试成为可能,用于在交易样本量很大的情况下替代手工测试。

与其他控制测试相同,计算机辅助审计技术也可用于测试控制的有效性,选择少量的交易,并在系统中进行穿行测试,或是开发一套集成的测试工具,用于测试系统中的某些交易。在控制测试中使用计算机辅助审计技术的优势是,可以对每一笔交易进行测试(包括主文件和交易文件),从而确定是否存在控制失效的情况。

由于计算机辅助审计技术有助于详审海量数据,它也可用于辅助对舞弊的检查工作(如审计非正常的日记账)。

（三）计算机辅助审计工具

计算机辅助审计技术是一种审计方式,因此也需要使用一定的工具来加以实现。常见的工具包括以下几类。

（1）通用类：Excel、Access 等。Excel 自带了大量的核算或分析的库函数或工具,但是它处理的数据量较为有限,Access 可以灵活导入数据,并可使用简单的 SQL 语言进行分析,处理数据的范围和数量大于 Excel。

（2）数据库类：SQL Server、Oracle 等。此类专用的数据库工具,可以快速高效地分析大量数据,但是对分析人员的技术水平要求较高,至少必须非常精通 SQL 语言。

（3）专业工具类：ACL、IDEA 等。此类专业的分析工具,一般只有审计和内部控制专业人士以及财务管理人员才会使用。

二、电子表格

即使在信息化程度极高的环境下,由于系统限制等原因,财务信息和报告的生成往往还需要借助电子表格来完成。所谓电子表格是指利用计算机作为表格处理工具,以实现制表工具、计算工具以及表格结果保存的综合电子化的软件。目前普遍使用的电子表格通常使用 Excel 等软件生成,通过电子表格可以进行数据记录、计算与分析,并能对输入的数据进行各种复杂统计运算后显示为可视性极佳的表格。因此,注册会计师在进行系统审计时,需要谨慎地考虑电子表格中的控制,以及类似于信息系统一般控制的设计与执行(在相关时)有效性,从而确保这些内嵌控制持续的完整性。

（一）电子表格的特性

电子表格的特性(即开放的访问、手工输入数据和容易出错)以及编制并使用电子表格的环境的特性(例如,用户开发不正式、开发文档不完整、保存在局域网或本地磁盘而不是其他受控的信息系统环境中),增加了电子表格所生成的数据存在错误的风险,从而影响审计工作的进行。

（二）确定重要的财务电子表格和其他最终用户计算工具的范围

重要的财务电子表格和其他最终用户计算工具（例如,按需报告工具或在数据仓库中运行查询）用来在重要的流程中（即自动控制或步骤）生成财务数据,或生成用于关键人工控制的财务或其他数据。作为起始点,注册会计师应该了解评估范围内重要的流程和账户,并识别用来支持这些流程或账户的相关的电子表格或工具。

（三）电子表格控制的考虑

电子表格非常容易被修改,并可能缺少控制活动,因此,电子表格往往面临重大的固有风险和错误。

（1）输入错误:由错误数据录入、错误引用或其他简单的剪贴功能造成的错误。

（2）逻辑错误:创建错误的公式从而生成了错误的结果。

（3）接口错误:与其他系统传输数据时产生的错误。

（4）其他错误:单元格范围定义不当、单元格参考错误或电子表格链接不当。

注册会计师应当了解相关的电子表格、数据库如何支持关键控制达到相关业务流程的信息处理目标。电子表格控制可能包括以下一项或多项内容:

（1）对电子表格执行的、类似于信息系统一般控制的控制。

（2）内嵌在电子表格中的控制（类似于一个自动应用控制）。

（3）针对电子表格数据输入和输出的人工控制。

第五节 数 据 分 析

一、数据分析的概念

对审计而言,数据分析是注册会计师获取审计证据的一种手段,是指注册会计师在计划和执行审计工作时,通过对内部或外部数据进行分析、建模或可视化处理,以发现其中隐藏的模式、偏差或不一致,从而揭示出对审计有用的信息的方法。

数据分析对注册会计师来说是一门新学科,需要在硬件、软件、技能和质量控制等方面进行大量投入。在大中型会计师事务所对大型企业审计市场需求做出的响应中,数据分析居于重要地位,不仅可以应用于审计中,也可以广泛应用于其他鉴证业务中。

数据分析能够帮助注册会计师以快速、低成本的方式实现对被审计单位整套完整数据（而非运用抽样技术得出的样本数据）进行检查,不仅能够在很大程度上提高审计的效率和效果,也有助于注册会计师从全局的角度更好地把握被审计单位交易和事项的经济实质,从而有助于提高审计质量。

二、数据分析的作用及其应用

数据分析是通过基础数据结构中的字段来提取数据,而不是通过数据记录的格式。一个简单的例子是 Excel 工具中的 Power View,它可以过滤、排序、切分和突显出电子表格中的数据,然后用各种各样的气泡图、柱状图和饼图等方式可视化地呈现数据。可视化与其基础数据几乎一样,因此分析质量的提高程度取决于必须以正确方式提取、分析和连接的基础数据。

数据分析工具可用于风险分析、交易和控制测试、分析性程序,用于为判断提供支撑并提供见解。例如,它们可以利用外部市场数据(如第三方定价信息)为投资重新定价。利率、汇率、GDP 的变化以及其他增长指标也可用于分析性程序。许多数据分析常规工具可以很容易地由注册会计师执行。独立完成这些分析的能力非常重要。更高级的常规分析工具可用于风险分析以便发现问题,而更详细的分析可用来明确重点,提供审计证据和洞察力。

一些常规分析工具可以提供审计证据,为判断会计估计的计算方法是否适当提供支持。例如,一个企业有冲销超过一定账龄的应收款项的政策,如果常规分析工具显示,大量的贷项通知单与开具账单错误有关,那么当冲销贷项通知单时,对运用该方法的分析结果可能导致该方法看起来不是那么恰当。

数据分析工具可以提高审计质量。审计质量不在于工具本身,而是在于分析和相应判断的质量。这种价值不在于数据转换,而是在于从分析产生的交谈和询问中提取的审计证据。

三、数据分析面临的挑战

许多大型事务所在其客户系统中有包括独立的用户名和密码的只读类型的账号,以便在一段时间里服务于报告的审计。当某一地区使用的是标准账户时,这是一个非常有效的生成审计所需信息的方法。虽然这与提取或转换数据不一样。

注册会计师有时自己去获取数据,但他们有时使用管理层提取并验证过的数据。注册会计师围绕管理层的数据提取和验证过程执行一套控制测试,然后将管理层生成的信息用于自己的分析。这项工作的常规方面正在逐渐外包。在任何情况下,管理层必须在注册会计师做任何事情以前进行广泛的安全性和完整性检查。

大型事务所都面临一个基本技术问题——通过一个可使用的格式从系统中提取数据。为了开发一个可用的接口,注册会计师不得不为每一个大客户的每一系统、按照每一个排列去映射所有编码。他们也必须对完全定制的系统这样做。注册会计师正在开发多种策略,以使他们能够接入各种各样的系统。

专注于数据的提取、标准化和分析的软件供应商可以通过使用网页链接,从中小型公司广泛使用的专有会计系统中提取信息。供应商可以生成适合审计的信息,并对其进行分析。

数据和交易可以采用许多不同的方式进行分析,如通过交易类型,账户或活动代码,或者参考许多不同的数据成分。转换(transformation)是关于使数据变为可用的方式。一个最新出现的问题是,为了实现可用性,数据应作多大程度的改变。事务所在做出这种改变之前需要仔细思考并消耗资源来进行的关键决策,是有关从常规分析工具中可能获得的审计证据的质量,以及管理层是否能转换该数据以使监管变得更加容易。"更改"客户数据所带来的不安是一个问题,但有时是不可避免的。

管理层提供给注册会计师的大量的数据中存在的一些问题,并不是"属于"事务所的。这不是一个新问题,但数据分析的规模和范围让这个问题成为关注焦点。在大容量数据存储引起一些法律和实务问题的背景下,审计质量问题则是需要保留支持关键思考过程的文档记录。注册会计师为了适应数百万兆字节的数据,为了分析上百家报告单位的数百万交易所的基础设施,已超出了标准服务器的容量。

以何种方式保留数据,从而满足审计准则的文件记录要求,人们有不同的观点。这实质上是一个测试单个交易所需的信息是否充分的问题。有观点认为,保留大量的数据不仅成本高昂,而且对于遵守审计准则而言也是不必要的。其他观点则认为,分析的数据至少需要保留很多年,因为这些数据分析平台就是这样构建的,并且他们不相信与数据保留相关的风险状况发生了改变。有观点认为,由于在数据分析中使用了海量数据,与数据保留相关的风险状况已经改变。虽然数据分析平台的质量对数据保留有影响,但什么应当被保留的标准并没有改变。如果一个项目已被测试,那么关于它的信息就应该被保留,以便在必要时再次找出该项目信息。

【知识链接】

审计署"金审工程"

一是建立健全的审计信息收集系统,通过多种方式高效而有针对性的采集有效数据。审计机关可在原有网站、信箱、问卷的基础上,开放新的咨询、访问网络、电话入口,专门采集来自民众渠道的审计数据,使审计工作更为透明化。

二是在建设"国家审计云"的主题下,各地方建立自己的审计数据库,并且由各地方政府建立互通的网络通道,使数据得到最大限度的共享和利用。

三是加大对审计部门信息化装备的投资。大数据时代的关键不在于数据是否得到存储与备份,而在于已接受的数据是否得到了及时的分析与处理。设备不仅仅包括硬件计算机,还包括其中的数据处理函数算法与程序。网络技术的发展要求审计工作用更为先进的计算方法来处理数据,得出更为详细科学的审计结果。以推动审计工作科学发展为基本点,科学全面地考核业绩。

四是审计部门要加强各地方的队伍建设。人才是信息处理过程中最重要的环节,培育出能够熟练掌握大数据信息化技术的审计工作人员,是各地方审计部门信息化建设的基本要求。

五是创建完善的数据分析系统及环境。随着大数据的发展,数据挖掘技术日渐成熟。数据概化、统计分析、聚类分析、关联分析是其衍生的四大方法。利用这些先进技术,可建立审计模拟实验室、完善的审计内网外网等云部门,使一切数据及运算都规范化、科学化,不仅能处理数据,更能预测数据,从而及时合理地做出决策。

第六节 不同信息技术环境下的问题

本节在公司层面信息技术控制的范畴内,重点讨论被审计单位运用网络、数据库管理系统、电子商务、信息技术职能外包安排等不同信息技术环境下的问题。

一、网络环境

很多企业可能使用局域网或互联网将各种类型的计算机、工作站、打印机、服务器等互相连接起来。在网络环境下,用于处理交易的应用软件和数据文件可能分布于不同位置但互相连接的计算机设备上,由此产生了与内部控制相关的问题,包括对分布于不同位置的服务器的安全、数据和信息的分布及同步、管理监督以及兼容性问题。

二、数据库管理系统

数据管理系统(database management system,DBMS)是一种操纵和管理数据库的大型软件,用于建立、使用和维护数据库。它对数据库进行统一的管理和控制,以保证数据的安全性和完整性。使用数据库管理系统能够实现不同应用软件之间的数据共事,减少数据冗余,改进对数据的控制,提高数据的决策支撑作用。

很多被审计单位使用 ERP 系统实现整个单位数据库系统的整合。ERP 是 enterprise resource planning(企业资源计划)的简称。ERP 是针对物资资源管理(物流)、人力资源管理(人流)、财务资源管理(财流)、信息资源管理(信息流)集成一体化的企业管理软件。ERP 系统能够实现会计部门与业务部门的数据共享。当然,数据库管理系统也带来了与内部控制相关的问题,包括多重使用者能够访问和修改共享数据的风险。因此,需要实施严格的数据库管理和接触控制,以及数据安全备份制度。

三、电子商务系统

越来越多的被审计单位采用电子商务的方式进行交易。电子商务是指在互联网开放的网络环境下,以信息技术为手段,买卖双方不谋面地进行各种商贸活动,实现消费者的网上购物、商户之间的网上交易和在线电子支付以及各种商务活动、交易活动、金融活动和相关的综合服务活动的一种新型的商业运营模式。在这种方式下,交易信息在网上传输,容易被拦截、篡改或不当获取,需要采取相应的安全控制。此外,被审计单位的会计信息系统可能与交易对方的系统相连接,产生了互相依赖的风险,即交易一方的风险部分取决于交易对手如何识别和管理其自身系统中的风险。

四、外包安排

被审计单位可能将全部或部分的信息技术职能外包给专门的应用软件服务提供商或云计算服务商等计算机服务机构。根据美国国家标准与技术研究院(NIST)的定义,云计算是一种按使用量付费的模式,这种模式提供可用的、便捷的、按需的网络访问,进入可配置的计算资源共享池(资源包括网络、服务器、存储、应用软件、服务),这些资源能够被快速提供,只需投入很少的管理工作,或与服务供应商进行很少的交互。

如果服务机构提供的服务和对服务的控制,构成被审计单位与财务报表相关的信息系统(包括相关业务流程)的一部分,注册会计师应当参照《中国注册会计审计准则第 1241 号——对被审计单位使用服务机构的考虑》的规定办理。

注册会计师应当实施与服务机构活动相关的下列程序：

（1）了解服务机构中与内部控制相关的控制以及针对服务机构活动所实施的控制。

（2）获取相关控制运行有效性的证据。

注册会计师可通过以下程序获取相关控制运行有效性的证据，包括：

（1）了解服务机构注册会计师对服务机构内部控制有效性出具的报告或与控制测试相关的商定程序报告。

（2）测试被审计单位对服务机构活动的控制。

（3）对服务机构实施控制测试。

如果可以获取服务机构注册会计师对服务机构内部控制有效性出具的报告，注册会计师应当评价该报告是否提供了充分、适当的证据，以支持注册会计师的意见。

在评价时，注册会计师可能考虑下列因素：

（1）对控制的测试涵盖的期间及其与管理层评估时间点的关系。

（2）对控制的测试涵盖的范围、测试的控制及其与企业控制的关联度。

（3）对控制的测试结果，以及服务机构注册会计师对控制运行有效性发表的意见。

【关键术语】

信息技术　财务报表　内部控制　控制测试　审计过程　计算机辅助审计技术
电子表格的运用　数据分析

【问题思考】

1. 信息技术对企业财务报表有何影响？

2. 如何确定信息技术一般控制、应用控制与公司层面控制三者之间的关系？

3. 信息技术审计的范围如何确定？

4. 数据分析的作用有哪些？

【课程思政案例】

1. 想知道一个地区繁荣程度如何，最简单的就看用电和用水。带有远程抄表功能的智能电表、水表可以进行实时数据归集，每天都能看到数字的变化。做做同比、环比就知道这个地区的电器和人口活跃程度有没有变化，不管是常驻的还是流动的，而且还能区分是民用水电的增加还是工业水电的增加。

2. 想知道一个地区交通状况如何，看看那些高速公路和国道、省道上的测速摄像头记录就能知道。分析在什么时间，车流通过多少，车速如何，就能够从一定程度上反映出交通情况，是人迹寥寥还是车水马龙，是风驰电掣还是拥堵不堪。如果做路段改造，成果也能从这些数据里直接得到体现，而且都是立竿见影。

案例思考和讨论题

根据以上资料，请说明数字化背景下大数据对审计的影响，并谈谈应该如何应对。

练 习 题

姓名_____

学号_____

分数_____

一、单项选择题

1. 公司层面信息技术控制是公司信息技术整体(　　　),决定了信息技术一般控制和信息技术应用控制的风险基调。

   A. 控制环境　　　B. 控制要求　　　C. 控制能力　　　D. 控制监督

2. 数据分析工具可用于(　　　)交易和控制测试、分析性程序,用于为判断提供支撑并提供见解。

   A. 风险分析　　　B. 制度分析　　　C. 技术分析　　　D. 常规分析

3. 当面临不太复杂的IT环境时,如在信息技术并不对传统的审计线索产生重大影响的情况下,注册会计师可采取传统方式进行审计,即"(　　　)计算机进行审计"。

   A. 通过　　　B. 嵌入　　　C. 辅助　　　D. 绕过

4. 在信息技术环境下,审计工作与对系统的依赖程度是直接关联的,注册会计师需要全面考虑其关联关系,从而可以准确定义相关的信息系统(　　　)。

   A. 审计效果　　　B. 审计思路　　　C. 审计细致　　　D. 审计范围

二、多项选择题

1. 信息技术是指利用电子计算机和现代通信手段实现获取信息、传递信息、(　　　)等的相关技术。

   A. 存储信息　　　B. 处理信息　　　C. 显示信息　　　D. 分配信息

2. 随着信息技术的发展,内部控制虽然在形式及内涵方面发生了变化,但内部控制的目标并没有发生改变,有(　　　)。

   A. 提高管理层决策制定的效果和业务流程的效率

   B. 提高会计信息的可靠性

   C. 提高会计信息的配比性

   D. 促进企业遵守法律和法规

3. 计算机运行一般包括但不限于(　　　)要素。

   A. 系统作业管理　　　　　　　B. 问题和故障管理

   C. 数据备份和恢复　　　　　　D. 备份介质的异地存放

4. 面向数据的计算机辅助审计技术,包括(　　　)、数值分析等方法。

   A. 账表分析　　　　　　　　　B. 审计抽样

   C. 统计分析　　　　　　　　　D. 数据输入

三、判断题

1. 企业可以运用信息系统来创建、记录、处理和报告各项交易，以衡量和审查自身的财务业绩，并持续记录资产、负债和所有者权益。 （　　）

2. 信息技术一般控制包括程序开发、程序变更、程序访问以及计算机运行四个方面。
（　　）

3. 数据分析是通过基础数据结构中的字段来提取数据的，而不是通过数据记录的格式。
（　　）

4. 最广泛地应用计算机辅助审计技术的领域是符合性程序，特别是在与分析程序相关的方面。 （　　）

5. 数据库需要实施严格的数据库管理和接触控制，以及数据安全备份制度。 （　　）

第二篇

审计测试流程

第七章
风险评估与风险应对

教学目标·················
　　本章主要介绍风险评估程序、重大错报风险的评估及风险应对措施、控制测试和实质性程序。通过学习，学生应理解掌握风险评估程序的运用、风险应对措施、控制测试的程序及内容。

第一节／风险评估程序

　　审计技术方法的演进经历了账项导向审计、内控导向审计、风险导向审计三个阶段。风险导向审计是当今主流的审计技术，它要求注册会计师以重大错报风险的识别、评估和应对为审计工作的主线，提高审计效率和效果。

　　《中国注册会计师审计准则第 1211 号——重大错报风险的识别和评估》作为专门规范风险评估的准则，规定注册会计师应当了解被审计单位及其环境，充分识别和评估财务报表及认定层次重大错报风险，设计和实施进一步审计程序。

一、风险评估程序

　　注册会计师了解被审计单位及其环境的目的是识别和评估财务报表重大错报风险。为了解被审计单位及其环境而实施的程序称为风险评估程序，注册会计师应当依据实施这些程序所获取的信息，评估重大错报风险。

　　注册会计师应当实施下列风险评估程序，以了解被审计单位及其环境：询问管理层和被审计单位内部其他人员，实施分析程序，观察和检查程序。

　　（一）询问管理层和被审计单位内部相关人员

　　询问管理层和被审计单位内部相关人员是注册会计师了解被审计单位及其环境的一个重要信息来源。注册会计师可以考虑向管理层和财务负责人询问下列事项：

　　（1）管理层所关注的主要问题，如新的竞争对手、主要客户和供应商的流失、新的税收法规的实施以及经营目标或战略的变化等。

　　（2）被审计单位最近的财务状况、经营成果和现金流量。

（3）可能影响财务报表的交易和事项，或者目前发生的重大会计处理问题，如重大的兼并事宜等。

（4）被审计单位发生的其他重要变化，如所有权结构、组织结构的变化，以及内部控制的变化等。

尽管注册会计师通过询问管理层和财务负责人可获取大部分信息，但是询问被审计单位内部的其他不同层级的人员可能为注册会计师提供不同的视角，有助于评估重大错报风险。因此，注册会计师除了询问管理层和对财务报表负有责任的人员外，还应当考虑询问内部审计人员、采购人员、生产人员、销售人员等其他人员，并考虑询问不同级别的员工，以获取对识别重大错报风险有用的信息。

（二）实施分析程序

分析程序是指注册会计师通过研究不同财务数据之间以及财务数据与非财务数据之间的内在关系，对财务信息做出评价。分析程序还包括调查识别出的、与其他相关信息不一致或与预期数据严重偏离的波动和关系。

注册会计师实施分析程序有助于识别异常的交易和事项，以及对财务报表和审计产生影响的金额、比率和趋势。在实施分析程序时，注册会计师应当预期可能存在的合理关系，并与被审计单位记录的金额，依据记录金额计算的比率或趋势相比较；如果发现异常或未预期到的关系，注册会计师应当在识别重大错报风险时考虑这些比较结果。例如，注册会计师通过对被审计单位性质的了解，获知在生产成本中占较大比例的原材料成本在相关期间内上升，注册会计师预期销售成本也应相应上升，毛利率应相应下降。但是注册会计师通过分析程序发现，两个会计期间毛利率相当。上述分析可能使注册会计师得出结论：销售成本可能存在重大错报风险，应作为审计的重点。

（三）观察和检查程序

观察和检查程序可以支持对管理层和其他相关人员的询问结果，并可以提供有关被审计单位及其环境的信息，注册会计师应当实施下列观察和检查程序：

（1）观察被审计单位的经营活动。例如，观察被审计单位人员正在从事的生产活动和内部控制活动，增加注册会计师对被审计单位人员如何进行生产经营活动及实施内部控制的了解。

（2）检查文件、记录和内部控制手册。例如，检查被审计单位的经营计划、策略、章程，与其他单位签订的合同、协议，各业务流程操作指引和内部控制手册等，了解被审计单位组织结构和内部控制制度。

（3）阅读由管理层和治理层编制的报告。例如，阅读被审计单位年度和中期财务报表，股东大会、董事会会议、高级管理层会议的会议记录或纪要，了解被审计单位发生的重大事项。

（4）实地察看被审计单位的生产经营场所和厂房设备。通过现场访问和实地察看被审计单位的生产经营场所和厂房设备，可以帮助注册会计师了解被审计单位的性质及其经营活动。

（5）追踪交易在财务报表信息系统中处理过程（穿行测试）。这是注册会计师了解被审计单位业务流程及其相关控制时经常使用的审计程序。通过追踪某笔或某几笔交易在业务流程中如何生成、记录、处理和报告，以及相关控制如何执行，注册会计师可以确定被审计单位的交易流程和相关控制是否与之前通过其他程序所获得的了解一致,并确定相关控制是否得到执行。

二、其他审计程序和信息来源

(一)其他审计程序

除了采用上述程序从被审计单位内部获取信息以外,如果根据职业判断认为从被审计单位外部获取的信息有助于识别重大错报风险,注册会计师应当实施其他审计程序以获取这些信息。例如,询问被审计单位聘请的外部法律顾问、专业评估师、投资顾问和财务顾问等。外部信息包括证券分析师、银行、评级机构出具的有关被审计单位及其所处行业的经济或市场环境等状况的报告,贸易与经济方面的报纸期刊,法规或金融出版物,以及政府部门或民间组织发布的行业报告和统计数据等。

(二)其他信息来源

注册会计师应当考虑在客户接受或保持过程中获取的信息是否与识别重大错报风险相关。通常,对新的审计业务,注册会计师应在业务承接阶段对被审计单位及其环境有一个初步的了解,以确定是否承接该业务。而对连续审计业务,注册会计师也应在每年的续约过程中对上年审计作总体评价,并更新对被审计单位的了解和风险评估结果,以确定是否续约。注册会计师还应当考虑向被审计单位提供其他服务(如执行中期财务报表审阅业务)所获得的经验是否有助于识别重大错报风险。

第二节　了解被审计单位及其环境等方面

注册会计师应当实施风险评估程序,以了解下列三个方面:①被审计单位及其环境,包括组织结构、所有权和治理结构、业务模式,行业形势、法律环境、监管环境和其他外部因素,财务业绩的衡量标准;②适用的财务报告编制基础、会计政策及变更会计政策的原因;③被审计单位内部控制体系各要素。

上述了解的内容既有外部因素也有内部因素,了解的各个方面可能会互相影响。例如,被审计单位的行业形势、法律环境、监管环境和其他外部因素可能影响被审计单位的目标、战略及相关经营风险,而被审计单位的性质、目标、战略及相关经营风险可能影响被审计单位对会计政策的选择和运用,以及内部控制的设计和执行。因此,注册会计师在对上述各个方面进行了解和评价时,应当考虑各因素之间的相互关系。

一、组织结构、所有权和治理结构、业务模式

(一)组织结构

注册会计师应当了解被审计单位的组织结构,考虑复杂组织结构可能导致的重大错报风险,包括财务报表合并、商誉以及长期股权投资核算等问题,以及财务报表是否已对这些

问题作了充分披露。

（二）所有权结构

注册会计师应当了解所有权结构及所有者与其他人员或实体之间的关系，包括关联方，考虑关联方关系是否已经得到识别，以及关联方交易是否得到恰当会计处理。被审计单位是属于国有企业、外商投资企业、民营企业，还是属于其他类型的企业，还应当了解其直接控股母公司、间接控股母公司、最终控股母公司和其他股东的构成，以及所有者与其他人员或实体，如控股母公司控制的其他企业之间的关系。

（三）治理结构

注册会计师应当了解被审计单位的治理结构。例如，董事会的构成情况、董事会内部是否有独立董事；治理结构中是否设有审计委员会或监事会及其运作情况。良好的治理结构可以促进各方对被审计单位的经营和财务运作以及财务报告实施有效的监督，从而降低财务报表发生重大错报的风险。

（四）业务模式

了解业务模式主要是为了了解和评价被审计单位经营风险可能对财务报表重大错报产生的影响。

经营风险是指可能对被审计单位实现目标和实施战略的能力产生不利影响的重要状况、事项、情况、作为（或不作为）所导致的风险，或由于制定不恰当的目标和战略而导致的风险。不同的企业可能面临不同的经营风险，这取决于企业经营的性质、所处行业、外部监管环境、企业的规模和复杂程度。管理层有责任识别和应对这些风险。

导致财务报表产生重大错报风险的可能性有所增加的经营风险可能来自下列事项：

（1）目标或战略不恰当，未能有效实施战略，环境的变化或经营的复杂性。

（2）未能认识到变革的必要性也可能导致经营风险。例如，开发新产品或服务可能失败；即使成功开拓了市场，也不足以支撑产品或服务；产品或服务存在瑕疵，可能导致法律责任及声誉方面的风险。

（3）对管理层的激励和压力措施可能导致有意或无意的管理层偏向，并因此影响重大假设以及管理层或治理层预期的合理性。

注册会计师在了解可能导致财务报表重大错报风险的业务模式、目标、战略及相关经营风险时，可以考虑下列事项：

（1）行业发展，例如，缺乏足以应对行业变化的人力资源和业务专长。

（2）开发新产品或提供新服务，这可能导致被审计单位的产品责任增加。

（3）被审计单位的业务扩张，被审计单位对市场需求的估计可能不准确。

（4）新的会计政策要求，被审计单位可能未完全执行或执行不当。

（5）监管要求，这可能导致法律责任增加。

（6）本期及未来的融资条件，例如，被审计单位由于无法满足融资条件而失去融资机会。

（7）信息技术的运用，例如，新的信息技术系统的实施将影响经营和财务报告。

（8）实施战略的影响，特别是由此产生的需要运用新的会计政策要求的影响。

注册会计师在了解被审计单位业务模式时，应了解下列活动：

（1）经营活动。了解被审计单位经营活动有助于注册会计师识别预期在财务报表中反映的主要交易类别、重要账户余额和列报。注册会计师应当了解被审计单位的经营活动主要包括收入来源，产品或服务以及市场的性质，业务的开展情况，联盟、合营与外包情况，地区分布与行业细分，生产设施、仓库和办公室的地理位置，存货存放地点和数量，研究与开发活动及其支出，关联方交易等。

（2）投资活动。了解被审计单位投资活动有助于注册会计师关注被审计单位在经营策略和方向上的重大变化。注册会计师应当了解被审计单位的投资活动主要包括计划实施或近期已实施的并购或资产处置，证券与贷款的投资和处置，资本性投资活动，未纳入合并范围的实体的投资等。

（3）筹资活动。了解被审计单位筹资活动有助于注册会计师评估被审计单位在融资方面的压力，并进一步考虑被审计单位在可预见未来的持续经营能力。注册会计师应当了解被审计单位的筹资活动主要包括主要子公司和联营企业（无论是否纳入合并范围）的所有权结构，债务结构和相关条款，实际受益方（例如，实际受益方来自国内还是国外，其商业声誉和经验可能对被审计单位产生的影响）及关联方，衍生金融工具的使用等。

二、行业形势、法律环境、监管环境及其他外部因素

（一）行业形势

了解行业形势有助于注册会计师识别与被审计单位所处行业有关的重大错报风险。注册会计师应当了解被审计单位的行业形势主要包括：①所处行业的市场与竞争，包括市场需求、生产能力和价格竞争；②生产经营的季节性和周期性；③与被审计单位产品相关的生产技术；④能源供应与成本；⑤行业的关键指标和统计数据。

（二）法律环境与监管环境

注册会计师应当了解被审计单位所处的法律环境与监管环境，主要包括：①适用的财务报告编制基础；②受管制行业的法规框架；③对被审计单位经营活动产生重大影响的法律、法规，包括直接的监管活动；④税收政策（关于企业所得税和其他税种的政策）；⑤目前，对被审计单位开展经营活动产生影响的政府政策，如货币政策（包括外汇管制）、财政政策、财政刺激措施（如政府援助项目）、关税或贸易限制政策等；⑥影响行业和被审计单位经营活动的环保要求。

（三）其他外部因素

注册会计师应当了解影响被审计单位经营的其他外部因素主要包括总体经济情况、利率、融资的可获得性、通货膨胀水平或币值变动等。

三、被审计单位财务业绩的衡量和评价

被审计单位内部或外部对财务业绩的衡量与评价可能对管理层产生压力，促使其采取行动改善财务业绩或歪曲财务报表。注册会计师应当了解被审计单位财务业绩衡量和评价情况，考虑这种压力是否能够导致管理层采取行动，以至于增加财务报表产生重大错报的风险，注册会计师应当关注下列信息：关键业绩指标、关键比率、趋势和经营统计数据；同期财

务业绩比较分析;预算、预测、差异分析和各层次业绩报告;员工业绩考核与激励性报酬政策;被审计单位与竞争对手的业绩比较。

四、适用的财务报告编制基础、会计政策及变更会计政策的原因

注册会计师应当了解适用的财务报告编制基础、会计政策及变更会计政策的原因,并评价被审计单位的会计政策是否适当、是否与适用的财务报告编制基础一致。

第三节 了解被审计单位的内部控制体系各要素

一、内部控制的概念及要素

内部控制是指被审计单位为实现控制目标所制定的政策和程序。其中,政策是指被审计单位为了实施控制而作出的应当或不应当采取某种措施的规定。政策是通过被审计人员采取相关行动或限制该人员采取与政策相冲突而得以贯彻的。程序是指为执行政策而采取的行动。程序可能是通过正式文件或由管理层采取其他形式明确规定的,也可能是被审计单位组织文化中约定俗成的。程序还可能通过被审计单位的信息技术应用程序及信息技术环境的其他方面所允许的行动来实施。

内部控制体系是指由治理层、管理层和其他人员设计、执行和维护的体系,以合理保证被审计单位能够实现财务报告的可靠性,提高经营效率和效果,以及遵守适用的法律法规等目标。该体系包含以下五个相互关联的要素:

(1) 内部环境(控制环境)。

(2) 风险评估。

(3) 信息与沟通(信息系统与沟通)。

(4) 控制活动。

(5) 内部监督。

被审计单位设计、执行和维护内部控制的方式,因其规模和复杂程度的不同而不同。小型被审计单位可能采用非正式和简单的流程与程序以实现控制目标,参与日常经营管理的业主可能承担多项职能,内部控制要素未得到清晰区分,注册会计师应当综合考虑小型被审计单位的内部控制要素能否实现其目标。

二、了解内部控制的性质和程度

(一) 了解内部控制的性质

注册会计师了解内部控制的目的是评价控制设计的有效性,以及控制是否得到执行。在评价控制设计的有效性以及控制是否得到执行时,注册会计师了解被审计单位内部控制体系各项要素,有助于其初步了解被审计单位如何识别和应对经营风险。这些了解也可能以不同方式影响注册会计师对重大错报风险的识别和评估。这有助于注册会计师设计和实

施进一步审计程序,包括计划测试控制运行的有效性。例如,注册会计师了解被审计单位的内部环境、风险评估和内部监督要素,更有可能影响财务报表层次重大错报风险的识别和评估;注册会计师了解被审计单位的信息系统与沟通以及控制活动要素,更有可能影响认定层次重大错报风险的识别和评估。

(二) 了解内部控制的程度

对内部控制了解的程度是指注册会计师在实施风险评估程序时,了解被审计单位内部控制的范围及深度,包括评价控制设计的有效性,并确定其是否得到执行,但不包括对控制是否得到一贯执行的测试。

1. 评价控制设计的有效性以及控制是否得到执行

注册会计师在了解内部控制时,应当评价控制设计的有效性,并确定其是否得到执行。评价控制设计的有效性,涉及考虑该控制单独或连同其他控制是否能够有效防止或发现并纠正重大错报。控制得到执行是指某项控制存在且被审计单位正在使用。

2. 为了解内部控制实施的程序

注册会计师通常实施下列风险评估程序,以获取有关控制设计有效性和控制是否得到执行的审计证据:

(1) 询问被审计单位人员。

(2) 观察特定控制的运用。

(3) 检查文件和报告。

(4) 追踪交易在财务报告信息系统中的处理过程(穿行测试)。

这些程序是风险评估程序在了解被审计单位内部控制方面的具体运用。其中,询问本身并不足以评价控制设计的有效性以及确定其是否得到执行,注册会计师应当将询问与其他风险评估程序结合使用。

3. 了解内部控制与测试控制运行有效性的关系

值得注意的是,评价设计有效的控制是否得到执行,与测试控制运行的有效性即控制是否得到一贯执行,是有区别的。前者是了解内部控制的目的,后者是控制测试的目的。

除非存在某些可以使控制得到一贯运行的自动化控制,否则,注册会计师对控制的了解并不足以测试控制运行的有效性。例如,获取某一人工控制在某一时点得到执行的审计证据,并不能证明该控制在所审计期间内的其他时点也有效运行。但是,信息技术可以使被审计单位持续一贯地对大量数据进行处理,提高被审计单位监督控制活动运行情况的能力,信息技术还可以通过对应用软件、数据库、操作系统设置安全控制来实现有效的职责划分。由于信息技术处理流程的内在一贯性,实施审计程序确定某项自动化控制是否得到执行,也可能实现对控制运行有效性测试的目标,这取决于注册会计师对控制的评估和测试。

三、内部控制的局限性

(一) 内部控制的固有局限性

内部控制无论如何有效,都只能为被审计单位实现财务报告目标提供合理保证。内部控制实现目标的可能性受其固有限制的影响。这些限制包括以下两个方面。

(1) 在决策时人为判断可能出现错误和因人为失误而导致内部控制失效。例如,控制

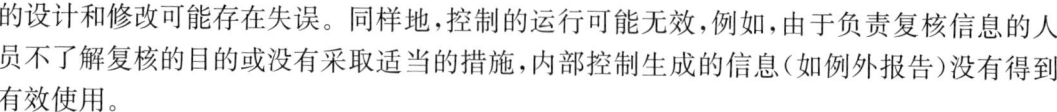

的设计和修改可能存在失误。同样地,控制的运行可能无效,例如,由于负责复核信息的人员不了解复核的目的或没有采取适当的措施,内部控制生成的信息(如例外报告)没有得到有效使用。

(2) 控制可能由于两个或更多的人员串通或管理层不当地凌驾于内部控制之上而被规避。例如,管理层可能与客户签订"背后协议",修改标准的销售合同条款和条件,从而导致不适当的收入确认。又如,信息技术应用程序中的编辑控制旨在识别和报告超过赊销信用额度的交易,但这一控制可能被凌驾或不能得到执行。

此外,如果被审计单位内部行使控制职能的人员素质不适应岗位要求,也会影响内部控制功能的正常发挥。被审计单位实施内部控制的成本效益问题也会影响其效能,当实施某项控制成本大于控制效果而发生损失时,就没有必要设置该控制环节或控制措施。内部控制一般都是针对经常而重复发生的业务设置的,如果出现不经常发生或未预计到的业务,原有控制就可能不适用。

(二) 对小型被审计单位的考虑

小型被审计单位拥有的员工通常较少,限制了其职责分离的程度。但是,在业主管理的小型被审计单位,业主兼经理可以实施比大型被审计单位更有效的监督。这种监督可以弥补职责分离有限的局限性。另外,由于内部控制系统较为简单,业主兼经理更有可能凌驾于控制之上。注册会计师在识别由于舞弊导致的重大错报风险时需要考虑这一问题。

四、内部控制体系要素

(一) 与财务报表编制相关的内部环境

1. 内部环境的概念

内部环境包括治理职能和管理职能,以及治理层和管理层对内部控制体系及其重要性的态度、认识和行动。内部环境设定了被审计单位的内部控制基调,影响员工的内部控制意识,并为被审计单位内部控制体系中其他要素的运行奠定了总体基础。良好的内部环境是实施有效内部控制的基础。防止或发现并纠正舞弊和错误是被审计单位治理层和管理层的责任。在评价内部环境的设计和实施情况时,注册会计师应当了解管理层在治理层的监督下,是否营造并保持了诚实守信和合乎道德的文化,以及是否建立了防止或发现并纠正舞弊和错误的恰当控制。实际上,在审计业务承接阶段,注册会计师就需要对内部环境作出初步了解和评价。

2. 内部环境的内容

内部环境主要包括以下内容:

(1) 诚信和道德价值观念的沟通与落实。诚信和道德价值观念是内部环境的重要组成部分,影响到重要业务流程的内部控制设计和运行。内部控制的有效性直接依赖于负责创建、管理和监控内部控制的人员的诚信和道德价值观念。被审计单位是否存在道德行为规范,以及这些规范如何在被审计单位内部得到沟通和落实,决定了是否能产生诚信和道德的行为。对诚信和道德价值观念的沟通与落实,既包括管理层如何处理不诚实、非法或不道德行为,也包括在被审计单位内部通过行为规范以及高层管理人员的身体力行对诚信和道德价值观念的营造和保持。

（2）对胜任能力的重视。胜任能力是指具备完成某一职位的工作所应有的知识和能力。管理层对胜任能力的重视包括对于特定工作所需的胜任能力水平的设定，以及对达到该水平所必需的知识和能力的要求。注册会计师应当考虑主要管理人员和其他相关人员是否能够胜任承担的工作和职责，例如，财务人员是否对编制财务报表所适用的会计准则和相关会计制度有足够的了解并能正确运用。

（3）治理层的参与程度。被审计单位的内部环境在很大程度上受治理层的影响。治理层的职责应在被审计单位的章程和政策中予以规定。治理层（董事会）通常通过其自身的活动，并在审计委员会或类似机构的支持下，监督被审计单位的财务报告政策和程序。因此，董事会、审计委员会或类似机构应关注被审计单位的财务报告，并监督被审计单位的会计政策以及内部、外部的审计工作和结果。治理层的职责还包括监督用于复核内部控制有效性的政策和程序设计是否合理，执行是否有效。

（4）管理层的理念和经营风格。管理层负责企业的运作以及经营策略和程序的制定、执行与监督。内部环境的每个方面在很大程度上都受管理层采取的措施和作出决策的影响，或在某些情况下受管理层不采取某些措施或不作出某种决策的影响。在有效的内部环境中，管理层的理念和经营风格可以创造一个积极的氛围，促进业务流程和内部控制的有效运行，同时创造一个减少错报发生可能性的环境。在管理层以一个或少数几个人为主时，管理层的理念和经营风格对内部控制的影响尤为突出。

（5）职权与责任的分配。被审计单位的组织结构为计划、运作、控制及监督经营活动提供了一个整体框架。通过集权或分权决策，可在不同部门间进行适当的职责划分，建立适当层次的报告体系。组织结构将影响权利、责任和工作任务在组织成员中的分配。被审计单位的组织结构在一定程度上取决于被审计单位的规模和经营活动的性质。

（6）人力资源政策与实务。政策与程序（包括内部控制）的有效性通常取决于执行人。因此，被审计单位员工的能力与诚信是内部环境中不可缺少的因素。人力资源政策与实务涉及招聘、培训、考核、咨询、晋升和薪酬等方面。被审计单位是否有能力雇用并保留一定数量既有能力又有责任心的员工在很大程度上取决于其人事政策与实务。例如，招聘录用标准要求录用最合适的员工，强调员工的学历、经验、诚信和道德的适配度，这表明被审计单位希望录用有能力并值得信赖的人员。被审计单位有关培训方面的政策应显示员工应达到的工作表现和业绩水准，通过定期考核的晋升政策表明被审计单位希望具备相应资格的人员承担更多的职责。

3. 内部环境对评估重大错报风险的影响

内部环境对重大错报风险的评估具有广泛影响。注册会计师应当考虑内部环境的总体优势是否为内部控制的其他要素提供了适当基础，且未被内部环境中存在的缺陷所削弱。

注册会计师在评估重大错报风险时，存在令人满意的内部环境是一个积极的因素。虽然令人满意的内部环境并不能绝对防止舞弊，但有助于降低发生舞弊的风险。有效的内部环境还能为注册会计师相信在以前年度和期中所测试的控制将继续有效运行提供一定基础。相反，内部环境中存在的弱点可能削弱控制的有效性。例如，注册会计师在进行风险评估时，如果认为被审计单位内部环境薄弱，则很难认定某一流程的控制是有效的。

内部环境本身并不能防止或发现并纠正各类交易、账户余额和披露认定层次的重大错报，注册会计师在评估重大错报风险时，应当将内部环境连同其他内部控制要素产生的影响一并考虑。例如,将内部环境与对内部控制体系的监督和具体控制活动一并考虑。

(二)与财务报表编制相关的风险评估工作

1. 被审计单位风险评估的概念

被审计单位风险评估工作的作用是识别、评估和管理影响其实现经营目标能力的各种风险。由于被审计单位风险评估包括识别与财务报告相关的经营风险,以及针对这些风险所采取的措施,注册会计师应当了解被审计单位的风险评估工作。

2. 对风险评估的了解

在评价被审计单位风险评估的设计和执行时,注册会计师应当确定管理层如何识别与财务报告相关的经营风险,如何估计该风险的重要性,如何评估风险发生的可能性,以及如何采取措施管理这些风险。如果被审计单位的风险评估符合其具体情况,了解被审计单位的风险评估工作有助于注册会计师识别财务报表的重大错报风险。

注册会计师在对被审计单位整体层面的风险评估工作进行了解和评估时,考虑的主要因素可能包括:

(1)被审计单位是否已建立并沟通其整体目标,并辅以具体策略和业务流程层面的计划。

(2)被审计单位是否已建立风险评估,包括识别风险、估计风险的重大性、评估风险发生的可能性以及确定需要采取的应对措施。

(3)被审计单位是否已建立某种机制,以识别和应对可能对被审计单位产生重大且普遍影响的变化。例如,在金融机构中建立资产负债管理委员会,在制造型企业中建立期货交易风险管理组等。

(4)会计部门是否建立了某种流程,以识别会计政策的重大变化。

(5)当被审计单位业务操作发生变化并影响交易记录的流程时,是否存在沟通渠道以通知会计部门。

(6)风险管理部门是否建立了某种流程,以识别经营环境包括监管环境发生的重大变化。

注册会计师可以通过了解被审计单位及其环境的其他方面信息来评价被审计单位风险评估工作的有效性。例如,在了解被审计单位的业务情况时,如果发现了某些经营风险,注册会计师应当了解管理层是否也意识到这些风险以及如何应对。在对业务流程的了解中,注册会计师还可能进一步获得被审计单位有关业务流程的风险评估的信息。例如,在销售循环中,如果发现了销售的截止性错报的风险,注册会计师应当考虑管理层是否也识别了该错报风险以及如何应对该风险。

(三)与财务报表编制相关的信息系统与沟通

1. 与财务报表编制相关的信息系统的概念

与财务报表编制相关的信息系统由一系列的活动和政策、会计记录和支持性记录组成。被审计单位设计和建立这些活动、政策和记录旨在:

(1)生成、记录和处理交易(以及获取、处理和披露与交易以外的事项和情况相关的信息),以及为相关资产、负债和所有者权益明确受托责任。

(2)解决不正确处理交易的问题,如自动生成暂记账户文件,以及及时按照程序清理暂记项目。

（3）处理并解释凌驾于控制之上或规避控制的情况。

（4）将从交易处理系统中获取的信息过入总账（例如，将明细账中的累计交易过入总账）。

（5）针对除交易以外的事项和情况获取并处理与财务报表编制相关的信息，如资产的折旧和摊销、可回收性的改变等。

（6）确保适用的财务报告编制基础规定披露的信息得到收集、记录、处理和汇总，并适当包含在财务报表中。

上述的交易可能通过人工或自动化程序生成。记录包括识别和收集与交易、事项有关的信息。处理包括编辑、核对、计量、估价、汇总和调节活动，可能由人工或自动化程序来执行。报告是指用电子或书面形式编制财务报表和其他信息，供被审计单位用于衡量和考核财务及其他方面的业绩。

与财务报表编制相关的信息系统应当与业务流程相适应。业务流程是指被审计单位开发、采购、生产、销售、发送产品和提供服务、保证遵守法律法规、记录信息（包括会计和财务报告信息）等一系列活动。

与财务报表编制相关的信息系统所生成信息的质量，对管理层能否作出恰当的经营管理决策以及编制可靠的财务报告的能力具有重大影响。

2. 对与财务报表编制相关的信息系统与沟通的了解

（1）与财务报表编制相关的信息系统应当与业务流程相适应。注册会计师在了解被审计单位的信息系统时，应了解被审计单位如何生成交易和获取信息。了解被审计单位的信息系统还包括了解信息处理活动中使用的资源。

（2）注册会计师应当了解被审计单位内部如何对财务报告的岗位职责以及与财务报表编制相关的重大事项进行沟通。注册会计师还应当了解管理层与治理层（特别是审计委员会）之间的沟通，以及被审计单位与外部（包括监管部门）的沟通。

3. 风险评估程序

（1）了解被审计单位的信息处理活动（包括数据和信息），在这些活动中使用的资源，针对相关交易类别、账户余额和披露的信息处理活动的政策。

（2）了解被审计单位如何沟通与财务报表编制相关的重大事项，以及信息系统和内部控制体系其他要素中的相关报告责任。

（3）评价被审计单位的信息系统与沟通是否能够为被审计单位按照适用的财务报告编制基础编制财务报表提供适当的支持。

（四）与财务报表编制相关的控制活动

1. 与财务报表编制相关的控制活动的概念

控制活动是指有助于确保管理层的指令得以执行的政策和程序。注册会计师应当按照审计准则的规定识别控制活动要素中的控制。这些控制包括信息处理控制和信息技术一般控制，两类控制均可能属于人工控制或自动化控制。管理层利用和依赖的与财务报告相关的自动化控制或涉及自动化方面的控制的程度越高，被审计单位执行信息技术一般控制（应对信息处理控制自动化方面的持续运行）可能就越重要。控制活动要素中的控制可能与下列事项相关：

（1）授权和批准。有了授权才能确认交易是有效的（即交易具有经济实质或符合被审计单位的政策）。授权的形式通常为较高级别的管理层批准或验证并确定交易是否有效。例如，主管在复核某项费用是否合理且符合政策后批准该费用报告单。自动批准的一个举例是自动将发票单位成本与相关的采购订单单位成本（在预先确定的可容忍范围内）进行比较，单位成本在可容忍范围内的发票将自动批准付款，对单位成本超出可容忍范围的发票将进行标记以执行进一步调查。

（2）调节。即将两项或多项数据要素进行比较。如果发现差异，则采取措施使数据相一致。调节通常应对所处理交易的完整性或准确性。

（3）验证。即将两个或多个项目互相进行比较，或将某个项目与政策进行比较，如果两个项目不匹配或者某个项目与政策不一致，则可能对其执行跟进措施。通常应对所处理交易的完整性、准确性或有效性进行验证。

（4）实物或逻辑控制。这包括应对资产安全的控制，以防止未经授权的访问、获取、使用或处置资产。实物或逻辑控制包括下列控制：第一，保证资产的实物安全，包括恰当的安全保护措施，如针对接触资产和记录的安全设施；第二，对接触计算机程序和数据文档设置授权（即逻辑访问权限）；第三，定期盘点并将盘点记录与控制记录相核对（如将会计记录与现金、有价证券和存货的定期盘点结果相比较）。旨在防止资产盗窃的实物控制，其与财务报表编制的可靠性相关，相关的程度取决于资产被侵占的风险。

（5）职责分离。即将交易授权、交易记录以及资产保管等不相容职责分配给不同员工。职责分离旨在降低同一员工在正常履行职责过程中实施并隐瞒舞弊或错误的可能性。例如，授权赊销的经理不负责维护应收账款记录或处理现金收入。如果某个员工能够执行上述所有活动，则该员工可以创建难以被发现的虚假销售。类似地，销售人员也不应具有修改产品价格文件或佣金比率的权限。

在某些情况下，职责分离可能不切实际、成本效益低下或不可行。例如，小型和较不复杂的被审计单位可能缺乏充分的资源以实现理想的职责分离，且其雇用额外员工的成本可能很高。在这种情况下，管理层可以设置替代控制。在前述示例中，如果销售人员可以修改产品价格文件，则可以设置发现性的控制活动，让与销售职能无关的员工定期复核销售人员是否对价格进行修改以及修改价格的情形。

实务中，某些控制可能取决于管理层或治理层是否制定了适当的监督控制。例如，可能按照既定的指导方针（如治理层制定的投资标准）进行授权控制；或者非常规交易（如重大收购或撤资）可能需要特定的高级别人员的批准，包括在某些情况下由股东批准。

2. 对控制活动的了解

在了解控制活动时，注册会计师应当重点考虑一项控制活动单独或连同其他控制活动，是否能够以及如何防止或发现并纠正各类交易、账户余额和披露认定存在的重大错报。注册会计师的工作重点是识别和了解针对重大错报风险更高的领域的控制活动。如果多项控制活动能够实现同一目标，注册会计师不必了解与该目标相关的每项控制活动。

（五）对与财务报表编制相关的内部控制体系的监督

1. 对与财务报表编制相关的内部控制体系的监督的概念

管理层的重要职责之一就是建立和维护内部控制体系并保证其持续有效运行，对内部控制体系的监督可以实现这一目标。监督是由适当的人员,在适当、及时的基础上,评估控制的设计和运行情况的过程。对内部控制体系的监督是指被审计单位评价内部控制在一段时间内运行有效性的过程。对内部控制体系的监督涉及及时评估控制的有效性并采取必要的补救措施。例如,管理层对是否定期编制银行存款余额调节表进行复核,内部审计人员评价销售人员是否遵守公司关于销售合同条款的政策,法律部门定期监控公司的道德规范和商务行为准则是否得以遵循等。监督对控制的持续有效运行十分重要。假如没有对银行存款余额调节表是否得到及时和准确的编制进行监督,该项控制可能无法得到持续的执行。

通常,管理层通过持续的监督活动、单独的评价活动或两者相结合实现对内部控制体系的监督。持续的监督活动通常贯穿于被审计单位日常重复的活动中,包括常规管理和监督工作。例如,管理层在履行其日常管理活动时,取得内部控制持续发挥功能的信息。当业务报告、财务报告与他们获取的信息有较大差异时,会对有重大差异的报告提出疑问,并做必要的追踪调查和处理。

被审计单位可能使用内部审计人员或具有类似职能的人员,对内部控制的设计和执行进行专门的评价,以找出内部控制的优点和不足,并提出改进建议。被审计单位也可能利用与外部有关各方沟通或交流获取的信息,监督相关的控制活动。在某些情况下,外部信息可能显示内部控制存在的问题和需要改进之处。例如,客户通过付款来表示其同意发票金额,或者认为发票金额有误而不付款。监管机构(如银行监管机构)可能会对影响内部控制运行的问题与被审计单位沟通。管理层可能也会考虑与注册会计师就内部控制进行沟通,通过与外部信息的沟通,可以发现内部控制存在的问题,以便采取纠正措施。

值得注意的是,上述用于监督活动的很多信息都由被审计单位的信息系统产生,这些信息可能会存在错报,从而导致管理层从监督活动中得出错误的结论。因此,注册会计师应当了解与被审计单位监督活动相关的信息来源,包括管理层在与外部有关各方沟通时获取的信息(如顾客的投诉和监管机构提出的意见),以及管理层认为信息具有相关性和可靠性的依据。如果拟利用被审计单位监督活动使用的信息(包括内部审计报告),注册会计师应当考虑该信息是否相关和可靠,是否足以实现审计目标。

2. 了解对内部控制体系的监督

注册会计师在了解被审计单位如何监督内部控制体系时,可以考虑的相关事项包括:

(1) 监督活动的设计,如监督是定期的还是持续的。

(2) 监督活动的实施情况和频率。

(3) 对监督活动结果的定期评价,以确定控制是否有效。

(4) 如何通过适当的整改措施应对识别的缺陷,包括与负责采取整改措施的人员及时沟通缺陷。

注册会计师可以考虑被审计单位监督内部控制体系的过程如何实现对涉及使用信息技术的信息处理控制的监督。这些控制包括:

(1) 监督复杂信息技术环境的控制。

(2) 监督权限的控制,这些权限应用于实施职责分离的自动化信息处理控制中。

(3) 监督如何识别和应对与财务报告自动化相关的错误或控制缺陷的控制。

【知识链接】

COSO 报告

COSO 是反虚假财务报表委员会下属的发起人委员会(The Committee of Sponsoring Organizations of the Treadway Commission)的英文缩写。1985 年,由美国注册会计师协会、美国会计协会、财务经理人协会、内部审计师协会、管理会计师协会联合创建了反虚假财务报表委员会,旨在探讨财务报表中的舞弊产生的原因,并寻找解决之道。两年后,基于该委员会的建议,其赞助机构成立 COSO 委员会,专门研究内部控制问题。1992 年 9 月,COSO 委员会发布《内部控制整合框架》,简称 COSO 报告,并于 1994 年进行了增补。

根据萨班斯法案第 404 节条款以及美国证券交易委员会(SEC)的相应实施标准,要求公众公司的管理层评估和报告公司最近年度财务报表内部控制的有效性。2004 年 3 月 9 日,PCAOB 发布了其第 2 号审计标准:"与财务报表审计相关的针对财务报表的内部控制的审计",并于 6 月 18 日经 SEC 批准。SEC 对该标准的认同等于从另外一个侧面承认了 1992 年 COSO 公布的《内部控制——综合框架》(也称"COSO 内部控制框架")。这也表明 COSO 框架已正式成为美国上市公司内部控制框架的参照性标准。

COSO 报告提出内部控制是用以促进效率,减少资产损失风险,帮助保证财务报表的可靠性和对法律、法规的遵从。COSO 报告认为内部控制有如下目标:经营的效率和效果(基本经济目标,包括绩效、利润目标和资源、安全),财务报表的可靠性(与对外公布的财务报表编制相关的,包括中期报告、合并财务报表中选取的数据的可靠性)和符合相应的法律、法规。

第四节 / 重大错报风险的评估及风险应对措施

识别和评估重大错报风险是风险评估阶段的最后步骤。对重大错报风险的识别和评估结果是注册会计师设计和实施应对措施的依据。注册会计师在识别、评估和应对重大错报风险的过程中,应当将管理层的认定用于考虑可能发生的不同类型的错报。

一、识别和评估财务报表层次以及认定层次的重大错报风险

(一) 在两个层次上进行评估

注册会计师可以在两个层次上识别和评估重大错报风险:一是财务报表层次;二是各类交易、账户余额、列报与披露认定层次。注册会计师应当确定识别的重大错报风险是与特定的某类交易、账户余额、列报与披露的认定相关,还是与财务报表整体广泛相关,进而影响多项认定。财务报表层次的重大错报风险很可能源于薄弱的控制环境。薄弱的控制环境带来的风险可能对财务报表产生广泛影响,并不限于某类交易、账户余额、列报与披露,在这种情况下注册会计师必须采取总体的应对措施。

在识别和评估重大错报风险时,注册会计师需要考虑做到以下几点:①在了解被审计单位及其环境的整个过程中都要进行风险识别,并考虑各类交易、账户余额、列报与披露等各个方面;②将识别的风险与认定层次可能发生错报的领域相联系;③考虑识别的风险是否重大;④考虑识别的风险导致财务报表发生重大错报的可能性。

如果通过对内部控制的了解发现下列情况,并对财务报表局部或整体的可审计性产生疑问,注册会计师应当考虑发表保留意见或无法表示意见,必要时解除业务约定:①对管理层的诚信和正直存在严重疑虑,由此推断财务报表的错报风险非常重大;②被审计单位会计记录的状况和可靠性存在重大问题,不能获取充分、适当的审计证据以发表无保留意见。

注册会计师可以将实施风险评估程序获取的信息,包括在评价控制设计和确定其是否得到执行时获取的审计证据,作为支持风险评估结果的审计证据。注册会计师要根据风险评估结果,确定实施进一步审计程序的性质、时间和范围。

(二) 需要特别考虑的重大风险

在进行风险评估的过程中,注册会计师应当运用职业判断,确定识别的风险哪些是需要特别考虑的重大风险。在确定哪些风险是特别风险时,注册会计师应当在考虑经过了解和测试识别出的控制对相关风险的抵消效果后,根据风险的性质、风险发生的可能性、潜在错报的重要程度,判断剩余风险是否仍然属于特别风险。

特别风险的产生通常与存在重大的非常规交易和判断事项有关。非常规交易是指由于金额或性质异常而不经常发生的交易。判断事项通常包括做出的会计估计。

非常规交易具有以下特征:①管理层不适当地过多介入会计处理过程。②数据收集和处理涉及更多的人工成分。③复杂的计算或会计核算方法。④非常规交易的性质可能使被审计单位难以对由此产生的特别风险实施有效控制。与重大非常规交易相关的特别风险可能导致更高的财务报表重大错报风险。

企业经济业务处理和会计核算过程中有大量的判断事项,与重大判断事项相关的特别风险可能会导致更高的重大错报风险,这是因为:①人们对问题的认识不可能完全一致,对会计制度和会计准则的理解不可能完全相同,比如对涉及会计估计和收入确认的会计原则就会存在不同的理解。②所要求的判断往往是主观和复杂的,或需要对未来事项做出假设。

对某项特别风险,注册会计师应当了解被审计单位是否针对该特别风险设计和实施了控制。注册会计师需要对相关控制的设计进行评价,观察相关的控制活动情况,确定其是否已经得到执行。与重大非常规交易或判断事项相关的风险很少受到日常控制的约束,注册会计师应当了解被审计单位是否针对该特别风险设计和实施了控制。如果管理层未能实施控制以恰当应对特别风险,注册会计师应当认为内部控制存在重大缺陷,并考虑对风险评估的影响。需要注册会计师注意的是,与重大非常规交易或判断事项相关的风险在许多情况下不能受到日常控制的约束,这也正是特别风险的特别之处。

(三) 仅通过实质性程序无法应对的重大错报风险

作为风险评估的一部分,如果认为仅通过实质性程序获取的审计证据无法将认定层次的重大错报风险降至可接受的低水平,注册会计师必须评价被审计单位针对这些风险设计的控制,并确定其执行情况。

在被审计单位对日常交易采用高度自动化处理的情况下,审计证据可能仅以电子形式

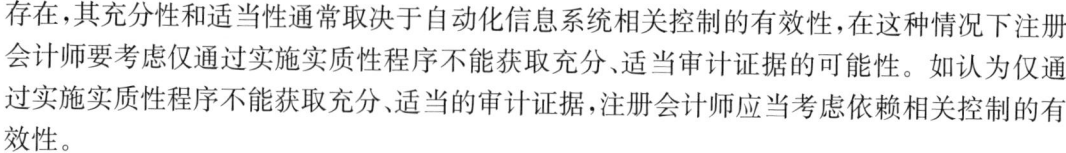

存在,其充分性和适当性通常取决于自动化信息系统相关控制的有效性,在这种情况下注册会计师要考虑仅通过实施实质性程序不能获取充分、适当审计证据的可能性。如认为仅通过实施实质性程序不能获取充分、适当的审计证据,注册会计师应当考虑依赖相关控制的有效性。

(四) 对风险评估的修正和适当的沟通

注册会计师应以获取的审计证据为基础对认定层次重大错报风险进行评估,这种评估结果会随着审计过程中对审计证据的不断获取而相应变化。如果通过实施进一步审计程序所获取的审计证据与初始评估所获取的审计证据相矛盾,注册会计师应当修正风险评估结果,并相应修改原计划实施的进一步审计程序。

注册会计师应当及时将其注意到的内部控制设计或执行方面的重大缺陷告知被审计单位适当级别的治理层或管理层。如果识别出被审计单位未加控制或控制不当的重大错报风险,或认为被审计单位的风险评估过程存在重大缺陷,注册会计师应当就此类内部控制缺陷与治理层沟通,必要时提交管理建议书。

二、风险应对措施

注册会计师对识别和评估的重大错报风险需要采取相应的应对措施,以将审计风险降至可接受的低水平。针对评估的财务报表层次的重大错报风险,应当确定总体应对措施;针对评估的认定层次的重大错报风险,应当设计和实施进一步审计程序。在确定总体应对措施,以及设计和实施进一步审计程序的性质、时间和范围时,注册会计师应当运用职业判断。

(一) 财务报表层次重大错报风险的总体应对措施

1. 向项目组强调在收集和评价审计证据过程中保持职业怀疑态度的必要性

职业怀疑态度是指注册会计师以质疑的思维方式评价所获取审计证据的有效性,并对相互矛盾的审计证据,以及引起对文件记录或管理层和治理层提供的信息的可靠性产生怀疑的审计证据保持警觉。职业怀疑态度并不要求注册会计师假设管理层是不诚信的,但是注册会计师也不能假设管理层的诚信就毫无疑问。职业怀疑态度要求注册会计师凭证据"说话"。在整个审计过程中,职业怀疑态度十分必要。例如,它有助于降低注册会计师疏忽异常情况的风险,有助于降低注册会计师在确定审计程序的性质、时间、范围及评价由此得出的结论时采用错误假设的风险,有助于注册会计师避免根据有限的测试范围过度推断总体实际情况。

2. 分派更有经验或具有特殊技能的注册会计师,或利用专家的工作

由于各行业在经营业务、经营风险、财务报表、法规要求等方面具有特殊性,审计人员的专业分工细化成为一种趋势。审计项目组成员中应有一定比例的人员曾经参与过被审计单位以前年度的审计,或具有被审计单位所处特定行业的相关审计经验。必要时,要考虑利用信息技术、税务、评估、精算师等方面专家的工作。

3. 提供更多的督导

对于财务报表层次重大错报风险较高的审计项目,项目组的高级别成员,如项目负责人、项目经理等经验较丰富的人员,要对其他成员提供更详细、更及时的指导和监督并加强项目质量复核。

4. 在选择进一步审计程序时,应当注意使某些程序不被被审计单位管理层预见或事先了解

被审计单位人员,尤其是管理层,如果熟悉注册会计师的审计套路,就可能采取种种规避手段,掩盖财务报表中的舞弊行为。因此,在设计拟实施审计程序的性质、时间和范围时,为了避免既定思维对审计方案的限制,避免对审计效果的人为干涉,从而使得针对重大错报风险的进一步审计程序更加有效,注册会计师要考虑使某些程序不被被审计单位管理层预见或事先了解。

在实务中,注册会计师可以通过以下方式提高审计程序的不可预见性:①对某些未测试过的低于设定的重要性水平或风险较小的账户余额和认定实施实质性程序。②调整实施审计程序的时间,使被审计单位不可预期。③采取不同的审计抽样方法,使当期抽取的测试样本与以前有所不同。④选取不同的地点实施审计程序,或预先不告知被审计单位所选定的测试地点。

5. 对拟实施审计程序的性质、时间和范围做出总体修改

财务报表层次的重大错报风险很可能源于薄弱的控制环境。薄弱的控制环境带来的风险可能对财务报表产生广泛影响,难以限于某类交易、账户余额、列报,注册会计师应当采取总体应对措施。注册会计师对控制环境的了解影响其对财务报表层次重大错报风险的评估。有效的控制环境可以使注册会计师增强对内部控制和被审计单位内部产生的证据的信赖程度。如果控制环境存在缺陷,注册会计师在对拟实施审计程序的性质、时间和范围做出总体修改时应当考虑:

(1) 在期末而非期中实施更多的审计程序。控制环境的缺陷通常会削弱期中获得的审计证据的可信赖程度。

(2) 主要依赖实质性程序获取审计证据。良好的控制环境是其他控制要素发挥作用的基础。控制环境存在缺陷通常会削弱其他控制要素的作用,导致注册会计师可能无法信赖内部控制,而主要依赖实施实质性程序获取审计证据。

(3) 修改审计程序的性质,获取更具说服力的审计证据。修改审计程序的性质主要是指调整拟实施审计程序的类别及组合,例如,原先可能主要限于检查某项资产的账面记录或相关文件,而调整审计程序的性质后可能意味着更加重视实地检查该项资产。

(4) 扩大审计程序的范围。例如,扩大样本规模,或采用更详细的数据实施分析程序。财务报表层次重大错报风险难以限于某类交易、账户余额、列报的特点,这意味着此类风险可能对财务报表的多项认定产生广泛影响,并相应增加注册会计师对认定层次重大错报风险的评估难度。因此,注册会计师评估的财务报表层次重大错报风险以及采取的总体应对措施,对拟实施进一步审计程序的总体方案具有重大影响。

拟实施进一步审计程序的总体方案包括实质性方案和综合性方案。其中,实质性方案是指注册会计师实施的进一步审计程序以实质性程序为主;综合性方案是指注册会计师在实施进一步审计程序时,将控制测试与实质性程序结合使用。当评估的财务报表层次重大错报风险属于高风险水平时,拟实施进一步审计程序的总体方案往往更倾向于实质性方案。

(二)针对认定层次重大错报风险的进一步审计程序

1. 进一步审计程序的含义

进一步审计程序相对于风险评估程序而言,是指注册会计师针对评估的各类交易、账户

余额及列报认定层次重大错报风险所实施的审计程序,包括控制测试和实质性程序。实质性程序包括对各类交易、账户余额、列报的细节测试和实质性分析程序。

注册会计师应当针对评估的认定层次重大错报风险设计和实施进一步审计程序,包括审计程序的性质、时间和范围。同时,注册会计师设计和实施的进一步审计程序的性质、时间和范围,应当与评估的认定层次重大错报风险具备明确的对应关系。注册会计师实施的审计程序具有目的性和针对性,有的放矢地配置审计资源,提高审计效率和效果。

需要说明的是,尽管在应对评估的认定层次重大错报风险时,拟实施的进一步审计程序的性质、时间和范围都应当确保其具有针对性,但其中进一步审计程序的性质是最重要的。例如,注册会计师评估的重大错报风险越高,实施进一步审计程序的范围通常越大;但是只有先确保进一步审计程序的性质与特定风险相关时,扩大审计程序的范围才是有效的。

2. 进一步审计程序的性质

进一步审计程序的性质是指进一步审计程序的目的和类型。其中,进一步审计程序的目的包括通过实施控制测试以确定内部控制运行的有效性,通过实施实质性程序以发现认定层次的重大错报。进一步审计程序的类型包括检查、观察、询问、函证、重新计算、重新执行和分析程序。

在应对评估的风险时,合理确定审计程序的性质是最重要的。这是因为不同的审计程序应对特定认定错报风险的效力是不同的。例如,对于与收入完整性认定相关的重大错报风险,控制测试通常更能有效应对;对于与收入发生认定相关的重大错报风险,实质性程序通常更能有效应对。又如,实施应收账款的函证程序可以为应收账款在某一时点存在的认定提供审计证据,但通常不能为应收账款的计价认定提供审计证据。对应收账款的计价认定,注册会计师通常需要实施其他更为有效的审计程序,如审查应收账款账龄和期后收款情况,了解欠款客户的信用情况等。

3. 进一步审计程序的时间

注册会计师进一步审计程序的时间是指注册会计师何时实施进一步审计程序,或审计证据适用的期间或时点。注册会计师可在期中或期末实施控制测试或实质性程序。当重大错报风险较高时,注册会计师应当考虑在期末或接近期末实施实质性程序,或采用不通知的方式,或在管理层不能预见的时间实施审计程序。在期中实施进一步审计程序,可能有助于注册会计师在审计工作初期识别重大事项,并在管理层的协助下及时解决这些事项,或针对这些事项制定有效的实质性方案或综合性方案。如果在期中实施了进一步审计程序,注册会计师还应当针对剩余期间获取审计证据。如果被审计单位在期末或接近期末发生了重大交易,或重大交易在期末尚未完成,注册会计师应当考虑截止认定可能存在的重大错报风险,并在期末或期末以后检查此类交易。

4. 进一步审计程序的范围

进一步审计程序的范围是指实施某项审计程序的数量,包括抽取的样本量,对某项控制活动的观察次数等。在确定其范围时,注册会计师应当考虑确定的重要性水平、评估的重大错报风险以及计划取得的保证程度。随着重大错报风险的增加,注册会计师应考虑扩大程序范围。

第五节 | 控 制 测 试

控制测试是指为了获取关于控制防止或发现并纠正认定层次重大错报的有效性而实施的测试。注册会计师应当选择为相关认定提供证据的控制进行测试。

一、控制测试的含义与要求

控制测试是指用于评价内部控制在防止或发现并纠正认定层次重大错报方面的运行有效性的审计程序。

控制测试这一概念需要与"了解内部控制"进行区分。"了解内部控制"包含两层含义：一是评价控制的设计；二是确定控制是否得到执行。在实施风险评估程序以获取控制是否得到执行的审计证据时，注册会计师应当确定某项控制是否存在，被审计单位是否正在使用。

在测试控制运行的有效性时，注册会计师应当从下列方面获取关于控制是否有效运行的审计证据：①控制在所审计期间的相关时点是如何运行的。②控制是否得到一贯执行。③控制由谁执行。从这三个方面来看，控制运行有效性强调的是控制能够在各个不同时点按照既定设计得以一贯执行。因此，在了解控制是否得到执行时，注册会计师只需抽取少量的交易进行检查或观察某几个时点。但在测试控制运行的有效性时，注册会计师需要抽取足够数量的交易进行检查或对多个不同时点进行观察。

作为进一步审计程序类型之一，控制测试并非在任何情况中都需要实施。当存在下列情形其中之一时，注册会计师就应当实施控制测试：①在评估认定层次重大错报风险时，预期控制运行是有效的。②仅实施实质性程序不足以提供认定层次充分、适当的审计证据。

如果在评估认定层次重大错报风险时预期控制的运行是有效的，注册会计师应当实施控制测试，就控制在相关期间或时点的运行有效性获取充分、适当的审计证据。注册会计师通过实施风险评估程序，可能发现某项控制的设计是存在的，也是合理的，同时得到了执行。在这种情况下，出于成本效益的考虑，注册会计师可能预期，如果相关控制在不同时点都得到了一贯执行，与该项控制有关的财务报表认定发生重大错报的可能性就不会很大，也就不需要实施很多的实质性程序。为此，注册会计师可能会认为值得对相关控制在不同时点是否得到一贯执行进行测试，就是实施控制测试。这种测试主要是出于成本效益的考虑，其前提为注册会计师通过了解内部控制以后认为某项控制存在着被信赖和利用的可能。因此，只有认为控制设计是合理的、能够防止或者发现和纠正认定层次的重大错报，注册会计师才有必要对控制运行有效性实施测试。

假如认为仅实施实质性程序获取的审计证据无法将认定层次重大错报风险降至可接受的低水平，注册会计师就应当实施相关控制测试，以取得控制运行有效性的审计证据。

二、控制测试的性质

控制测试的性质是指控制测试所使用的审计程序的类型及其组合。计划从控制测试中获取的保证水平是决定控制测试性质的主要因素之一。

注册会计师应当选择适当类型的审计程序以获取有关控制运行有效性的保证。计划的保证水平越高,对有关控制运行有效性的审计证据的可靠性要求越高。当拟实施的进一步审计程序主要以控制测试为主,尤其是仅实施实质性程序获取的审计证据无法将认定层次重大错报风险降至可接受的低水平时,注册会计师应当获取有关控制运行有效性的更高的保证水平。

虽然控制测试与了解内部控制的目的不同,但两者采用审计程序的类型通常相同,其类型包括询问、观察、检查和重新执行。

（1）询问。注册会计师可以向被审计单位适当员工询问,获取与内部控制运行情况相关的信息。例如,询问信息系统管理人员有无未经授权接触计算机硬件和软件,向负责复核银行存款余额调节表的人员询问如何进行复核,包括复核的要点是什么、发现不符事项如何处理等。然而,仅仅通过询问不能为控制运行的有效性提供充分的证据,注册会计师通常需要印证被询问者的答复,如向其他人员询问和检查执行控制时所使用的报告、手册或其他文件等。因此,虽然询问是一种有用的手段,但它必须和其他测试手段结合使用才能发挥作用。在询问过程中,注册会计师应当保持职业怀疑态度。

（2）观察。观察是测试不留下书面记录的控制（如职责分离）的运行情况的有效方法。例如,观察存货盘点控制的执行情况。观察也可运用于实物控制,如查看仓库门是否锁好,或空白支票是否妥善保管。在通常情况下,注册会计师通过观察直接获取的证据比间接获取的证据更可靠。但是注册会计师还要考虑其所观察到的控制在注册会计师不在场时可能未被执行的情况。

（3）检查。对运行情况留有书面证据的控制,检查非常适用。书面说明、复核时留下的记号,或其他记录在偏差报告中的标志,都可以被当作控制运行情况的证据。例如,检查销售发票是否有复核人员签字,检查销售发票是否附有客户订购单和出库单等。

（4）重新执行。通常只有当询问、观察和检查程序结合在一起仍无法获得充分的证据时,注册会计师才考虑通过重新执行来证实控制是否有效运行。例如,为了合理保证计价认定的准确性,被审计单位的一项控制是由复核人员核对销售发票上的价格与统一价格单上的价格是否一致。但是,要检查复核人员有没有认真执行核对。仅检查复核人员是否在相关文件上签字是不够的,注册会计师还需要自己选取一部分销售发票进行核对,这就是重新执行程序。但是,如果需要进行大量的重新执行,注册会计师就要考虑通过实施控制测试以缩小实质性程序的范围是否有效率。

三、控制测试的范围

控制测试的范围主要是指某项控制活动的测试次数。注册会计师应当设计控制测试,以获取控制在整个拟信赖的期间有效运行的充分、适当的审计证据。注册会计师在确定某项控制的测试范围时通常考虑下列因素:

（1）在整个拟信赖的期间,被审计单位执行控制的频率。控制执行的频率越高,控制测试的范围越大。

（2）在所审计期间,注册会计师拟信赖控制运行有效性的时间长度。拟信赖控制运行有效性的时间长度不同,在该时间长度内发生的控制活动次数也不同。注册会计师需要根据拟信赖控制的时间长度确定控制测试的范围。拟信赖期间越长,控制测试的范围越大。

（3）控制的预期偏差。预期偏差可以用控制未得到执行的预期次数占控制应当得到执行次数的比率加以衡量(也可称为预期偏差率)。考虑该因素,是因为在考虑测试结果是否可以得出控制运行有效性的结论时,不可能只要出现任何控制执行偏差就认定控制运行无效,所以需要确定一个合理水平的预期偏差率。控制的预期偏差率越高,需要实施控制测试的范围越大。如果控制的预期偏差率过高,注册会计师应当考虑控制可能不足以将认定层次的重大错报风险降至可接受的低水平,从而针对某一认定实施的控制测试可能是无效的。

（4）通过测试与认定相关的其他控制获取的审计证据的范围。针对同一认定,可能存在不同的控制。当针对其他控制获取审计证据的充分性和适当性较高时,测试该控制的范围可适当缩小。

（5）拟获取有关认定层次控制运行有效性的审计证据的相关性和可靠性。对审计证据的相关性和可靠性要求越高,控制测试的范围越大。

信息技术处理具有内在一贯性,除非系统发生变动,一项自动化应用控制应当一贯运行。对于一项自动化应用控制,一旦确定被审计单位正在执行该控制,注册会计师通常无需扩大控制测试的范围。

【知识链接】

管 理 建 议 书

管理建议书是指注册会计师在完成审计工作后,针对审计过程中已注意到的,可能导致被审计单位财务报表产生重大错误报告的内部控制重大缺陷提出书面建议。现行审计准则要求,注册会计师对审计过程中注意到的内部控制重大缺陷,应当告知被审计单位管理当局,必要时,可出具管理建议书。

其主要内容包括:

（1）标题。管理建议书的标题应当统一规范为"管理建议书"。

（2）收件人。管理建议书的收件人应为被审计单位管理当局。

（3）会计报表审计目的及管理建议书的性质。管理建议书应当指明审计目的是对会计报表发表审计意见。管理建议书仅指出了注册会计师在审计过程中注意到的内部控制重大缺陷,不应被视为对内部控制发表的鉴证意见,所提建议不具有强制性和公正性。

（4）内部控制重大缺陷及其影响和改进建议。管理建议书应当指明注册会计师在审计过程中注意到的内部控制设计及运行方面的重大缺陷,包括前期建议改进但本期仍然存在的重大缺陷。

（5）使用范围及使用责任。管理建议书应当指明其仅供被审计单位管理当局内部参考,因使用不当造成的后果,与注册会计师及其所在会计师事务所无关。

（6）签章。管理建议书应当由注册会计师签章,并加盖会计师事务所公章。

第六节 / 实 质 性 程 序

实质性程序是注册会计师针对评估的重大错报风险实施的直接用于发现认定层次重大错报的审计程序。实质性程序包括对各类交易、账户余额、列报与披露的细节测试以及实质性分析程序。注册会计师应当针对评估的重大错报风险设计和实施实质性程序,以发现认定层次的重大错报。

一、实质性程序的性质

注册会计师要根据各类交易、账户余额、列报的性质选择实质性程序的类型。实质性程序首先包括细节测试,注册会计师为了达到认定层次所计划的保证水平,应当针对评估的风险情况设计细节测试,细节测试适用于对各类交易、账户余额、列报认定的测试,以此获取充分、适当的审计证据,尤其是对存在或发生、计价认定的测试。

在设计实质性分析程序时,注册会计师应当考虑以下几个方面:第一,对既定的认定使用实质性分析程序的适当性;第二,对已记录的金额或比率进行预期时,所依据的内部或外部数据的可靠性;第三,在计划的保证水平上,做出的预期是否足以准确识别重大错报;第四,已记录金额与预期值之间可接受的差异额。

二、实质性程序的时间

注册会计师可以在会计年度结束前实施实质性测试,但需要注意的是在期中实施实质性程序,可能增加期末存在错报而未被发现的风险,并且该风险随着剩余期间的延长而增加。如果在期中实施了实质性程序,注册会计师应当针对剩余期间实施进一步的实质性程序,或将实质性程序和控制测试结合使用,以将期中测试得出的结论合理延伸至期末。

如果已在期中实施了实质性程序,或将控制测试与实质性程序相结合,并拟信赖期中测试得出的结论,注册会计师应当将期末信息和期中的可比信息进行比较、调节,识别和调查出现的异常金额,并针对剩余期间实施实质性分析程序或细节测试。如果拟针对剩余期间实施实质性分析程序,注册会计师应当考虑某类交易的期末累计发生额或账户期末余额在金额、相对重要性及构成方面能否被合理预期。

如果在期中检查出各类交易或账户余额存在错报,注册会计师应当考虑修改与各类交易或账户余额相关的风险评估以及针对剩余期间拟实施实质性程序的性质、时间和范围,或扩大实质性程序的范围,或在期末重新执行实质性程序。

三、实质性程序的范围

重大错报风险与实质性程序的范围呈正比关系,故注册会计师评估的重大错报风险越高,实施实质性程序的范围越广。如果对控制测试结果不满意,注册会计师应当考虑扩大实质性程序的范围。

在设计细节测试时,注册会计师除了从样本量的角度考虑测试范围外,还要考虑其他选择样本的方法是否更为有效。在设计实质性分析程序时,注册会计师应当考虑已记录金额与预期值之间的差异额是否可以接受而无须进一步调查,这种考虑主要受重要性和计划的保证水平的影响。

四、评价审计证据的充分性和适当性

注册会计师应当根据实施的审计程序和获取的审计证据,评价对认定层次重大错报风险的评估是否仍然适当。财务报表审计是一个累积和反复的过程。随着计划的审计程序的实施,如果获取的信息与风险评估时依据的信息有重大差异,注册会计师应当考虑修正风险评估结果,并据以修改原计划的其他审计程序的性质、时间和范围。

注册会计师对充分适当的审计证据都应当在工作底稿中进行记录,包括对评估的财务报表层次重大错报风险采取的总体应对措施;实施进一步审计程序的性质、时间和范围;实施的进一步审计程序与评估的认定层次重大错报风险的联系;实施进一步审计程序的结果。如果拟利用以前审计获取的有关控制运行有效性的审计证据,注册会计师应当记录信赖这些控制的理由和结论。如果对重大的财务报表认定没有获取充分、适当的审计证据,注册会计师应当尽量获取进一步的审计证据。如果不能获取充分、适当的审计证据,注册会计师应当发表保留意见或无法表示意见。

【关键术语】

重大错报风险 风险评估 风险应对 内部控制 控制测试 进一步审计程序
实质性程序 细节测试

【拓展分析】

1. 天河公司主要从事小型电子消费品的生产和销售,产品销售以天河公司仓库为交货地点。天河公司日常交易采用自动化信息系统和手工控制相结合的方式进行,系统自 2×06 年至今没有发生变化。天河公司的产品主要销向国内各主要城市的电子消费品经销商。注册会计师 A 和 B 负责审计天河公司 2×20 年度财务报表。

注册会计师 A 和 B 在审计工作底稿中记录了其所了解的天河公司及其环境的情况,部分内容摘录如下:

(1) 在 2×19 年实现销售收入增长 10% 的基础上,天河公司董事会确定的 2×20 年销售收入增长目标为 20%。天河公司管理层实行年薪制,总体薪酬水平根据上述目标的完成情况上下浮动。天河公司所处行业 2×20 年的平均销售收入增长率为 12%。

(2) 天河公司财务总监已为天河公司工作超过 6 年,于 2×20 年 9 月劳动合同到期后被天河公司的竞争对手高薪聘请。由于工作压力大,天河公司会计部门人员流动频繁,除会计主管服务期超过 4 年外,其余人员的平均服务期少于 2 年。

(3) 天河公司的产品面临快速更新换代的压力,市场竞争激烈。为巩固市场占有率,天河公司于 2×20 年 4 月将主要产品(C 产品)的售价下调 8%~10%(C 产品 2×20 年毛利率为 8%)。另外,天河公司在 2×20 年 8 月推出了 D 产品(C 产品的改良型号),因其市场表现良好,计划在 2×19 年全面扩大产量,并在 2×21 年 1 月停止 C 产品的生产。为了加速资金流转,天河公司于2×19年1月针对C产品开始实施新一轮的降价促销,平均降价幅度达到10%。

(4)天河公司销售的产品均由客户认可的外部运输公司实施运输,运费由天河公司承担,但运输途中的风险仍由客户自行承担。受能源价格上涨影响,2×20年的运输单价比上年平均上升了15%,但运输商同意将运输结算周期从原来的30天延长至60天。2×20年的运输费用与2×19年大体持平。

(5)2×20年度天河公司主要原料的价格与上年基本持平,供应商也没有大的变化。但由于技术要求发生变化,D产品所耗高档金属材料比例比C产品略有上升,D产品的原材料成本比C产品上升了3%。

要求:针对注册会计师所了解的天河公司及其环境的情况,假定不考虑其他条件,请逐项指出下列事项是否可能存在重大错报风险。如果认为存在,请简要说明理由,并分别说明该风险是属于财务报表层次还是认定层次的风险。如果认为属于认定层次,请指出相关事项与何种交易或账户的何种认定相关。

2.粤星会计师事务所注册会计师甲和乙接受事务所的委派对天河股份有限公司(以下简称天河公司)2×20年度财务报表进行审计。在预备调查阶段,通过调查问卷等形式了解到天河公司销售收款循环的内部控制,描述如下:

(1)销售部门收到顾客的订单后,由经理对品种、规格、数量、价格、付款条件、结算方式等详细审核后签章,交仓库办理发货手续。

(2)仓库在发运商品出库时,均必须有管理员根据经批准的订单填制的一式四联的销售单。在各联上签章后,第一联作为发运单,由工作人员配货并随货交给顾客;第二联送会计部;第三联送应收账款专管员;第四联则由管理员按编号顺序连同订单一并归档保存,作为盘存的依据。

(3)会计部在收到销售单后,根据销售单中所列资料,开具统一的销售发票,将顾客联寄送顾客,将销售联交应收账款专管员,作为记账和收款的凭据。

(4)应收账款专管员在收到发票后,将发票与销售单核对,如无错误,据以登记应收账明细账,并将发票和销售单按顾客顺序归档保存。

要求:指出天河公司在销售收款循环的内部控制中存在的缺陷,并针对存在的缺陷,提出改进措施。

【课程思政案例】

史上最穷的上市公司:亏损13亿,账户只剩53元

2019年5月,被戏称为"史上最穷上市公司"的成都华泽钴镍材料股份有限公司正式退市。其母公司账面货币资金不足54元,公司官网因其交不起每个月60元的域名费被停。

2013年和2014年,该公司分别实现净利润约1.25亿元和2.53亿元,并均获得了瑞华会计师事务所(特殊普通合伙)出具的标准无保留意见审计报告。2016年4月28日,瑞华会计师事务所在专项审核意见中指出,之前3年该公司大股东占用上市公司资金余额分别达14.97亿元、14.14亿元和10.81亿元。4月30日,该公司年报显示上年度巨亏约1.12亿元,瑞华会计师事务所对其财务报表和财务报告内部控制分别出具了带强调事项段的保留

意见和否定意见审计报告;6 月 18 日、6 月 29 日、7 月 8 日,该公司分别收到来自四川证监局、中国证监会和深交所的调查和处罚通知书;10 月 22 日,该公司 7 名董事、3 名监事和5 名在任及离任高管被中国证监会正式立案调查;2019 年 5 月,该公司正式退市。

证监会认为,瑞华在审计华泽钴镍 2013 年度、2014 年度财务报表的过程中未勤勉尽责,出具了存在虚假记载的审计报告。证监会的处罚决定书显示,瑞华未能实施有效程序对公司舞弊风险进行识别,未直接与公司治理层沟通关于治理层了解公司是否存在舞弊及治理层如何监督管理层对舞弊风险的识别和应对过程等。

案例思考和讨论题

1. 风险评估程序在审计中的作用是什么?

2. 注册会计师在进行风险评估时应从哪些方面入手,采取哪些风险评估程序? 你认为注册会计师应对哪些方面保持警觉?

练 习 题

姓名＿＿＿＿＿＿

学号＿＿＿＿＿＿

分数＿＿＿＿＿＿

一、单项选择题

1. 注册会计师在执行财务报表审计时,应先了解被审计单位及其环境,以识别和评估(　　)。

   A. 可接受的检查风险　　　　　　B. 审计风险水平

   C. 控制风险水平　　　　　　　　D. 财务报表重大错报风险

2. 下列有关经营风险对重大错报风险的影响的说法中,错误的是(　　)。

   A. 多数经营风险最终都会产生财务后果,从而可能导致重大错报风险

   B. 注册会计师在评估重大错报风险时,没有责任识别或评估对财务报表没有重大影响的经营风险

   C. 经营风险通常不会对财务报表层次重大错报风险产生直接影响

   D. 经营风险可能对认定层次重大错报风险产生直接影响

3. 了解被审计单位财务业绩衡量和评价的最重要的目的是(　　)。

   A. 了解被审计单位的业绩趋势

   B. 确定被审计单位的业绩是否达到预算

   C. 将被审计单位的业绩与同行业作比较

   D. 考虑是否存在导致被审计单位面临实现业绩目标的压力

4. 下列说法中,不正确的是(　　)。

   A. 内部控制只能为财务报表的可靠性提供合理的保证,而非绝对的保证

   B. 在了解被审计单位的内部控制时,只需关注控制的设计

   C. 实质性程序包括细节测试和实质性分析程序

   D. 在某些情况下,仅通过实施实质性程序不能获取充分、适当的审计证据

5. 被审计单位内部或外部对财务业绩的衡量和评价可能对管理层产生压力,促使其采取行动改善财务业绩或歪曲财务报表。注册会计师应当了解被审计单位财务业绩的衡量和评价情况,考虑这种压力是否导致管理层采取行动,以至于增加财务报表发生重大错报的风险。在了解被审计单位财务业绩衡量和评价情况时,注册会计师在下列信息中不应关注的是(　　)。

   A. 关键业绩指标　　　　　　　　B. 业绩趋势

   C. 预测、预算和差异分析　　　　D. 内部控制变化情况

6. 下列被审计单位的控制中,与审计无关的控制是(　　)。

   A. 银行客户信贷经理复核各分行、地区和各种贷款类型的审批和收回

   B. 公司同意因某些原因,对某个不符合一般信用条件的客户赊销商品

C.　航空公司用于维护航班时间表的自动控制系统

D.　工厂存货定期盘点

7. 注册会计师实施程序以确定控制是否得到一贯执行,其实质是在测试控制的(　　　)。

A.　有效性　　　　B.　存在性　　　　C.　正在使用情况　　　D.　完整性

8. 下列情况中,应当实施控制测试的是(　　　)。

A.　在评估认定层次重大错报风险时预期控制的运行是无效的

B.　在评估认定层次重大错报风险时预期控制的运行是有效的

C.　注册会计师在了解内部控制时发现控制很薄弱

D.　即使现有控制得到执行也不足以防止财务报表发生重大错报

9. 当仅实施实质性程序不足以提供认定层次充分、适当的审计数据时,注册会计师应当(　　　)。

A.　实施分析程序　　　　　　　　B.　实施控制测试

C.　重新评估认定层次的重大错报风险　　D.　扩大样本规模

10. 下列审计程序中,不用于控制测试和了解内部控制的是(　　　)。

A.　询问　　　　B.　观察　　　　C.　检查　　　　D.　函证

11. 即使注册会计师已获取了控制在期中有效运行的审计证据,仍然需要(　　　)。

A.　考虑如何将控制在期中运行有效性的审计证据合理延伸至期末

B.　重新考虑重要性水平

C.　重新评估财务报表层次重大错报风险

D.　重新评估认定层次的重大错报风险

12. 实质性程序的类型为(　　　)。

A.　控制测试和细节测试　　　　　　B.　控制测试和实质性测试

C.　细节测试和实质性分析程序　　　　D.　控制测试和实质性分析程序

二、多项选择题

1. 了解被审计单位及其环境是注册会计师必须执行的审计程序,这些审计程序有(　　　)。

A.　询问被审计单位管理层和内部其他相关人员

B.　分析程序

C.　观察和检查

D.　函证被审计单位债务人

2. 下列各项中,通常属于注册会计师需要关注的评价财务业绩的标准的有(　　　)。

A.　关键业绩指标　　　　　　　B.　预算、预测和差异分析

C.　员工业绩考核　　　　　　　D.　被审计单位与竞争对手的业绩比较

3. 内部控制的目标包括(　　　)。

A.　保证业务活动按照适当的授权进行

B.　保证账面资产与实存资产定期核对相符

C.　保证对资产和记录的接触、处理均经过适当的授权

D.　保证企业具有盈利

4. 内部控制的固有限制包括(　　　)。

A. 内部控制的设计和运行受制于成本与效益原则

B. 内部控制一般仅针对常规业务活动而设计

C. 内部控制可能因执行人员滥用职权或屈从于外部压力而失效

D. 内部控制可能因经营环境、业务性质的改变而削弱或失效

5. 内部控制的要素包括(　　)。

    A. 控制环境、控制活动　　　　　　B. 风险评估过程

    C. 信息系统与沟通　　　　　　　　D. 对控制的监督

6. 下列关于评估重大错报风险的说法中,正确的有(　　)。

    A. 注册会计师应当了解被审计单位及其环境的整个过程中识别风险

    B. 注册会计师在评估重大错报风险时,可以不考虑相关内部控制

    C. 注册会计师应当确定识别的重大错报风险是否与财务报表整体相关,进而影响多项认定,还是与特定的各类交易、账户余额、列报的认定相关

    D. 评估重大错报风险时,注册会计师应当将所了解的控制与特定认定相联系

7. 注册会计师应当了解影响被审计单位经营的其他外部因素,其主要包括(　　)。

    A. 总体经济情况　　　　　　　　　B. 利率

    C. 融资的可获得性　　　　　　　　D. 通货膨胀水平或币值变动

8. 下列各项中,通常属于控制活动要素的有(　　)。

    A. 授权和批准　　　　　　　　　　B. 调节和验证

    C. 职责分离　　　　　　　　　　　D. 内部环境

9. 下列各项中,属于注册会计师应当了解的被审计单位行业情况的有(　　)。

    A. 所在行业的市场供求与竞争　　　B. 生产经营的季节性和周期性

    C. 产品生产技术的变化　　　　　　D. 能源供应与成本

10. 下列项目中,属于财务报表层次重大错报风险总体应对措施的有(　　)。

    A. 向项目组强调保持职业怀疑态度的必要性

    B. 分派更有经验或具有特殊技能的审计人员,或利用专家的工作

    C. 提供更多的督导

    D. 选择的进一步审计程序不被管理层预见或事先了解

11. 实施进一步审计程序的总体方案包括(　　)。

    A. 综合性方案　　　　　　　　　　B. 风险审计方案

    C. 实质性程序　　　　　　　　　　D. 控制测试方案

12. 下列项目中,属于进一步审计程序的包括(　　)。

    A. 控制测试　　　　　　　　　　　B. 抽样测试

    C. 细节测试　　　　　　　　　　　D. 实质性分析程序

13. 要测试控制的有效性,注册会计师需要获取的审计证据包括(　　)。

    A. 控制在所审期间的不同时点是如何运行的

    B. 控制由谁执行

    C. 控制是否得到一贯执行

    D. 控制以何种方式运行

三、判断题

1. 注册会计师无须了解被审计单位的所有内部控制,而只需了解与审计相关的内部控制。
（　　）

2. 内部控制良好的单位,注册会计师可能将其控制风险水平评估为零,从而不必执行任何实质性测试程序。
（　　）

3. 控制环境本身能够防止或发现并纠正各类交易、账户余额、列报认定层次的重大错报,注册会计师在评估风险时应当将控制环境连同其他内部控制要素产生的影响一并考虑。
（　　）

4. 了解被审计单位及其环境等方面是注册会计师必须执行的审计程序,注册会计师应有针对性地向被审计单位管理层和对财务报表负有责任的人员进行询问,还要考虑其他一些重要人员,如内部审计人员,但对级别较低或其他部门的人员,如采购人员、生产人员、销售人员等其他人员,不应浪费审计成本进行询问。
（　　）

5. 如果注册会计师不打算依赖被审计单位的内部控制,则无须对内部控制进行了解。（　　）

6. 注册会计师应当了解被审计单位的可能导致财务报表重大错报的相关经营风险,而无须关注被审计单位的目标和战略。
（　　）

7. 被审计单位内部或外部对财务业绩的衡量和评价可能对管理层产生压力,促使其采取行动改善财务业绩或歪曲财务报表。注册会计师应当了解被审计单位财务业绩的衡量和评价情况,考虑这种压力是否可能导致管理层采取财务行动以至于增加财务报表发生重大错报的风险。
（　　）

8. 在了解内部控制时,注册会计师应当考虑被审计单位是否通过建立有效的控制,以恰当应对由于使用信息技术系统而非人工系统产生的风险。
（　　）

9. 内部控制是被审计单位为了合理保证财务报表的可靠性、经营的效率和效果以及对法律、法规的遵守,由治理层设计和执行的政策和程序。
（　　）

10. 实施控制测试与了解内部控制所采用的审计程序大体相同,主要区别在于了解内部控制所采用的审计程序中通常不包括重新执行。
（　　）

11. 财务报表层次的重大错报风险与财务报表整体相关。
（　　）

12. 控制测试的程序包括询问、分析程序、检查和观察以及重新执行。
（　　）

四、思考题

1. 如何理解风险评估?
2. 什么是内部控制? 内部控制应该包括哪些要素?
3. 内部控制存在哪些方面的局限性?
4. 对内部控制的审计应从哪些方面进行?
5. 如何理解进一步审计程序?

第三篇

各类交易与账户余额的审计

第八章
销售与收款循环的审计

教学目标

通过本章的学习,学生应了解销售与收款循环涉及的主要经济业务活动、相关的会计凭证及记录;理解销售与收款循环的内部控制及其控制测试;掌握主营业务收入、应收账款、坏账准备账户的实质性审计程序。

引例

万福生科财务造假案

2013年,万福生科欺诈上市被证监会立案调查,成为创业板欺诈上市第一案。万福生科前身系2003年5月8日成立的湖南省桃源县湘鲁万福有限责任公司,成立时注册资本为300万元,分别由龚永福和杨荣华以实物资产各出资150万元,其经营范围变更为:收购、仓储、销售粮食;加工、销售大米、饲料;淀粉、淀粉糖、糖果、饼干、豆奶粉;生产销售稻壳活性炭、油脂。湘鲁万福以2009年9月30日为基准日,采用整体变更方式设立万福生科(湖南)农业开发股份有限公司,注册资本5 000万元,股份总数5 000万股。2011年,经中国证监会许可,公司向社会公开发行人民币普通股1.7亿股,每股面值为人民币1元,并于2011年9月27日在创业板上市,股票简称"万福生科"。2012年,湖南证监局在一次例行检查中发现,万福生科2012年半年报存在造假行为,虚增营业收入1.88亿元,虚增营业成本1.46亿元,虚增净利润4 023.16万元,导致该公司2012年上半年财务报表盈亏方向发生变化。由于案情严重,万福生科被湖南省证监局立案调查。万福生科于2013年3月2日发布公告称,经公司自查发现2008—2011年定期报告财务数据存在虚假记载,累计虚增收入7.4亿元左右。据证监会现在披露,万福生科2008年、2009年、2010年分别虚增销售收入约1.2亿元、1.5亿元和1.9亿元,虚增营业利润约2 851万元、3 857万元和4 590万元。而万福生科招股说明书及2011年年报统计,2008—2011年4年内净利润总数为1.81亿元,实际虚增营业利润11 298万元,净利润六成以上为造假所得。

根据调查发现,万福生科在2008—2011年,通过编制虚假销售合同与进库入库单据累计虚增收入7.4亿元,虚增营业利润1.8亿元,虚增净利润1.6亿元。由于资产负债表与利润表的联动对应关系,为了消化虚增的收入,万福生科以在建工程为"溶化池",把虚增的收入转移到在建工程科目,因而资产类中的在建工程对应虚增1.6亿元左右。万福生科的财务造假活动基本上可以分为两个循环:第一个为收入确认与收入资金流入循环,通过对外卖出商品与收取资金,实现销售收入的非法虚增;第二个为收入消化与收入资金流出循环,对外购买工程物资与支付货款,实现收入的隐蔽转移与虚构销售资金的返还,万福生科通过两个循环之间的转换最终实现销售收入的"合理"虚增。

2013年5月10日,中国证监会对万福生科案开出了罚单。

万福生科的行为违反了《中华人民共和国证券法》等相关法律、法规的规定,构成《中华人民共和国证券法》第189条所述"发行人不符合发行条件,以欺骗手段骗取发行核准"及第193条所述"发行人、上市公司或者其他信息披露义务人未按照规定披露信息,或者所披露的信息有虚假记载、误导性陈述或者重大遗漏"的行为。其中,万福生科、龚永福、覃学军的欺诈发行及虚假记载行为涉嫌犯罪,已移送公安机关追究刑事责任。根据《中华人民共和国证券法》的相关规定,证监会拟责令万福生科改正违法行为,给予警告,并处以30万元罚款;对龚永福给予警告,并处以30万元罚款。同时,对严平贵等其他19名高管给予警告,并处以5万元至25万元罚款。此外,拟对龚永福、覃学军采取终身证券市场禁入措施。

中磊会计师事务所在万福生科发行上市审计和2011年年度报告的审计中,未勤勉尽责,出现审计程序缺失的情况,在审计证据的获取以及审计意见的形成方面存在不当行为,所出具的审计报告存在虚假记载。该所的上述行为,违反了《中华人民共和国证券法》等法律、法规的相关规定,构成《中华人民共和国证券法》第223条等法律、法规所述情形。拟对中磊会计师事务所没收业务收入138万元,并处以两倍的罚款,撤销其证券服务业务许可。对签字会计师王越、黄国华给予警告,并分别处10万元、13万元罚款,均采取终身证券市场禁入措施。对签字会计师邹宏文给予警告,并处3万元罚款。

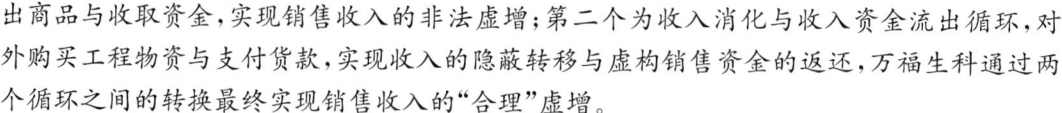

第一节 销售与收款循环的特点

销售与收款循环是企业接受销售订单向客户销售商品或提供劳务,直到取得货款或劳务收入的有关活动所组成的业务循环。销售与收款循环涉及的资产负债表项目主要包括应收票据、应收账款、长期应收款、预收账款、应交税费;涉及的利润表项目主要包括营业收入、税金及附加、销售费用等。

注册会计师只有了解销售与收款循环涉及的主要凭证和记录及其业务活动,才能站在整个循环的角度把握该循环涉及的相关账户的审计风险,进而提高审计的效率。

一、涉及的主要凭证和会计记录

在内部控制比较健全的企业,处理销售与收款业务通常需要使用很多凭证与会计记录。典型的销售与收款循环涉及的主要凭证与会计记录有以下几种。

(一)客户订购单

客户订购单即客户提出的书面购货要求,企业可以通过销售人员或其他途径向客户发送订购单等方式接受客户订货。

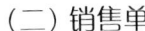

（二）销售单

销售单是列示客户所订商品的名称、规格、数量以及其他有关信息的凭证，作为销售方内部处理客户订购单的凭证。

（三）出库单

出库单是单位在货物出库时编制的，是仓库确认商品已出库发运的凭证，是用来反映发出商品的名称、规格、数量和其他有关内容的凭据。出库单的一联寄送给客户，其余联（一联或数联）由企业保留，可用作企业确认收入及向客户开票收款的依据。

（四）销售发票

销售发票是在会计账簿中登记销售交易的基本凭证。以增值税发票为例，销售发票的两联（抵扣联和记账联）寄送给客户，一联由企业保留。

（五）商品价目表

商品价目表是列示已经授权批准的、可供销售的各种商品的价格清单。

（六）贷项通知单

贷项通知单是一种用来表示由于销售退回或经批准的折让而引起的应收销货款减少的凭证。

（七）应收票据/应收款项融资/应收账款预期信用损失计算表

企业按月编制应收票据/应收款项融资/应收账款预期信用损失计算表，以反映月末应收票据/应收款项融资/应收账款预期信用损失。

（八）应收票据/应收款项融资/应收账款/合同资产明细账

应收票据/应收款项融资/应收账款/合同资产明细账是用来记录已向每个客户转让商品而有权收取对价的权利的明细账。

（九）主营业务收入明细账

主营业务收入明细账是一种用来记录销售业务的明细账。它通常记载和反映不同类别商品或服务的营业收入的明细发生情况和总额。

（十）可变对价相关会计记录

企业与客户的合同中约定的对价金额可能因折扣、价格转让、返利等因素而变化。企业通常定期编制可变对价的相关会计记录，以反映对计入交易价格的可变对价的估计和结算情况。

（十一）汇款通知书

汇款通知书是一种与销售发票一起寄给客户，由客户在付款时再寄回销售单位的凭证。该凭证注明了客户的姓名、销售发票号码、销售单位开户银行账号及金额等内容。

（十二）现金日记账和银行存款日记账

现金日记账和银行存款日记账是用来记录应收账款的收回或现销收入，以及其他各种现金、银行存款收入和支出的日记账。

（十三）坏账核销审批表

坏账核销审批表是仅在企业内部使用的用来批准将某些无法收回的应收款项作为坏账

予以核销的凭证。

（十四）客户对账单

客户对账单是一种定期寄送给客户的用于购销双方定期核对账目的凭证。客户对账单可能是月度、季度或年度的,取决于企业的经营管理需要。

（十五）转账凭证

转账凭证是指记录转账业务的记账凭证,它是根据有关转账业务的原始凭证编制的。

（十六）收款凭证

收款凭证是指用来记录现金和银行存款收入业务的记账凭证。

二、涉及的主要业务活动

（一）接受客户订购单

企业接受客户的订购单要求是销售与收款循环的起点。客户的订购单只有在符合企业管理层的授权标准时才能被接受。销售单管理部门首先应审查该客户是否在已经批准的客户名单内,如果该客户未被列入,则通常需要由销售单管理部门的主管来决定是否同意销售。企业在接受了客户订购单之后,下一步就应编制一式多联的销售单。

（二）批准赊销信用

赊销业务的批准是由信用管理部门根据管理层的赊销政策及每个客户的已授权的信用额度来决定给予客户多少信用限额的业务。信用管理部门的职员在收到销售管理部门的销售单后,应将销售单与该客户已被授权的赊销信用额度以及至今尚欠的账款余额加以比较。执行人工赊销信用检查时,还应合理划分工作职责,以避免销售人员为扩大销售而使企业承受不适当的信用风险。

（三）按销售单供货

企业管理层通常要求仓库管理人员只有在收到经过批准的销售单后才能编制出库单并供货。设立这项控制程序的目的是防止仓库在未经授权的情况下擅自发货。因此,已批准销售单的一联通常应送达仓库,作为仓库按销售单供货和发货给装运部门的授权依据。

（四）按出库单装运货物

装运部门职员在装运发货时,应清点货物,确定其与出库单一致,并在出库单上签字确认后进行货物运输。

（五）开具发票

向客户开具发票这一环节涉及的主要问题有:①是否对所有发运的货物均已开具发票（"完整性"）;②是否仅对实际发运的货物开具发票,有无重复开具发票或虚开发票（"发生"）;③是否按已授权批准的商品价目表所列价格开具发票（"准确性"）。

为了降低开具账单过程中出现遗漏、重复、错误计价或其他差错的风险,企业应设立以下控制程序:

（1）负责开具发票的员工在开具每张销售发票之前,独立检查是否存在装运凭证和相应的经批准的销售单。

（2）依据已授权批准的商品价目表开具销售发票。

（3）独立检查销售发票计价和计算的正确性。

（4）将装运凭证上的商品总数与相对应的销售发票上的商品总数进行比较。

（六）记录销售

在手工会计系统中,记录销售的过程包括区分赊销、现销,按销售发票编制转账凭证或现金、银行存款收款凭证,再据以登记销售明细账和应收账款明细账或库存现金、银行存款日记账。

（七）办理和记录现金、银行存款收入

这项业务涉及的是有关货款收回,现金、银行存款增加,以及应收账款/合同资产等项目减少的活动。在办理和记录现金、银行存款收入时,企业最应关心的是货币资金失窃或被侵占的可能性。货币资金失窃可能发生在货币资金收入登记入账之前或登记入账之后。处理货币资金收入时最重要的是要保证全部货币资金都必须如数、及时地记入库存现金、银行存款日记账或应收票据/应收款项融资/应收账款/合同资产明细账,并如数、及时地将现金存入银行。在这方面,汇款通知单起着很重要的作用。

（八）确认和记录可变对价的估计和结算情况

如果合同中存在可变对价,企业需要对计入交易价格的可变对价进行估计,并在每一资产负债表日重新估计应计入交易价格的可变对价金额,以如实反映报告期末存在的情况及报告期内发生的情况变化。

（九）提取坏账准备

企业一般定期对应收票据/应收款项融资/应收账款的预期信用损失进行评估,并根据预期信用损失计提坏账准备。坏账准备提取的数额应当能够抵补企业以后无法收回的本期销货款。

（十）注销坏账

企业一般定期对应收账款的信用风险进行评估,并根据预期信用损失计提坏账准备。坏账准备提取的数额应当能够抵补企业以后无法收回的本期销货款。

【例 8-1】销售单和客户订购单都是与销售交易的（　　）认定相关的证据之一。

A. 发生　　　　　　　　　　　B. 存在

C. 准确性、计价和分摊　　　　D. 准确性

【解答】A。销售单是证明管理层有关销售交易的"发生"认定的凭据之一,也是此笔销售的交易轨迹的起点之一。此外,由于客户订购单也是来自外部的引发销售交易的文件之一,有时也能为有关销售交易的"发生"认定提供补充凭据。选项 A 正确。

【例 8-2】下列关于销售与收款循环中的批准赊销信用的说法中,正确的是（　　）。

A. 根据管理层的赊销政策由销售部门在每个客户已授权的信用额度内进行赊销审批

B. 对于每个新客户都要进行信用调查

C. 进行赊销审批时,应将销售单与该客户已被授权的赊销信用额度加以比较

D. 赊销业务需要由专人进行信用审批并和营业收入的发生认定直接相关

【解答】B。选项 A,应当是信用部门进行赊销审批;选项 C,应将销售单与该客户已被授权的赊销信用额度以及至今尚欠的账款余额加以比较;选项 D,设计信用批准控制的目的是

为了降低坏账风险,因此,该控制与应收账款的"准确性、计价和分摊"认定直接相关。

第二节 销售与收款循环的内部控制和控制测试

一、销售与收款循环的内部控制

销售与收款循环的内部控制主要包括以下几个方面。

(一)销售交易的内部控制

1. 职责分离控制

适当的职责分离有助于防止各种有意或无意的错误。例如,为了防止舞弊的发生,主营业务收入账与应收账款账由不同的职员独立登记,并由另一位不负责账簿记录的职员定期调节总账和明细账;规定负责主营业务收入和应收账款记账的职员不得经手货币资金。赊销批准职能与销售职能的分离,也是一种理想的控制。明确的职责分工可保证销售业务处理的有效性和可靠性。

2. 授权审批控制

对于授权审批问题,注册会计师应当关注以下四个关键点上的审批程序:其一,在销售发生之前,赊销已经正确审批;其二,非经正当审批,不得发出货物;其三,销售价格、销售条件、运费、折扣等必须经过审批;其四,审批人应当根据销售与收款授权批准制度的规定,在授权范围内进行审批,不得超越审批权限。对于超过企业既定销售政策和信用政策规定范围的特殊销售交易,企业应当进行集体决策。前两项控制的目的在于防止企业因向虚构的或者无力支付货款的客户发货而蒙受损失;价格审批控制的目的在于保证销售交易按照企业定价政策规定的价格开票收款;对授权审批范围设定权限的目的则在于防止因审批人决策失误而造成严重损失。

3. 凭证和记录控制

只有具备充分的记录程序,才有可能实现其他各项控制目标。例如,有的企业在收到客户订购单后,就立即编制一份预先编号的一式多联的销售单,分别用于批准赊销、审批发货、记录发货数量以及向客户开具账单和销售发票等。在这种制度下,只要定期清点销售单和销售发票,漏开发票或漏记销售的情形几乎就不会发生。

另外,凭证应预先编号,这是为了防止销售以后遗漏向客户开具账单或登记入账,也可防止重复开具发票或重复记账。当然,如果对凭证的编号不作清点,预先编号就会失去其控制意义。

4. 寄收对账单控制

由不负责现金出纳、销售及应收账款记账的人员按月向客户寄发对账单,能促使客户在发现应付账款余额不正确后及时做出说明。为了使这项控制更加有效,最好将账户余额中出现的所有核对不符的账项,指定一位既不掌管货币资金也不记录主营业务收入和应收账

款的主管人员处理。

5. 内部核查程序

由内部审计人员或其他独立人员核查销售业务员的处理和记录,是实现内部控制目标不可缺少的一项控制措施。表 8-1 所列程序是针对相应控制目标的典型的内部核查程序。

表 8-1　　　　　　　　　　　　　内部核查程序

内部控制目标	内部核查程序举例
登记入账的销售业务是真实的	检查销售发票及所附的佐证凭证
销售业务均经适当审批	了解客户的信用情况,确定是否符合企业的赊销政策
所有销售业务均已登记入账	检查发运凭证的连续性,并将其与主营业务收入明细账核对
登记入账的销售业务金额准确	检查会计记录中的数据以验证其正确性
登记入账的销售业务分类恰当	将登记入账的销售业务的原始凭证与会计科目表比较核对
销售业务的记录及时	检查开票员所保管的未开票发运凭证,确定是否存在未在恰当期间及时开票的发运凭证

(二) 收款交易的内部控制

尽管由于每个企业的性质、所处行业、规模以及内部控制健全程度等不同,而使得其与收款交易相关的内部控制内容有所不同,但以下与收款交易相关的内部控制内容是通常应当共同遵循的:

(1) 企业应当按照《现金管理暂行条例》《支付结算办法》等规定,及时办理销售收款业务。

(2) 企业应将销售收入及时入账,不得账外设账,不得擅自坐支现金。销售人员应当避免接触销售现款。

(3) 企业应当建立应收票据/应收款项融资/应收账款/合同资产信用风险分析制度和逾期催收制度。销售部门应当负责应收款项融资/应收账款的催收,财会部门应当督促销售部门加紧催收。对催收无效的逾期应收账款问题可通过法律程序予以解决。

(4) 企业应当按客户设置应收票据/应收款项融资/应收账款/合同资产台账,及时登记每一客户应收票据/应收款项融资/应收账款/合同资产余额增减变动情况和信用额度使用情况。企业对长期往来客户应当建立起完善的客户资料,并对客户资料实行动态管理,及时更新。

(5) 企业对于可能成为坏账的应收票据/应收款项融资/应收账款/合同资产应当报告有关决策机构,由其进行审查,确定是否确认为坏账。对于企业发生的各项坏账,应查明原因,明确责任,并在履行规定的审批程序后做出会计处理。

(6) 企业注销的坏账应当进行备查登记,做到账销案存。已注销的坏账又收回时应当及时入账,防止形成账外资金。

(7) 企业应收票据的取得和贴现必须经保管票据以外的主管人员书面批准。应有专人保管应收票据,对于即将到期的应收票据,应及时向付款人提示付款;已贴现票据应在备查簿中登记,以便日后追踪管理;并应制定逾期票据的冲销管理程序和逾期票据追踪监控制度。

(8) 企业应当定期与往来客户通过函证等方式核对应收票据/应收款项融资/应收账款预收款项、合同负债等往来款项。如有不符,应查明原因,及时处理。

【知识链接】

第一份否定意见的内部控制审计报告

2011 年 3 月 26 日,信永中和会计师事务所给新华制药出具了我国资本市场出现内部控制审计报告以来第一份否定意见的审计报告。信永中和在内部控制审计报告中指出该公司内部控制存在以下两个重大缺陷:①新华制药下属子公司山东新华医药贸易有限公司内部控制制度对多头授信无明确规定,在实际执行中,该医贸公司的鲁中分公司、工业销售部门、商业销售部门三个部门分别向同一客户授信,使得最终的总授信额度过大。②新华制药下属子公司医贸公司内部控制制度规定,对客户授信额度不大于该客户的注册资本。但在实际执行中,对部分客户超出客户的注册资本授信,使得授信额度过大,同时医贸公司也存在未授信的发货情况。

二、评估重大错报风险

收入确认是审计的高风险领域,注册会计师应当考虑影响收入交易的重大错报风险,并对被审计单位经营活动中可能发生的重大错报风险保持警觉。营业收入存在的风险可能包括以下几项。

(一)收入确认存在的舞弊风险

有些企业往往为了达到粉饰财务报表的目的而采用虚增或隐瞒收入等方式实施舞弊。例如,为虚构销售收入,将商品从某一地点移送至另一地点,凭出库单和运输单据为依据记录销售收入。为降低税负或转移利润,将商品发出、收到货款并满足收入确认条件后,不确认收入,将收到的货款作为负债挂账,或转入本单位以外的其他账户。中国注册会计师审计准则要求注册会计师基于收入确认存在舞弊风险的假定,评价哪些类型的收入、收入交易或认定导致舞弊风险。

(二)收入的复杂性可能导致的错误

被审计单位可能针对一些特定的产品或者服务提供一些特殊的交易安排(例如,特殊的退货约定、特殊的服务期限安排等),但管理层可能对这些不同安排下所涉及的交易风险的判断缺乏经验,收入确认上就容易发生错误。

(三)期末收入交易和收款交易的截止错误

将属于下一会计期间的收入有意或无意地计入本期,或者将属于本期的收入有意或无意地计入下一会计期间,可能导致本期收入以及本期期末应收账款余额、货币资金余额和应交税费余额的高估或低估。

(四)收款未及时入账或记入不正确的账户

例如,被审计单位将商品发出、收到货款并满足收入确认条件后,不确认收入,而将收到的货款作为负债挂账,或转入本单位以外的其他账户。

(五)应收账款坏账准备的计提不准确

例如,有些企业人为改变应收账款的账龄分类,或者人为改变坏账准备计提比例和计提方法来达到调节利润的目的。

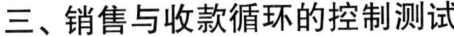

三、销售与收款循环的控制测试

（一）记录对内部控制的了解

注册会计师通过询问、观察和检查凭证，可以取得对被审计单位销售与收款循环的控制要点。如果审计的是老客户，上期的审计工作底稿是一个重要的信息来源。注册会计师通常使用问卷调查表、流程图或者文字说明性备忘录等方式来记录所了解到的情况。

（二）测试控制制度

注册会计师应运用职业判断，结合对被审计单位内部控制制度的了解来设计和执行控制测试。注册会计师将执行控制测试所获取的证据，用来评价与销售交易有关的每项重要认定的控制风险，并将评价过程的结论和相关依据记录在审计工作底稿中。表 8-2 列示了通常情况下，注册会计师对销售与收款循环实施的控制测试。

表 8-2　　　　　　　　　　　销售与收款的控制风险、控制测试程序

关键控制环节	可能存在的错报	相关财务报表项目及认定	控制测试程序
接受客户订购单	可能将商品销售给了未经授权的客户	营业收入：发生 应收账款：存在	审查已批准的客户清单和销售单
批准赊销信用	可能向没有获得赊销授权或超出了其信用额度的客户赊销	营业收入：发生 应收账款：存在	询问员工销售单的生成过程，检查是否所有生成的销售单均有对应的客户订购单为依据；询问对新客户作信用调查的程序；核对信用额度与销售情况；审查赊销信用是否经适当的授权批准
按销售单供货、装运货物	发运的商品与客户销售单可能不一致	营业收入：准确性 应收账款：准确性、计价与分摊	审查装运凭证及独立稽核的证据
	可能在没有批准发货的情况下发出了商品	营业收入：发生 应收账款：存在	检查发运凭证是否连续编号，观察发货、装运货的职责分工情况
	已销售商品可能未实际发运给客户	营业收入：发生 应收账款：存在	检查发运凭证上客户签名，作为收货的证据
开具账单	商品发运可能未开具销售发票或已开出发票没有相应的发运凭证	营业收入：发生、完整性 应收账款：存在、完整性、权利和义务	将发票核对至发运凭证和已批准的销售单；追查发运凭证至销售发票
	销售价格不正确或发票金额出现计算错误	营业收入：准确性 应收账款：准确性、计价与分摊	核对经授权的价格清单与发票上的价格 检查文件以确定价格更改是否经授权 检查发票中价格复核人员的签名 重新执行发票的核对过程

（续表）

关键控制环节	可能存在的错报	相关财务报表项目及认定	控制测试程序
记录销售	销售发票入账的会计期间可能不正确	营业收入：截止，发生 应收账款：存在，完整性，权利和义务	审查销售截止检查程序；观察月末对账单情况
	复核独立检查证据；观察月末对账单情况	销售发票可能被记入错误的客户账户	应收账款：准确性、计价与分摊
办理和记录现金、银行存款收入	登记入账的现金收入与企业实际收到的现金不符	营业收入：完整性，发生，截止，准确性 货币资金：完整性，存在	核对发运凭证与相关的销售发票和主营业务收入明细账及应收账款中的分录；检查银行存款余额调节表的编制和复核人员的审核记录
提取坏账准备	坏账准备的计提可能不充分	应收账款：准确性、计价与分摊	检查财务系统计算账龄分析表的规则是否正确；询问管理层如何复核坏账准备计提额的计算；检查是否有复核人员的签字

在对被审计单位的内部控制系统进行了必要的了解与测试之后，注册会计师应当对其控制风险做出评价，并对实质性测试的内容做出相应的调整。同时，对测试过程中发现的问题，应当在工作底稿中进行记录，并以适当的形式告知被审计单位的管理层。

【例8-3】ABC会计师事务所承接了天河公司2×20年度财务报表审计业务，注册会计师A于2×20年12月1～6日对天河公司的销售与收款循环的内部控制进行了解和测试，并在相关工作底稿中记录了了解和测试的事项，部分摘录如下：

（1）开具账单部门在收到发运单并与销售单核对无误后，编制预先连续编号的销售发票，并将其连同发运单和销售单及时送交会计部门。会计部门在核对无误后由财务部门职员王某据以登记销售收入和应收账款明细账。

（2）由负责登记应收账款备查簿的人员在每月月末定期给顾客寄送对账单，并对顾客提出的异议进行专门追查。

请代注册会计师A指出上述事项中天河公司内部控制存在的缺陷，说明理由并提出改进建议。

【解答】第（1）项存在缺陷。理由：由财务部门职员王某一个人登记销售收入和应收账款明细账。建议：登记收入明细账和应收账款明细账的职务应该分离。

第（2）项存在缺陷。理由：登记应收账款备查簿的人员不能寄发对账单。建议：由不负责现金出纳和销售及应收账款记账的人员寄发对账单。

【例8-4】天河股份有限公司是ABC会计师事务所的常年审计客户，A注册会计师负责审计天河公司2×20年度财务报表，A注册会计师在审计工作底稿中记录了实施的控制测试和实质性程序及其结果，部分内容摘录如表8-3所示。

表 8-3　　　　　　　　　　　　　　工作底稿部分内容

序号	控制	控制测试和实质性程序及其结果
(1)	产品送达后,天河股份有限公司要求客户的经办人员在发运凭单上签字。财务部将客户签字确认的发运凭单作为收入确认的依据之一	A 注册会计师对控制的预期偏差率为零,从收入明细账中抽取 25 笔交易,检查发运凭单是否经客户签字确认。经检查,有 2 张发运凭单未经客户签字 销售人员解释,这 2 批货物在运抵客户时,客户的经办人员出差。由于以往未发生过客户拒绝签收的情况,经财务部经理批准后确认收入 A 注册会计师对上述客户的应收账款实施函证,回函结果表明不存在差异
(2)	现金销售通过收银机集中收款,并自动生成销售小票和每日现金销售汇总表。财务人员将每日现金销售汇总表金额和收到的现金核对一致。除财务部经理批准外,出纳应在当日将收到的现金存入指定银行	A 注册会计师对控制的预期偏差率为零,抽取 26 张银行现金缴款单回单与每日现金销售汇总表进行核对,发现有 3 张银行现金缴款单回单的日期比每日现金销售汇总表的日期晚一天 财务人员解释,由于当日核对工作结束较晚,银行已结束营业,经财务部经理批准,出纳将现金存入公司保险柜,并于次日存入银行 A 注册会计师检查了财务部经理签字批准的记录,未发现异常

要求:假定控制的设计有效并得到执行,根据控制测试和实质性程序及其结果,指出上述资料所列控制运行是否有效,如认为运行无效,简要说明理由。

【解答】①控制运行无效。理由:抽取的 25 个样本中有 2 个样本没有经客户签字确认,该控制未得到一贯执行。②该控制运行有效。

第三节　营业收入的审计

　　营业收入包括主营业务收入和其他业务收入,该项目核算企业在销售商品、提供劳务等主营业务活动中所产生的收入,以及企业确认的除主营业务活动以外的其他经营活动实现的收入。主营业务收入一般占企业总收入的较大比重,对企业的经济效益产生较大影响,如工业企业的主营业务收入主要包括销售商品、自制半成品、代制品、代修品,提供工业性劳务等实现的收入。其他业务收入是企业为完成其经营目标所从事的经常性相关的活动实现的收入,如工业企业出租固定资产、出租无形资产、出租包装物和商品、销售材料等实现的收入。

一、营业收入的审计目标

　　(1)确定利润表中记录的营业收入已发生,且与被审计单位有关。
　　(2)确定所有应当记录的营业收入是否均已记录。
　　(3)确定与营业收入有关的金额及其他数据是否已恰当记录。
　　(4)确定营业收入是否已记录于正确的会计期间。
　　(5)确定营业收入是否已按照企业会计准则的规定在财务报表中做出恰当的列报。

二、主营业务收入的实质性程序

(一)获取或编制主营业务收入明细表

复核加计是否正确,并与总账数和明细账合计数核对是否相符,结合其他业务收入科目与报表数核对是否相符。

(二)检查主营业务收入的确认方法是否符合《企业会计准则》的规定

根据《企业会计准则第 14 号——收入》的规定,企业应当在履行了合同中的履约义务,即在客户取得相关商品控制权时确认收入。取得相关商品控制权是指能够主导该商品的使用并从中获得几乎全部的经济利益。

当企业与客户之间的合同同时满足下列条件时,企业应当在客户取得商品控制权时确认收入:①合同各方已批准该合同并承诺将履行各自义务。②该合同明确了合同各方与所转让商品或提供劳务相关的权利和义务。③该合同有明确的与所转让的商品相关的支付条款。④该合同具有商业实质,即履行该合同将改变企业未来现金流量的风险、时间分布或金额。⑤企业因向客户转让商品而有权取得的对价很可能收回。

《企业会计准则》分别对"在某一时段内履行的履约义务"和"在某一时点履行的履约义务"的收入确认做出了规定。因此,注册会计师需要基于对被审计单位商业模式和日常经营活动的了解,判断被审计单位的合同履约义务是在某一时段内履行还是在某一时点履行的,据以评估被审计单位确认产品销售收入的会计政策是否符合《企业会计准则》,并测试被审计单位是否按照既定的会计政策确认产品销售收入。

(1)采用交款提货销售方式,通常应于货款已收到或取得收取货款权利的同时已将发票账单和提货单交给购货单位时确认收入的实现。对此,注册会计师应着重检查被审计单位是否收到货款或取得收取货款的权利,发票账单和提货单是否已交付购货单位。注册会计师应注意有无扣压结算凭证,将当期收入转入下期入账的现象,或者虚计收入、开具假发票、虚列购货单位,将当期未实现的收入虚转为收入记账,在下期予以冲销的现象。

【例 8-5】ABC 会计师事务所负责审计天河股份有限公司 2×20 年财务报表,A 注册会计师盘点存货时发现甲产品账面数量大于实际库存数量 300 吨,询问相关人员得知,该产品已开发票,且发票账单和提货单均已交给购货单位,双方约定 20 天后付款,天河股份有限公司既没有保留继续管理权,也未对其实施控制。天河股份有限公司以未收到货款为由,没有做任何会计处理,该产品销售单价为 1 500 元,单位成本为 700 元。

要求:指出上述账务处理中存在的问题,并做出审计调整分录。

【解答】根据《企业会计准则》的规定,采用交款提货销售方式,应于货款已收到或取得收取货款权利的同时已将发票账单和提货单交给购货单位时确认收入的实现。因此,该交易符合收入确认条件,应确认为当期销售。注册会计师应提请天河股份有限公司调整报表。审计调整分录为:

借:应收账款　　　　　　　　　　　　　　　　　　　　　　508 500
　　贷:营业收入(主营业务收入)　　　　　　　　　　　　　　　450 000
　　　　应交税费——应交增值税(销项税额)　　　　　　　　　　58 500

借：营业成本（主营业务成本）　　　　　　　　　　　　　　　　　　210 000
　　贷：存货（库存商品）　　　　　　　　　　　　　　　　　　　　　　　　210 000

（2）采用预收账款销售方式，通常应于商品已经发出时，确认收入的实现。对此，注册会计师应重点检查被审计单位是否收到了货款，商品是否已经发出。注册会计师应注意是否存在对已收货款并已将商品发出的交易不入账、转为下期收入，或开具虚假出库凭证、虚增收入等现象。

【例 8-6】ABC 会计师事务所负责审计天河股份有限公司 2×20 年财务报表，B 注册会计师审计时发现有一笔预收 M 公司 702 000 元的货款，产品已发出，成本为 240 000 元。但天河股份有限公司没有做任何账务处理。

要求：指出上述账务处理中存在的问题，并做出审计调整分录。

【解答】根据《企业会计准则》的规定，采用预收账款销售方式，应于商品已经发出时确认收入的实现。由于该笔交易货物已经发出，相关的风险和报酬已经转移，符合收入的确认条件，应当确认销售收入实现。注册会计师应提请天河股份有限公司调整报表。审计调整分录为：

借：预收款项（预收账款）　　　　　　　　　　　　　　　　　　　　678 000
　　贷：营业收入（主营业务收入）　　　　　　　　　　　　　　　　　　　　600 000
　　　　应交税费——应交增值税（销项税额）　　　　　　　　　　　　　　　78 000
借：营业成本（主营业务成本）　　　　　　　　　　　　　　　　　　240 000
　　贷：存货（库存商品）　　　　　　　　　　　　　　　　　　　　　　　240 000

（3）采用托收承付结算方式，通常应于商品已经发出，劳务已经提供，并已将发票账单提交银行、办妥收款手续时确认收入的实现。对此，注册会计师应重点检查被审计单位是否发货，托收手续是否办妥，货物发运凭证是否真实，托收承付结算回单是否正确。

（4）销售合同或协议明确销售价款的收取采用递延方式，可能实质上具有融资性质的，应当按照应收的合同或协议价款的公允价值确定销售商品收入金额。应收的合同或协议价款与其公允价值之间的差额，通常应当在合同或协议期间内采用实际利率法进行摊销，计入当期损益。

（5）长期工程合同收入，如果合同的结果能够可靠估计，通常应当根据完工百分比法确认合同收入。注册会计师应重点检查收入的计算、确认方法是否合乎规定，并核对应计收入与实际收入是否一致，注意查明有无随意确认收入、虚增或虚减本期收入的情况。

【知识链接】

中国注册会计师审计准则问题解答第 4 号——收入确认

收入是利润的来源，直接关系到企业的财务状况和经营成果。有些企业往往为了达到粉饰财务报表的目的而采用虚增或隐瞒收入等方式实施舞弊。在财务报表舞弊案件中，涉及收入确认的舞弊占有很大比例，收入确认已成为注册会计师审计的高风险领域。中国注册会计师审计准则要求注册会计师基于收入确认存在舞弊风险的假定，评价哪些类型的收入、收入交易或认定导致舞弊风险。本问题的解答旨在指导注册会计师基于收入确认存在舞弊风险的假定，选择并实施恰当的审计程序，以将与收入确认相关的审计风险降至可接受的低水平。

【知识链接】

IFRS 15

2014 年 5 月，IASB 和 FASB（统称"委员会"）联合发布了一项全面的新收入确认准则：《国际财务报表准则第 15 号——与客户之间的合同产生的收入》(IFRS 15)。该准则将取代 IFRS 和 US GAAP 中几乎所有现行收入的规定。该准则的核心原则是，主体确认的收入应反映其向客户转移已承诺商品或劳务，其金额为主体预计有权向客户收取的该商品或劳务的对价。这与现行的收入准则相比，将要求主体运用更多判断，做出更多估计。

（三）实施实质性分析程序

注册会计师应实施分析程序，检查主营业务收入是否有异常变动和重大波动，从而在总体上对主营业务收入的真实性做出初步判断。注册会计师通常在以下几方面进行比较分析：

（1）针对已识别需要运用分析程序的有关项目，并基于对被审计单位及其环境的了解，通过进行以下比较，同时考虑有关数据间关系的影响，以建立有关数据的期望值：①将账面销售收入、销售清单和销售增值税销项清单进行核对。②将本期销售收入金额与以前可比期间的对应数据或预算数进行比较。③分析月度或季度销售量、销售单价、销售收入金额、毛利率变动趋势。④将销售收入变动幅度与销售商品及提供劳务收到的现金/合同资产、应收账款/合同资产、存货、税金等项目的变动幅度进行比较。⑤将销售毛利率、应收账款/合同资产周转率、存货周转率等关键财务指标与可比期间数据、预算数或同行其他企业数据进行比较。⑥分析销售收入等财务信息与投入产出率、劳动生产率、产能、水电能耗、运输数量等非财务信息之间的关系。⑦分析销售收入与销售费用之间的关系，包括销售人员的人均业绩指标、销售人员薪酬、广告费、差旅费，以及销售机构的设置、规模、数量、分布等。

（2）确定可接受的差异额。

（3）将实际的情况与期望值相比较，识别需要进一步调查的差异。

（4）如果其差额超过可接受的差异额，调查并获取充分的解释和恰当的、佐证性质的审计证据（如通过检查相关的凭证等）。

（5）评估分析程序的测试结果。

【例 8-7】天河股份有限公司的产品主要通过公司的销售部及分销商进行销售。该公司非常关注其产品质量，并根据产品质量确定销售价格。2×16—2×18 年，该公司的销售情况增长缓慢。2×19 年 11 月，该公司从另一公司高价雇佣了一位销售经理 Q，Q 将其原来在公司的客户也带了过来，使得该公司 2×19 年 12 月份的销售量增加了 25％。由于客户的增加，该公司 2×20 年度的销售额比 2×19 年度增加了 28.7％。2×19—2×20 年公司销售收入等部分数据资料见表 8-4。

表 8-4　　　　　　2×19 年和 2×20 年度公司销售收入等部分数据资料　　　金额单位:千元

年度	2×20 年度		2×19 年度	
	金额	占销售收入比例	金额	占销售收入比例
销售收入	2 203	100％	1 712	100％
材料成本	867	39.4％	680	39.7％

（续表）

年度	2×20 年度		2×19 年度	
	金额	占销售收入比例	金额	占销售收入比例
人工成本	378	17.2%	350	20.4%
制造费用	117	5.3%	110	6.4%
销售成本	1 362	61.9%	1 140	66.5%
毛利	841	38.1%	572	3.35%

要求:根据以上资料,分析天河公司有关销售收入是否可靠,与之相关联的报表数字是否公允合理。

【解答】通过比率分析,审计人员发现,该公司材料的采购成本与销售收入同比例增加,但是人工成本与制造费用占销售收入的比例却下降,与合理性预测相违背。为了进一步查清事情真相并合理预测 2×20 年的销售收入,审计人员在 2×19 年该公司销售收入已经审计的基础上,对 2×20 年度销售收入的发生、完整和准确认定执行了以下实质性分析程序。

第一,建立期望值。期望值是变量的输出值乘以其概率的总和。与 2×19 年相比,天河股份有限公司在 2×20 年度发生了以下变化:①由于客户增加,2×20 年度 1—11 月份的销售额与 2×19 年度相同期间相比,增加了 30%,审计人员通过向客户函证得到了证实;②自 2×20 年 5 月起,该公司的平均销售价格增加 1%,审计人员通过检查该公司的标准价格表也得到了核实。审计人员将该公司 2×20 年度的销售收入按月份拆分以建立期望值。拆分结果见表 8-5。

表 8-5　　　　　　　2×19 年和 2×20 年度销售收入拆分表　　　　金额单位:千元

月份	2×19 年	销售量增加 30%	销售单价增加 1%	2×20 年度期望值	2×20 年实际发生额	差异
1	137	41		178	179	1
2	138	41		179	179	0
3	134	40		174	172	−2
4	138	41		179	178	−1
5	141	42	2	185	165	−20*
6	139	42	2	183	204	21*
7	143	43	2	188	185	−3
8	147	44	2	193	193	0
9	145	44	2	191	190	−1
10	143	43	2	188	186	−2
11	139	42	2	183	184	1
12	168		2	170	188	18 *
合计	1 712	463	16	2 191	2 203	

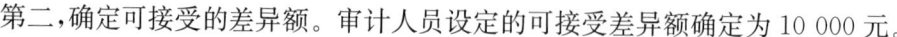

第二,确定可接受的差异额。审计人员设定的可接受差异额确定为 10 000 元。

第三,分析和调查差异。5 月份和 6 月份的差异调查:5 月份的实际值比期望值低 20 000 元,而 6 月份的实际值比期望值高 21 000 元。据此,审计人员首先找天河股份有限公司管理人员查询,原因不明;接着找财务主管谈话,财务主管回忆:5 月份一名销售人员在结账以后才提交 5 月份销售单据,为了简化工作,会计人员将这些单据直接记到了 6 月份的账簿中。对这一解释,审计人员查阅了该公司 6 月份销售账簿中的相关销售记录,并抽取一部分追查到原始凭证。通过检查,审计人员发现记录在 6 月份账中的属于天河股份有限公司 5 月份的销售共计 20 000 元。12 月的差异调查:天河股份有限公司 12 月实际销售额比期望值高 18 000 元,管理层解释:2×20 年 11 月份,销售经理 Q 又发展了两个新客户,这必然导致销售量增加。对此,审计人员检查了销售部门的月度总结报告,并对新客户在 2×20 年度的销售记录和收款情况进行了检查,均得到证实,并发现新增客户在 2×20 年 12 月使得天河股份有限公司的销售额增加了 15 000 元。考虑以上因素的影响,5 月份、6 月份和 12 月份的差异额低于审计人员设定的可接受的差异额。因此审计人员得出结论:该企业有关销售收入的数据是可以信赖的,与此相关联的报表项目数字也是公允合理的。

(四)检查交易价格

交易价格是指企业因向客户转让商品而预期有权收取的对价金额。由于合同标价不一定代表交易价格,被审计单位需要根据合同条款,结合以往的习惯做法等确定交易价格。注册会计师针对交易价格的实质性程序通常包括:

(1)询问管理层对交易价格的确定方法,确定管理层如何考虑可变对价、合同中存在的重大融资成分、非现金对价、应付客户对价等因素的影响。

(2)选取和阅读部分合同,确定合同条款是否表明需要将交易价格分摊至各单项履约义务,以及合同中是否包含可变对价、非现金对价、应付客户对价及重大融资成分等。

(3)检查管理层的处理是否恰当,例如,测试管理层对非现金对价公允价值的估计。

(五)检查与收入交易相关的原始凭证

以主营业务收入明细账为起点,检查记账凭证中的会计分录,追查至相关原始凭证,如订购单、销售单、出库单、发票等。确定已入账的主营业务收入是否真实发生。检查订购单和销售单,以确认存在真实的客户购买要求,销售交易已经过适当的授权批准。将销售发票存根上所列的单价与经过批准的商品价目表进行比较核对,对其金额小计和合计数也要进行复算。

(六)抽取市期一定数量的出库单

从出库单追查至主营业务收入明细账,以确定是否存在遗漏事项,并审查存货出库日期、品名、数量等是否与销售发票、销售合同、记账凭证等一致。

(七)选择客户

结合对应收账款实施的函证程序,选择主要客户函证本期销售额。

(八)出口销售的函证

对于出口销售,应当将销售记录与出口报关单、货运提单、销售发票等出口销售单据进行核对,必要时向海关函证。

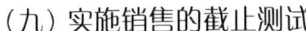

（九）实施销售的截止测试

截止测试是实质性测试中常用的一种具体审计技术,它被广泛应用于货币资金、往来款项、存货、主营业务收入和期间费用等许多会计报表项目的审计中,尤其在主营业务收入项目中的运用中更为典型。对主营业务收入实施截止测试,其目的主要在于确定被审计单位主营业务收入的会计记录归属期是否正确;应记入本期或下期的主营业务收入是否被推延至下期或提前至本期。

注册会计师对销售交易实施的截止测试可能包括以下程序:

（1）选取资产负债表日前后若干天一定金额以上的出库单,与应收账款和收入明细账进行核对;同时,从应收账款和收入明细账中选取在资产负债表日前后若干天一定金额以上的凭证,与出库单核对,以确定销售是否存在跨期现象。

（2）复核资产负债表日前后销售和发货水平,确定业务活动水平是否异常,并考虑是否有必要追加截止测试程序。

（3）取得资产负债表日后所有的销售退回记录,检查是否存在提前确认收入的情况。

（4）结合对资产负债表日应收账款/合同资产的函证程序,检查有无取得对方认可的销售。

实施截止测试的前提是注册会计师充分了解被审计单位的收入确认会计实务,并识别能够证明某笔销售符合收入确认条件的关键单据。在审计实务中,注册会计师可以考虑选择以下两条审计路径实施主营业务收入的截止测试:

一是以账簿记录为起点。从资产负债表日前后若干天的账簿记录查至记账凭证,检查发票存根与客户签收的出库单,目的是证实已入账收入是否在同一期间已开具发票并发货,有无多记收入。

二是以出库单为起点。从资产负债表日前后若干天的出库单查至发票开具情况与账簿记录,确定主营业务收入是否已记入恰当的会计期间。使用这种方法主要是为了防止少记收入。

实际上,由于被审计单位的具体情况各异,管理层意图各不相同,有的为了完成利润目标、承包指标,更多地享受税收等优惠政策,便于筹资等目的,可能会多计收入;有的则为了以丰补歉、留有余地、推迟缴税时间等目的而少计收入。注册会计师应当凭借专业经验和所掌握的信息、资料做出正确判断,选择其中的一条或两条审计路径实施更有效的收入截止测试。

【例8-8】注册会计师接受委托对天河股份有限公司2×20年度的财务报表进行审计。天河股份有限公司为增值税一般纳税人。该公司确认收入的依据是货物出库。为了确定天河股份有限公司的销售业务是否记录于恰当的会计期间,注册会计师决定对销售进行截止测试。截止测试的简化工作底稿如表8-6所示。

表8-6　　　　　　　　　　截止测试的简化工作底稿

销售发票号	金额(万元)	记入销售明细账日期	发运日期	发票日期	销售成本(万元)
2430	18	2×20.12.30	12.27	12.27	10
3812	22	2×20.12.31	01.03	01.04	14
5637	25	2×21.01.03	12.31	12.31	16
6528	5	2×21.01.09	01.08	01.09	1

要求：

（1）根据上述资料指出注册会计师所执行的截止测试的具体方法及其目的。

（2）根据上述资料分析天河股份有限公司是否存在提前入账的问题。如果有，请编制调整分录。

（3）根据上述资料分析天河股份有限公司是否存在推迟入账的问题，并简要说明理由。

【解答】（1）注册会计师执行的截止测试的具体方法是从资产负债表日前后若干天的主营业务收入明细账记录追查至记账凭证，检查发票存根和发运凭证，其目的是证实已经入账的收入是否在同一期间开具发票并发货，有无多计收入的情况。

（2）天河股份有限公司主营业务收入明细账中 2×20 年 12 月 31 日发票号 3812 属于提前入账的销售业务。审计调整分录为：

借：营业收入（主营业务收入）	220 000
应交税费——应交增值税（销项税额）	28 600
贷：应收账款	248 600
借：存货（库存商品）	140 000
贷：营业成本（主营业务成本）	140 000

（3）天河股份有限公司主营业务收入明细账中 2×21 年 1 月 3 日发票号 5637 属于推迟入账的销售业务。审计调整分录为：

借：应收账款	282 500
贷：营业收入（主营业务收入）	250 000
应交税费——应交增值税（销项税额）	32 500
借：营业成本（主营业务成本）	160 000
贷：存货（库存商品）	160 000

（十）检查销售退回

存在销货退回的，检查相关手续是否符合规定，结合相关原始凭证检查其会计处理是否正确，结合存货项目审计关注其真实性。

（十一）检查可变对价的会计处理

注册会计师针对可变对价的实质性程序可能包括：

（1）获取可变对价明细表，选取项目与相关合同条款进行核对，检查合同中是否存在可变对价。

（2）检查被审计单位对可变对价的估计是否恰当，例如，是否在整个合同期间内一致地采用同一种方法进行估计。

（3）检查计入交易价格的可变对价金额是否满足限制条件。

（4）检查资产负债表日被审计单位是否重新估计了应计入交易价格的可变对价金额。

（十二）检查有无特殊的销售行为

对特殊的销售行为，如附有销售退回条件的商品销售、委托代销、售后回购、以旧换新、商品需要安装和检验的销售、分期收款销售、出口销售、售后租回等，选择恰当的审计程序进行审核。

（十三）确认列报和披露

确认主营业务收入在利润表上的列报和披露是否恰当。

【知识链接】

神开股份财务舞弊案

2013年11月20日晚,神开股份公告称,公司当天收到中国证监会《调查通知书》。因公司涉嫌信息披露违法违规,中国证监会决定对公司立案稽查。同日,公司还收到上海监管局下发的《关于对上海神开石油化工装备股份有限公司采取责令改正措施的决定》。决定书显示,神开股份的外销收入确认时点不恰当。同时,公司季度报告、半年度报告收入确认也不准确。

上海监管局表示,2012年,神开股份与某境外客户签订了供货合同,约定以FOB形式交货。2012年12月21日,公司确认了相关外销收入63.19万美元,但截至2012年年底该笔销售收入对应的货物未装船,公司也未办妥出口手续。公司该笔外销收入的确认时点不恰当。此外,2012年度,神开股份对部分客户存在开具发票即确认销售收入并暂估成本、相应货物实际未发出或劳务未提供的情况。神开股份于2012年年末一次性冲销了上述相关销售收入和对应的成本,但2012年一季度、半年度和三季度报告中未冲减提前确认的收入及相应成本。公司2012年第一季度提前确认收入904.98万元,影响税前利润316.74万元、半年度提前确认收入2 014.74万元,影响税前利润705.16万元,2012年前三季度提前确认收入1 460.11万元,影响税前利润511.04万元。这也使得神开股份披露的2012年一季度、半年度和三季度报告未能真实反映公司财务状况和经营成果。

三、其他业务收入的实质性程序

（1）获取或编制其他业务收入明细表,复核加计是否正确,并与总账数和明细账合计数核对是否相符,结合主营业务收入科目与营业收入报表数核对是否相符。

（2）计算本期其他业务收入与其他业务成本的比率,并与上期该比率比较,检查是否有重大波动,如有,应查明原因。

（3）检查其他业务收入内容是否真实、合法,收入确认原则及会计处理是否符合规定,抽查原始凭证予以核实。

（4）对异常项目,应追查入账依据及有关法律文件是否充分。

（5）抽查资产负债表日前后一定数量的记账凭证,实施截止测试,追踪到销售发票、收据等,确定入账时间是否正确,对于重大跨期事项作必要的调整建议。

（6）确认其他业务收入在利润表上的列报是否恰当。

第四节 | 应收账款的审计

应收账款是指企业因销售商品、提供劳务而形成的债权,即由于企业销售商品、提供劳

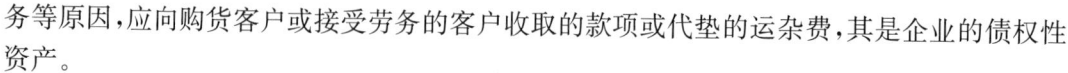

务等原因,应向购货客户或接受劳务的客户收取的款项或代垫的运杂费,其是企业的债权性资产。

一、应收账款的审计目标

(1)确定资产负债表中记录的应收账款是否存在。

(2)确定所有应当记录的应收账款是否均已记录。

(3)确定记录的应收账款是否被审计单位拥有或控制。

(4)确定应收账款的期末余额是否正确。

(5)确定应收账款在财务报表中的列报是否恰当。

二、应收账款的实质性程序

(一)取得或编制应收账款明细表

注册会计师应获取或编制应收账款明细表,复核加计是否正确,并与总账数和明细账合计数核对是否相符;核对坏账准备科目与报表数是否相符;检查非记账本位币应收账款的折算汇率及折算是否正确;分析有贷方余额的项目,并查明原因,必要时建议作重分类调整。

(二)分析应收账款账龄

应收账款的账龄是指资产负债表中的应收账款从销售实现、产生应收账款之日起,至资产负债表日止所经历的时间。注册会计师可以通过获取或编制应收账款账龄分析表来分析应收账款的账龄,其主要目的是了解应收账款的可收回性。

编制应收账款账龄分析表时,可以考虑选择重要的客户及其余额列示,而将不重要的或余额较小的汇总列示。应收账款账龄分析表的合计数减去已计提的相应坏账准备后的净额,应该等于资产负债表中的应收账款项目余额。检查原始凭证,如销售发票、运输记录等,测试账龄划分的准确性。应收账款账龄分析表的参考格式如表 8-7 所示。

表 8-7

应收账款账龄分析表

年　月　日

货币单位:

客户名称	期末余额	账龄			
		1 年以内	1~2 年	2~3 年	3 年以上
合计					

【例 8-9】天河股份有限公司的销售收入主要来源于国内销售和出口销售。ABC 会计师事务所负责天河股份有限公司 2×20 年度财务报表审计,并委派 A 注册会计师担任项目负责人。

资料:2×20 年 12 月 31 日,中国人民银行公布的人民币对美元汇率为 1 美元=6.37 元人民币。天河公司编制的应收账款账龄分析表摘录如表 8-8 所示。

表 8-8		应收账款账龄分析表摘录				

2×20 年 12 月 31 日账龄分析

客户类别	原币（万美元）	人民币（万元）	账龄			
			1 年以内	1~2 年	2~3 年	3 年以上
国内客户		41 158	28 183	7 434	4 341	1 200
国外客户	2 046	15 345	10 981	2 164	2 200	0
合　计		56 503	39 164	9 598	6 541	1 200

2×19 年 12 月 31 日账龄分析

客户类别	原币（万美元）	人民币（万元）	账龄			
			1 年以内	1~2 年	2~3 年	3 年以上
国内客户		31 982	23 953	4 169	3 860	0
国外客户	2 006	14 046	11 337	2 539	170	0
合　计		46 028	35 290	6 708	4 030	0

要求:不考虑其他条件,指出资料中应收账款账龄分析表存在哪些不当之处,并简单说明理由。

【解答】(1) 国外客户美元余额折算为人民币时采用的汇率为 1∶7.5,与中国人民银行 2×20 年 12 月 31 日公布的汇率不一致;

(2) 国内客户 2×20 年 12 月 31 日账龄 2~3 年的金额(4 341 万元)大于 2×19 年 12 月 31 日账龄 1~2 年的金额(4 169 万元),不合逻辑。

(三) 函证应收账款

函证应收账款是指注册会计师直接从第三方(被询证者)获取书面答复作为审计证据的过程。函证应收账款的目的在于证实应收账款账户余额的真实性、正确性,防止或发现被审计单位及其有关人员在销售交易中发生的错误或舞弊行为。

【知识链接】

中国注册会计师审计准则问题解答第 2 号——函证

恰当地设计和实施函证程序可以为相关认定提供可靠的审计证据,这也是应对舞弊风险的有效方式之一。函证程序设计和实施不当,可能会导致其无效。《中国注册会计师审计准则第 1312 号——函证》要求注册会计师恰当设计和实施函证程序,以获取相关、可靠的审计证据。本问题解答旨在针对与函证有关的实务问题,强调注册会计师在函证过程中保持职业怀疑,提示注册会计师在确定是否实施函证程序、如何设计和实施函证程序,以及评价回函结果时需要关注和考虑的事项,以提高函证程序在应对舞弊风险方面的有效性。

注册会计师应当考虑被审计单位的经营环境、内部控制的有效性、应收账款账户的性质、被询证者处理询证函的习惯做法及回函的可能性等,以确定应收账款函证的范围、对象、方式和时间。

1. 函证的范围和对象

除非有充分证据表明应收账款对被审计单位财务报表而言是不重要的，或者函证很可能是无效的。否则，注册会计师应当对应收账款进行函证。如果注册会计师不对应收账款进行函证，应当在审计工作底稿中说明理由。如果认为函证很可能是无效的，注册会计师应当实施替代审计程序，获取相关、可靠的审计证据。

函证数量的多少、范围是由诸多因素决定的，主要有：①应收账款在全部资产中的重要性。若应收账款在全部资产中所占的比重较大，则函证的范围相应大一些。②被审计单位内部控制的强弱。若内部控制制度较健全，则可以相应减少函证量；反之，则应相应扩大函证范围。③以前期间的函证结果。若以前期间函证中发现过重大差异，或欠款纠纷较多，则函证范围应相应扩大一些。

在一般情况下，注册会计师应选择以下项目作为函证对象：大额或账龄较长的项目；与债务人发生纠纷的项目；重大关联方项目；主要客户（包括关系密切的客户）项目；交易频繁但期末余额较小甚至余额为零的项目；可能产生重大错报或舞弊的非正常的项目。

2. 函证的方式

注册会计师可采用积极的或消极的函证方式实施函证，也可将两种方式结合使用。

积极式询证函的格式如下。

企 业 询 证 函

编号：

××（公司）：

本公司聘请的××会计师事务所正在对本公司××年度财务报表进行审计，按照中国注册会计师审计准则的要求，应当询证本公司与贵公司的往来账项等事项。下列数据出自本公司账簿记录，如与贵公司记录相符，请在本函下端"信息证明无误"处签章证明；如有不符，请在"信息不符"处列明不符金额。回函请直接寄至××会计师事务所。

回函地址：

邮编：　　　　电话：　　　　传真：　　　　联系人：

本公司与贵公司的往来账项列示如下：

单位：元

截止日期	贵公司欠	欠贵公司	备　注

其他事项：

本函仅为复核账目之用，并非催款结算。若款项在上述日期之后已经付清，仍请及时函复为盼。

（公司盖章）

年　月　日

（续上）

结论:信息证明无误。

（公司盖章）
年　月　日
经办人:

信息不符,请列明不符的详细情况。

（公司盖章）
年　月　日
经办人:

积极函证方式的适用范围:相关的内部控制是无效的;预计差错率较高;个别账户的欠款金额较大;有理由相信欠款有可能会存在争议、差错等问题。

消极式询证函参考格式如下。

企 业 询 证 函

编号:

××（公司）:
　　本公司聘请的××会计师事务所正在对本公司××××年度财务报表进行审计,按照中国注册会计师审计准则的要求,应当询证本公司与贵公司的往来账项等事项。下列数据出自本公司账簿记录,如与贵公司记录相符,则无需回复;如有不符,请直接通知会计师事务所,并请在空白处列明贵公司认为是正确的信息。回函请直接寄至××会计师事务所。
　　回函地址:
　　邮编:　　　电话:　　　传真:　　　联系人:
　　本公司与贵公司的往来账项列示如下:

单位:元

截止日期	贵公司欠	欠贵公司	备　注

　　其他事项:
　　本函仅为复核账目之用,并非催款结算。若款项在上述日期之后已经付清,仍请及时核对为盼。

（公司盖章）
年　月　日

××会计师事务所:
　　上面的信息不正确,差异如下:

（公司盖章）
年　月　日
经办人:

消极式函证方式的适用范围：①重大错报风险评估为低水平。②涉及大量余额较小的账户。③预期不存在大量的错误。④相信被询证者能够认真对待函证。

3. 函证时间的选择

注册会计师通常在资产负债表日后适当时间内实施函证。如果重大错报风险评估为低水平，可选择资产负债表日前适当日期为截止日实施函证，并对所函证项目自该截止日起至资产负债表日止发生的变动实施实质性程序。

4. 函证的控制

注册会计师应直接控制询证函的发送和回收，对函证实施过程应采取必要的控制措施：将被询证者的名称、单位名称和地址与被审计单位有关记录核对；将询证函中列示的账户余额或其他信息与被审计单位有关资料核对；在询证函中指明直接向接受审计业务委托的会计师事务所回函；询证函经被审计单位盖章后，由注册会计师直接发出；将发出询证函的情况形成审计工作记录；将收到的回函形成审计工作记录，并汇总统计函证结果。

应收账款函证结果汇总表如表8-9所示。

表8-9 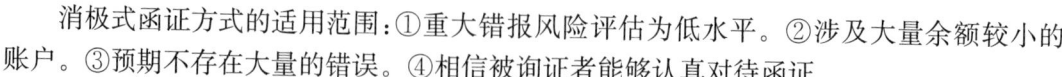 应收账款函证结果汇总表

被审计单位名称：　　　　　　　　　　　制表：　　　　　　　　　　　日期：
结账日：年　月　日　　　　　　　　　　复核：　　　　　　　　　　　日期：

询证函编号	债务人名称	债务人地址及联系方式	账面金额	函证方式	函证日期		回函日期	替代程序	确认余额	差异金额及说明	备注
					第一次	第二次					
合　计											

如果被询证者以传真、电子邮件等方式回函，注册会计师应当直接接收，并要求被询证者寄回询证函原件。如果被询证者采用积极的函证方式实施函证而未能收到回函，注册会计师应当考虑与被询证者联系，查明是由于被函证者地址迁移、差错而致信函无法投递，还是这笔应收账款本来就是一笔假账。注册会计师应发出第二封甚至第三封询证函，如果仍然得不到答复，应考虑采用必要的替代审计程序。例如，检查与销售有关的文件，包括销售合同、销售订单、销售发票副本及发运凭证等，以验证应收账款的真实性。

5. 对不符事项的处理

对应收账款而言，登记入账的时间不同而产生的不符事项主要表现为：①询证函发出时，债务人已经付款，而被审计单位尚未收到货款。②询证函发出时，被审计单位的货物已经发出并已作销售记录，但货物仍在途中，债务人尚未收到货物。③债务人由于某种原因将货物退回，而被审计单位尚未收到。④债务人对收到的货物的数量、质量及价格等方面有异议而全部或部分拒付货款等。如果不符事项构成错报，注册会计师应当评价该错报是否表明存在舞弊，并重新考虑所实施审计程序的性质、时间和范围。

6. 对函证结果的总结和评价

①重新考虑对内部控制的原有评价是否适当，控制测试的结果是否适当；分析程序的结果是否适当；相关的风险评价是否适当等。②如果函证结果表明没有审计差异，则可以合理

地推论,全部应收账款总体是正确的。③如果函证结果表明存在审计差异,则应当估算应收账款总额中可能出现的累计差错是多少,估算未被选中进行函证的应收账款的累计差错是多少。为取得对应收账款累计差错更加准确的估计,也可以进一步扩大函证范围。

【例 8-10】ABC 会计师事务所接受委托,审计天河股份有限公司 2×20 年度的财务报表。A 注册会计师了解和测试了与应收账款相关的内部控制,并将重大错报风险评估为高水平。A 注册会计师取得了 2×20 年 12 月 31 日的应收账款明细表,并于 2×21 年 1 月 15 日采用积极式函证方式对所有重要客户寄发了询证函。

A 注册会计师将与函证结果相关的重要异常情况汇总于表 8-10。

表 8-10　　　　　　　　　　　与函证结果相关的重要异常情况

异常情况	函证编号	客户名称	询证金额(元)	回函日期	回　函　内　容
(1)	22	甲	300 000	2×21 年 1 月 22 日	购买天河股份有限公司 300 000 元货物属实,但款项已于 2×20 年 12 月 25 日用支票支付
(2)	56	乙	500 000	2×21 年 1 月 19 日	因产品质量不符合要求,根据购货合同,于 2×20 年 12 月 28 日将货物退回
(3)	64	丙	640 000	2×21 年 1 月 19 日	2×20 年 12 月 10 日收到天河股份有限公司委托本公司代销的货物 640 000 元,尚未销售
(4)	134	丁	600 000	因地址错误,被邮局退回	—

要求:针对上述异常情况,简要指出 A 注册会计师应分别实施的重要审计程序。

【解答】(1)检查 2×20 年 12 月与 2×21 年 1 月的银行对账单,核实该笔款项是否以及何时收到。

若 2×20 年 12 月收到,应提请天河股份有限公司调整财务报表;

若 2×21 年 1 月收到,可合理确信被审计单位的相关记录;

若 1 月月末仍未收到,则应提醒天河股份有限公司进行必要的查询。

(2)提请调整 2×20 年度的财务报表,检查 2×21 年 1 月的入库单及存货明细账,证实所退产品是否已收到。

(3)应在检查天河股份有限公司与丙公司往来函件的基础上提请天河股份有限公司调整财务报表。

(4)应当保持足够的职业怀疑,核实函证地址与天河股份有限公司应收账款明细账户记录的地址是否一致。如不一致,在确认地址正确后再次发函询证。如一致,应当实施进一步审计程序,检查是否存在被审计单位虚构销售客户的情况。

(四)确定已收回的应收账款金额

请被审计单位协助,在应收账款账龄明细表中标出至审计时已收回的应收账款金额,对已收回金额较大的款项进行常规检查,如核对收款凭证、银行对账单、销货发票等,并注意凭证发生日期的合理性,分析收款时间是否与合同相关要素一致。

(五)对未函证应收账款实施替代审计程序

对于未函证应收账款,注册会计师应抽查有关原始凭据,如销售合同、销售订购单、销售发票副本、出库单及回款单据等,以验证与其相关的应收账款的真实性。

（六）检查坏账的确认和处理

第一,注册会计师应检查有无债务人破产或者死亡的,以及破产或以遗产清偿后仍无法收回的,或者债务人长期未履行清偿义务的应收账款;第二,注册会计师应检查被审计单位坏账的处理是否经授权批准,有关会计处理是否正确。

（七）抽查有无不属于结算业务的债权

不属于结算业务的债权,不应在应收账款中进行核算。因此,注册会计师应抽查应收账款明细账,并追查有关原始凭证,查证被审计单位有无不属于结算业务的债权。如有,应建议被审计单位作适当调整。

【例 8-11】注册会计师负责对天河股份有限公司 2×20 年度财务报表的审计工作。天河股份有限公司按账龄分析法计提坏账准备:账龄 1 年(含 1 年,以下类推)以内的,按其余额的 6% 计提;账龄 1～2 年的,按其余额的 30% 计提;账龄 2～3 年的,按其余额的 50% 计提;账龄 3 年以上的,按其余额的 80% 计提。天河股份有限公司 2×20 年应收账款账龄分析如表 8-11 所示。

表 8-11　　　　天河股份有限公司 2×20 年应收账款账龄分析　　　　货币单位:元

账龄	1 年以内	1～2 年	2～3 年	3 年以上
应收账款——A 公司	20 150 000			
应收账款——B 公司	−2 000 000			
应收账款——C 公司	600 000		25 760	78 000
应收账款——D 公司	10 000 000	2 160 240	932 000	
应收账款——E 公司		54 000		
小计	28 750 000	2 214 240	957 760	78 000

要求:指出上述账务处理中存在的问题,并做出审计调整分录。

【解答】应当注意应收账款——B 公司 −2 000 000 元的经济意义已不是应收账款,而是预收账款,因此被审单位在编制报表时将其重分类调整至预收账款项目,审计调整分录为:

借:应收账款——b 公司　　　　　　　　　　　　　　　　　　　　　2 000 000
　　贷:预收款项——b 公司　　　　　　　　　　　　　　　　　　　　　2 000 000

补提坏账准备金额 = 2 000 000 × 6% = 120 000(元)

借:资产减值损失——坏账准备　　　　　　　　　　　　　　　　　　120 000
　　贷:应收账款——坏账准备　　　　　　　　　　　　　　　　　　　　120 000

（八）确定应收账款是否已恰当列报

如果被审计单位为上市公司,则其财务报表附注通常应披露期初、期末余额的账龄分析,期末欠款金额较大的单位账款,以及持有 5% 以上(含 5%)股份的股东单位账款等情况。

第五节 坏账准备的审计

坏账是指企业无法收回或收回的可能性极小的应收款项。企业由于发生坏账而产生的损失称为坏账损失。《企业会计准则》规定,企业应当在期末对应收款项进行检查,并合理预计可能产生的坏账损失。企业通常应采用备抵法按期估计坏账损失,形成坏账准备。应收款项包括应收票据、应收账款、预付款项、其他应收款和长期应收款等,下面以应收账款相关的坏账准备为例,阐述坏账准备审计常用的实质性程序。

一、坏账准备的审计目标

(1) 确定计提坏账准备的方法和比例是否恰当。

(2) 确定坏账准备的计提是否充分。

(3) 确定坏账准备增减变动的记录是否完整。

(4) 确定坏账准备期末余额是否正确。

(5) 确定坏账准备的披露是否恰当。

二、坏账准备的实质性程序

(1) 取得或编制坏账准备明细表,复核加计是否正确,与坏账准备总账数、明细账合计数核对是否相符。

(2) 将应收账款坏账准备本期计提数与信用减值损失相应明细项目的发生额核对是否相符。

(3) 检查应收账款坏账准备计提和核销的批准程序,取得书面报告等证明文件,评价计提坏账准备所依据的资料、假设及方法。

企业应合理预计信用减值损失并计提坏账准备,不得多提或少提,否则应视为滥用会计估计,按照重大会计差错更正的方法进行会计处理。

企业只能采用备抵法核算坏账损失,计提坏账准备的具体方法由企业自行确定。企业应当列出目录,具体注明计提坏账准备的范围、提取方法、账龄的划分和提取比例,按照管理权限,经股东大会或董事会等类似机构批准,并报有关各方备案,同时,备置于公司所在地,以供投资者查阅。坏账准备提取方法一经确定,不得随意变更。

在确定坏账准备的计提比例时,企业应当综合考虑以往的经验、债务单位的实际财务状况和预计未来现金流量(不包括尚未发生的未来信用损失)等因素,以及其他相关信息做出合理估计。除有确凿证据表明该应收款项不能收回,或收回的可能性不大(如债务单位撤销、破产、资不抵债、现金流量严重不足、发生严重自然灾害等导致停产而在短期内无法偿付债务,以及应收账款逾期 3 年以上)外,下列各种情况一般不能全额计提坏账准备:①当年发生的应收账款,以及未到期的应收账款;②计划对应收账款进行债务重组;③与关联方发生的应收账款;④其他已逾期,但无确凿证据证明不能收回的应收账款。

（4）实际发生坏账损失的，检查转销依据是否符合有关规定，会计处理是否正确。对于被审计单位在被审计期间内发生的坏账损失，注册会计师应检查其原因是否清楚，是否符合有关规定，有无授权批准，有无已作坏账处理后又重新收回的应收账款，相应的会计处理是否正确。

对有确凿证据表明确实无法收回的应收账款，如债务单位已撤销、破产、资不抵债、现金流量严重不足等，企业应根据管理权限，经股东（大）会或董事会，或经理（厂长）办公会或类似机构批准作为坏账损失，冲销提取的坏账准备。

【例 8-12】注册会计师李明审计天河股份有限公司坏账准备项目。天河股份有限公司采用应收账款年末余额的 3% 计提坏账准备，"坏账准备——应收账款"账户年初贷方余额为 60 000 元，借方发生额为 30 000 元，另收回去年已注销的坏账 15 000 元，天河股份有限公司的会计处理为：

借：银行存款   15 000
 贷：其他应付款   15 000

年末应收账款余额 700 000 元，会计人员计提坏账准备金，其会计分录为：

借：信用减值损失   21 000
 贷：坏账准备——应收账款   21 000

要求：分析上述事项，判断天河股份有限公司的做法是否正确，如不正确，请你提出相应的处理意见。

【解答】存在问题：①收回已注销的坏账应增加坏账准备，该公司计入其他应付款，为私设小金库或贪污舞弊提供了条件。②年末公司应冲销坏账准备 24 000 元（60 000－30 000＋15 000－700 000×3%），该公司反而又提 21 000 元，虚增信用减值损失 45 000 元。

审计建议：注册会计师应提请该公司作调账处理。

调整分录：

① 调整其他应付款和应收账款。

借：其他应付款   15 000
 贷：应收款项   15 000

② 调整坏账准备和信用减值损失。

借：应收款项——坏账准备   45 000
 贷：信用减值损失   45 000

同时，调整财务报表的其他项目。

（5）检查函证结果。对债务人回函中反映的例外事项及存在争议的余额，注册会计师应查明原因并做记录。必要时，注册会计师应建议被审计单位作相应的调整。

（6）实施分析程序。通过比较前期坏账准备计提数和实际发生数，以及检查期后事项，评价应收账款坏账准备计提的合理性。

（7）确定应收账款坏账准备的披露是否恰当。企业应当在财务报表附注中清晰地说明坏账的确认标准、坏账准备的计提方法和计提比例。上市公司应在财务报表附注中分项披露如下事项:①本期全额计提坏账准备,或计提坏账准备的比例较大的(计提比例一般超过40%的,下同),应说明计提的比例以及理由。②以前期间已全额计提坏账准备,或计提坏账准备的比例较大但在本期又全额或部分收回的,或通过重组等其他方式收回的,应说明其原因、原估计计提比例的理由以及原估计计提比例的合理性。③对某些金额较大的应收账款不计提坏账准备,或计提坏账准备比例较低(一般为5%或低于5%)的理由。④本期实际冲销的应收款项及其理由,其中,实际冲销的关联交易产生的应收账款应单独披露。

【关键术语】

销售与收款循环　内部控制　控制测试　实质性程序　截止测试　应收账款函证积极式函证　消极式函证　坏账准备审计

【拓展分析】

1. A注册会计师负责对M公司2×20年12月31日的财务报表内部控制进行审计。A注册会计师了解到,M公司将客户验货签收作为销售收入确认的时点。部分与销售相关的控制内容摘录如下:

(1) 每笔销售业务均需与客户签订销售合同。

(2) 赊销业务需由专人审批信用。

(3) 仓库收到经批准的发货通知单时才能供货。

(4) 开票人员无权修改开票系统中已设置好的商品价目表。

(5) 财务人员根据核对一致的销售合同、客户签收单和销售发票编制记账凭证并确认销售收入。

(6) 每月月末,由独立人员对应收账款明细账和总账进行调节。

要求:

(1) 针对上述(1)~(6)项所列控制,逐项指出是否与销售收入的发生认定直接相关。

(2) 从所选出的与销售收入的发生认定直接相关的控制中,选出一项最应当测试的控制,并简要说明理由。

2. 甲公司是ABC会计师事务所的常年审计客户,主要从事电气设备的生产和销售。A注册会计师负责审计甲公司2×20年度财务报表,确定财务报表整体的重要性为300万元,实际执行的重要性为210万元。

A注册会计师在审计工作底稿中记录了实施的进一步审计程序,部分内容摘录如下:

(1) 为测试应收账款的存在认定,因甲公司有两笔大额应收账款已于2×19年全额计提坏账准备,2×20年度无变化,A注册会计师直接利用了2×19年度的测试结果。

(2) 因以前年度审计中从未发现收入舞弊情况,A注册会计师认为甲公司2×20年度收入确认不存在舞弊风险,在审计工作底稿中记录了上述理由和结论。

(3) 甲公司X产品在发货时开具出库单,在客户验收后确认销售收入,出库单按出库顺序连续编号。A注册会计师拟选取2×20年12月最后若干张和2×21年1月最前若干张出库单,检查其对应的销售收入是否分别记录在2×20年度和2×21年度。

(4) A注册会计师在Y产品销售实施截止测试时,因收入存在高估风险,从资产负债表

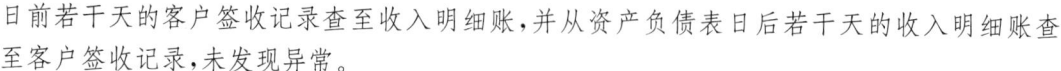

日前若干天的客户签收记录查至收入明细账,并从资产负债表日后若干天的收入明细账查至客户签收记录,未发现异常。

要求:针对上述事项(1)~(4),假定不考虑其他条件,逐项指出 A 注册会计师的做法是否恰当。如不恰当,简要说明理由。

3. A 注册会计师负责审计 W 公司 2×20 年度财务报表。W 公司 2×20 年 12 月 31 日应收账款余额为 3 000 万元。A 注册会计师认为应收账款存在重大错报风险,决定选取金额较大以及风险较高的应收账款明细账户实施函证程序,选取的应收账款明细账户余额合计为 1 800 万元。相关事项如下:

(1) W 公司客户 Z 公司的回函确认金额比 W 公司账面余额少 150 万元。W 公司销售部人员解释,W 公司于 2×20 年 12 月月末销售给 Z 公司的一批产品,在 2×20 年年末尚未开具销售发票,Z 公司因此未入账。A 注册会计师认为该解释合理,未实施其他审计程序。

(2) 实施函证的 1 800 万元应收账款余额中,审计项目组未收到回函的余额合计为 950 万元,审计项目组对此实施了替代程序:对其中的 500 万元查看了期后收款凭证;对没有期后收款记录的 450 万元,检查了与这些余额相关的销售合同和发票,未发现例外事项。

(3) 鉴于对 60% 应收账款余额实施函证程序未发现错报,A 注册会计师推断其余 40% 的应收账款余额也不存在错报,无须实施进一步审计程序。

要求:针对上述事项(1)~(3),逐项指出 W 公司审计项目组的做法是否恰当。如不恰当,简要说明理由。

【课程思政案例】

新大地科技财务造假上市案例

一、新大地企业概况

广东新大地生物科技股份有限公司(以下简称新大地)成立于 2004 年,创立初期名为广东新大地生物科技有限公司,2008 年更名为广东新大地生物科技股份有限公司。该公司位于广东省梅州市平远县长田镇,为主要从事油茶产业化的现代农业企业,2011 年 8 月被有关部门评为国家高新技术企业。公司主营业务是茶皂素系列产品研发及山茶油加工、油茶苗培植及油茶基地开发与洗发护发、沐浴液、化妆品及生物有机肥生产、销售。该公司生产的"曼佗神露"牌高山茶油,作为公司的主打产品,对公司的销售收入贡献不小。同时,该公司的产品获得了一些相关机构的认证,如有机转换产品认证、绿色食品认证、ISO9001 质量管理体系认证、食品安全管理体系认证等。

该公司分别在广东平远和江西遂川建成了两大产业基地,依托丰富的油茶资源优势,开拓创新,锐意进取,走出了一条"产业规划科学、加工布局合理、产品结构完善、综合利用水平高、经济效益、生态效益和社会效益良好"的绿色发展之路,形成了"三圃二基地一中心"的油茶产业化体系。公司主营业务为良种油茶苗的培育与推广及油茶精深加工系列产品的研发、生产和销售。该公司的业务覆盖了油茶产业链的上、中、下游,即上游的培育与推广良种油茶苗、开发与建设高产油茶林基地;中游的研发、生产和销售茶油系列产品,如精炼茶油等;下游的茶油精深开发如山茶油维 E 胶囊、护肤山茶油等,副产物茶粕、茶壳的综合利用,如茶粕有机肥等,茶皂素及其衍生品的开发如茶皂素洗涤品、茶皂素生物农药等。

二、新大地财务舞弊过程

新大地于 2012 年 4 月 12 日,通过首次公开发行股票在创业板上市的申请,并在证监会网站进行预先披露,而后在 2012 年 5 月 18 日召开的证监会创业板发审委 2012 年第 36 次会议上获得通过。然而,2012 年 5 月下旬,经过记者的深度调查,发现了大量与新大地招股书不符的事实,其涉嫌虚增利润、隐瞒关联交易,且财务数据自相矛盾的现象十分严重。2012 年 6 月,中国证监会已终止对广东新大地生物科技股份有限公司首发上市申请的后续审查。相比之前的云南绿大地等财务舞弊事件,新大地的舞弊手段更加精细,几乎可以代表中国目前财务造假的最高水平。新大地的舞弊手段主要有:虚增收入、虚减成本、虚增资产,隐瞒关联方交易等。具体如下。

1. 虚增收入

在构成收入的要素中,最能表现出一家企业经营获利能力、企业成长趋势的,同时引起投资者重视的是主营业务收入。上市公司财务舞弊最常用的舞弊手法之一就是虚增主营业务收入。

新大地在 2009 年、2010 年、2011 年连续 3 个年度中,虚增营业收入分别为 3 542 195.03 元、7 314 799.87 元和 6 150 129.86 元,如图 8-1 所示。

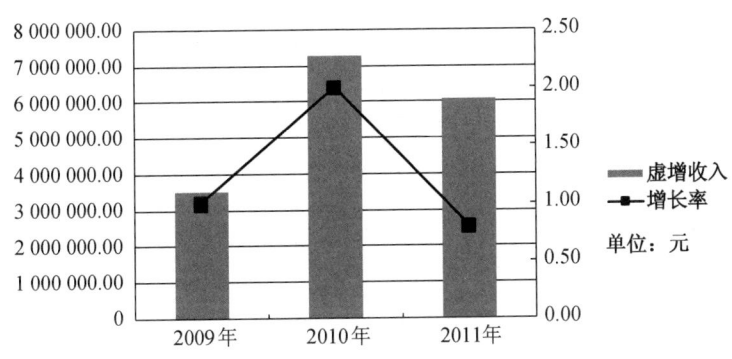

图 8-1　新大地虚增收入情况

2009—2011 年,新大地在收入账户中,向梅州市喜多多超市连锁有限公司、深圳市铁汉生态环境股份有限公司、梅州市林业局、深圳致君药业有限公司、平远县金利贸易有限公司、平远县飞龙实业有限公司飞龙超市、平远县农业局、平远县林业局、平远县财政局 9 家客户的商品销售中多计收入,3 年共计虚增营业收入 3 949 773.13 元。

另外,在 2011 年 11 月,五华县财政局应拨付给新大地政府补贴款 100 万元,新大地通过其控制的梅州维运新农业发展有限公司的账户向九州贸易转款 45 万元,收款的当日,九州贸易将这笔资金转至新大地的账户,新大地将该笔资金确认为其销售收入。

新大地在 2009 年、2010 年、2011 年连续 3 年虚增的利润分别为 2 319 084.10 元、2 891 506.12 元和 15 210 789.31 元,分别占当年利润总额的 14.87%、10.89% 和 36.13%,如图 8-2 所示。

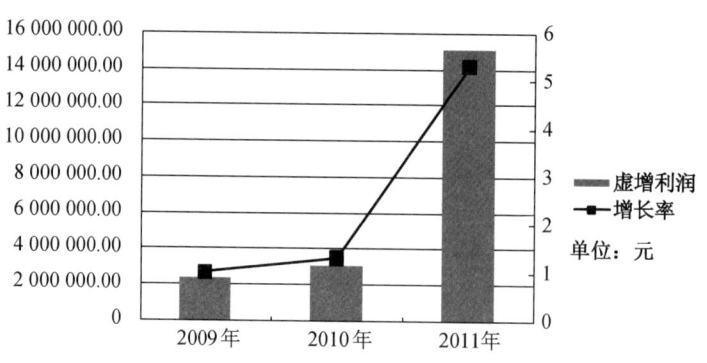

图 8-2 新大地虚增利润情况

2．虚减成本

虚减成本难以被发现，相对于虚增收入容易留下造假证据，因此越来越多的上市公司采用这种手段。新大地公司作为制造业企业，将企业自身或者集团内部上下游企业编制的大部分单据作为成本类账户记账的根据，并且种类繁多是成本类账户的特点，如何归类大多数要依赖会计人员的职业判断，例如，将其归入资本性支出，或是收益性支出等。在这种背景下，像成本类账户这种需要依靠财务人员做出职业判断的项目，为财务舞弊者提供了实施舞弊的空间。

新大地在 2009 年、2010 年、2011 年 3 年里，虚减的成本分别为 1 223 110.93 元、4 256 610.71 元和 3 811 340.55 元，如图 8-3 所示。

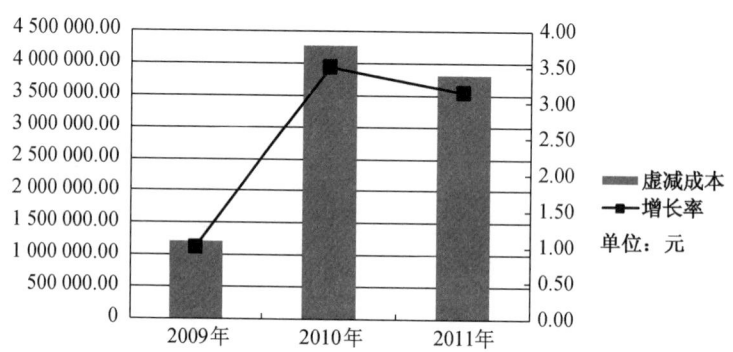

图 8-3 新大地虚减收入情况

3．虚增资产

上市公司通过粉饰自己的财务报表，虚增企业资产的账面价值也是常用手段之一。新大地在 2009—2011 年，向平远县二轻建筑公司以支付工程款的名义付款，由此形成在建工程，并最后列入固定资产项目中，但平远县二轻建筑公司并没有实施建造工程，基于此行为，新大地 2009 年、2010 年、2011 年连续 3 年虚增的固定资产金额分别为 227.68 万元、648.73 万元和 264.5 万元，如图 8-4 所示。

4．隐瞒关联方交易

外部信息使用者如投资人、贷款银行等对关联交易难以了解，只能依赖上市公司在报表附注中的披露，在关联交易大多发生在企业集团内部的条件下。正是因为关联交易难以被发现，所以一些上市公司基于此原因，隐瞒关联方交易，并拆解及占用关联资金。

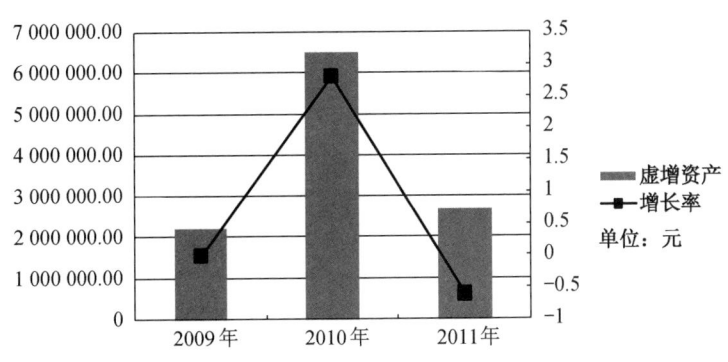

图 8-4　新大地虚增资产情况

新大地在 2009 年、2010 年、2011 年 3 个年度中，排名前 10 的大客户总共涉及 22 家，与近 10 家客户关存在联交易问题。

梅州市曼陀神露山茶油专卖店，连续 3 年为新大地最大的茶油客户，2010 年曾被新大地的控制人黄运江的侄女黄双燕所持有，是新大地的关联方。查阅相关的工商资料后发现，该专卖店于 2010 年 5 月 19 日注册，注册号为 441402600087288，目前已经注销。但是，仅 10 多天后，该专卖店的注册号就变成 441402600188354，出资人也由黄双燕变成了邹琼，经营场所却没有改变。所以，招股说明书所披露的 2009 年该店出资人是邹琼为虚假记载，刻意隐瞒了该专卖店的出资人与新大地存在的特殊关系。由于这种特殊关系，以及新大地可能或已经为曼陀神露及其经营者提供了利益倾斜。新大地与曼陀神露专卖店的关联交易金额在 2009 年、2010 年、2011 年 3 年里，分别是 19.89 万元、122.13 万元和 104.31 万元。但是，该关联方关系及其交易在新大地的招股说明书申报稿以及其上会稿中，并没有被披露出来。

鸿达装饰是新大地的关联方，鸿达装饰公司的法定代表人黄某光在 2009—2011 年担任新大地的监事，并且黄某光是新大地控制人黄运江的弟弟。新大地与鸿达装饰的关联交易金额在 2009 年为 23.41 万元。该关联方关系及其交易在招股说明书申报稿以及上会稿中，也未被披露。

梅州绿康为新大地的关联方，梅州绿康的经营者陈某系凌洪之妻，凌洪是新大地副董事长凌梅兰的哥哥，且凌洪在 2009 年至 2010 年 10 月间担任新大地监事，2010 年 10 月改任财务总监。在 2009 年和 2010 年两年中，新大地与梅州绿康交易金额分别为 38.86 万元和 23.88 万元。该关联方关系及其交易在新大地的招股说明书申报稿以及上会稿中，均未被披露。

此外，2010 年和 2011 年，北京和风大地商贸有限责任公司（以下简称和风大地）、四川蜀酿酒业有限公司北京分公司，相继成为新大地公司排名前十的大客户，但他们与新大地均有关联。

2011 年 5 月 11 日，和风大地注册成立，两天后，和风大地与新大地公司签订了为期 2 年的华北地区《总经销合同》。合同签订 7 个月后，即 2011 年年末，和风大地销售茶油和洗涤品的收入达到 405.24 万元，并一跃成为新大地当年的第三大客户。但是，工商信息显示，和风大地的注册地址，与新大地的董事会秘书赵罡直接控制的北京福众金源环保科技有限公司的登记注册地址相同。

还有,一家名为四川蜀酿酒业有限公司北京分公司的客户与和风大地的情况类似,其注册地址与新大地的第三大股东赵合宇控制的中兴新世纪的注册地址相同。招股说明书中披露,该公司 2010 年的茶油销售额为 247.16 万元,位列当年的第三大客户,但是,新大地的 2011 年前十大客户的名单中也不见该公司。

我国上市公司财务舞弊经历了从利用母公司报表造假到集团集体造假,从运用单一舞弊手法到多样手法同时使用,从集中在期末的舞弊到连续、均匀、系统的舞弊。上市公司财务舞弊不仅给投资者、债权人的利益造成严重损害,而且也对上市公司自身的形象和长远的利益影响重大。

然而,负责审计工作的大华会计师事务所未能尽责,在 2009 年、2010 年、2011 年连续 3 年出具了标准无保留意见的《审计报告》,审计意见如下:"我们认为,新大地公司的财务报表在所有重大方面按照企业会计准则的规定编制,公允反映了新大地公司 2009 年 12 月 31 日、2010 年 12 月 31 日、2011 年 12 月 31 日的合并及母公司财务状况以及 2009 年度、2010 年度、2011 年度的合并及母公司经营成果和现金流量。"

三、新大地的舞弊后果

2013 年 5 月 31 日,在对广东新大地生物科技股份有限公司造假上市事件调查完成后,中国证监会宣布了调查结果及相关处罚决定。新大地是首个通过创业板发审委审核后因为媒体质疑其造假上市而终止 IPO 的公司。

2012 年 8 月 28 日,证监会对新大地立案调查,发现新大地在 2009—2011 年采用资金循环、虚构销售业务、虚构固定资产等手法,在财务年报中发布虚假的财务数据信息。2011 年、2010 年、2009 年 3 年分别虚增利润 1,521.07 万元、289.15 万元和 251.9 万元,分别占当年利润总额比例为 36.13%、10.89% 和 14.87%。由此断定,新大地于 2012 年 4 月预先披露的招股说明书申报稿和上会稿中存在虚假记载。

新大地和它的保荐机构南京证券有限责任公司于 2012 年 7 月 3 日向证监会提交终止发行上市的申请。证监会 2013 年 10 月 15 日出具对新大地的行政处罚决定书,内容如下:给予新大地公司警告处分,并罚款 60 万元;给予新大地的实际控制人黄运江、凌梅兰警告处分,终身市场禁入,并罚款 30 万元;给予凌洪(新大地财务总监、曾担任监事)警告处分,10 年市场禁入,并罚款 20 万元;给予该公司董事黄鲜露、董事会秘书赵罡警告处分,并罚款 20 万元;给予其他的相关责任人警告处分,并罚款 15 万元。

负责审计新大地财务报表的大华会计师事务所,未按准则执行业务,出具的审计意见不当,证监会没收其该项业务的收入 110 万元,罚款 22 万元,并责令其限期整改;给予签字注册会计师警告处分,终身市场禁入,罚款 15 万元。为新大地出具法律意见书的大成律师事务所,证监会没收其该项业务收入 50 万元,罚款 100 万元。给予签字的四位律师警告处分,并对其中两位罚款 10 万元,另两位罚款 5 万元。

四、审计过程

1. 收入审计

审计师在对收入进行审计时,执行了包括毛利率分析在内的审计程序。审计师对申报期的产品毛利率进行了逐月统计,并将统计结果记录于工作底稿,部分底稿显示,2009 年 3 月新大地主营业务毛利率为 −104.24%,而同年 11 月飙升至 90.44%;2011 年 11 月毛利

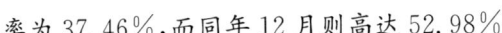

率为 37.46%,而同年 12 月则高达 52.98%。

2. 关联方交易审计

新大地存在遗漏披露若干关联方关系及其交易的行为。审计工作底稿显示,2011 年 10 月 21 日,审计师在深圳对梅州绿康经营者陈某进行了实地访谈,访谈笔录中记载新大地对梅州绿康 2010 年度销售金额与新大地账面数相同。审计师在关于新大地有关举报问题的核查意见中重申,其与保荐机构、律师事务所对梅州绿康进行了实地访谈,了解到其向新大地采购茶油情况与新大地茶油的销售记录一致。

案例思考和讨论题

1. 新大地财务舞弊违反了哪些社会道德和社会责任?

2. 结合《中国注册会计师审计准则第 1211 号——通过了解被审计单位及其环境识别和评估重大错报风险》《中国注册会计师审计准则第 1141 号——财务报表审计中与舞弊相关的责任》及《中国注册会计师审计准则第 1313 号——分析程序》,分析和讨论注册会计师对新大地执行的毛利率分析程序存在什么问题?

3. 结合《中国注册会计师职业道德守则第 1 号——职业道德基本原则》《中国注册会计师审计准则第 1323 号——关联方》,分析和讨论注册会计师在审计过程中未发现新大地的关联方及虚假销售的原因是什么? 注册会计师违反了哪些职业道德?

4. 讨论该案例中注册会计师审计销售交易过程应执行哪些更有针对性的实质性程序。

5. 调查了解并举出一些例子,以展示目前会计师事务所利用 AI、大数据分析、区块链技术等技术手段更加高效、准确地完成审计任务,提高审计质量和风险控制能力,以及未来趋势。

练 习 题

姓名＿＿＿＿＿＿
学号＿＿＿＿＿＿
分数＿＿＿＿＿＿

一、单项选择题

1. 销售与收款循环业务的起点是(　　)。
   A. 顾客提出订货要求 　　　　　　　B. 向顾客提供商品或劳务
   C. 商品或劳务转化为应收账款 　　　D. 收入货币资金

2. 属于外部证据的销售和收款循环所涉及的主要凭证或会计记录有(　　)。
   A. 顾客订货单 　　　　　　　　　　B. 商品价目表
   C. 销售单 　　　　　　　　　　　　D. 顾客月末对账单

3. 下列内部控制中,能防止企业因审批人决策失误而造成严重损失的是(　　)。
   A. 编制销售单要经过审批
   B. 非经正当审批,不得发出货物
   C. 销售价格、销售条件、运费、折扣等必须经过审批
   D. 审批人应当根据销售与收款授权批准制度的规定,在授权范围内进行审批,不得超越审批权限

4. 下列各项中,属于销售与收款循环中实质性程序的是(　　)。
   A. 检查客户的赊购是否经授权批准
   B. 追查主营业务收入明细账中的分录至销售发票
   C. 检查有关凭证上的内部核查标记
   D. 检查会计科目表是否适当

5. 企业设置严格的赊销审批制度,直接降低应收账款(　　)认定的报错风险。
   A. 存在 　　　　　B. 准确性、计价和分摊 　　　C. 完整性 　　　　　D. 分类

6. 下列各项中,与营业收入的"发生"认定直接相关的是(　　)。
   A. 出库单连续编号
   B. 仓库只有在收到经批准的发货通知单时才能供货
   C. 负责开具发票的人员无权修改开票系统中已设置好的商品价目表
   D. 财务人员根据核对一致的销售合同、客户签收单和销售发票编制记账凭证并确认销售收入

7. 针对向虚构的客户发货并作为销售交易登记入账错误发生的可能性,注册会计师应当(　　)。
   A. 从主营业务收入明细账中抽取若干笔分录,追查有无出库单及其他佐证,借以查明有无事实上没有发货却已登记入账的销售交易
   B. 按订货数量发货,按发货数量准确地开具账单,以及将账单上的数额准确地记入会计账簿

C. 检查主营业务收入明细账中与销售分录相应的销货单,以确定销售是否履行赊销审批手续和发货审批手续

D. 从出库单追查至销售收入明细账

8. 下列各项中,不属于注册会计师应当关注的与主营业务收入密切相关的日期的是( )。

A. 赊销审批日期

B. 发货日期

C. 记账日期

D. 发票开具日期

9. 从资产负债表日前若干天的出库单查至发票开具情况与账簿记录,主要是为了( )。

A. 防止少计收入

B. 防止多计收入

C. 防止收入金额错误

D. 防止收入分类错误

10. 下列各项中,不属于注册会计师对应收账款实施分析程序时考虑的指标是( )。

A. 应收账款借方发生额占销售收入净额的百分比

B. 应收账款周转率

C. 应收账款周转天数

D. 应收账款借方余额占销售收入净额的百分比

11. 下列关于应收账款审计的说法中,不正确的是( )。

A. 在任何情况下,都要对应收账款函证

B. 函证可以是积极方式也可以是消极方式

C. 通过函证应收账款,可以证明应收账款的存在

D. 如果以前期间函证发现过重大差异,可以增加函证的数量

12. 如果重大错报风险评估为低水平,注册会计师可选择( )截止日实施函证。

A. 资产负债表日

B. 审计报告日

C. 资产负债表日前适当日期

D. 审计工作开始日

13. 被审计单位记录的下列现销业务中,导致其 2×20 年度营业收入违反发生认定的是( )。

A. 2×20 年 12 月 25 日确认收入并结转成本,出库单的日期为 2×21 年 1 月 2 日

B. 2×20 年 1 月 5 日确认收入并结转成本,出库单的日期为 2×19 年 12 月 29 日

C. 2×20 年 12 月 25 日确认收入并结转成本,出库单的日期为 2×20 年 5 月 3 日

D. 2×20 年 12 月 31 日确认收入并结转成本,出库单的日期为 2×20 年 12 月 9 日

14. 针对下列函证程序的替代程序中,最有效的是( )。

A. 询问被审计单位管理层

B. 重新实施控制测试

C. 检查与应收账款对应的发运凭证

D. 实施实质性分析程序

15. 下列与收入相关的分析程序中,不适当的是( )。

A. 将销售收入与财务费用中现金折扣计提情况进行比较

B. 将本期销售收入金额与上一年进行比较

C. 将销售收入与销售费用进行比较

D. 将本年的毛利率与上一年的、同行业本年的毛利率进行比较

16. 防止在未收到货物的情况下,支付款项给对方的控制程序是(   )。
    A. 只能由出纳来填写支票
    B. 应付凭单的编制人员必须核对相关订购单、验收单和卖方发票后,才能编制应付凭单
    C. 卖方发票要自行编号
    D. 批准采购的人员不能负责款项的支付

17. 在销售与收款循环中,无论批准赊销与否,都要求被授权的信用管理部人员在(   )上签署意见。
    A. 顾客订单   B. 销售单
    C. 出库单   D. 销售发票

18. 在对坏账损失进行审计时,A 注册会计师发现被审计单位 K 公司存在以下处理情况,其中不正确的是(   )。
    A. 某债务人失踪,在取得相关法律文件予以证实后,确认为坏账损失
    B. 某债务人被撤销,尽管尚未完成清算,但根据政府相关部门责令关闭的文件等有关资料,确认坏账损失
    C. 对某债务人提起诉讼,虽然胜诉但因无法执行被裁定终止执行,确认坏账损失
    D. 某债务人已经注销,在取得相关法律文件予以证实后,确认坏账损失

二、多项选择题

1. 下列各项中,不符合销售与收款循环中职责分离要求的有(   )。
   A. 如果编制销售发票通知单的人员生病,可以由开具销售发票的人员代行职责
   B. 销售人员可以收款
   C. 谈判人员与订立合同的人员职责分离
   D. 企业应收票据的取得和贴现必须经由保管票据人员的书面批准

2. 针对销售的截止测试,注册会计师可以实施的程序有(   )。
   A. 选取资产负债表日前后若干天一定金额以上的出库单,与应收账款和收入明细账进行核对
   B. 从应收账款和收入明细账中选取在资产负债表日前后若干天一定金额以上的凭证,与出库单核对,以确定销售是否存在跨期现象
   C. 复核资产负债表日前后销售和发货水平,确定业务活动水平是否异常,并考虑是否有必要追加实施截止测试程序
   D. 取得资产负债表日后所有的销售退回记录,检查是否存在提前确认收入的情况

3. 在确定函证数量时,需要考虑的因素有(   )。
   A. 应收账款在全部资产中的重要性   B. 以前期间的函证结果
   C. 被审计单位内部控制的强弱   D. 被审计单位的要求

4. 在确定应收账款函证的范围、对象、方式和时间时,注册会计师需要考虑的因素有(   )。
   A. 被询证者处理询证函的习惯做法   B. 内部控制的有效性
   C. 回函的可能性   D. 成本的高低

5. 在一般情况下,注册会计师应选择(   )作为函证对象。

A. 大额或账龄较长的项目

B. 交易频繁但期末余额较小甚至余额为零的项目

C. 可能产生重大错报的非正常的项目

D. 可能产生舞弊的非正常的项目

6. 注册会计师对应收账款实施函证时发现不符事项,下列不符事项中,属于由于登记入账的时间不同而产生的有(　　)。

A. 被审计单位重复入账

B. 询证函发出时,债务人已经付款,而被审计单位尚未收到货款

C. 询证函发出时,被审计单位的货物已经发出并已作销售记录,但货物仍在途中,债务人尚未收到货物

D. 债务人由于某种原因将货物退回,而被审计单位尚未收到

7. 在符合(　　)情况时,注册会计师可以采用消极式函证。

A. 预计差错率较低

B. 债务人欠款余额很小

C. 债务人能认真对待询证函

D. 内部控制较差

8. 登记入账的销货业务是真实的,对这一目标,审计人员一般关心的错误类型有(　　)。

A. 未曾发货却已将销货业务登记入账

B. 销货业务重复入账

C. 向虚构的顾客发货

D. 销货业务发生不入账

9. 注册会计师对销售交易实施的截止测试可能包括(　　)。

A. 复核资产负债表日前后销售和发货水平,确定业务活动水平是否异常,并考虑是否有必要追加实施截止测试程序

B. 取得资产负债表日后所有的销售退回记录,检查是否存在提前确认收入的情况

C. 结合对资产负债表日应收账款的函证程序,检查有无未取得对方认可的销售

D. 选取资产负债表日前后若干天的出库单,与应收账款和收入明细账进行核对;同时,从应收账款和收入明细账中选取在资产负债表日前后若干天的凭证,与出库单核对,以确定销售是否存在跨期现象

10. 下列各项中,不能表明被审计单位存在收入舞弊风险的有(　　)。

A. 被审计单位销售旺季的收入明显高于淡季

B. 被审计单位本年的销售收入增长率和行业的销售收入增长率不存在明显差异

C. 在被审计单位业务或其他相关事项未发生重大变化的情况下,询证函回函相符比例明显异于以前年度

D. 被审计单位的客户在期末和被审计单位发生频繁采购交易,但是都未结算

11. 下列关于被审计单位内部控制的表述中,合理的有(　　)。

A. 信用部门与应收账款处理部门相互独立

B. 销售折让由业务记录以外的人员批准

C. 坏账冲销由登记应收账款总账的人员批准

D. 应收账款账簿记录员与出纳职责分离

E. 批准赊销与销售职能相互分离

12. 询证应收账款时,肯定式询证函经二次发出仍不回复,有可能(　　)。

A. 账款已还、不愿再回复

B. 根本不存在该客户

C. 客户发生重大财务困难或已破产　　　　D. 被审计单位提供地址错误

E. 审计人员执行了替代程序

13. 对于被审计单位销售退回、折让、折扣的控制测试,注册会计师应检查(　　)。

A. 销售退回和折让是否附有顺序编号并经主管人员核准的贷项通知单

B. 所退回的商品是否具有仓库签发的退货验收报告

C. 销售退回与折让的批准与贷项通知单的签发职责是否分离

D. 现金折扣是否经过适当授权,授权人与收款人的职责是否分离

E. 销售退回和折让是否经过工商管理部门审批

14. 下列关于收入交易和余额存在的固有风险中,正确的有(　　)。

A. 被审计单位管理层可能为了完成预算,满足业绩考核要求,保证从银行获得额外的资金,吸引潜在投资者,或影响公司股价,而在财务报表中虚增收入

B. 被审计单位可能针对一些特定的产品或者服务提供一些特殊的交易安排(例如特殊的退货约定、特殊的服务期限安排等),但管理层可能对这些不同安排下所涉及的交易风险的判断缺乏经验,收入确认上就容易发生错误

C. 被审计单位在年末编造虚假销售,然后在次年转回,可能导致当年收入以及当年年末应收账款余额、货币资金余额和应交税费余额的高估

D. 如果被审计单位从事贸易业务并且销售货款较多地以现金结算时,被审计单位员工发生舞弊和盗窃的风险会降低

15. 为了证实被审计单位登记入账的销货是否均经正确的计价,适当的计价测试有(　　)。

A. 复算销售发票上的数据

B. 追查主营业务收入明细账中的金额至销售发票

C. 追查销售发票上的详细资料至出库单、经批准的商品价目表和顾客订货单

D. 检查出库单连续编号的完整性

16. 注册会计师对被审计单位已发生的销货业务是否均已登记入账进行审计时,常用的控制测试程序有(　　)。

A. 检查发运凭证连续编号的完整性

B. 检查赊销业务是否经适当的授权批准

C. 检查销售发票连续编号的完整性

D. 检查已经寄出的对账单的完整性

E. 检查销售业务是否经过董事会审批

17. 下列关于销售与收款循环中各业务活动和相关认定的说法中,注册会计师认为正确的有(　　)。

A. 财务部门正确编制应收账款账龄分析表,与应收账款的存在认定直接相关

B. 会计主管人员检查向客户开具的销售发票是否连续编号,与营业收入的发生认定直接相关

C. 会计主管人员按照客户验收单载明的日期进行收入确认,与营业收入的截止认定直接相关

D. 开具账单部门依据已批准的商品价目表开具销售发票,与营业收入的准确性认定直接相关

18. 下列各项中,可能表明存在收入确认的舞弊风险迹象的有(   )。
    A. 被审计单位发运单日期有明显更改痕迹
    B. 被审计单位与疑似关联方客户进行大量交易
    C. 被审计单位临近期末的交易量激增
    D. 被审计单位多项不同的应收账款均从同一付款单位收回

三、判断题

1. 注册会计师应当假定被审计单位在收入确认方面存在舞弊风险,并应当考虑哪些收入类别以及与收入有关的交易或认定可能导致舞弊风险。   (   )
2. 企业采用预收账款销售方式,应于商品已经发出时,确认收入的实现。   (   )
3. 实施收入截止测试时,注册会计师应当以该年度的账簿记录为起点,以检查是否低估业务收入。   (   )
4. 对于大额应收账款余额,注册会计师必须采用积极式函证予以证实。   (   )
5. 如果不对应收账款函证,注册会计师应当在工作底稿中说明理由。   (   )
6. 注册会计师对企业应收账款账龄进行分析的目的在于取得应收账款可收回性及坏账准备充分性方面的证据。   (   )
7. 应收账款询证函的寄发和收回均应由注册会计师直接控制。   (   )
8. 如果应收账款函证结果表明无审计差异,则注册会计师可以合理地推论,全部应收账款总体是合理的。   (   )
9. 对主营业务收入项目实施截止测试,其目的主要在于确定被审计单位主营业务收入的会计记录归属期是否正确;应计入本期或下期的主营业务收入是否被推迟到下期或提前至本期。   (   )
10. 对坏账准备的审计,可以运用分析性复核程序,以发现有重要问题的审计领域。 (   )
11. 商品价目表只能证明完整性认定。   (   )
12. 由原始凭证追查至明细账是为了测试完整性目标,从明细账追查至原始凭证是为了测试真实性目标。   (   )
13. 肯定式函证方式没有得到复函的,应采用追查程序,一般来说应第二次甚至第三次发送询证函,如果仍得不到答复,注册会计师应考虑采用必要的替代程序。   (   )
14. 如果收回的询证函有差异,那么应要求被审计单位作适当调整。   (   )
15. 对有确凿证据表明确实无法收回的应收账款,根据公司的管理权限,应经总经理批准作为坏账损失,冲销提取的坏账准备。   (   )

四、思考题

1. 销售与收款循环涉及哪些主要凭证和会计记录?
2. 销售与收款循环的内部控制包含哪些内容?
3. 销售与收款循环的控制测试应当包含哪些程序?
4. 对主营业务收入实施截止测试的方法有哪些?并分别指出其实现的审计目标。
5. 为什么应收账款函证是应收账款审计中一个非常重要的审计程序?
6. 简述积极式函证和消极式函证的不同。

第九章
采购与付款循环的审计

教学目标 ·············

    通过本章的学习,学生应了解采购与付款循环涉及的主要经济业务活动、相关的会计凭证及记录;理解采购与付款循环的内部控制及其控制测试;掌握应付账款、固定资产等账户的实质性审计程序。

引例 ·············

达尔曼财务舞弊案例

    西安达尔曼实业股份有限公司(以下简称达尔曼)于1993年以定向募集方式设立,主要从事珠宝、玉器的加工和销售。1996年12月,达尔曼在上交所挂牌上市,并于1998年、2001年两次配股,在股市募集资金共计7.17亿元。西安翠宝首饰集团公司一直是达尔曼第一大股东,翠宝集团名为集体企业,实际上完全由许宗林一手控制。

    从公司报表数据看:1997—2003年,达尔曼销售收入合计18亿元,净利润合计4.12亿元,资产总额比上市时增长5倍,达到22亿元,净资产增长4倍,达到12亿元。在2003年之前,公司各项财务数据呈现均衡增长。然而,2003年达尔曼首次出现净利润亏损,主营业务收入由2002年的3.16亿元下降到2.14亿元,亏损达1.4亿元,每股收益为-0.49元;同时,达尔曼的重大违规担保事项浮出水面,涉及人民币3.45亿元、美元133.5万元,还有重大质押事项,涉及人民币5.18亿元。

    2004年5月10日,达尔曼被上交所实行特别处理,证券简称变更为"ST达尔曼",同时证监会对公司涉嫌虚假陈述行为立案调查。2004年9月,公司公告显示,截至2004年6月30日,公司总资产锐减为13亿元,净资产为-3.46亿元,仅半年时间亏损高达14亿元,不仅抵销了上市以来大部分业绩,而且濒临退市破产。此后,达尔曼股价一路狂跌,2004年12月30日跌破1元面值。2005年3月25日,达尔曼被终止上市。

    2005年5月17日,证监会公布了对达尔曼及相关人员的行政处罚决定书(证监罚字〔2005〕10号),指控达尔曼虚构销售收入、虚增利润,通过虚签建设施工合同和设备采购合同、虚假付款、虚增工程设备价款等方式虚增在建工程,重大信息(主要涉及公司对外担保、重大资产的抵押和质押、重大诉讼等事项)未披露或未及时披露。同时,证监会还处罚了担任达尔曼审计工作的3名注册会计师,理由是注册会计师在对货币资金、存货项目的审计过程中,未能充分勤勉尽责,未能揭示4.27亿元大额定期存单质押情况和未能识别1.06亿元虚假钻石毛坯。

调查表明,达尔曼从上市到退市,在长达 8 年之久的时间里都是靠造假过日子的。这场造假圈钱骗局的"导演"就是公司原董事长许宗林。经查明,1996—2004 年,许宗林等人以支付货款、虚构工程项目和对外投资等多种手段,将十几亿元的上市公司资金转移,其中有将近 6 亿元的资金被转移至国外隐匿。监守自盗了大量公司资产后,许宗林携妻儿等移民加拿大。到 2004 年年初公司显现败落时,许宗林以出国探亲和治病的借口出国到加拿大,从此一去不回。2004 年 12 月 1 日,西安市人民检察院认定,许宗林涉嫌职务侵占罪和挪用资金罪,应依法逮捕。2005 年 2 月,证监会对许宗林开出"罚单":给予警告和罚款 30 万元,并对其实施永久性市场禁入的处罚。

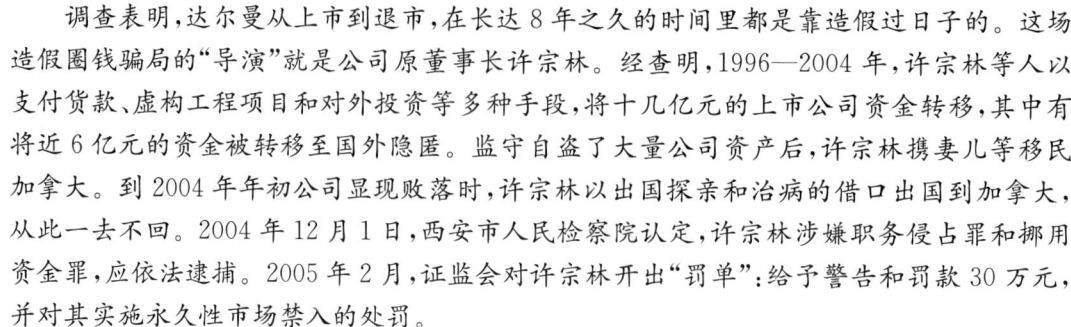

第一节 采购与付款循环的特点

采购与付款循环审计的内容是被审计单位的采购业务,通常要经过请购—订货—验收—付款这样的程序。本节主要介绍两部分内容:一是该循环涉及的主要凭证与会计记录;二是该循环涉及的主要业务活动。

一、主要凭证与会计记录

(一) 采购计划

企业以销售和生产计划为基础,考虑供需关系及市场计划变化等因素,制订采购计划,并经适当的管理层审批后执行。

(二) 供应商清单

企业通过文件审核及实地考察等方式对合作的供应商进行认证,将通过认证的供应商信息进行手工活系统维护,并及时进行更新。

(三) 请购单

请购单是由产品制造、资产使用等部门的有关人员填写,送交采购部门,申请购买商品、劳务或其他资产的书面凭证。

(四) 订购单

订购单是由采购部门填写,向另一企业购买订购单上所指定的商品、劳务或其他资产的书面凭证。

(五) 验收单及入库单

验收单是由验收部门收到商品时所编制的列示所收到的商品的名称、种类、数量、供应商名称和订单号等内容的凭证。入库单是由仓库管理人员填写的验收合格品入库的凭证。

(六) 供应商发票

供应商发票是供应商开具的,交给买方以载明发运的货物或提供的劳务、应付款金额和付款条件等事项的凭证。

（七）付款凭单

付款凭单是采购方企业的应付凭单部门编制的,载明已收到的商品、资产或接受的劳务、应付款金额和付款日期的凭证。付款凭单是采购方企业内部记录和支付负债的授权证明文件。

（八）转账凭证

转账凭证是指记录转账交易的记账凭证,它是根据有关转账交易（即不涉及库存现金、银行存款收付的各项交易）的原始凭证编制的。

（九）付款凭证

付款凭证包括现金付款凭证和银行存款付款凭证,它是指用来记录库存现金和银行存款支出交易的记账凭证。

（十）应付账款明细账

应付账款明细账是该循环重要的凭证。

（十一）现金日记账和银行存款日记账

现金日记账和银行存款日记账是该循环重要的凭证。

（十二）供应商对账单

供应商对账单是由供应商按月编制的,标明期初余额、本期购买、本期支付给供应商的款项和期末余额的凭证。

二、主要业务活动

下面以采购商品为例,阐述采购与付款循环涉及的主要业务活动。

（一）制订采购计划

基于企业的生产经营计划,生产、仓库等部门定期编制采购计划,经部门负责人等适当的管理人员审批后提交采购部门,具体安排商品及服务采购。

（二）供应商认证及信息维护

企业通常对于合作的供应商事先进行资质等审核,将通过审核的供应商信息录入系统,形成完整的供应商清单,并及时对其信息变更进行更新。采购部门只能向通过审核的供应商进行采购。

（三）请购商品和劳务

仓库负责对需要购买的已列入存货清单的项目填写请购单,其他部门也可以对所需要购买的未列入存货清单的项目编制请购单。大多数企业对正常经营所需物资的购买均作一般授权,但对资本支出和租赁合同,企业则通常要求作特别授权,只允许指定人员提出请购。请购单可由手工或计算机编制;由于企业内不少部门都可以填列请购单,可能不便事先编号,为加强控制,每张请购单都必须经过对这类支出预算负责的主管人员签字批准。

（四）编制订购单

采购部门在收到请购单后,只能对经过批准的请购单发出订购单。对每张订购单,采购部门应确定最佳的供应来源。对一些大额、重要的采购项目,采购部门应采取竞价方式来确定供应商,以保证供货的质量、及时性和成本的低廉。订购单应正确填写所需要的商品品名、数量、价格、厂商名称和地址等,预先予以顺序编号并经过被授权的采购人员签名。

（五）验收商品

验收部门应先比较所收商品与订购单上的要求是否相符，再盘点商品并检查商品有无损坏。验收后，验收部门应对已收货的每张订购单编制一式多联、预先按顺序编号的验收单，作为验收和检验商品的依据。

（六）储存已验收的商品

将已验收商品的保管与采购的其他职责相分离，可减少未经授权的采购和盗用商品的风险。存放商品的仓储区应相对独立，限制无关人员接近。

（七）编制付款凭单，确认与记录负债

货物验收后，确定供应商发票的内容与相关的验收单、订购单的一致性，确认负债，应付凭单部门编制有预先顺序编号的付款凭单，由被授权人员在凭单上签字，以示批准照此凭单要求付款，并将已批准的未付款凭单送达会计部门，据以编制有关记账凭证和登记有关账簿。

（八）付款

企业在准备付款前，应核对付款条件，并检查资金是否充足。在签发支票的同时登记支票簿和日记账，以便登记每一笔付款。已签发的支票连同有关发票、合同凭证应送交有关负责人审核签字，并将支票送交供应商。

（九）记录现金、银行存款支出

会计部门应根据已签发的支票编制付款记账凭证，并据以登记银行存款日记账及其他相关账簿。

【例 9-1】采购与付款环节的下列单据中，可能不需要连续编号的是（　　　）。

　A. 请购单　　　　　B. 订购单　　　　　C. 验收单　　　　　D. 入库单

【解答】A。由于企业内不少部门都可以填列请购单，可能不便事先编号，为加强控制，每张请购单必须经过对这类支出预算负责的主管人员签字批准。

【例 9-2】下列关于编制订购单的说法中，不正确的是（　　　）。

　A. 对一些大额、重要的采购项目，应采取竞价方式来确定供应商，以保证供货的质量、及时性和成本的低廉

　B. 采购部门对所有的请购单发出订购单

　C. 订购单一式多联，送交供应商、验收部门、应付凭单部门和编制请购单的部门

　D. 订购单要连续编号并经过被授权的采购人员签名

【解答】B。采购部门只能对经过批准的请购单发出订购单。

第二节　采购与付款循环的内部控制和控制测试

一、购货业务的内部控制

购货业务的内部控制主要包括以下几方面。

（一）职责分离控制

企业应当建立采购与付款交易的岗位责任制,明确相关部门和岗位的职责、权限,确保办理采购与付款交易的不相容岗位相互分离、制约和监督。采购与付款交易不相容岗位至少包括:请购与审批;询价与确定供应商;采购合同的订立与审批;采购与验收;采购、验收与相关会计记录;付款审批与付款执行。不得由同一个部门和同一个人负责采购及付款的全过程。

（二）采购计划控制

生产、仓储等部门根据生产计划制定需求计划,采购部门汇总需求,按采购类型制定采购计划,经复核人复核后执行。

（三）供应商控制

企业建立科学的供应商审核制度,对供应商资质、信誉情况进行审查和评估,确定合格的供应商清单,完善企业统一的供应商网络,并及时对其信息变更进行更新。采购部门只能向通过审核的供应商进行采购。

（四）请购控制

企业应当建立采购申请制度,依据购置商品或劳务的类型,确定归口管理部门,授予相应的请购权,并明确相关部门或人员的职责权限及相应的请购程序。请购部门提出的采购需求,应明确采购类别、质量等级、规格、数量、相关要求和标准、到货时间等,由相关权责主管在相应的权限范围内,根据预算合理地签发请购申请单。临时需要的急件零星物品可由使用部门直接购买,但须列入预算。

（五）订货控制

无论何种需要的请购,购货部门在收到请购单后,在最终发出购货订单之前,都应明确订购多少、向谁订购、何时订货等问题。

1. 在订购多少的控制方面

购货部门应先对每一份请购单审查其请购数量是否在控制限额的范围内,再检查使用物品和获得劳务的部门主管是否在请购单上签字同意。对于需大量采购的原材料、零配件等,购货部门必须进行各种采购数量对成本影响的成本分析,其内容是将各种请购项目进行有效归类,然后利用经济批量法来测算成本。

2. 关于向谁订购的问题

购货部门在正式填制购货订单前,必须向不同的供应商（通常需求两家以上）索取供应物品的价格、质量指标、折扣和付款条件以及交货时间等资料,比较不同供应商所提供的资料,选择最有利于企业生产和成本最低的供应商,与供应商签订合同。

3. 关于何时订货的问题

关于何时订货的问题主要由存货管理部门运用经济批量法和分析最低存货点来进行,而不是由购货部门进行。当请购单已提出,购货部门应对这些请购单的处理结果及时告知仓储和生产部门。

在上述三方面的决定做出之后,购货部门应及时填制购货订单,并对其进行控制,主要是预先应对每份订单进行编号;在购货订单向供应商发出前,必须由专人检查该订单是否得到授权人的签字;由专人复查购货订单的编制过程和内容;购货订单的副本应递交给请购、保管与会计部门等。

（六）验收控制

验收的职能必须由独立于请购、采购、会计的部门人员来承担，根据企业规定的验收制度和经批准的订单、合同等采购文件，对所购物品或劳务等的品种、规格、数量、质量和其他相关内容进行验收，填制包括供应商名称、收货日期、货物名称、数量和质量以及运货人名称、原购货订单编号等内容的收货报告单，并将其及时报告请购、购货和会计部门。

（七）应付账款的控制

任何应付账款的不正确记录和不按时偿还该债务，都会导致交易双方不必要的债务纠纷。对应付账款的控制有：应付账款的记录必须由独立于请购、采购、验收、付款的职员来进行；应付账款的入账还必须在取得和审核各种必要的凭证以后才能进行；对于有预付货款的交易，在收到供应商发票后，应将预付金额冲抵部分发票金额来记录应付账款；必须分别设置应付账款的统驭账户和明细账；对于享有折扣的交易，应根据供应商发票金额减去折扣金额的净额登记应付账款；每月应将应付账款明细账与客户的对账单进行核对。

（八）付款控制

1. 支票准备

支票准备应独立于采购、付款确认和函证程序，所有付款都应有事前编号的支票，对已签发的支票应将其原始凭证加盖"已付款"印章，以避免重复付款，尽可能使用有安全保障的支票书写器或电脑生成的支票，空白支票应安全存放，作废的支票应立即注销等。

2. 支付

付款前，会计部门应复核客户发票上的数量、价格和合计数以及折扣条件等，核对支票的金额，采购和付款应由各自独立的签名，对支票应采取函寄或其他安全方式送交。

3. 会计处理

会计部门及时记录付款业务，定期核对总账的分类账以及日记账，注意未付账款。检查应付账款的明细账和有关文件，以防失去可能的现金折扣。

二、固定资产的内部控制

对于制造业企业来说，固定资产在其资产总额中占有很大的比重，固定资产的购建会影响其现金流量，而固定资产的折旧、维修等费用则是影响其损益的重要因素。固定资产管理一旦失控，所造成的损失将远远超过一般的商品存货等流动资产。所以，为了确保固定资产的真实、完整、安全和有效利用，被审计单位应当建立和健全固定资产的内部控制。

（一）固定资产的预算制度

预算制度是固定资产内部控制中最重要的部分。通常，大中型企业应编制旨在预测与控制固定资产增减和合理运用资金的年度预算；小企业即使没有正规的预算，对固定资产的购建也要事先加以计划。

（二）授权批准制度

完善的授权批准制度包括：企业的资本性预算只有经过董事会等高层管理机构批准方可生效；所有固定资产的取得和处置均需经企业管理层书面认可。

（三）账簿记录制度

除固定资产总账外，被审计单位还需设置固定资产明细分类账和固定资产登记卡，按固定资产类别、使用部门和每项固定资产进行明细分类核算。固定资产的增减变化均应有充分的原始凭证。

（四）职责分工制度

固定资产的取得、记录、保管、使用、维修、处置等，均应明确划分责任，由专门部门和专人负责。

（五）资本性支出和收益性支出的区分制度

企业应制定区分资本性支出和收益性支出的书面标准。通常需明确资本性支出的范围和最低金额，凡不属于资本性支出的范围、金额低于下限的任何支出，均应列作费用并抵减当期收益。

（六）固定资产的处置制度

固定资产的处置，包括投资转出、报废、出售等，均要有一定的申请报批程序。

（七）固定资产的定期盘点制度

固定资产的定期盘点，是验证账面各项固定资产是否真实存在、了解固定资产放置地点和使用状况以及发现是否存在未入账固定资产的必要手段。

（八）固定资产的维护保养制度

固定资产应有严密的维护保养制度，以防止其因各种自然和人为的因素而遭受损失，并应建立日常维护和定期检修制度，以延长其使用寿命。

严格地讲，固定资产的保险不属于企业固定资产的内部控制范围，但它作为一项针对企业重要资产的特别保障，往往对企业非常重要。

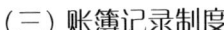【知识链接】

长安福特公司的固定资产的内部控制特点

长安福特公司是由中国汽车工业最大的"百年老店"——长安汽车集团和世界领先的福特汽车公司共同出资成立的，双方各拥有50%的股份，专业生产满足中国消费者需求的轿车。长安福特公司的固定资产内部控制特点主要有以下几个方面：

（1）注重流程管理。长安福特公司的固定资产内部控制进行的是流程管理，从固定资产投资项目的决策、购置到固定资产的日常管理、最后处置都有一系列的流程图，在流程设计上比较科学合理，有效地指导了业务人员的工作。

（2）加强固定资产实物台账管理。固定资产的内部控制是全方位的控制，从固定资产投资决策、购置，一直到日常管理和处置，每个环节都很重要。长安福特公司设立了完善的固定资产实物台账管理制度，对台账的设置、登记、保管、报告进行了详细的规定，并加以执行。通过对固定资产的台账管理，公司较好地保证了固定资产的完整性和安全性，维护了资产的正常运行。

（3）注重固定资产的内部控制自我评价。内部控制的评价在我国很多企业中一直是一

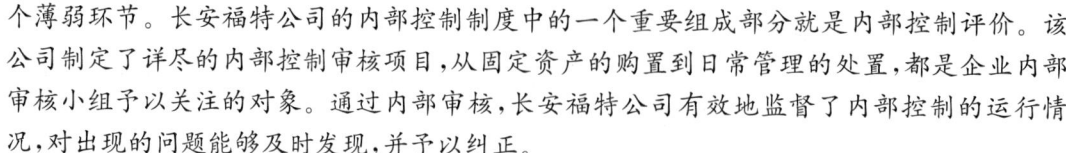

个薄弱环节。长安福特公司的内部控制制度中的一个重要组成部分就是内部控制评价。该公司制定了详尽的内部控制审核项目,从固定资产的购置到日常管理的处置,都是企业内部审核小组予以关注的对象。通过内部审核,长安福特公司有效地监督了内部控制的运行情况,对出现的问题能够及时发现,并予以纠正。

三、评估重大错报风险

采购与付款交易和余额的重大错报风险可能包括如下几个方面。

(一)管理层错报费用支出的偏好和动因

被审计单位管理层可能为了完成预算、保证从银行获得额外的资金、吸引潜在投资者、误导股东、影响公司股价,或通过把私人费用计入公司进行个人盈利而错报支出。

(二)费用支出的复杂性

例如,被审计单位开始在国外开展销售交易,管理层对于可能遭遇的问题解决经验有限,甚至不具备进行正确交易的能力。这可能导致费用支出分配的错误、外币换算错误和准备计提的错误。

(三)管理层凌驾于控制之上和员工舞弊的风险

例如,管理层通过与第三方串通,把私人费用计入企业费用支出,或有意无意地重复付款。

(四)采用不正确的费用支出截止期

将本期采购并收到的商品计入下一会计期间,或者将下一会计期间采购的商品提前计入本期,未及时计提尚未付款的已经购买的服务支出等。

(五)低估

在承受反映较高盈利水平和营运资本的压力下,被审计单位管理层可能试图低估准备和应付账款,其包括低估对存货、应收账款应计提的减值以及对已售商品提供的担保(例如,售后服务承诺)应计提的准备。

(六)不正确地记录外币交易

当被审计单位进口用于出售的商品时,可能由于采用不恰当的外币汇率而导致该项采购的记录出现差错。

(七)舞弊和盗窃的固有风险

例如,在大型零售业务中,由于采购商品和固定资产的数量及支付的款项庞大,交易复杂,容易造成商品发运错误,员工和客户发生舞弊和盗窃的风险较高。如果负责付款的会计人员有权接触应付账款主文档,并能够通过在应付账款主文档中擅自添加新的账户来虚构采购交易,风险也会增加。

(八)存货的采购成本确认不当

存货的采购成本没有按照适当的计量属性确认,可能导致存货成本和销售成本的核算不正确。

（九）存在未记录的权利和义务

存在未记录的权利和义务可能导致资产负债表分类错误以及财务报表附注不正确或披露不充分。

在计算机环境下，注册会计师既应当考虑常用的控制活动的有效性，也应当考虑特殊的控制活动对于采购与付款交易的适用性。其中，最为重要的控制应着眼于计算机程序的更改和供应商主文档中重要数据的变动，因为这会对采购与付款、应付账款带来影响，也会影响对差错和例外事项的处理过程和结果。

总之，当被审计单位管理层具有高估利润的动机时，注册会计师应当主要关注费用支出和应付账款的低估。重大错报风险集中体现在遗漏交易，采用不正确的费用支出截止期，以及错误划分资本性支出和费用性支出。

四、采购业务内部控制测试

（一）记录对内部控制的了解

注册会计师主要凭借以往与客户交往的经验，并通过运用询问、观察和检查凭证等审计程序取得对被审计单位采购交易控制程序的了解。例如，注册会计师可以询问批准订购单所遵循的程序，观察验收程序，检查应付凭单部门的凭单和相关原始凭证等。注册会计师通常使用问卷调查表、流程图或者文字说明性备忘录等方式来记录所了解到的情况。

（二）测试控制制度

注册会计师进行控制测试，应结合业务控制环节进行。另外，鉴于固定资产项目有着不同于一般商品的特殊性，对其控制测试问题也单独加以阐述。表 9-1 列示了采购业务控制风险和控制测试程序。

表 9-1　　　　　　　　　　　采购业务控制风险和控制测试程序

关键控制环节	可能存在的错报	相关财务报表项目及认定	控制测试程序
制订采购计划	采购计划未经适当审批	存货：存在 应付账款：存在	询问复核人复核采购计划的过程，检查采购计划是否经复核人恰当复核
供应商认证及信息维护	新增供应商或供应商信息变更未经恰当的认证	存货：存在 应付账款：存在	询问复核人复核供应商数据变更请求的过程；抽样检查变更需求是否有相关文件支持及有复核人的复核确认
请购商品和劳务	请购过多的商品	—	检查请购授权和审批的情况
编制订购单	订购单与有效的请购单不符	存货：存在、准确性、计价与分摊 应付账款：存在、准确性、计价与分摊	询问复核人复核订购单的过程，包括复核人提出的问题及其跟进记录；抽样检查订购单是否有对应的请购单及复核人签署确认
验收商品	收到未订购的商品，收到商品的名称、数量、质量不符合要求	存货：存在、完整性 应付账款：存在、完整性	检查验收单后附有的请购单、订购单；询问和检查验收人员实际验收过程

（续表）

关键控制环节	可能存在的错报	相关财务报表项目及认定	控制测试程序
储存已验收的商品	商品可能被盗走	存货:存在 应付账款:存在	检查入库单;观察接近资产的情况
编制付款凭单、确认与记录负债	对未订购的商品或未收到的商品编制凭单	存货:存在,准确性、计价与分摊 应付账款:存在,准确性、计价与分摊	检查与每张凭单相配合的订购单、验收单和供应商发票
	凭单可能未入账	存货:完整性,准确性、计价与分摊 应付账款:完整性,准确性、计价与分摊	审查执行独立检查的证据,重新执行独立检查
付款	可能对未授权的采购签发支票	应付账款:存在	观察支票签署人对支付凭证进行的独立检查
	可能对一张凭证重复付款	应付账款:存在	检查已付款凭单上的"已付讫"印章
	支票金额可能开错	应付账款:准确性、计价与分摊	重新执行独立检查
	支票可能在签署后被篡改	应付账款:存在,完整性、准确性、计价与分摊	询问邮寄程序,观察邮寄过程
记录现金支出	现金支付未记录或者记录金额不正确	应付账款:存在,完整性、准确性、计价与分摊 存货:存在,准确性、计价与分摊	检查使用和控制预先编号支票的证据;审查银行存款余额调节表及复核情况;抽取供应商对账单,检查其是否与应付账款明细账得到正确的核对

【例 9-3】永诚会计师事务所 A 和 B 审计人员接受委派,于 2×20 年 11 月 1 日至 7 日对天河股份有限公司的采购与付款循环的内部控制制度进行了解和测试,并在相关审计工作底稿中记录了了解和测试的事项,摘录如下:

（1）天河股份有限公司的材料采购需要经授权批准后方可进行,采购部根据经批准的请购单发出订购单。货物运达后,验收部根据订购单的要求验收货物,并编制一式多联的未连续编号的验收单。仓库根据验收单验收货物,在验收单上签字后,将货物移入仓库加以保管。验收单上有数量、品名、单价等要素。验收单一联交采购部登记采购明细账和编制付款凭单,付款凭单经批准后,月末交会计部;一联交会计部登记材料明细账,一联由仓库保留并登记材料明细账。会计部根据只附验收单的付款凭单登记有关账簿。采购合同规定,天河股份有限公司收货后须在 7 天内付款,逾期每天支付货款 5‰的违约金,严重的供货方停止供货。

（2）会计部在审核付款凭单后,支付采购款项。天河股份有限公司授权会计部的经理签署支票,经理将其授权给会计人员小王负责,但保留了支票印章。小王根据已适当批准的凭单,在确定支票收款人名称与凭单内容一致后签署支票,并在凭单上加盖"已支付"的印章。A 和 B 审计人员对付款控制程序的穿行测试表明,未发现与公司规定有不一致之处。

【解答】天河股份有限公司采购与付款循环内部控制方面的缺陷有:

（1）验收单未连续编号,不能保证所有的采购都已记录或不被重复记录。应建议天河公司对验收单进行连续编号。

（2）付款凭单未附订购单及购货发票等，会计部门无法核对采购事项是否真实，登记有关账簿时，金额或数量可能会出现差错。应建议天河公司将订购单和发票等与付款凭单一起交会计部门。

（3）会计部门月末审核付款凭单后才付款，未能及时将材料采购和债务登记入账并按约定时间付款。应建议天河公司采购部门及时将付款凭单交会计部门，按约定时间付款。

五、固定资产的内部控制测试

注册会计师在对被审计单位的固定资产实施控制测试时应注意以下内容：

（1）对于固定资产的预算制度，注册会计师应选取固定资产投资预算和投资可行性项目论证报告，检查是否编制预算并进行论证，以及是否经适当层次审批；对实际支出与预算之间的差异以及未列入预算的特殊事项，注册会计师应检查其是否履行特别的审批手续。如果固定资产增减均能处于良好的经批准的预算控制之内，注册会计师即可适当减少针对固定资产增加、减少实施的实质性程序的样本量。

（2）对于固定资产的授权批准制度，注册会计师不仅应检查被审计单位固定资产授权批准制度本身是否完善，还应选取固定资产请购单及相关采购合同，检查是否得到适当审批和签署，关注授权批准制度是否得到切实执行。

（3）对于固定资产的账簿记录制度，注册会计师应当认识到，一套设置完善的固定资产明细分类账和登记卡，将为分析固定资产的取得和处置、复核折旧费用和修理支出的列支带来帮助。

（4）对于固定资产的职责分工制度，注册会计师应当认识到，明确的职责分工制度，有利于防止舞弊，降低注册会计师的审计风险。

（5）对于资本性支出和收益性支出的区分制度，注册会计师应当检查该制度是否遵循企业会计准则的要求，是否适应被审计单位的行业特点和经营规模，并抽查实际发生与固定资产相关的支出时是否按照该制度进行恰当的会计处理。

（6）对于固定资产的处置制度，注册会计师应当关注被审计单位是否建立了有关固定资产处置的分级申请报批程序；抽取固定资产盘点明细表，检查账实之间的差异是否经审批后及时处理；抽取固定资产报废单，检查报废是否经适当批准和处理；抽取固定资产内部调拨单，检查调入、调出是否已进行适当处理；抽取固定资产增减变动情况分析报告，检查是否经复核。

（7）对于固定资产的定期盘点制度，注册会计师应了解和评价企业固定资产盘点制度，并应注意查询盘盈、盘亏固定资产的处理情况。

（8）对于固定资产的保险情况，注册会计师应抽取固定资产保险单盘点表，检查是否已办理商业保险。

第三节　应付账款的审计

应付账款是企业在正常经营过程中，因购买材料、商品和接受劳务供应等经营活动而应付给供应商的款项。注册会计师应结合赊购交易进行应付账款的审计。

一、应付账款的审计目标

应付账款的审计目标一般包括：

（1）确定资产负债表中记录的应付账款是否存在，是否为被审计单位应当履行的现时义务。

（2）确定应付账款的发生和偿还记录是否完整。

（3）确定应付账款是否以恰当的金额包括在财务报表中，与之相关的计价调整已恰当记录。

（4）确定应付账款是否已按照《企业会计准则》的规定在财务报表中做出恰当的列报。

二、应付账款的实质性程序

（一）获取或编制应付账款明细表

（1）复核加计是否正确，并与报表数、总账数和明细账合计数核对是否相符。

（2）检查非记账本位币应付账款的折算汇率及折算是否正确。

（3）分析出现借方余额的项目，查明原因，必要时，建议作重分类调整。

（4）结合预付账款、其他应付款等往来项目的明细余额，调查有无同挂的项目、异常余额或与购货无关的其他款项（如关联方账户或雇员账户），如有，应做出记录，必要时建议做出调整。

（二）根据被审计单位实际情况，对应付账款执行实质性分析程序

（1）比较本期期末应付账款余额与上期期末余额，分析波动原因。

（2）分析长期挂账的应付账款，要求被审计单位做出解释，判断被审计单位是否缺乏偿债能力或利用应付账款隐瞒利润，并注意其是否可能无需支付。

（3）计算应付账款与存货的比率、应付账款与流动负债的比率，并与以前年度相关比率对比分析，评价应付账款整体的合理性。

（4）分析存货和营业成本等项目的增减变动，判断应付账款增减变动的合理性。

（三）函证应付账款

在一般情况下，并非必须函证应付账款，这是因为函证不能保证查出未记录的应付账款，况且注册会计师能够取得采购发票等外部凭证来证实应付账款的余额。但如果控制风险较高，某应付账款明细账户金额较大，则应考虑进行应付账款的函证。

（1）函证对象：应选择较大金额的债权人，以及那些在资产负债表日金额不大，甚至为零，但为被审计单位重要供应商的债权人，作为函证对象。

（2）函证方式：最好采用积极函证方式。

（3）函证的控制：要求债权人直接回函，并根据回函情况编制与分析函证结果汇总表，对未回函的，应考虑是否再次函证。

（4）函证替代程序：对于未回函的重大项目，注册会计师应采用替代审计程序，即检查决算日后应付账款明细账及库存现金和银行存款日记账，核实其是否已支付，同时检查该笔债务的相关凭证资料，如合同、发票、验收单，核实应付账款的真实性。

【例 9-4】A 注册会计师对天河股份有限公司的应付账款项目进行审计。根据需要,该注册会计师决定对天河股份有限公司下列四个明细账户(表 9-2)中的两个进行函证。

表 9-2　　　　　　　　　　　　四个明细账户　　　　　　　　　　　　单位:元

项目	应付账款年末余额	本年度进货总额
A 公司	22 650	46 100
B 公司	—	1 980 000
C 公司	65 000	75 000
D 公司	190 000	2 123 000

请问:该注册会计师应该选择哪两位供货商进行函证,为什么?

【解答】该注册会计师应该选择 B 公司和 D 公司进行应付账款余额的函证。因为函证客户的应付账款,应选择那些可能存在较大金额而并非在会计决算日有较大余额的债权人。函证的目的在于查实有无未入账负债,而不在于验证具有较大年末余额的债务。本年度天河股份有限公司从 B 公司和 D 公司采购了大量商品,存在漏记负债业务的可能性更大。

(四) 查找未入账的应付账款

为了防止企业低估负债,确认应付账款的完整性,注册会计师应检查被审计单位有无故意漏记应付账款的行为:

(1) 检查被审计单位在资产负债表日未处理的不相符的购货发票及是否存在有材料入库凭证单未收到购货发票的经济业务。

(2) 检查资产负债表日后收到的购货发票,关注购货发票的日期,确认其入账时间是否正确。

(3) 检查资产负债表日后应付账款明细账贷方发生额的相应凭证,确认其入账时间是否正确。

(4) 获取被审计单位与其供应商之间的对账单,并将对账单和被审计单位财务记录之间的差异进行调节(如在途款项、在途商品、付款折扣、未记录的负债等),查找有无未入账的应付账款,确定应付账款金额的准确性。

(5) 结合存货监盘程序,检查被审计单位在资产负债日前后的存货入库资料(验收报告或入库单),检查相关负债是否计入了正确的会计期间。

(五) 其他测试程序

(1) 检查应付账款是否存在借方余额。如有,应查明原因,必要时建议被审计单位作重分类调整。

(2) 结合预付账款明细账余额,查明是否存在应付账款和预付账款同时挂账的项目;结合其他应付款明细账余额,查明有无不属于应付账款的其他应付款。如有,应做出记录,必要时,建议被审计单位作重分类调整或会计误差调整。

(3) 检查长期挂账的应付账款的原因,做出记录。对确实无法支付的应付账款,看其是否按规定转入了营业外收入,相关依据和有关手续是否完备。

　　(4) 针对异常或大额交易及重大调整事项(如大额的购货折扣或退回,会计处理异常的交易,未经授权的交易,或缺乏支持性凭证的交易等),检查相关原始凭证和会计记录,以分析交易的真实性、合理性。

　　(5) 被审计单位与债权人进行债务重组的,检查不同债务重组方式下的会计处理是否正确。

　　(6) 标明应付关联方包括持5%(含5%)以上表决权股份的股东的款项,应通过了解关联交易事项的内容、价格和条件,检查采购合同等方法确认该应付账款的合法性和合理性;通过向关联方或其他注册会计师查询及函证等方法,以确认交易的真实性。

　　(六) 查明应付账款在资产负债表上的披露是否恰当

　　一般来说,"应付账款"项目应根据"应付账款"和"预付账款"账户所属明细账户的期末贷方余额的合计数填列。

　　【例9-5】天河股份有限公司2×20年12月31日资产负债表"应付账款"项目为540 000元,"应付账款"总账贷方余额为540 000元,注册会计师审计时发现:

　　"应付账款——A公司"明细账户借方余额400 000元,属于正常交易的预付款项。

　　"应付账款——B公司"明细账户贷方余额500 000元,为天河股份有限公司临时借入款项,用于结算工程价款。

　　要求:如果你是注册会计师,你将对被审计单位提出什么建议呢?

　　【解答】(1) "应付账款——A公司"明细账户借方余额400 000元,属于正常经济业务往来款项,应做重分类调整。因此,注册会计师应建议被审单位作如下调整:

　　　借:预付账款——A公司　　　　　　　　　　　　　　　　　　　　　　400 000
　　　　贷:应付账款——A公司　　　　　　　　　　　　　　　　　　　　　　　400 000

　　(2) 按规定,不属于购销原因引起的应付款项不应记入"应付账款"账户核算。"应付账款——B公司"明细账户贷方余额500 000元,为天河股份有限公司临时借入款项用于结算工程价款。因此,注册会计师应建议被审单位作如下调整:

　　　借:应付账款——B公司　　　　　　　　　　　　　　　　　　　　　　500 000
　　　　贷:其他应付款——B公司　　　　　　　　　　　　　　　　　　　　　　500 000

　　调整后天河股份有限公司2×20年12月31日资产负债表"应付账款"项目余额应为440 000元(540 000−500 000+400 000)。

第四节　固定资产的审计

　　就审计而言,一方面固定资产的增减变化发生的频率较流动资产要小得多,相对发生数量上的差错或弊端也较少,因此在整个审计计划中通常安排的时间较少,审计程序与方法也较简单。另一方面由于固定资产在企业资产总额中一般都占有较大的比例,固定资产的安全、完整对企业的生产经营影响极大,注册会计师应对固定资产的审计给予高度重视。固定资产审计通常会涉及累计折旧的审计。

固定资产是指同时具有下列两个特征的有形资产:①为生产商品、提供劳务、出租或经营管理而持有的;②使用寿命超过一个会计年度。这里的使用寿命是指企业使用固定资产的预计期间,或者该固定资产所能生产产品或提供劳务的数量。固定资产只有同时满足下列两个条件才能予以确认:①与该固定资产有关的经济利益很可能流入企业;②该固定资产的成本能够可靠地计量。

固定资产折旧则是指在固定资产的使用寿命内,按照确定的方法对应计折旧额进行系统分摊。

一、固定资产的审计目标

固定资产的审计目标一般包括:

(1) 确定固定资产是否存在。

(2) 确定所有应记录的固定资产是否均已记录。

(3) 确定记录的固定资产是否由被审计单位拥有或控制。

(4) 确定固定资产是否以恰当的金额包括在财务报表中,与之相关的计价或分摊是否已恰当记录。

(5) 确定固定资产在财务报表上的列报与披露是否恰当。

二、固定资产的实质性程序

(一) 获取或编制固定资产和累计折旧分类汇总表

检查固定资产的分类是否正确,并与总账数和明细账合计数核对是否相符,结合累计折旧、减值准备科目与报表数核对是否相符,这主要是为了分析固定资产账户余额的变动,并为固定资产的取得、处置和出售等提供进一步的证据。固定资产和累计折旧分类汇总表参考格式如表9-3所示。

表 9-3　　　　　　　　　　固定资产和累计折旧分类汇总表

年　月　日

编制人:　　　　　　　　日期:

复核人:　　　　　　　　日期:　　　　　　　　金额单位:

被审计单位:_____

固定资产类别	固定资产				累计折旧					
	期初余额	本期增加	本期减少	期末余额	折旧方法	折旧率	期初余额	本期增加	本期减少	期末余额
合计										

(二) 对固定资产实施实质性分析程序

(1) 分别将本期各类固定资产占全部固定资产总额的比率与上期比较、本期固定资产周转率与上期比较,分析固定资产构成的合理性。

(2) 分别将本期折旧额、累计折旧额占固定资产原值的比率同上期比较,分析本期折旧、累计折旧核算的正确性。

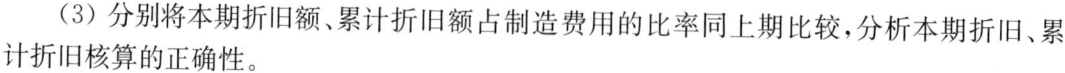

（3）分别将本期折旧额、累计折旧额占制造费用的比率同上期比较，分析本期折旧、累计折旧核算的正确性。

（4）将本期固定资产维修费占固定资产原值比率同上期比较，分析维修费用的合理性。

（三）实地检查重要固定资产

实地检查重要固定资产，确定其是否存在，关注是否存在已报废但仍未核销的固定资产。

在实施实地检查审计程序时，注册会计师可以以固定资产明细分类账为起点，进行实地追查，以证明会计记录中所列固定资产确实存在，并了解其目前的使用状况；也应考虑以实地为起点，追查至固定资产明细分类账，以获取实际存在的固定资产均已入账的证据。

当然，注册会计师实地检查的重点是本期新增加的重要固定资产，有时，观察范围也会扩展到以前期间增加的重要固定资产。观察范围的确定需要依据被审计单位内部控制的强弱、固定资产的重要性和注册会计师的经验来判断。如为首次接受审计，则应适当扩大检查范围。

（四）验证固定资产的所有权或控制权

对各类固定资产，注册会计师应获取、收集不同的证据以确定其是否确归被审计单位所有；对外购的机器设备等固定资产，注册会计师通常经审核采购发票、采购合同等予以确定；对于房地产类固定资产，注册会计师需查阅有关的合同、产权证明、财产税单、抵押借款的还款凭据、保险单等书面文件；对融资租入的固定资产，注册会计师应验证有关融资租赁合同，证实其并非经营租赁；对汽车等运输设备，注册会计师应验证有关运营证件等；对受留置权限制的固定资产，注册会计师通常还应审核被审计单位的有关负债项目等予以证实。

（五）审查本期固定资产的增加

审计固定资产的增加是固定资产实质性程序中的重要内容。被审计单位如果不正确核算固定资产的增加，将对资产负债表和利润表产生长期的影响。固定资产的增加有购置、自制自建、投资者投入、更新改造增加、债务人抵债增加等多种途径。注册会计师的审计要点如下：

（1）询问管理层当年固定资产的增加情况，并与获取或编制的固定资产明细表进行核对。

（2）检查本年度增加固定资产的计价是否正确，手续是否齐备，会计处理是否正确。

A. 对于外购固定资产，通过核对采购合同、发票、保险单、发运凭证等资料，抽查测试其入账价值是否正确，授权批准手续是否齐备，会计处理是否正确；如果购买的是房屋建筑物，还应检查契税的会计处理是否正确；检查分期付款购买固定资产的入账价值及会计处理是否正确。

B. 对于在建工程转入的固定资产，应检查在建工程转入固定资产的时点是否符合会计准则的规定，入账价值与在建工程的相关记录是否核对相符，是否与竣工决算、验收和移交报告等一致；对已经达到预定可使用状态，但尚未办理竣工决算手续的固定资产，检查其是否已按估计价值入账，相关估价是否合理，并按规定计提折旧。

C. 对于投资者投入的固定资产，检查投资者投入的固定资产是否按投资各方确认的价值入账，并检查确认价值是否公允，交接手续是否齐全；涉及国有资产的，检查是否有评估报告并经国有资产管理部门评审备案或核准确认。

D. 对于更新改造增加的固定资产，检查通过更新改造而增加的固定资产，增加的原值是否符合资本化条件，是否真实，会计处理是否正确，重新确定的剩余折旧年限是否恰当。

E. 对于融资租赁增加的固定资产,获取融资租入固定资产的相关证明文件,检查融资租赁合同的主要内容,并结合长期应付款、未确认融资费用科目检查相关的会计处理是否正确。

F. 对于企业合并、债务重组和非货币性资产交换增加的固定资产,检查产权过户手续是否齐备,检查固定资产入账价值及确认的损益和负债是否符合规定。

G. 如果被审计单位为外商投资企业,检查其采购国产设备退还增值税的会计处理是否正确。

H. 对于通过其他途径增加的固定资产,应检查增加固定资产的原始凭证,核对其计价及会计处理是否正确,法律手续是否齐全。

(3) 检查固定资产是否存在弃置费用,如果存在弃置费用,检查弃置费用的估计方法和弃置费用现值的计算是否合理,会计处理是否正确。

(六) 审查市期固定资产的减少

固定资产的减少主要包括出售、向其他单位投资转出、向债权人抵债转出、报废、毁损、盘亏等。有的被审计单位在全面清查固定资产时,常常会出现固定资产账存实亡现象,这可能是由于固定资产管理或使用部门不了解报废固定资产与会计核算两者间的关系,擅自报废固定资产而未及时通知财务部门作相应的会计核算所致,这样势必造成财务报表反映失真。审计固定资产减少的主要目的就在于查明已减少的固定资产是否已作适当的会计处理。其审计要点如下:

(1) 结合固定资产清理科目,抽查固定资产账面转销额是否正确。

(2) 检查出售、盘亏、转让、报废或毁损的固定资产是否经授权批准,会计处理是否正确。

(3) 检查因修理,更新改造而停止使用的固定资产的会计处理是否正确。

(4) 检查投资转出固定资产的会计处理是否正确。

(5) 检查债务重组或非货币性资产交换转出固定资产的会计处理是否正确。

(6) 检查转出的投资性房地产账面价值及会计处理是否正确。

(7) 检查其他减少固定资产的会计处理是否正确。

(七) 审查固定资产的后续支出

审计固定资产的后续支出,确定与固定资产有关的后续支出是否满足资产确认条件;如不满足,该支出是否在该后续支出发生时计入当期损益。

(八) 审查固定资产的租赁

租赁一般分为经营租赁和融资租赁两种。

在经营租赁中,租入固定资产的企业按合同规定的时间,交付一定的租金,享有固定资产的使用权,而固定资产的所有权仍属出租单位。因此,租入固定资产的企业的固定资产价值并未因此而增加,企业对临时租入的固定资产,不在"固定资产"账户内核算,只是另设备查簿进行登记。而租出固定资产的企业,仍继续提取折旧,同时取得租金收入。审查经营性租赁时,应查明以下内容:

(1) 固定资产的租赁是否签订了合同、租约,手续是否完备,合同内容是否符合国家规定,是否经相关管理部门审批。

(2) 租入的固定资产是否确属企业必需的,或出租的固定资产是否确属企业多余、闲置

不用的，双方是否认真履行合同，是否存在不正当交易。

（3）租金收取是否签有合同，有无多收、少收现象。

（4）租入固定资产有无久占不用、浪费损坏的现象；租出的固定资产有无长期不收租金、无人过问，是否有变相馈送、转让等情况。

（5）租入固定资产是否已登入备查簿；租入固定资产改良支出的核算是否符合规定。必要时，向出租人函证租赁合同及执行情况。

在融资租赁中，租入企业在租赁期间，对融资租入的固定资产应按企业自有固定资产一样管理，并计提折旧、进行维修。如果被审计单位的固定资产中融资租赁占有相当大的比例，应当复核租赁协议，确定租赁是否符合融资租赁的条件，结合长期应付款、未确认融资费用等科目检查相关的会计处理是否正确（资产的入账价值、折旧、相关负债）。在审计融资租赁固定资产时，除可参照经营租赁固定资产检查要点以外，还应补充实施以下审计程序：

A. 复核租赁的折现率是否合理。

B. 检查租赁相关税费、保险费、维修费等费用的会计处理是否符合企业会计准则的规定。

C. 检查融资租入固定资产的折旧方法是否合理。

D. 检查租赁付款情况。

E. 检查租入固定资产的成新程度。

F. 检查融资租入固定资产发生的固定资产后续支出，其会计处理是否遵循自有固定资产发生的后续支出的处理原则。

（九）审查闲置的固定资产

获取暂时闲置固定资产的相关证明文件，并观察其实际状况，检查是否已按规定计提折旧，相关的会计处理是否正确。

（十）审查已提足折旧的固定资产

获取已提足折旧仍继续使用固定资产的相关证明文件，并做相应记录。

（十一）审查持有待售的固定资产

获取持有待售固定资产的相关证明文件，并做相应记录，检查对其预计净残值调整是否正确、会计处理是否正确。

（十二）审查固定资产的保险情况

检查固定资产保险情况，复核保险范围是否足够。

（十三）审查固定资产的关联方情况

检查有无与关联方的固定资产购售活动，是否经适当授权，交易价格是否公允。对于合并范围内的购售活动，记录应予合并抵销的金额。

（十四）审查固定资产的借款费用

对应计入固定资产的借款费用，应根据企业会计准则的规定，结合长短期借款、应付债券或长期应付款的审计，检查借款费用（借款利息、折溢价摊销、汇兑差额、辅助费用）资本化的计算方法和资本化金额，以及会计处理是否正确。

（十五）检查购置固定资产时是否存在与资市性支出有关的财务承诺

注册会计师应检查购置固定资产时是否存在与资本性支出有关的财务承诺。

（十六）检查固定资产的抵押、担保情况

结合对银行借款等的检查，了解固定资产是否存在重大的抵押、担保情况。如存在，应取证，并做相应的记录，同时提请被审计单位作恰当披露。

（十七）审查固定资产的列报

确定固定资产是否已按照《企业会计准则》的规定在财务报表中做出恰当列报。

财务报表附注通常应说明以下内容：

（1）固定资产的标准、分类、计价方法和折旧方法。

（2）融资租入固定资产的计价方法。

（3）固定资产的预计使用寿命和预计净残值。

（4）对固定资产所有权的限制及其金额（这一披露要求是指企业因贷款或其他原因而以固定资产进行抵押、质押或担保的类别、金额、时间等情况）。

（5）已承诺将为购买固定资产支付的金额。

（6）暂时闲置的固定资产账面价值（这一披露要求是指企业应披露暂时闲置的固定资产账面价值，导致固定资产暂时闲置的原因，如开工不足、自然灾害或其他情况等）。

（7）已提足折旧仍继续使用的固定资产账面价值。

（8）已报废和准备处置的固定资产账面价值。

如果被审计单位是上市公司，还应在其财务报表附注中按类别分项列示固定资产期初余额、本期增加额、本期减少额及期末余额；说明固定资产中存在的在建工程转入、出售、置换、抵押或担保等情况；披露通过融资租赁租入的固定资产每类租入资产的账面原值、累计折旧、账面净值；披露通过经营租赁租出的固定资产每类租出资产的账面价值。

【例 9-6】审计人员在审查天河股份有限公司 2×20 年财务报表时，发现固定资产购入业务有下列疑点：

（1）2×20 年 3 月购入不需要安装的设备一台，调出单位账面原值为 90 000 元，已提折旧 20 000 元，经双方协商确定价款 80 000 元，该公司以银行存款支付 80 000 元价款外，还支付包装费和运输费共 1 000 元。账务处理如下：

借：固定资产   90 000
  贷：实收资本   70 000
     累计折旧   20 000
借：盈余公积   80 000
  贷：银行存款   80 000
借：管理费用   1 000
  贷：银行存款   1 000

（2）在清查该公司房屋建筑物时，发现固定资产上记录的两层楼的办公室是一幢三层楼房，系该公司利用本公司材料委托农村基建队扩建，共计开支工料费 60 000 元（其中材料款 40 000 元），均作为长期待摊费用，分 2 年摊销。2×20 年 8 月完工，自 9～12 月已摊入生产成本 10 000 元。

（3）2×20年8月购入电动机3台，共计8 580元（含已付增值税），列入"长期待摊费用"账户，并已全部摊入当年生产成本。经到生产车间核对，并调阅原始凭证，证实所购电动机为在用固定资产。

【解答】（1）情形（1）存在的问题：虚增实收资本，人为冲减盈余公积，未能如实反映固定资产的价值及累计折旧，虚增费用，虚减当年利润。

调整分录如下：

借：实收资本	70 000	
累计折旧	10 000	
贷：盈余公积		80 000
借：固定资产	1 000	
贷：管理费用		1 000

并补提2×20年度应提取的折旧。

（2）情形（2）存在的问题：改扩建支出应列入固定资产价值，将其列入长期待摊费用，混淆了收益性支出和资本性支出，虚增费用，少计固定资产价值。

调整分录如下：

借：固定资产	60 000	
贷：长期待摊费用		50 000
库存商品		10 000

并补提2×20年度应提取的折旧。

（3）情形（3）存在的问题：购入的电动机属于固定资产，将其列入长期待摊费用，混淆了收益性支出和资本性支出，虚增费用，少计固定资产价值。

调整分录如下：

借：固定资产	8 580	
贷：库存商品		8 580

并补提2×20年度应提取的折旧。

三、累计折旧的实质性程序

固定资产可以长期参加生产经营而仍保持其原有实物形态，但其价值将随着固定资产的使用而逐渐转移到生产的产品中，或构成经营成本与费用。这部分在固定资产使用寿命内，按照确定的方法对应计折旧额进行的系统分摊就是固定资产的折旧。

由于在计算折旧时，对固定资产的使用寿命、残余价值、清理费、有形和无形损耗、减值准备均带有估计的成分，因此，在一定程度上具有主观性。而且折旧的计算方法又呈多样化，各种方法可能导致不同的结果，并影响期间的净收益和所得税的申报。所以，注册会计师要认真审查被审计单位在会计年度内计提折旧方法选择的适当性。

（一）累计折旧的审计目标

（1）确定折旧方法是否符合相关规定，是否一贯遵循。

（2）核实累计折旧增减变动的记录是否完整。

（3）审查折旧金额的计算是否正确。

（4）确定累计折旧的期末余额是否正确。

（5）确定累计折旧的披露是否恰当。

（二）累计折旧的实质性程序

累计折旧的实质性程序通常包括：

（1）检查被审计单位制定的折旧政策和方法是否符合相关会计准则的规定，确定其所采用的折旧方法能否在固定资产预计使用寿命内合理分摊其成本，前后期是否一致，预计使用寿命和预计净残值是否合理。

（2）获取或编制累计折旧分类汇总表，复核加计是否正确，并与总账数和明细账合计数核对是否相符。

（3）复核本期折旧费用的计提和分配。

A. 了解被审计单位的折旧政策是否符合规定，计提折旧的范围是否正确，确定的使用寿命、预计净残值和折旧方法是否合理；如采用加速折旧法，是否取得批准文件。

B. 检查被审计单位折旧政策前后期是否一致。如果折旧政策或者相关会计估计（如使用寿命、预计净残值）有变更，变更理由是否合理；如果没有变更，是否存在需要提请被审计单位关注的对折旧政策或者会计估计产生重大影响的事项（如重大技术更新或者设备使用环境的恶化等）。

C. 复核本期折旧费用的计提是否正确。

已计提部分减值准备的固定资产，计提的折旧是否正确。按照《企业会计准则第4号——固定资产》的规定，已计提减值准备的固定资产的应计折旧额应当扣除已计提的固定资产减值准备累计金额，按照该固定资产的账面价值以及尚可使用寿命重新计算确定折旧率和折旧额。

已全额计提减值准备的固定资产，是否已停止计提折旧。

因更新改造而停止使用的固定资产是否已停止计提折旧，因大修理而停止使用的固定资产是否照提折旧。

对按规定予以资本化的固定资产装修费用是否在两次装修期间与固定资产尚可使用年限两者中较短的期间内，采用合理的方法单独计提折旧，并在下次装修时将该项固定资产装修余额一次全部计入了当期营业外支出。

对融资租入固定资产发生的、按规定可予以资本化的固定资产装修费用，是否在两次装修期间、剩余租赁期与固定资产尚可使用年限三者中较短的期间内，采用合理的方法单独计提折旧。

对采用经营租赁方式租入的固定资产发生的改良支出，是否在剩余租赁期与租赁资产尚可使用年限两者中较短的期间内，采用合理的方法单独计提折旧。

未使用、不需用和暂时闲置的固定资产是否按规定计提折旧。

持有待售的固定资产折旧计提是否符合规定。

D. 检查折旧费用的分配方法是否合理，是否与上期一致；分配计入各项目的金额占本期全部折旧计提额的比例与上期比较是否有重大差异。

E. 注意固定资产增减变动时，有关折旧的会计处理是否符合规定，查明通过更新改造、接受捐赠或融资租入而增加的固定资产的折旧费用计算是否正确。

（4）将"累计折旧"账户贷方的本期计提折旧额与相应的成本费用中的折旧费用明细账户的借方进行比较，以查明所计提折旧金额是否已全部摊入本期产品成本或费用。若存在差异，应追查原因，并考虑是否应建议做适当调整。

（5）检查累计折旧的减少是否合理、会计处理是否正确。

（6）确定累计折旧的披露是否恰当。

如果被审计单位是上市公司，通常应在其财务报表附注中按固定资产类别分项列示累计折旧期初余额、本期计提额、本期减少额及期末余额。

【例9-7】A会计师事务所对天河股份有限公司2×20年度会计报表进行审计时，取得了与折旧计提、分配相关的数据（表9-4）。

表9-4 与折旧计提、分配相关的数据 单位：元

月份	固定资产原值	计提折旧	制造费用负担额	管理费用负担额
1	23 000 000	2 070 000	1 449 000	621 000
2	23 000 000	2 070 000	1 449 000	621 000
3	25 500 000	2 295 000	1 606 500	688 500
4	25 500 000	2 295 000	1 606 500	688 500
5	25 500 000	2 295 000	1 606 500	688 500
6	34 000 000	3 060 000	2 142 000	918 000
7	34 000 000	3 060 000	2 142 000	918 000
8	29 000 000	2 610 000	1 827 000	783 000
9	29 000 000	2 610 000	1 827 000	783 000
10	29 300 000	2 637 000	1 845 900	791 100
11	29 300 000	2 637 000	1 845 900	791 100
12	29 300 000	2 637 000	1 845 900	791 100
合计		30 276 000	21 193 200	9 082 800

审计人员通过调查了解，取得了与以上数据相关的资料：

（1）3月，固定资产原价增加了2 500 000元，折旧率没有变化。

（2）6月，固定资产原价增加了8 500 000元，折旧率没有变化。

（3）8月，由于固定资产报废，原价减少了5 000 000元，折旧率没有变化。

（4）10月，固定资产原价增加了300 000元，折旧率没有变化。

（5）1月和2月，该公司有固定资产出租业务，自3月份起，该公司将该项固定资产收回，用于生产经营。

经过审查，该公司固定资产的增加手续完备，核算内容真实，使用的固定资产折旧率均符合有关法律、法规要求。

要求：根据上述资料，分析该公司固定资产折旧提取及其分类情况，并提出进一步审查的建议。

【解答】（1）从表中可以看出，3月份增加固定资产，在原有固定资产折旧率没有变化的情况下，当月折旧额随之增加，很可能是将当月增加的固定资产也计提了折旧。同样的情况还发生在6月和10月。8月减少固定资产时，在原有固定资产折旧率没有变化的情况下，当月折旧额随之减少，很可能是将当月减少的固定资产也随之停止计提折旧。由此分析，该公司在计算固定资产折旧额方面存在错误，应进一步进行审查，并提请调整有关账项。

（2）该公司1月和2月有固定资产出租业务，但该项固定资产提取的折旧仍然有制造费用和管理费用负担，需要审计人员根据实际情况来确定该公司的处理是否正确。

【关键术语】

采购与付款循环　内部控制　控制测试　实质性程序　应付账款审计　固定资产审计
累计折旧审计

【拓展分析】

1. 甲公司是ABC会计师事务所的常年审计客户。ABC会计师事务所负责甲公司2×20年度财务报表审计，并委派A注册会计师担任项目合伙人。A注册会计师在审计过程中发现的问题如表9-5所示。

表9-5　　　　　　　　　　　　　　审计过程中发现的问题　　　　　　　　　　　　　单位：万元

项目	应付账款年末余额	本年度供货总额
A公司	400	500
B公司	0	1 590
C公司	10	1 600
D公司	1 000	1 200

要求：

（1）针对长期挂账的应付账款，A注册会计师应当实施怎样的审计程序？

（2）A注册会计师应当选择哪几位供应商进行函证？并简要说明理由。

2. 注册会计师2×21年2月在审查甲公司2×20年度"主营业务明细账"时，发现该公司在下半年至年末正值销售旺季时，销售收入却出现较大幅度的下滑。注册会计师怀疑该公司利用"应付账款"账户隐匿收入，故决定作进一步审查。注册会计师查阅了2×20年11月份与12月份的应付账款明细账，发现下列会计分录：

借：银行存款　　　　　　　　　　　　　　　　　　　　　　　　240 585
　　贷：应付账款——B公司　　　　　　　　　　　　　　　　　　　240 585

所附原始凭证为银行进账单回单和向B公司开出的发票。发票注明货为205 628元，增值税额为26 732元，合计232 360元。

甲公司适用的增值税税率为13%，假定该笔业务的销售利润为160 000元，所得税税率为25%。

要求：指出该企业存在的问题，并提出处理意见。

3. 注册会计师发现甲公司于2×20年9月购入一台需要安装的生产设备，买价为600万元，支付的设备安装费支出为68.4万元，后者计入了管理费用。该设备于当月安装完毕并投入使用。该设备的使用期为5年，按直线法计提折旧，残值率为5%。

要求：甲公司将外购设备安装费计入管理费用的会计处理是否合理？如不合理，说明应如何调整。

【课程思政案例】

神雾节能应付账款审计案例

神雾节能公司是一家在节能环保技术与资源综合利用领域具有显著影响力的企业。它的前身是金城造纸股份有限公司,成立于 1993 年,并于 1998 年在深交所挂牌上市,2016 年 6 月 17 日通过发行股份购买北京神雾环境能源科技集团股份有限公司(简称神雾集团)拥有的江苏省冶金设计院有限公司 100% 股权,获中国证监会批准,2016 年 8 月 1 日正式取得核准批文。金城股份有限公司更名为神雾节能,神雾集团为其控股股东,江苏省冶金设计院为神雾节能全资子公司。

神雾节能以颠覆性的技术为核心竞争力,依托其蓄热式转底炉、氢气竖炉、蓄热式燃气熔分炉等清洁低碳冶炼技术,对全球黑色、有色矿产资源及其固体废弃物等高能耗、高污染行业的工艺路线进行了颠覆式创新。这使神雾节能成为工业节能环保与资源综合利用技术方案的提供商和工程总承包商。

神雾节能通过制作虚假合同虚增收入、调整合同折扣虚增利润方式,从 2016 年到 2017 年累计虚增利润 2.0 亿元。2019 年 1 月 2 日,大信会计师事务所因年报审计程序执行不到位等多项违规行为,被辽宁证监局采取出具警示函的监督管理措施。其中,2017 年年报应付账款计中的主要问题有:

(1) 对应付账款执行实质性分析程序过程中缺少分析原因。具体表现在:2017 年应付账款余额较上期增长 33.32%,期末应付账款余额占存货比重较前年度大幅降低,未分析相关原因。

(2) 对部分应付账款长期挂账的原因缺少分析。具体表现在:2017 年应付账款期末余额 206 453 253.47 元,其中有 9 000 多万元的账龄在 1 年以上,未对长期挂账现象分析原因。

(3) 对被审计单位应收款冲抵应付款的情况,未实施进一步审计程序,也未说明抵销原因及其恰当性。例如,被审计单位通过将所承接工程项目应收账款和应付账款"对抵"的方式,虚增净利润数千万元,注册会计师在未获取充分、适当的审计证据加以验证的前提下,认可了被审计单位关于应收账款和应付账款"对抵"的账务处理。

(4) 对于既是供应商又是销售客户的往来单位,未实施审计程序并分析其合理性。

(5) 对应付款项中涉及业绩对赌的股权转让款,未充分关注被收购单位的业绩承诺完成情况及涉及的或有对价调整、信息披露等事项,且相关事项在审计底稿中记录不完整。

(6) 对个别客户的回款异常未予关注并实施进一步审计程序。

(7) 未对检查资产负债表日后应付账款明细账进行关注,具体表现在:未见对资产负债表日后检查底稿。

案例思考和讨论题

(1) 探讨企业在应付账款管理中如何履行对供应商的社会责任。

(2) 探讨企业如何对应付账款进行风险管理以降低潜在的财务风险。

(3) 应收账款和应付账款对抵如何对利润产生影响?

(4) 针对以上审计人员实施的应付账款审计程序存在的问题提出改进建议。

练 习 题

姓名＿＿＿＿＿

学号＿＿＿＿＿

分数＿＿＿＿＿

一、单项选择题

1. 下列采购与付款环节的内部控制中,不合理的是( )。

    A. 支票连续编号

    B. 记录应付账款的人员不得经手现金、有价证券和其他资产

    C. 会计主管应独立检查记入银行存款日记账和应付账款明细账的金额的一致性,以及与支票汇总记录的一致性

    D. 出纳定期编制银行存款余额调节表

2. 下列控制测试中,目标是能保证所记录的采购都确已收到商品或已接受劳务的是( )。

    A. 检查批准采购价格和折扣的标记

    B. 检查订购单连续编号的完整性

    C. 查验付款凭单后是否附有完整的相关单据

    D. 检查工作手册和会计科目表

3. 注册会计师在常用的控制测试中通常会用到检查内部核查的标记,这项控制测试通常不会涉及的认定是( )。

    A. 发生   B. 完整性   C. 准确性   D. 截止

4. 固定资产的内部控制中最重要的控制是( )。

    A. 处置制度   B. 定期盘点制度   C. 职责分工制度   D. 预算制度

5. 审计人员在证实被审计单位应付账款是否在资产负债表上充分披露时,不需要考虑( )。

    A. 应付账款发生是否恰当

    B. 预付账款明细账的期末贷方余额是否并入应付账款项目

    C. 应付账款明细账的期末借方余额是否并入预付账款项目

    D. 应付账款的分类是否恰当

6. 下列审计程序中,能发现多计应付账款的是( )。

    A. 从验收单追查至采购明细账

    B. 复核采购明细账、总账及应付账款明细账,注意是否有大额或不正常的金额

    C. 从卖方发票追查至采购明细账

    D. 针对资产负债表日后应付账款明细账贷方发生额的相应凭证,关注其购货发票日期,确认其入账时间是否合理

7. 在审查固定资产增加项目时,对于盘盈的固定资产,审计人员应审查其是否( )。

    A. 已按重置完全价值入账   B. 已按资产评估价值入账

    C. 已按实际成本价入账   D. 已按现值法计算的价值入账

239

8. 为证实受留置权限制的机器设备的所有权,注册会计师实施的下列审计程序中,最有针对性的是(   )。

   A. 审核采购发票、采购合同等

   B. 查阅有关的合同、产权证明、财产税单、抵押借款的还款凭据、保险单等书面文件

   C. 验证有关运营证件等

   D. 审核被审计单位的有关负债项目等

9. 下列各项中,不属于采购与付款业务不相容岗位的是(   )。

   A. 请购与审批   B. 询价与确定供应商

   C. 赊销批准与销售   D. 付款审批与付款执行

10. 采购与付款循环交易进行实质性测试时,注册会计师从验收单追查至采购明细账,从卖方发票追查至采购明细账,目的是测试已经发生的购货业务的(   )。

   A. 存在性   B. 完整性   C. 分类   D. 准确性

11. 对于购入固定资产,审计人员实地观察的重点是(   )重要固定资产。

   A. 本期新增加的   B. 本期减少的   C. 计提折旧的   D. 正在使用的

12. 注册会计师在对应付账款进行函证时,函证应采用(   )的方式。

   A. 积极式

   C. 积极式和消极式结合

   B. 消极式

   D. 积极式和消极式均可

13. 下列固定资产中,需要计提折旧的是(   )。

   A. 已全额计提减值准备的固定资产   B. 因更新改造而停止使用的固定资产

   C. 因日常维修而停止使用的固定资产   D. 经营租入的固定资产

14. 注册会计师为审查被审计单位未入账负债而实施的下列审计程序,最有效的是(   )。

   A. 审查资产负债表日后货币资金支出情况

   B. 审查应付账款、应付票据明细账

   C. 审查应付账款、应付票据的函证回函

   D. 审查购货发票与债权人名单

15. 下列分析程序测试比率中,可能发现已减少固定资产未在账户上注销的问题的是(   )。

   A. 本年各月间和本年年度与以前各年度间的修理及维护费用之比

   B. 固定资产总成本与全年产品产量之比

   C. 本年与以前各年度的固定资产增减之比

   D. 本年计提折旧额与固定资产总成本之比

16. 注册会计师为了验证期末应付账款余额存在低估,以下审计证据中证明力最强的是(   )。

   A. 供应商提供的月末对账单

   B. 被审计单位编制的连续编号的请购单

   C. 被审计单位编制的连续编号的验收报告

   D. 被审计单位编制的连续编号的采购订购单

17. 下列审计程序中,与应付账款完整性无关的是(   )。

   A. 向供应商函证零余额的应付账款

   B. 检查采购文件以确定是否适用预先编号的请购单、验收单

   C. 从应付账款明细账追查至采购合同、供应商发票和验收单等凭证

D. 抽取采购合同、供应商发票和验收单等凭证，追查至应付账款明细账
18. 在检查汽车等运输设备的所有权时，注册会计师应（　　　）。
    A. 审核采购发票、购货合同等予以确定
    B. 验证有关运营证件等
    C. 查阅有关合同、产权证明、财产税单、抵押借款的还款凭据、保险单等书面文件
    D. 验证有关融资租赁合同
19. 注册会计师为了获取实际存在的固定资产均已入账的证据，应当采用的最佳程序是（　　　）。
    A. 以固定资产明细分类账为起点，进行实地追查
    B. 以实地为起点，追查至固定资产明细分类账
    C. 先从实地追查至明细分类账，再从明细分类账追查至实地
    D. 先从明细分类账追查至实地，再从实地追查至明细分类账

二、多项选择题

1. 采购和付款循环的主要过程包括（　　　）。
    A. 处理请购单　　　　　　　　　　　B. 处理客户订单
    C. 验收商品和劳务　　　　　　　　　D. 确认债务
    E. 处理和记录价款的支付

2. 下列选项中，对采购与付款循环内部控制测试的程序包括（　　　）。
    A. 核对明细表　　　　　　　　　　　B. 抽查部分采购业务
    C. 走访、观察业务经办与记录是否独立　D. 了解并描述内部控制
    E. 抽查付款业务

3. 经适当批准和有预先编号的凭单为记录采购交易提供了依据，这些控制主要相关的认定有（　　　）。
    A. 准确性和计价　　　B. 发生　　　　C. 完整性　　　　D. 分类
    E. 可理解性

4. 在审查固定资产业务时发现被审计单位调增了一台设备的入账价值，对此审计人员认为比较合理的解释有（　　　）。
    A. 该设备已提足折旧但仍在使用
    B. 同类设备的市场价格上升
    C. 该设备增加了改良装置
    D. 该设备原暂估价值偏低，现按实际价值调整
    E. 该设备原入账价值由于某种差错而被少计

5. 在对固定资产审计时，如果审计人员发现与以前年度相比，审计期间的折旧费用大幅度增加，则可能的原因有（　　　）。
    A. 已减少的固定资产未在账面上注销　　B. 存在大量闲置的固定资产
    C. 新购置大量固定资产　　　　　　　　D. 折旧额的计算有误
    E. 固定资产折旧方法变更

6. 下列关于请购商品和劳务的说法中，正确的有（　　　）。
    A. 仓库部门编制请购单，其他部门不能编制

B. 请购单是采购部门编制,其他部门不能编制

C. 仓库在现有库存达到再订购点时就可直接提出采购申请

D. 对资本支出和租赁合同,企业通常要求做特别授权,只允许指定人员提出请购

7. 下列各项中,属于编制付款凭单时的内部控制的有(　　)。

A. 由被授权的财务人员负责签署支票

B. 确定供应商发票的内容与相关的验收单、订购单的一致性

C. 在付款凭单上填入应借记的资产或费用账户名称

D. 编制有预先顺序编号的付款凭单,并附上支持性凭证

8. 下列各项中,通常属于采购与付款循环中主要的重大错报风险的有(　　)。

A. 低估费用

B. 高估费用

C. 低估应付账款

D. 高估应付账款

9. 应付账款一般不需要函证,但出现(　　)时,审计人员还应实施函证程序。

A. 应付账款存在借方余额

B. 控制风险较高

C. 某应付账款的账户余额较大

D. 被审计单位处于经济困难阶段

10. 下列关于应付账款函证的说法中,不正确的有(　　)。

A. 如果存在未回函的重大项目,注册会计师应采用替代审计程序

B. 必须函证应付账款

C. 函证最好采用积极函证方式,并且不说明应付全额

D. 如果控制风险较高,某应付账款明细账户金额较大,则应考虑进行应付账款的函证

11. 在采购与付款循环中,下列控制程序中存在缺陷的有(　　)。

A. 由甲、乙两个职员负责采购合同的谈判,甲负责签订合同

B. 验收人员根据经批准的请购单验收已经运来的货物

C. 请购单未进行连续编号

D. 验收单未进行连续编号

12. 为了获取本年度增加固定资产的情况,注册会计师实施的下列审计程序中,正确的有(　　)。

A. 对于外购的房屋,应检查契税的会计处理是否正确

B. 对于分期付款购买的房屋,要检查入账价值及会计处理是否正确

C. 对于已经达到预定可使用状态,但尚未竣工决算的固定资产,检查其是否已按估计价值入账,相关估价是否合理,并按规定计提折旧

D. 对于投资者投入的固定资产,检查投资者投入的固定资产是否按投资各方确认的价值入账,并检查确认价值是否公允,交接手续是否齐全

13. 审查被审计单位是否存在高估固定资产数额时,审计人员可以采取(　　)程序验证。

A. 被审计单位新增加的固定资产替换原有固定资产,原有固定资产是否未作记录

B. 分析营业外收支账户

C. 向固定资产管理部门查询本年有无未作会计记录的固定资产减少业务

D. 复核固定资产保险

14. 对融资租入的固定资产,主要应审核检查(　　)。

A. 产权证明
B. 会计记录
C. 租赁协议
D. 采购发票

15. 下列情形中,注册会计师应当停止计提折旧或者不提折旧的有(   )。
    A. 单独计价入账的土地
    B. 闲置的固定资产
    C. 更新改造的固定资产
    D. 持有待售的固定资产

16. 下列属于采购与付款循环的单据的有(   )。
    A. 验收单
    B. 销售发票
    C. 请购单
    D. 购销合同

17. 付款业务的控制测试程序有(   )。
    A. 检查原始凭证,查看付款是否有核准人的签名
    B. 原始凭证是否具有合法的发票和单据
    C. 原始凭证的内容、金额与付款凭证摘要核对是否一致
    D. 检查支票签发后是否马上寄出而没有提前签发

18. 下列属于采购与付款业务失控的表现的有(   )。
    A. 虚开发票,虚计收入
    B. 货物的采购、储存、使用人又担任账务的记录工作
    C. 大量结欠应付账款,长期挂账
    D. 销售定价不合理,结算方式选用不当

19. 下列不属于采购与付款核算中的舞弊行为的有(   )。
    A. 应收账款坏账准备计提不合理
    B. 利用应付账款骗取回扣,将折扣私分或留存"小金库"
    C. 将属于供货方多发等原因造成的商品溢余私分或账外出售后作为"小金库"处理
    D. 销售成本结转不实,与销售收入不配比

20. 存在下列情况之一的固定资产,应当全额计提减值准备的有(   )。
    A. 长期闲置不用,在可预见的未来不会再使用,且无转让价值的固定资产
    B. 由于技术进步等原因,已不可能使用的固定资产
    C. 已遭毁损,以至于不再具有使用价值和转让价值的固定资产
    D. 虽然尚可使用但使用后产生大量不合格品的固定资产

21. 计算固定资产原值与本期产品产量的比率,并与以前期间相关指标进行比较,注册会计师可能会发现(   )。
    A. 资本性支出和收益性支出的区分错误
    B. 闲置的固定资产
    C. 增加的固定资产尚未作出会计处理
    D. 减少的固定资产尚未作出会计处理

22. 注册会计师一般不必函证决算日的应付账款余额,其原因有(   )。
    A. 存在其他可靠的外部凭证以供证实之用
    B. 和被审计单位法律顾问联系,将揭示供货方因未付款而采取的法律行动
    C. 函证不能保证查出未入账的应付账款
    D. 决算日前应付账款余额在审计完成前或许不曾付
    E. 应付账款余额不会错报

三、判断题

1. 应付账款在通常情况下不需要函证,如函证,最好采用消极式函证。   (   )
2. 注册会计师对固定资产进行实地观察时,可以以固定资产明细分类账为起点,重点观察

本期新增加的重要固定资产。（　　）

3. 固定资产的保险不属于固定资产的内部控制,因此无须了解固定资产的保险情况。（　　）

4. 因为多数舞弊企业在低估应付账款时,是以漏记赊购业务为主,所以函证对于寻找未入账的应付账款效果并不好。（　　）

5. 注册会计师在对固定资产进行实质性测试时,常常将固定资产的分类汇总表与累计折旧的分类汇总表合并编制。（　　）

6. 一个良好的应付账款内部控制,在收到购货发票后,应立即送交会计部门支付货款。（　　）

7. 将"本年计提折旧额/固定资产总成本"比率同上年比较,旨在发现累计折旧核算的错误。（　　）

8. 在考虑固定资产减值准备的前提下,影响折旧的因素则包括折旧的基数、累计折旧、固定资产减值准备、固定资产预计净残值和固定资产尚可使用年限五个方面。（　　）

9. 注册会计师实地观察固定资产的重点应放在净值较高的固定资产。（　　）

10. 函证应付账款,应选择较大金额的债权人,以及那些在资产负债表日金额不大,甚至为零,但为企业重要供货人的债权人作为函证对象。（　　）

11. 在初次审计的情况下,注册会计师应对固定资产和累计折旧日的账户开展较全面的审计,最理想的方法是彻底审计自被审计单位设立起的"固定资产"和"累计折旧"账户中的所有重要的借贷记录。（　　）

12. 审计固定资产减少的主要目的在于查明是否对业已减少的固定资产进行了适当的会计处理。（　　）

四、思考题

1. 采购与付款循环涉及哪些主要凭证和会计记录?

2. 采购与付款循环中可能存在重大错报风险的情形有哪些?

3. 采购与付款循环的内部控制包含哪些内容?

4. 采购与付款循环的控制测试应当包含哪些程序?

5. 直接向供货方函证应付账款的审计程序是否和函证应收账款一样有用和重要? 请说明理由。

6. 审计人员如何查找未入账的应付账款?

7. 固定资产的实质性测试程序包括哪些内容?

第十章
生产与存货循环的审计

教学目标·············

　　通过本章的学习,学生应了解生产与存货循环涉及的主要经济业务活动、相关的会计凭证及记录;理解生产与存货循环的内部控制及其控制测试;掌握存货监盘的程序、对存货进行计价测试的要点和存货截止测试的要点。

引例·············

美国法尔莫公司存货舞弊案

　　从孩提时代开始,米奇·莫纳斯就喜欢几乎所有的运动,尤其是篮球。但是因天资及身高所限,他没有机会到职业球队打球。然而,莫纳斯确实拥有一个所有顶级球员共有的特征,那就是无法抑制的求胜欲望。

　　莫纳斯把他无穷的精力从球场上转移到他的董事长办公室里。他先设法获得了位于(美)俄亥俄州阳土敦市的一家药店,在随后的 10 年中他又收购了另外 299 家药店,从而组建了全国连锁的法尔莫公司。不幸的是,这一切辉煌都是建立在资产造假——未检查出来的存货高估和虚假利润的基础上的,这些舞弊行为最终导致了莫纳斯及其公司的破产;同时,这也使为其提供审计服务的"五大"会计师事务所损失了数百万美元。下面是这起案件的经过。

　　自获得第一家药店开始,莫纳斯就梦想着把他的小店发展成一个庞大的药品帝国。其所实施的策略就是他所谓的"强力购买",即通过提供大比例折扣来销售商品。莫纳斯最先做的就是把实际上并不盈利且未经审计的药店报表拿来,用自己的笔为其加上并不存在的存货和利润;然后凭着自己空谈的天分及一套夸大了的报表,在 1 年之内骗得了足够的投资用于收购 8 家药店,奠定了他的小型药品帝国的基础。这个帝国后来发展到了拥有 300 家连锁店的规模。一时间,莫纳斯成为金融领域的风云人物,他的公司则在阳土敦市获得了令人崇拜的地位。

　　在一次偶然的机会导致这个精心设计的、至少引起 5 亿美元损失的财务舞弊事件浮出水面之时,莫纳斯和他的公司炮制虚假利润已达 10 年之久。这并非是一件容易的事。当时法尔莫公司的财务总监认为因公司以低于成本出售商品而招致了严重的损失,但是莫纳斯认为通过"强力购买",公司完全可以发展得足够大以使得它能顺利地坚持它的销售方式。最终在莫纳斯的强大压力下,这位财务总监卷入了这起舞弊案。在随后的数年之中,他和他的几位下属保持了两套账簿,一套用于应付注册会计师的审计;另一套用于反映糟糕的现实。

他们先将所有的损失归入一个所谓的"水桶账户",然后再将该账产的金额通过虚增存货的方式重新分到公司的数百家成员药店中。他们仿造购货发票、制造增加存货并减少销售成本的虚假记账凭证、确认购货却不同时确认负债、多计或加倍计算存货的数量。财务部门之所以可以隐瞒存货短缺是因为注册会计师只对 300 家药店中的 4 家进行存货监盘,而且他们会提前数月通知法尔莫公司他们将检查哪些药店。管理人员随之将那 4 家药店堆满实物存货,而把那些虚增的部分分配到其余的 296 家药店。如果不考虑其会计造假,法尔莫公司实际已濒临破产。在后来的一次审计中,其现金已紧缺到供应商因其未能及时支付购货款而威胁取消对其供货的地步。

注册会计师们一直未能发现这起舞弊,他们为此付出了昂贵的代价。这项审计失败使会计师事务所在民事诉讼中损失了 3 亿美元。那位财务总监被判 33 个月的监禁,莫纳斯本人则被判入狱 5 年。

第一节 生产与存货循环的特点

本节主要介绍两部分内容:一是生产与存货循环涉及的主要凭证和会计记录,二是生产与存货循环涉及的主要业务活动。

一、涉及的主要凭证与会计记录

生产与存货循环由将原材料转化为产成品的有关活动组成,包括制定生产计划,控制、保持存货水平以及与制造过程有关的交易和事项。生产与存货循环涉及的凭证和记录主要包括以下几项。

（一）生产指令

生产指令是企业下达制造产品等生产任务的书面文件,用以通知供应部门组织材料发放,生产车间组织产品制造,会计部门组织成本计算。

（二）领发料凭证

领发料凭证是企业为控制材料发出所采用的各种凭证,如材料发出汇总表、领料单、限额领料单、领料登记簿、退料单等。

（三）产量和工时记录

产量和工时记录是登记工人或生产班组在出勤时间内完成产品数量、质量和生产这些产品所耗费工时数量的原始记录。常见的产量和工时记录主要有工作通知单、工序进程单、工作班产量报告、产量通知单、产量明细表、废品通知单等。

（四）工薪汇总表及工薪费用分配表

工薪汇总表是为了反映企业全部工薪的结算情况,并据以进行工薪总分类核算和汇总整个企业工薪费用而编制的,它是企业进行工薪费用分配的依据。工薪费用分配表反映了各生产车间各产品应负担的生产工人工薪及福利费。

（五）材料费用分配表

材料费用分配表是用来汇总反映各生产车间各产品所耗费的材料费用的原始记录。

（六）制造费用分配汇总表

制造费用分配汇总表是用来汇总反映各生产车间各产品所应负担的制造费用的原始记录。

（七）成本计算单

成本计算单是用来归集某一成本计算对象所应承担的生产费用，计算该成本计算对象的总成本和单位成本的记录。

（八）产品入库单和出库单

产品入库单是产品生产完成并经检验合格后从生产部门转入仓库的凭证。产品出库单是根据经批准的销售单发出产品的凭证。

（九）存货明细账

存货明细账是用来反映各种存货增减变动情况、期末库存数量及相关成本信息的会计记录。

（十）存货盘点指令、盘点表及盘点标签

一般制造业企业通常会定期对存货实物进行盘点，将实物盘点数量与账面数量进行核对，对差异进行分析调查，必要时做账务调整，以确保账实相符。在实施存货盘点之前，管理人员通常编制存货盘点指令，对存货盘点的时间、人员、流程及后续处理等方面做出安排。在盘点过程中，我们通常会使用盘点表记录盘点结果，使用盘点标签对已盘点存货及数量做出标识。

（十一）存货货龄分析表

很多制造业企业通过编制存货货龄分析表，识别流动较慢或滞销的存货，并根据市场情况和经营预测，确定是否需要计提存货跌价准备。这对管理具有保质期的存货尤其重要。

二、涉及的主要业务活动

生产与存货循环涉及的主要业务活动如下。

（一）计划和安排生产

生产计划部门的职责是根据顾客订购单或者对销售预测和产品需求的分析来决定生产授权。如决定授权生产，即签发预先顺序编号的生产通知单。该部门通常应将发出的所有生产通知单顺序编号并加以记录控制。此外，生产部门还需要编制一份材料需求报告，列示所需要的材料和零件及其库存。

（二）发出原材料

仓库部门的责任是根据从生产部门收到的领料单发出原材料。领料单上必须列示所需的材料数量和种类，以及领料部门的名称。领料单可以一料一单，也可以多料一单，领料单通常需一式三联，一联交给领料部门，一联留在仓库登记材料明细账，一联交会计部门进行材料收发核算和成本核算。

（三）生产产品

生产部门在收到生产通知单及领取原材料后，将生产任务分解到每一个生产工人，并将所领取的原材料交给生产工人据以执行生产任务。完成生产任务后，生产工人将完成的产品交生产部门查点，然后转交检验员验收并办理入库手续；或是将所完成的产品移交下一个部门作进一步加工。

（四）核算产品成本

为了正确核算并有效控制产品成本，必须建立健全成本会计制度，将生产控制和成本核算有机结合在一起。生产过程中的各种记录、生产通知单、领料单、计工单、入库单等文件资料都要汇集到会计部门，由会计部门对其进行核算和控制。

（五）储存产成品

产成品入库，须由仓库部门先行点验和检查，然后签收。签收后，将实际入库数量通知会计部门。据此，仓库部门确立了应承担的责任，并验证了验收部门的工作。仓库部门应根据产成品的品质特征分类存放，并填制标签。

（六）发出产成品

产成品的发出须由独立的发运部门进行。装运产成品时必须持有经有关部门核准的发运通知单，并据此编制出库单。出库单一般为一式四联，一联交仓库部门；一联由发运部门留存；一联送交顾客；一联作为给顾客开发票的依据。

（七）存货盘点

管理人员编制盘点指令，安排适当人员对存货实物进行定期盘点，将盘点结果与存货账面数量进行核对，调查差异并进行适当调整。

（八）计提存货跌价准备

财务部门根据存货货龄分析表信息及相关部门提供的有关存货状况的信息，结合存货盘点过程中对存货状况的检查结果，对出现毁损、滞销、跌价等降低存货价值的情况进行分析计算，计提存货跌价准备。

【例10-1】下列单据中，可以不全部连续编号的是（　　　）。

A. 入库单　　　　　　B. 出库单　　　　　　C. 领料单　　　　　　D. 成本计算单

【解答】C。如果多个部门按顺序使用同一本预先连续编号的领料单，将对实际工作带来不便，影响经营活动的效率，可以不全部连续编号。存在多个生产部门的情况下，领料单按部门编号或每个生产部门单独使用一本连续编号的领料单是可行的。

【例10-2】下列关于发出产成品的说法中，不正确的是（　　　）。

A. 发运部门是一个独立的部门

B. 装运产成品时必须持有经有关部门批准的发运通知单

C. 出库单一般为一式三联

D. 出库单一般为一式四联

【解答】C。出库单一般为一式四联，一联交仓库部门；一联由发运部门留存；一联送交顾客；一联作为给顾客开发票的依据。

第二节　生产与存货循环的内部控制和控制测试

一、生产与存货循环的内部控制

在实务中,为识别、防止企业生产与存货循环的控制风险,企业设计和执行的生产与存货循环的内部控制包括以下内容。

(一)计划和安排生产

对于计划和安排生产这项业务,有些企业的内部控制要求,根据经审批的月度生产计划书,由生产计划经理签发预先按顺序编号的生产通知单。

(二)发出原材料

领料单应当经生产主管批准,仓库管理员凭经批准的领料单发料;领料单一式三联,分别作为生产部门存根联、仓库联和财务联。仓库管理员应把领料单编号、领用数量、规格等信息输入计算机系统,经仓储经理复核并以电子签名方式确认后,系统自动更新材料明细台账。

(三)生产产品和核算产品成本

生产部门通过产量和工时记录登记生产工人所耗费工时数量。生产成本记账员根据原材料领料单财务联,编制原材料领用日报表,由会计主管审核无误后,生成记账凭证并过账至生产成本及原材料明细账和总分类账。每月月末,由生产车间与仓库核对原材料和产成品的转出和转入记录,如有差异,仓库管理员应编制差异分析报告,经仓储经理和生产经理签字确认后交会计部门进行调整。将当月发生的生产成本在完工产品和在产品之间按比例分配,同时将完工产品成本在各不同产品类别之间分配,由此生成产品成本计算表和生产成本分配表,由生产成本记账员编制成生产成本结转凭证,经会计主管审核批准后进行账务处理。

(四)储存产成品

产成品入库时,质量检验员应检查并签发预先顺序编号的产成品验收单,由生产小组将产成品送交仓库,仓库管理员应检查产成品验收单,并清点产成品数量,填写预先顺序编号的产成品入库单经质检经理、生产经理和仓储经理签字确认。存货存放在安全的环境中,只有经过授权的工作人员可以接触及处理存货。

(五)发出产成品

产成品出库时,由仓库管理员填写预先顺序编号的出库单。产成品装运发出前,由运输经理独立检查出库单、销售订购单和发运通知单,确定从仓库提取的商品附有经批准的销售订购单,并且所提取商品的内容与销售订购单一致。每月月末,生产成本记账员编制销售成本结转凭证,结转相应的销售成本,经会计主管审核批准后进行账务处理。

（六）存货盘点

生产部门和仓储部门在盘点日前对所有存货进行清理和规整,安排不同的工作人员分别负责初盘和复盘,每一组盘点人员中应包括仓储部门以外的企业部门人员。盘点表和盘点标签事先连续编号,发给盘点人员时登记领用人员;盘点结束后回收并清点所有已使用和未使用的盘点表和盘点标签。不属于本单位的代其他方保管的存货单独堆放并作标识,将盘点期间需要领用的原材料或出库的产成品分开堆放并作标识。

汇总盘点结果,与存货账面数量进行比较,调查分析差异原因,并对认定的盘盈和盘亏提出账务调整,经仓储经理、生产经理、财务经理和总经理复核批准后入账。

（七）计提存货跌价准备

定期编制存货货龄分析表,管理人员复核该分析表,确定是否有必要对滞销存货计提存货跌价准备,并计算存货可变现净值,据此计提存货跌价准备。

生产部门和仓储部门每月上报残次存货明细,采购部门和销售部门每月上报原材料和产成品最新价格信息,财务部门据此分析存货跌价风险并计提跌价准备,由财务经理和总经理复核批准并入账。

二、评估重大错报风险

以制造类企业为例,影响生产与存货交易和余额的重大错报风险可能包括:

（1）管理层错报成本费用的偏好和动因。管理层为了完成预算、满足业绩考核要求、进行筹资、影响公司股价等,会通过一些方法错报成本费用。

（2）存货交易的数量庞大,业务复杂,增加了错误和舞弊的风险。

（3）成本基础的复杂性。虽然原材料和直接人工等直接费用的分配比较简单,但间接费用的分配可能较为复杂,并且,同一行业中的不同企业也可能采用不同的认定和计量基础。

（4）产品的多元化。产品多元化会引起存货计量方法的差异,可能要求聘请专家来验证其质量、状况或价值。

（5）某些存货项目的可变现净值难以确定。这将影响存货采购价格和销售价格的确定,也将影响注册会计师对与存货计价认定有关的风险进行的评估。

（6）将存货存放在不同地点。这将增加商品途中毁损或遗失的风险,或者导致存货在两个地点被重复列示,也可能产生转移定价的错误或舞弊。

（7）寄存的存货。有时候存货虽然还存放在企业,但可能已经不归企业所有;反之,企业的存货也可能被寄存在其他企业。

三、生产与存货循环的控制测试

测试生产与存货循环内部控制是在了解与描述的基础上,对其在实际业务中的执行与实施情况和过程进行检查和观察,以确定制定的内部控制与实际执行的是否相符。

表 10-1 列示了在通常情况下注册会计师对生产与存货循环实施的控制测试。

对生产与存货循环内部控制进行评价,是为了对生产与存货循环进行实质性测试前确定对该循环内部控制的可依赖程度。注册会计师在评价时应注意分析生产与存货循环中可

表 10-1　　　　　　　　　　　　　　生产与存货的控制测试

关键控制环节	可能存在的错报	相关财务报表项目及认定	控制测试程序
计划和安排生产	生产可能没计划		检查生产单是否连续编号；询问有关批准生产单的过程
发出原材料	原材料的发出可能未经授权	生产成本：发生	检查领料单项目是否与生产单相符；检查是否有生产主管的签字授权
生产产品和核算产品成本	发出的原材料可能未正确记入相应产品的生产成本中	生产成本：准确性	检查生产主管核对材料成本明细表的记录，并询问其核对过程及结果
	生产工人的人工成本可能未得到准确反映	生产成本：准确性	观察记工单的使用和计时程序；询问并检查财务经理复核工资费用分配表的过程和记录
	发生的制造费用可能没有得到完整归集	制造费用：完整性	询问并检查成本会计复核制造费用明细表的过程和记录；检查财务经理对调整制造费用的分录的批准记录
	生产成本和制造费用在不同产品之间、在产品和产成品之间的分配可能不正确	存货：计价与分摊营业成本：准确性	询问财务经理如何执行复核及调查；选取产品成本计算表及相关资料，检查财务经理的复核记录
储存产成品	已完工产品的生产成本可能没有转移到产成品中	存货：计价与分摊	询问和检查成本会计将产成品收发存报表与成本计算表进行核对的过程和记录
发出产成品	销售发出的产成品的成本可能没有准确转入营业成本	存货：计价与分摊营业成本：准确性	检查成本结转方式是否符合公司成本核算政策；询问和检查财务经理和总经理进行毛利率分析的过程和记录，并对异常波动的调查和处理结果进行核实
存货盘点	存货可能被盗或因材料领用、产品销售未入账而出现账实不符	存货：存在	询问和观察存货与记录的接触以及相应的批准程序；询问和观察存货盘点程序
计提存货跌价准备	可能存在残次的存货	存货：计价与分摊资产减值损失：完整性	询问财务经理识别减值风险并确定减值准备的过程，检查总经理的复核批准记录

能发生哪些潜在的错报,哪些控制可以防止或者发现并纠正这些错报。通过比较必要的控制和现有控制,评价审计计划依赖的生产与存货内部控制的健全性与有效性。如果被审单位没有建立注册会计师认为必要的内部控制,或者现有控制不足以防止或发现错报,那么注册会计师应该考虑内部控制缺陷对审计的影响,确定是否扩大实质性测试的范围。

【例 10-3】天河股份有限公司是 ABC 会计师事务所的常年审计客户,A 注册会计师是天河股份有限公司 2×20 年度财务报表审计业务的项目合伙人。A 注册会计师在对天河股份有限公司的内部控制进行了解,并在审计工作底稿中记录了所了解的内部控制,部分内容摘录如下:

(1)根据经理审批的月度生产计划书,由生产经理签发预先按顺序编号的生产通知单。

(2)由质量控制人员检查每一生产阶段完工的存货,以确保其在送达产成品仓库前符合质量标准。

(3)会计部门的成本会计人员根据收到的生产通知单、领料单、计工单、入库单等文件资料,在月末编制原材料、人工与制造费用的分配表,以及完工产品与在产品成本分配表,并据以核算成本和登记相关账簿。

(4)由独立的装运部门装运货物,装运部门收到发运通知后,装运产成品出库。

(5)会计部门的人员在收到出库单、销售发票等后,编制结转成本的会计分录,登记相应明细账。

(6)产成品仓库分别于每月、每季和年度终了,对产成品存货进行盘点,由会计部门对盘点结果进行复盘。仓库管理员应编写产成品存货盘点明细表,发现差异及时处理,经仓储经理和生产经理复核后调整入账。

针对所述的内部控制,试确定 A 注册会计师应当实施的控制测试程序。

【解答】A 注册会计师应当实施的控制测试程序如下:

(1)抽取并检查生产通知单是否经过授权,编号是否连续。

(2)检查接收完工产品到产成品仓库的证据。

(3)抽取记录生产成本凭证测试各种费用的归集和分配以及成本的计算;测试是否按照规定的成本核算流程和账务处理流程进行核算和账务处理。

(4)选取出库单,看是否有相应的发运通知单,询问和观察发运是否有独立的发运部门负责。

(5)抽取销售成本结转凭证检查与支持性文件是否一致并适当复核。

(6)抽取产成品存货盘点报告并检查是否经适当层次复核,有关差异是否得到处理。

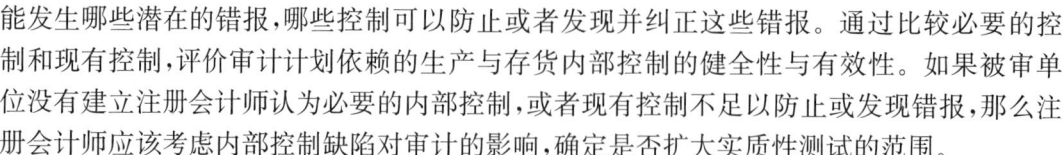

第三节 存货的审计

一、存货的审计目标

存货在企业中一般十分重要。存货的重大错报对企业的资产负债表和利润表都有直接影响。实践中,公司的存货数量巨大,很容易发生存货的短缺和损失。因此,注册会计师对存货项目的审计应当予以特别的关注。对存货进行审计需要达到的审计目标是:

（1）确定存货是否存在。

（2）确定存货是否由被审计单位拥有或控制。

（3）确定存货增减变动的记录是否完整。

（4）确定存货的计价方法是否恰当。

（5）确定存货的期末余额是否正确。

（6）确定存货在财务报表上的披露是否恰当。

二、存货的实质性测试程序

（一）获取或编制存货明细表

获取或编制存货明细表，复核加计是否正确，并与报表数、总账数和明细账合计数核对是否相符；同时抽查各存货明细账与仓库台账、卡片记录，检查是否相符。

（二）对存货执行分析程序

分析程序在存货审计中普遍采用，注册会计师通常运用简单比较法和比率分析法两种。其中，简单比较法主要进行以下分析：

（1）比较前后各期及本年度各个月份存货余额及其构成、存货成本差异率、产品成本总额及单位生产成本、直接材料成本、直接人工、制造费用、主营业务成本总额及单位销售成本等，以评价其总体合理性。

（2）将存货的余额与现有的订单、资产负债表日后各期的销售额和下一年度的预测销售额进行比较，以评价存货滞销和跌价的可能性。

（3）将存货跌价准备与本年度存货处理损失的金额进行比较，判断被审计单位是否已计提足额的跌价损失准备。

（4）将与关联企业发生存货交易的频率、规模、价格和账款结算条件，与非关联企业对比，判断被审计单位是否利用关联企业的存货交易虚构交易业务、调节利润。

在实施生产与存货循环的分析程序中，注册会计师通常运用的比率主要是存货周转率和毛利率。存货周转率是用以衡量销售能力和存货是否积压的指标。存货周转率的异常波动可能意味着被审计单位存在有意无意地减少存货储备；存货管理或控制程序发生变动；存货成本项目或核算方法发生变动；存货跌价准备计提基础或冲销政策发生变动等情况。毛利率是反映盈利能力的主要指标，用来衡量成本控制及销售价格的变化。毛利率的异常变动可能意味着被审计单位存在销售价格、销售产品总体结构、单位产品成本发生变动等情况。

（三）存货监盘

存货监盘是指注册会计师现场观察被审计单位存货的盘点，并对已盘点的存货进行适当检查。存货监盘程序是存货审计实质性程序中的一项核心程序，其目的在于获取有关存货数量和状况的审计证据，以确证被审计单位记录的所有存货确实存在，已经反映了被审计单位拥有的全部存货，并属于被审计单位的合法财产。

注册会计师实施的存货监盘具体程序如下。

1. 制订监盘计划

（1）制订存货监盘计划的基本要求。注册会计师应当根据被审计单位存货的特点、盘存制度和存货内部控制的有效性等情况，在评价被审计单位管理层制定的存货盘点程序的基础上,编制存货监盘计划,对存货监盘做出合理安排。

(2) 制订存货监盘计划应考虑的相关事项。在制订存货监盘计划时,注册会计师需要考虑的相关事项包括:①与存货相关的重大错报风险。②与存货相关的内部控制的性质。③对存货盘点是否制定了适当的程序,并下达了正确的指令。④存货盘点的时间安排。⑤被审计单位是否一贯采用永续盘存制。⑥存货的存放地点(包括不同存放地点的存货的重要性和重大错报风险),以确定适当的监盘地点。⑦是否需要专家协助。

【例10-4】审计项目组实施存货监盘的部分事项如下:审计项目组按2×20年年末各存放地点存货余额进行排序,选取存货余额最大的20个地点(合计占年末存货余额的60%)实施监盘。审计项目组根据选取地点的监盘结果,认为被审计单位年末存货盘点结果满意。

要求:指出注册会计师的处理是否适当。如认为不当,简要说明理由。

【解答】注册会计师的处理存在不当之处。确定存货存放地点时不仅要考虑金额的大小,还应考虑风险评估结果。对其他无法在存货盘点现场实施存货监盘的存货存放地点,实施替代审计程序。

(3) 存货监盘计划的主要内容。考虑到以上事项之后,制订存货监盘计划,包括以下主要内容:①存货监盘的目标、范围及时间安排。②存货监盘的要点及关注事项。③参加存货监盘人员的分工。④检查存货的范围。

【例10-5】ABC会计师事务所接受委托,对常年审计客户天河股份有限公司2×20年度财务报表进行审计。天河股份有限公司为钻石加工企业,其中丁公司委托天河股份有限公司加工钻石,该部分未加工的钻石存放于天河股份有限公司的仓库。天河股份有限公司拟于2×20年12月30日盘点存货,以下是注册会计师撰写的存货监盘计划的部分内容:

(1) 存货监盘的目标:检查天河股份有限公司2×20年12月31日存货数量是否真实完整。

(2) 存货监盘范围:库存的所有存货,包括受托加工业务中的钻石。

(3) 监盘时间:存货的观察与检查时间均为2×20年12月31日。

(4) 在监盘存货时,采用观察以及检查收发结存记录的方法,确定存货的数量。

(5) 检查相关凭证以证实盘点截止到日前所有已确认为销售但尚未装运出库的存货均已纳入盘点范围。

要求:针对上述存货监盘计划的事项(1)~(5),请逐项判断是否恰当,若不恰当,请予以修改。

【解答】事项(1)中,存货监盘的目标不恰当。监盘目标应为获取有关存货数量和状况以及有关管理层存货盘点程序可靠性的审计证据。

事项(2)中,存货监盘范围不恰当。丁公司委托加工钻石的所有权仍然属于丁公司,不属于天河股份有限公司,不应纳入监盘范围。

事项(3)中,存货监盘时间不恰当。存货的观察与检查时间应与盘点时间相一致,应为12月30日。

事项(4)中,存货监盘方法不恰当。钻石是贵重物品,要选择样品进行化验与分析,以利用专家的工作。

事项(5)中,存货盘点范围不恰当。注册会计师应当检查相关凭证以证实盘点截止到日前所有已确认为销售但尚未装运出库的存货均未纳入盘点范围,确认为销售的存货的所有权不再属于被审计单位,不能纳入盘点范围。

2. 执行存货监盘程序

在存货盘点现场实施监盘时,注册会计师应当实施下列审计程序:

(1) 评价管理层用于记录和控制存货盘点结果的指令和程序。注册会计师需要考虑这些指令和程序是否包括下列方面:适当控制活动的运用,例如,收集已使用的存货盘点记录,清点未使用的存货盘点表单,实施盘点和复盘程序;准确认定在产品的完工程度,流动缓慢(呆滞)、过时或毁损的存货项目,以及第三方拥有的存货(如寄存货物);在适用的情况下用于估计存货数量的方法,如可能需要估计煤堆的重量;对存货在不同存放地点之间的移动以及截止到日前后期间出入库的控制。

(2) 观察管理层制定的盘点程序的执行情况。①了解被审计单位对存货移动所采取的控制程序。尽管盘点存货时最好能保持存货不发生移动,但在某些情况下存货的移动是难以避免的。如果在盘点过程中被审计单位的生产经营仍将持续进行,注册会计师应通过实施必要的检查程序,确定被审计单位是否已经对此设置了相应的控制程序,确保在适当的期间内对存货做出了准确记录。②获取有关存货截止性信息。注册会计师可以获取有关截止性信息(如存货移动的具体情况)的复印件,有助于盘点日后对存货移动的会计处理实施审计程序。具体来说,注册会计师一般应当获取盘点日前后存货收发及移动的凭证,检查库存记录与会计记录期末截止是否正确。

注册会计师在对期末存货进行截止测试时,通常应当关注:

(1) 所有在截止日前入库的存货项目是否均已包括在盘点范围内,并已反映在截止日以前的会计记录中。

(2) 任何在截止日后入库的存货项目是否均未包括在盘点范围内,也未反映在截止日以前的会计记录中。

(3) 所有在截止日前装运出库的存货商品是否均未包括在盘点范围内,且未包括在截止日的存货账面余额中。

(4) 任何在截止日后装运出库的存货项目是否均已包括在盘点范围内,并已包括在截止日的存货账面余额中。

(5) 所有已确认为销售但尚未装运出库的商品是否均未包括在盘点范围内,且未包括在截止日的存货账面余额中。

(6) 所有已记录为购货但尚未入库的存货是否均已包括在盘点范围内,并已反映在会计记录中。

(7) 在途存货和被审计单位直接向顾客发运的存货是否均已得到了适当的会计处理。

(8) 在存货入库和装运过程中采用连续编号的凭证时,注册会计师应当关注截止日期前的最后编号。

(9) 如果被审计单位没有使用连续编号的凭证,注册会计师应当列出截止日期以前的最后几笔装运和入库记录。

(10) 如果被审计单位使用运货车厢或拖车进行存储、运输或验收入库,注册会计师应当详细列出存货场地上满载和空载的车厢或拖车,并记录各自的存货状况。

【例 10-6】在对天河股份有限公司 2×20 年度财务报表进行审计时,注册会计师编制了存货审计的相关工作底稿,部分内容摘录如下:

（1）A 原材料主要用于生产 A 产品。根据 A 原材料盘点结果,2×20 年结存金额未包括于 2×20 年 12 月 31 日已入库但尚未收到采购发票的 50 万元 A 材料。审计处理建议:已提出审计调整建议,于 2×20 年年末补计已入库的 A 原材料 50 万元。

（2）B 原材料主要用于生产 B 产品。根据 B 原材料盘点结果,2×20 年结存金额中有 20 万元的 B 原材料在 2×20 年 12 月 31 日收到采购发票,但于 2×21 年 1 月 1 日才实际收到入库。审计处理建议:已提出审计调整建议,于 2×20 年年末冲回尚未收到入库的 B 原材料 20 万元。

要求:假定不考虑其他条件,上述相关审计处理建议是否恰当? 如果存在不当之处,请提出改进建议。

【解答】（1）恰当。材料已于 2×20 年入库,应当确认为天河股份有限公司 2018 年存货。

（2）不恰当。不能因为没有收货就冲回相应存货,可能是在途材料。注册会计师要进一步检查相关存货发货情况和采购合同而定。如果合同约定供应商发货即转移相关原材料风险和报酬,并于 2×20 年 12 月 31 日供应商已发货,则不应冲回相应存货。

（3）检查存货。在存货监盘过程中检查存货,虽然不一定确定存货的所有权,但有助于确定存货的存在,以及识别过时、毁损或陈旧的存货。注册会计师应当把所有过时、毁损或陈旧存货的详细情况记录下来,这既便于进一步追查这些存货的处置情况,也能为测试被审计单位存货跌价准备计提的准确性提供证据。

3. 执行抽盘

注册会计师应当进行适当抽查,抽查范围通常包括所有盘点工作小组的盘点内容以及难以盘点或隐蔽性较强的存货。注册会计师可以从存货盘点记录中选取项目追查至存货实物,以及从存货实物中选取项目追查至盘点记录,以获取有关盘点记录准确性和完整性的审计证据。注册会计师应尽可能避免让被审计单位事先了解将抽盘的存货项目。

注册会计师在实施抽盘程序时发现差异,很可能表明被审计单位的存货盘点在准确性或完整性方面存在错误。一方面,注册会计师应当查明原因,并及时提请被审计单位更正;另一方面,注册会计师应当考虑错误的潜在范围和重大程度,在可能的情况下,扩大检查范围以减少错误的发生。注册会计师还可要求被审计单位重新盘点。重新盘点的范围可限于某一特殊领域的存货或特定盘点小组。

4. 需要特别关注的情况

（1）存货盘点范围。在被审计单位盘点存货前,注册会计师应当观察盘点现场,确定应纳入盘点范围的存货是否已经适当整理和排列,并附有盘点标识,防止遗漏或重复盘点。对未纳入盘点范围的存货,注册会计师应当查明未纳入的原因。

（2）对所有权不属于被审计单位的存货,注册会计师应当取得其规格、数量等有关资料,确定是否已单独存放、标明,且未被纳入盘点范围。在存货监盘过程中,注册会计师应当根据取得的所有权不属于被审计单位的存货的有关资料,观察这些存货的实际存放情况,确保其未被纳入盘点范围。即使在被审计单位声明不存在受托代存存货的情形下,注册会计师在存货监盘时也应当关注是否存在某些存货不属于被审计单位的迹象,以避免盘点范围不当。

（3）对特殊类型存货的监盘。对某些特殊类型的存货而言,被审计单位通常使用的盘点方法和控制程序并不完全适用。这些存货通常或者没有标签,或者其数量难以估计,或者其质量难以确定,或者盘点人员无法对其移动实施控制。在这些情况下,注册会计师需要运用职业判断,根据存货的实际情况,设计恰当的审计程序,对存货的数量和状况获取审计证据。

5. 存货监盘结束时的工作

在被审计单位存货盘点结束前,注册会计师应当:

(1) 再次观察盘点现场,以确定所有应纳入盘点范围的存货是否均已盘点。

(2) 取得并检查已填用、作废及未使用盘点表单的号码记录,确定其是否连续编号,查明已发放的表单是否均已收回,并与存货盘点的汇总记录进行核对。注册会计师应当根据自己在存货监盘过程中获取的信息对被审计单位最终的存货盘点结果汇总记录进行复核,并评估其是否正确地反映了实际盘点结果。

如果存货盘点日不是资产负债表日,注册会计师应当实施适当的审计程序,确定盘点日与资产负债表日之间存货的变动是否已得到恰当的记录。

6. 特殊情况的处理

(1) 在存货盘点现场实施存货监盘不可行。如果在存货盘点现场实施存货监盘不可行,注册会计师应当实施替代审计程序(如检查盘点日后出售盘点日之前取得或购买的特定存货的文件记录),以获取有关存货的存在和状况的充分、适当的审计证据。

但在其他一些情况下,如果不能实施替代审计程序,或者实施替代审计程序可能无法获取有关存货的存在和状况的充分、适当的审计证据,注册会计师需要按照《中国注册会计师审计准则第 1502 号——在审计报告中发表非无保留意见》的规定发表非无保留意见。

(2) 因不可预见的情况导致无法在存货盘点现场实施监盘。如果由于不可预见的情况无法在存货盘点现场实施监盘,注册会计师应当另择日期实施监盘,并对间隔期内发生的交易实施审计程序。

(3) 由第三方保管或控制的存货。如果由第三方保管或控制的存货对财务报表是重要的,注册会计师应当实施下列一项或两项审计程序:向持有被审计单位存货的第三方函证存货的数量和状况;实施或安排其他注册会计师实施对第三方的存货监盘(如可行);获取其他注册会计师或服务机构注册会计师针对用于保证存货得到恰当盘点和保管的内部控制的适当性而出具的报告;检查与第三方持有的存货相关的文件记录,如仓储单;当存货被作为抵押品时,要求其他机构或人员进行确认。

【知识链接】

《中国注册会计师审计准则问题解答第 3 号——存货监盘》

通常情况下,与其他资产项目相比,存货更能反映企业的经营特点。对于制造业、贸易业等行业的被审计单位而言,存货采购、生产和销售通常对其财务状况、经营成果和现金流量都具有重大影响,资本市场上很多的舞弊案例也都涉及存货的虚假记录。本问题解答旨在针对与存货监盘相关的实务问题提出进一步指引,以协助注册会计师按照审计准则的相关要求恰当执行监盘程序,获取与存货有关的充分、适当的审计证据。

(四) 存货计价测试

监盘程序主要是对存货的结存数量予以确认。为验证财务报表上存货余额的真实性,还必须对存货的计价进行审计,即确定存货实物数量和永续盘存记录中的数量是否经过正确地计价和汇总,如表10-2所示。存货计价测试主要是针对被审计单位所使用的存货单位成本是否正确所做的测试。

表 10-2　　　　　　　　　　　　　存货计价审计表

日期	品名及规格	购入			发出			余额		
		数量	单价	金额	数量	单价	金额	数量	单价	金额

1.计价方法说明:
2.情况说明及审计结论:

（1）样本的选择。计价审计的样本,应从存货数量已经盘点、单价和总金额已经计入存货汇总表的结存存货中选择。选择样本时应着重选择结存余额较大且价格变化比较频繁的项目,同时考虑所选样本的代表性。

（2）计价方法的确认。存货的计价方法有多种,结合《企业会计准则》的基本要求和企业实际情况,审查被审计单位选择的计价方法是否适合,还应对这种计价方法的合理性与一贯性予以关注,没有足够理由,计价方法在同一会计年度内不得变动。

（3）计价测试。进行计价测试时,注册会计师首先应对存货价格的组成内容予以审核,然后按照所了解的计价方法对所选择的存货样本进行计价测试。测试时,应尽量排除被审计单位已有计算程序和结果的影响,进行独立测试。注册会计师将审计结果与被审计单位账面记录对比,编制对比分析表,分析形成差异的原因。如果差异过大,应扩大测试范围,并根据审计结果考虑是否应提出审计调整建议。

在存货计价审计中,由于被审计单位对期末存货采用成本与可变现净值孰低的方法计价,注册会计师应充分关注其对存货可变现净值的确定及存货跌价准备的计提。

【例 10-7】A 注册会计师负责审计天河股份有限公司 2×20 年财务报表。天河股份有限公司的会计政策规定,入库产成品按实际生产成本入账,发出产成品采用先进先出法核算。2×20 年 12 月 31 日,天河股份有限公司 a 产品期末结存数量为 1 200 件,期末余额为 5 210 万元。天河股份有限公司 2×20 年度 a 产品的相关明细资料如表 10-3 所示(假定期初余额和所有的数量、入库单价均无误)。

表 10-3　　　　　　　　　　　a 产品的相关明细资料　　　　　　　　　　数量单位:件
　　　　　　　　　　　　　　　　　　　　　　　　　　　　　　　　　　金额单位:万元

日期	摘要	入库			发出			结存		
		数量	单价	金额	数量	单价	金额	数量	单价	金额
1.1	期初余额							500		2 500
3.1	入库	400	5.1	2 040				900		
4.1	销售				800			100		

(续表)

日期	摘要	入库			发出			结存		
		数量	单价	金额	数量	单价	金额	数量	单价	金额
8.1	入库	1 600	4.6	7 360				1 700		
10.3	销售				400			1 300		
12.1	入库	700	4.5	3 150				2 000		
12.31	销售				800			1 200		
12.31	期末余额							1 200		5 210

要求:分析 a 产品明细账有无问题,并指出所存在的问题。

【解答】A 注册会计师应重新计算期末 a 产品成本,经计算发现期末 a 产品成本应为 5 450 万元[700×4.5+(1 200－700)×4.6],天河股份有限公司期末 a 产成品成本少计了 240 万元(5 450－5 210),则说明当期营业成本多结转了 240 万元。其结果虚增了 a 产品营业成本,虚减利润,导致少缴所得税。注册会计师应提请天河股份有限公司调减 2018 年利润表中已多结转的营业成本 240 万元。

【例 10-8】A 注册会计师审计天河股份有限公司的存货跌价准备情况时,获取的资料如下:

(1) 天河股份有限公司 2×20 年年初存货跌价准备为 12 万元。

(2) 2×20 年 12 月 31 日,天河股份有限公司已计提 6 万元跌价准备,其中对 b 产品已经计提跌价准备 3 万元。

经审查,A 注册会计师发现 b 产品的市价在 2×20 年 12 月 31 日不仅未下跌,反而已经超过原账面价值。

要求:你认为 A 注册会计师相应的审计处理意见是什么?

【解答】A 注册会计师通过审查 b 产品已计提跌价准备的相关原始凭证,以及目前 b 产品市价恢复的相关资料,应提请天河股份有限公司调减多计提的存货跌价准备。审计调整分录为:

借:存货跌价准备　　　　　　　　　　　　　　　　　　　　　30 000
　　贷:资产减值损失——存货　　　　　　　　　　　　　　　　　30 000

【关键术语】

生产与存货循环　存货监盘　存货截止　存货计价

【拓展分析】

1. 胜达公司 2×20 年度的存货周转率为 2.5,与 2×19 年度相比有所下降。

(1) 胜达公司的主要产品在 2×20 年度市场需求稳定且盈利,但平均销售价格比 2×19 年有所下降,且胜达公司预期销售价格将继续下降。

(2) 由于主要原材料价格比 2×19 年度下降了 12%,胜达公司从 2×20 年 1 月开始将主要原材料的储备量增加了 20%。

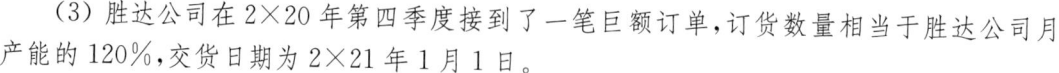

　　(3) 胜达公司在 2×20 年第四季度接到了一笔巨额订单,订货数量相当于胜达公司月产能的 120%,交货日期为 2×21 年 1 月 1 日。

　　要求:请分析胜达公司对存货周转率变动趋势的解释是否合理。

　　2. A 注册会计师负责甲公司的存货审计工作,下面是 A 注册会计师和助理人员实施的存货监盘工作:

　　(1) 在甲公司开始盘点存货前,A 注册会计师和被审计单位沟通拟检查的范围,方便检查程序正常开展。

　　(2) 对外单位存放于甲公司的存货,A 注册会计师未要求纳入盘点范围,助理人员也未实施其他审计程序。

　　(3) 对以标准规格包装箱包装的存货,监盘人员根据包装箱的数量及每箱的标准容量直接计算确定存货的数量。

　　(4) 年末前后是甲公司销售旺季,监盘时仓库同往常一样进行存货的收发,A 注册会计师检查后发现其收发数量是正确的,但收发的存货和甲公司其他存货放置在一起。

　　(5) 对废品和毁损品不进行盘点,以财务部门和仓储部门的账面记录为准。

　　(6) 盘点结束后,对出现盘盈或盘亏的存货,由仓库保管员将存货实物数量和仓库存货记录调节相符。

　　要求:请判断以上 A 注册会计师和助理人员实施的存货监盘工作有无不妥之处,若有,请予以更正。

　　3. ABC 会计师事务所负责审计天河股份有限公司 2×20 年度财务报表。天河股份有限公司主要从事家电产品的生产和销售。审计项目组在审计工作底稿中记录了与存货监盘相关的情况,部分内容摘录如下:

　　(1) 审计项目组拟不信赖与存货相关的内部控制运行的有效性,故在监盘时不再观察管理层制定的盘点程序的执行情况。

　　(2) 审计项目组获取了盘点日前后存货收发及移动的凭证,以确定天河股份有限公司是否将盘点日前入库的存货、盘点日后出库的存货以及已确认为销售但尚未出库的存货包括在盘点范围内。

　　(3) 由于天河股份有限公司人手不足,审计项目组受管理层委托,于 2×20 年 12 月 31 日代为盘点天河股份有限公司异地专卖店的存货,并将盘点记录作为公天河股份有限公司的盘点记录和审计项目组的监盘工作底稿。

　　(4) 审计项目组按存货项目定义抽样单元,选取 a 产品为抽盘样本项目之一。a 产品分布在 5 个仓库中,考虑到监盘人员安排困难,审计项目组对其中 3 个仓库的 a 产品执行抽盘,未发现差异,对该样本项目的抽盘结果满意。

　　(5) 在天河股份有限公司存货盘点结束前,审计项目组取得并检查了已填用、作废及未使用盘点表单的号码记录,确定其是否连续编号以及已发放的表单是否均已收回,并与存货盘点汇总表中记录的盘点表单使用情况核对一致。

　　(6) 天河股份有限公司部分产成品存放在第三方仓库,其年末余额占资产总额的 10%。

　　要求:

　　(1) 针对上述事项(1)～事项(5),逐项指出审计项目组的做法是否恰当。如不恰当,简要说明理由。

（2）针对上述事项（6），列举三项审计项目组可以实施的审计程序。

【课程思政案例】

振隆特产审计案

振隆特产成立于 2000 年 10 月，2011 年完成股份制改造。公司法定代表人为黄某，注册资本为 8 000 万元，实际控制人为黄某、黄某琴（黄某的姐姐）和王某霞（黄某的妻子），注册地址为辽宁省阜新市。经营范围包括农副产品的收购、加工、销售等。

振隆特产 IPO 业务由原深圳市鹏城会计师事务所（以下简称鹏城所）承接，2012 年 7 月因原鹏城所大部分人员及业务转入国富浩华会计师事务所（以下简称国富浩华），振隆特产 IPO 项目审计师由鹏城所变更为国富浩华。2013 年 6 月，国富浩华与中瑞岳华会计师事务所合并为瑞华会计师事务所（特殊普通合伙）（以下简称瑞华所），该项目由瑞华所继续承接。瑞华所对振隆特产 2012 年、2013 年及 2014 年财务报表进行审计并出具了标准无保留意见的审计报告，审计收费 130 万元。2013—2015 年，振隆特产陆续报送四次招股说明书，并于 2014 年 4 月预先披露。2015 年，在 IPO 专项核查中，振隆特产被发现存在存货大量盘亏/产能利用率过高等异常情况，涉嫌财务造假。随后，振隆特产及瑞华所涉嫌信息披露违法违规被立案调查。2016 年 9 月，振隆特产因存在通过虚增销售收入和虚增存货少结转销售成本的手段，虚增利润和虚假披露主营业务情况的违法事实被给予警告，并处以 60 万元罚款；黄某、王某霞及多位高管被给予警告并处以罚款，黄某被采取 10 年证券市场禁入措施，王某霞被采取 8 年证券市场禁入措施。2017 年 3 月，瑞华所因在振隆特产 IPO 审计时未勤勉尽责，出具存在虚假记载的审计报告被责令改正违法行为，没收业务收入 130 万元，并处以 260 万元罚款；两名签字注册会计师被给予警告、处以罚款，并被采取 5 年证券市场禁入措施。

振隆特产采购的材料主要为南瓜籽、松籽等原料采购和包装材料等辅料。受农产品季节性限制，每年 10 月初至次年 2 月末为原料的集中采购期。采购模式包括向农户采购、向国内商户采购和向国外产地国商户采购。其中，向农户采购的比例逐年升高，2013 年达到 89.08％。生产方式包括自主加工和委托加工，2011—2013 年自主加工生产产品销售收入占主营业务收入的比例分别为 80.79％、98.56％和 100.00％。根据招股说明书的披露，生产部门接到销售部门的订单后，根据客户对产品质量、规格、包装、到货时间等要求，安排生产计划，调度车间生产，经过清杂、脱壳、精选、去石、灭菌、过程检验、成品检验等工艺程序生产加工出符合订单要求的产品，经过包装后，运至客户指定地点。经查，振隆特产绝大部分成品松籽仁、南瓜籽仁是通过直接采购"仁"加工出来的，在账面上却虚构了由采购的"籽"加工为"仁"的整个过程；大部分开心果未经加工直接销售，在账面上却虚构了将原料开心果加工为成品开心果的整个过程，故招股说明书申报稿披露的与主营业务相关的工艺流程、采购原材料种类、生产模式和产品产量以及与产量相关的产能利用率等各项重要内容均存在虚假披露。2012—2014 年，振隆特产分别通过调节出成率、调低原材料采购单价方式少结转销售成本，以及未在账面确认已发生霉变存货损失的方式虚增利润，虚增利润金额分别占各年利润总额的 25.52％、32.85％和 32.43％，虚增存货金额分别占各年资产总额的 3.11％、

6.51%和7.26%。

审计师在2013年和2014年存货评估为存在舞弊风险,在舞弊风险应对措施中提出要更严格地检查包装箱中的货物。审计师在编制的《存货监盘具体情况说明》中指出,在盘点前要求振隆特产准备好计量器具及必备工具,如磅秤、叉车等,而监盘时发现存货密集堆放,各垛物品间未预留可查看空间,随即只对顶层、侧面以及外围的存货进行抽样检查,未对垛中心存货进行检查,也未使用叉车将外围存货搬离从而实施检查。另外,审计师虽设计了将库房进销存账与财务账进行核对的审计程序,但实际未见行。

2012年、2013年及2014年,振隆特产虚增的存放在天津代工厂的存货金额占年末存货金额的比例分别为24.84%、30.97%及41.49%,该部分存货于各年年末在振隆特产的自有库房中是不存在的,也无法被盘点。审计师在审计工作底稿中记录的2012年、2013年及2014年对存货的抽盘比例分别是54.36%、67.85%及88.56%。经查,审计师在实际监盘时仅从每一垛存货中抽出部分存货进行称重或查看质量,进而推断整垛存货是经过抽盘的。

案例思考和讨论题

1. 在对存货执行监盘的过程中,审计人员应如何评价存货盘点指令和程序?观察程序重点关注哪些方面?

2. 对于检查和抽盘程序,审计人员应关注哪些方面?请分析该案例中审计人员执行检查和抽盘程序是否到位?为什么?

3. 对于农业企业存货的监盘,审计师需要花费更多的精力研究适当的监盘方法,且这些方法只有与公司存货内部管理方式有机结合在一起,才能切实有效地实现存货监盘的目的。请查阅相关资料和其他存货审计案例,探讨不同农产品的监盘方法。在传统监盘方式外,还可以运用哪些新技术、新手段来应对公众对审计师日益提高的期望?

练 习 题

一、单项选择题

1. 由(　　)根据顾客订单或销售预测和存货需求的分析进行生产授权,填制预先编号好的生产通知单。

   A. 仓库　　　　　　B. 销售部门　　　　　C. 生产计划部门　　　D. 财务部门

2. 被审计单位有少量年终在途存货,未纳入盘点范围,当年也未作采购的会计处理,则(　　)。

   A. 一般不影响注册会计师对财务报表发表意见

   B. 注册会计师对此应发表保留意见

   C. 注册会计师对此应发表否定意见

   D. 注册会计师应进一步搜集证据以确认其合理性

3. 下列内部控制中,存在设计缺陷的是(　　)。

   A. 销售部门编制销售单　　　　　　B. 信用部门进行赊销审批

   C. 验收部门编制验收单　　　　　　D. 仓库部门编制发运凭证

4. 存货如果容易变质,那么存货的(　　)认定存在重大错报风险。

   A. 权利和义务　　　　　　　　　　B. 完整性

   C. 准确性、计价和分摊　　　　　　D. 发生

5. 下列关于各类存货的重大错报风险的说法中,不正确的是(　　)。

   A. 具有漫长制造过程的存货,其递延成本、预期发生成本以及未来市场波动可能对当期损益的影响通常存在重大错报风险

   B. 具有固定价格合约的存货,其预期发生成本的不确定性通常存在重大错报风险

   C. 时装行业的存货,其是否过时通常存在重大错报风险

   D. 具有高科技含量的存货,其被盗的风险较高

6. 下列关于存货监盘的说法中,不正确的是(　　)。

   A. 存货监盘能减轻被审计单位存货盘点的责任

   B. 存货监盘针对的主要是存货的存在认定、完整性认定以及权利和义务认定

   C. 实施存货监盘是注册会计师的责任

   D. 注册会计师在测试存货的权利和义务认定和完整性认定时,除了实施存货监盘,可能还需要实施其他审计程序

7. 在制订存货监盘计划时,注册会计师需要考虑的事项中,不包括(　　)。

   A. 与存货相关的重大错报风险

   B. 参加存货监盘人员的分工

   C. 对存货盘点是否制定了适当的程序,并下达了正确的指令

D. 与存货相关的内部控制的性质

8. 下列选项中,属于存货监盘计划内容的是(　　　)。

A. 存货的存放地点　　　　　　　　　　B. 是否需要专家的协助

C. 存货盘点的时间　　　　　　　　　　D. 存货监盘的时间

9. 与装运出库相关的内部控制的总体目标是所有的装运都得到了记录,使用(　　　)是一项基本的内部控制措施。

A. 验收报告单　　　　　　　　　　　　B. 发运凭证

C. 生产报告　　　　　　　　　　　　　D. 购货订购单

10. 下列选项中,属于被审计单位盘点存货前注册会计师的工作的是(　　　)。

A. 检查存货

B. 观察盘点现场,确定应纳入盘点范围的存货是否已经适当整理和排列,并附有盘点标识,防止遗漏或重复盘点

C. 执行抽盘

D. 再次观察盘点现场,以确定所有应纳入盘点范围的存货是否均已纳入

11. 如果存货盘点日不是(　　　),注册会计师应当实施适当的审计程序,确定盘点日与该日之间存货的变动是否已得到恰当的记录。

A. 审计报告日　　　　　　　　　　　　B. 财务报表批准报出日

C. 审计外勤开始日　　　　　　　　　　D. 财务报表日

12. 在存货监盘程序中,注册会计师的下列做法中,正确的是(　　　)。

A. 如果实施存货监盘不可行,直接发表保留意见

B. 如果实施存货监盘不可行,直接发表无法表示意见

C. 如果实施存货监盘不可行,且不能实施替代审计程序,或者实施替代审计程序可能无法获取有关存货的存在和状况的充分、适当的审计证据,按照规定发表非无保留意见

D. 出于成本效益的考虑,省略存货监盘中的一些程序

13. 如果被审计单位存货为煤,那么注册会计师针对该类存货可以实施的监盘程序中效果最好的是(　　　)。

A. 实施分析程序

B. 利用被审计单位内部审计的工作

C. 向供应商函证

D. 运用工程估测、几何计算、高空勘测,并依赖详细的存货记录

14. 下列有关存货计价测试的说法中,不恰当的是(　　　)。

A. 为验证财务报表上存货数量的真实性,应当对存货的计价进行审计

B. 在对存货的计价实施细节测试之前,注册会计师通常先要了解被审计单位本年度的存货计价方法与以前年度是否保持一致

C. 如被审计单位编制存货货龄分析表,则注册会计师可以通过审阅分析表识别滞销或陈旧的存货

D. 注册会计师应充分关注其对存货可变现净值的确定及存货跌价准备的计提

15. 从存货实物中选取项目追查至存货盘点记录,以测试存货盘点记录的(　　　)。

A. 完整性　　　　　　　　　　　　B. 存货的计价

C. 存货是否存在　　　　　　　　　D. 存货的所有权

16. 下列关于存货监盘的要点，表述正确的是（　　　）。

A. 被审计单位实施的实地盘存既是一项控制程序，又是一项独立活动，且其效用依赖于对处理业务的控制

B. 注册会计师进行的监盘是观察、询问和实物检查工作的集合程序

C. 注册会计师监盘的目的是确定被审计单位对存货的盘点程序和符合盘点计划和指令的要求

D. 即使无法进行监盘，也存在满意的替代程序来计量和观察期末存货

17. 为验证财务报表上存货余额的真实性，应当对存货的计价进行审计，下列相关说法中，错误的是（　　　）。

A. 注册会计师应当确定被审计单位存货的单位成本是否正确

B. 注册会计师应当识别需要计提存货跌价准备的存货项目

C. 根据被审计单位提供的存货账龄分析表，据此直接判断被审计单位的存货跌价准备的计提是否准确

D. 注册会计师应当检查可变现净值的计量是否合理

二、多项选择题

1. 产成品出库单一式多联，分别送交（　　　）。

A. 仓库部门　　　B. 发运部门　　　C. 顾客　　　　D. 领料部门

2. 注册会计师通过对成本实施分析程序，能够发现（　　　）内部控制目标是否实现。

A. 成本以正确的金额，在恰当的会计期间及时记录于适当的账户

B. 对存货实施保护措施，保管人员与记录、批准人员相互独立

C. 生产业务是根据管理层一般或特定的授权进行的

D. 记录的成本为实际发生的而非虚构的

3. 下列审计程序中，属于对生产与存货业务循环控制测试的有（　　　）。

A. 实地观察仓库验收原材料的情况

B. 抽查领料凭证上反映的手续是否齐备

C. 编制存货跌价准备明细表，并与报表、总账和明细账核对

D. 计算毛利率并分析本期与上期有无明显变化

E. 抽查被审计单位若干月份盘点记录，检查盘点程序的合规性

4. 生产与存货循环过程主要经历的程序有（　　　）。

A. 根据订单或销售预测制订生产计划

B. 由仓库部门审批存货报废

C. 根据生产通知单安排生产

D. 财会部门进行成本核算

E. 产品销售出库进行永续盘存记录

5. 导致存货审计复杂的原因有（　　　）。

A. 存货通常是资产负债表中的一个主要项目，而且通常是构成营运资本的最大项目

B. 存货存放于不同的地点

C. 存货项目的多样性

D. 存货本身的陈旧

6. 存货监盘主要针对的是存货的（　　）认定。

    A. 存在
                               B. 准确性、计价和分摊

    C. 权利和义务
                               D. 完整性

7. 下列各项中，属于存货监盘的目标的有（　　）。

    A. 获取被审计单位资产负债表日有关存货数量和状况以及有关管理层存货盘点程序可靠性的审计证据

    B. 对存货进行计价测试

    C. 检查存货的数量是否真实完整

    D. 检查存货有无毁损、陈旧、过时、残次和短缺等状况

8. 存货监盘范围的大小取决于（　　）。

    A. 存货的内容
                               B. 存货的性质

    C. 与存货相关的内部控制的完善程度
      D. 重大错报风险的评估结果

9. 下列各项中，属于存货监盘程序的有（　　）。

    A. 评价管理层用以记录和控制存货盘点结果的指令和程序

    B. 盘点存货数量

    C. 对纳入存货盘点范围的存货做出标识

    D. 观察管理层制定的盘点程序的执行情况

10. 存货监盘的时间包括（　　）。

    A. 实地查看盘点现场的时间

    B. 与专家沟通预计负债的会计估计的时间

    C. 观察存货盘点的时间

    D. 对已盘点存货实施检查的时间

11. 下列选项中，属于存货监盘结束时的工作的有（　　）。

    A. 再次观察盘点现场，以确定所有应纳入盘点范围的存货是否均已盘点

    B. 取得并检查已填用、作废及未使用盘点表单的号码记录，确定其是否连续编号

    C. 观察盘点现场，确定应纳入盘点范围的存货是否已经适当整理和排列，并附有盘点标识，防止遗漏或重复盘点

    D. 查明已发放的表单是否均已收回，并与存货盘点的汇总记录进行核对

12. 针对第三方保管的存货，注册会计师可以实施的审计程序包括（　　）。

    A. 实施或安排其他注册会计师实施对第三方的存货监盘（如可行）

    B. 获取其他注册会计师或服务机构注册会计师针对用以保证存货得到恰当盘点和保管的内部控制的适当性而出具的报告

    C. 检查与第三方持有的存货相关的文件记录

    D. 当存货被作为抵押品时，要求其他机构或人员进行确认

13. 注册会计师在对被审计单位的期末存货进行截止时，下列说法中，正确的有（　　）。

    A. 所有在截止日期以前入库的存货项目应当均已包括在盘点范围内，并已反映在截止

日以前的会计记录中

    B. 任何在截止日期以后入库的存货项目应当均未包括在盘点范围内,也未反映在截止日以前的会计记录中

    C. 所有截止日以前装运出库的存货商品应当均未包括在盘点范围内,且未包括在截止日的存货账面余额中

    D. 所有截止日以前装运出库的存货商品不应当均未包括在盘点范围内,且未包括在截止日的存货账面余额中

14. 针对存货监盘的特殊情况,下列说法中,不正确的有(　　　)。

    A. 如果在存货盘点现场实施存货监盘不可行,注册会计师应当实施替代审计程序以获取有关存货的存在和状况的充分、适当的审计证据

    B. 如果在存货盘点现场实施存货监盘不可行,并且不能实施替代审计程序,或者实施替代审计程序可能无法获取有关存货的存在和状况的充分、适当的审计证据,注册会计师应当解除业务约定

    C. 如果在存货盘点现场实施存货监盘不可行,并且不能实施替代审计程序,或者实施替代审计程序可能无法获取有关存货的存在和状况的充分、适当的审计证据,注册会计师需要按照准则的要求发表非无保留意见

    D. 如果由于不可预见的情况无法在存货盘点现场实施监盘,注册会计师应当实施替代审计程序

15. 注册会计师在对存货进行计价测试时需要考虑的问题有(　　　)。

    A. 存货计价方法是否合理且一贯　　　　B. 测试样本是否具有代表性

    C. 存货跌价准备的计提是否正确　　　　D. 是否有抵押、担保的存货

三、判断题

1. 因为不存在满意的替代程序来观察和计量期末存货,所以注册会计师必须对被审计单位的存货进行监盘。　　　　　　　　　　　　　　　　　　　(　　　)

2. 存货盘点是注册会计师的责任,所以注册会计师应亲自制定盘点计划。(　　　)

3. 通常情况下由销售部门确定并下达生产通知单。　　　　　　　　　(　　　)

4. 如果被审计单位的存货盘存制度和相关内部控制健全有效,注册会计师可以同意被审计单位将盘点时间安排在期中进行。　　　　　　　　　　　　　(　　　)

5. 对存货进行计价测试,一般要选取结存余额较大、价格变动较大的项目。(　　　)

6. 存货监盘的目的仅是为了获取有关存货数量的审计证据。　　　　　(　　　)

7. 注册会计师应当从存货盘点记录中选取项目追查至存货实物,以测试盘点记录的准确性;注册会计师还应从存货实物中选取项目追查至存货盘点记录,以测试存货盘点记录的完整性。　　　　　　　　　　　　　　　　　　　　　　(　　　)

8. 在实地观察盘点现场时,注册会计师应当特别关注存货的异动情况,防止遗漏或重复盘点。　　　　　　　　　　　　　　　　　　　　　　　　　　(　　　)

9. 如果验收报告为次年1月份的日期,12月份发货票已收到并入账,则货物未纳入年底实地盘点范围之内,就会虚增本年的存货和利润。　　　　　　　　　(　　　)

10. 存货计价方法如果变更,应在会计报表中予以披露。　　　　　　　(　　　)

11. 为了满足审计的要求,注册会计师应当负责制定盘点计划,这样一方面可以使企业更加了解审计对存货盘点的要求,另一方面也有利于注册会计师掌握企业存货管理的情况及企业对存货盘点的初步安排。 （ ）

12. 对于企业存放或寄销在外地的存货,也应纳入盘点范围。可以由本所注册会计师亲自前往监盘,也可以向寄存寄销单位函证。 （ ）

13. 出于管理或生产上的要求,无法为存货盘点中断生产,因而难以对这些企业的在产品进行盘点时,注册会计师可以采用一些创造性方法来验证存货数量。 （ ）

四、思考题

1. 生产与存货循环主要涉及哪些凭证及业务活动?

2. 生产与存货循环可能存在重大错报风险的情形有哪些?

3. 简述生产与存货循环中关键控制点及其控制措施。

4. 为什么存货审计是审计业务中最困难且最费时的部分?

5. 简述存货监盘的目的和流程。

6. 导致存货监盘程序无效的原因是什么?

7. 如何进行存货的计价测试?

第十一章
货币资金的审计

教学目标

通过本章的学习,学生应了解货币资金的内部控制及控制测试的主要内容;了解其他货币资金的审计目标和实质性程序;掌握库存现金和银行存款的审计目标;掌握库存现金和银行存款审计的实质性程序。

引例

诚信会计师事务所自 2004 年开始接受达美股份有限公司委托,对达美股份有限公司进行年度会计报表审计。达美股份有限公司是一家上市较早的商业类公司,公司主营零售业务,同时兼营一部分房地产开发业务,并与某网站合作开展网上售货业务。公司对零售业务部分采用售价金额核算法,毛利率的计算结转采用分类毛利率法,定期对库存商品进行盘点,有一套相对严密的内部管理制度。公司自上市后业绩一直较为平稳,股价波动不大。项目组长杨福曾多次参与零售企业的审计业务,经验较为丰富,在零售企业因为现金流量比较大,对货币资金审计作为重点项目来安排,重要性水平确定的也较低,定为 5 000 元,并安排经验丰富的刘为负责货币资金的审计实施。

审计人员在对该公司货币资金的内部控制采用"调查表法""检查凭证法"和"实地考察法"进行符合性测试的基础上,发现该公司货币资金的内部控制存在一定的漏洞,主要表现在以下几个方面:

(1)财务部稽核人员对收款台的现金盘点上坚持不够好,未能经常进行不定期盘点。

(2)通过查看支票登记本发现,领用的票据号码不连续,存在领用支票不登记的现象。

(3)对现金和银行存款的支付基本能坚持审批制度,但在审批的职责权限划分上不够明确,从抽查的支付凭证来看,经常出现相同业务的审批有时是财务经理的签字,有时是业务经理的签字,控制不够严格。

在发现了上述问题之后,审计人员确认该公司的内部控制属于中等信赖程度,因此,适当地扩大了对达美股份有限公司货币资金进行实质性测试范围,如采取盘存法对现金进行突击性盘点;采取抽查法对现金日记账和银行存款日记账进行审查;采取审阅法、调节法和函证法对银行存款的真实性和合法性进行审查。

经过审计人员对上述内容进行认真的检查、仔细的核对,针对审计过程中发现的达美股份有限公司"服装柜组发生短款次数频繁""私设小金库""出租出借银行账号""因购货单位支付空头支票而未及时调账""短期贷款未入账""达美劳动服务公司明显存在开阴阳发票"

和"短期投资记账错误"等问题与达美股份有限公司进行了交换,并严肃地提出了限期改正的要求及其纠正错误的建议。

货币资金审计需要关注的问题:

(1)为避免舞弊的情况发生,必须健全有效的货币资金内控制度。货币资产是极易被贪污挪用的对象,在内控制度中要充分体现不相容职务的分离,并有坚持良好的审核和核对制度。当然再好的内控制度也要人来执行,若有关人员蓄意舞弊,再好的控制制度也只流于形式,在本案例中就是一很好的例证,尽管该公司有相对完善的货币资金的内控制度,但在执行中未能得到很好的坚持,致使收款人员有机可乘,从中贪污现金。

(2)应当运用调节法对现金进行突击式盘点。对现金盘点是证实现金存在的重要审计程序,但盘点日与会计截止日一般不一致,在编制盘点表时必须注意调整,并关注盘点日到会计截止日之间的收支是否真实;在盘点时应确保存放在不同地点的现金同时盘点,不能相互流动。

(3)对货币资金大额收支凭证的抽查应结合其他业务的处理进行分析。在进行凭证抽查时,不能仅停留在账户对应关系、审批手续、金额相符等表面现象上,还要深入分析业务内容及其合理性,对发现的疑点要紧追不放,这样才能将问题查清。

(4)对银行存款的审查应当注意未达账项,尤其对长期未达账项要进行分析。为了验证未达账项的真实性,应向银行取得会计截止期后一段时间的对账单,对长期的未达账项要提请被审计单位进行调整,必要时应验证有关的支持性凭证,对在途时间较长的货币资金应持怀疑态度,验证其真实性。

(5)利用银行存款的函证程序,发现企业可能存在的账外资金和贷款。银行存款函证程序是证实银行存款存在的重要证据,除了对经常提供对账单的开户行进行函证外,企业经常多头开户,有些账户较少发生业务,尤其是一些专用存款账户,函证时不能漏掉。有些户头年末存款余额也许为零,但也应进行必要的函证。

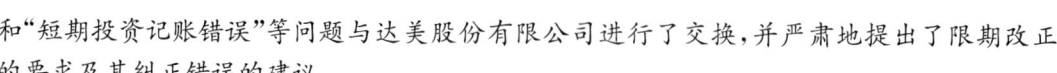

第一节 货币资金审计概述

货币资金是企业资产的重要组成部分,其主要包括库存现金、银行存款及其他货币资金。持有货币资金是企业生产经营活动的基本条件。企业的经营活动几乎都会涉及货币资金,同时货币资金的流动性强,控制风险大,较容易产生弊端,因此,货币资金的审计是审计的重要业务内容之一。

【知识链接】

《中国注册会计师审计准则问题解答第 12 号——货币资金审计》

货币资金是企业日常经营活动的起点和终点,其增减变动与被审计单位的日常经营活动密切相关。较多舞弊案件都与被审计单位的货币资金相关,本问题解答旨在针对货币资金审计中的实务问题,提示注册会计师可能需要关注和考虑的事项。需要注意的是,本问题解答并未穷尽注册会计师在实施货币资金审计时可能实施的所有审计程序,所列举的审计程序也并不意味着注册会计师在所有情况下都必须实施。

一、货币资金涉及的主要凭证和会计记录

货币资金涉及的凭证和会计记录主要有：

（1）库存现金监盘表。

（2）银行对账单。

（3）银行存款余额调节表。

（4）有关科目的记账凭证（如库存现金收、付款凭证，银行存款收、付款凭证）。

（5）有关会计账簿（如现金日记账、银行存款日记账等）。

二、货币资金与交易循环的关系

货币资金与各交易循环中的业务活动均存在密切关系，成为各循环的枢纽。一些最终影响货币资金的错误只有在对其他各循环的审计测试中才会被发现。货币资金与各交易循环的关系如图 11-1 所示。

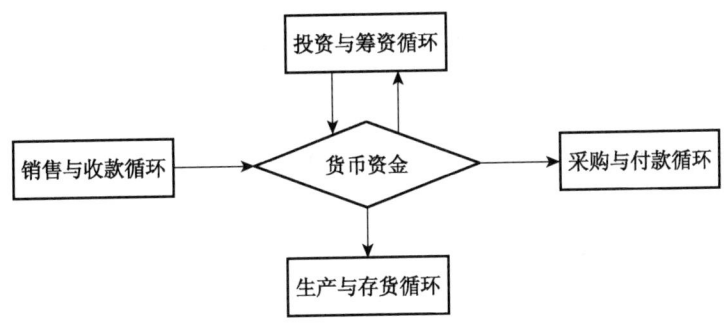

图 11-1　货币资金与各交易循环的关系

三、货币资金内部控制概述

由于货币资金是企业流动性最强的资产，企业必须加强对货币资金的管理，建立良好的货币资金内部控制，以确保货币资金的安全与完整；保证货币资金的收付符合国家的有关规定，保证货币资金的会计记录正确、可靠；正确预测企业正常经营所需的货币资金收支额，确保企业有充足又不过剩的货币资金余额。一般而言，货币资金内部控制包括以下内容。

（一）岗位分工及授权批准制度

（1）建立货币资金业务的岗位责任制，明确相关部门和岗位的职责权限，确保办理货币资金业务的不相容岗位相互分离、制约和监督。出纳人员不得兼任稽核、会计档案保管和收入、支出、费用、债权债务账目的登记工作。企业不得由一人办理货币资金业务的全过程。

（2）对货币资金业务建立严格的授权批准制度，明确审批人对货币资金业务的授权批准方式、权限、程序、责任和相关控制措施，规定经办人办理货币资金业务的职责范围和工作要求；审批人应当根据货币资金授权批准制度的规定，在授权范围内进行审批，不得超越审

批权限;经办人应当在职责范围内,按照审批人的批准意见办理货币资金业务。对于审批人超越授权范围审批的货币资金业务,经办人员有权拒绝办理,并及时向审批人的上级授权部门报告。

(3)按照规定的程序(如支付申请、支付审批、支付复核、办理支付)办理货币资金支付业务。

(4)对于重要货币资金支付业务,应当实行集体决策和审批,并建立责任追究制度,防范贪污、侵占、挪用货币资金等行为。

(5)未经授权的机构或人员一律不得办理货币资金业务或直接接触货币资金。

(二)库存现金和银行存款的管理制度

(1)加强现金库存限额的管理,超过库存限额的现金应及时存入银行。

(2)不属于现金开支范围的业务应当通过银行办理转账结算。

(3)现金收入应当及时存入银行,不得用于直接支付企业自身的支出。因特殊情况需坐支现金的,应事先报经开户银行审查批准。借出款项必须执行严格的授权批准程序,严禁擅自挪用、借出货币资金。

(4)取得的货币资金收入必须及时入账,不得私设"小金库",不得账外设账,严禁收款不入账。

(5)严格按照《支付结算办法》等国家有关规定,加强银行账户的管理,严格按照规定开立账户。一个单位只能选择一家银行的一个应用机构开立一个基本账户,办理存款、取款和结算。银行账户的开立应当符合企业经营管理的实际需要,不得随意开立多个账户,禁止企业内设管理部门自行开立银行账户。

(6)遵守银行结算纪律,不准签发没有资金保证的票据或远期支票,套取银行信用;不准签发、取得和转让没有真实交易和债权债务的票据,套取银行和他人资金;不准无理拒绝付款,任意占用他人资金。

(7)定期核对银行账户(每月至少核对一次),编制银行存款余额调节表,使银行存款账面余额与银行对账单调节相符。如调节不符,应查明原因,及时处理。

(8)企业应当定期和不定期地进行现金盘点,确保现金账面余额与实际库存相符。发现不符,及时查明原因,做出处理。

实行网上交易、电子支付等方式办理资金支付业务的企业,应当与承办银行签订网上银行操作协议,明确双方在资金安全方面的责任与义务、交易范围等。操作人员应当根据操作授权和密码进行规范操作。使用网上交易、电子支付方式的企业办理资金支付业务,不应因支付方式的改变而随意简化、变更所必需的授权审批程序。企业在严格实行网上交易、电子支付操作人员不相容岗位相互分离控制的同时,应当配备专人加强对交易和支付行为的审核。

(三)票据及有关印章的保管制度

(1)企业应当加强与货币资金相关的票据的管理,明确各种票据的购买、保管、领用、背书转让、注销等环节的职责权限和程序,并专设登记簿进行记录,防止空白票据的遗失和被盗用。

(2)企业应当加强银行预留印鉴的管理。财务专用章应由专人保管,个人名章必须由本人或其授权人员保管。严禁一人保管支付款项所需的全部印章。

（四）监督检查制度

企业应当建立对货币资金业务的监督检查制度,明确监督检查机构或人员的职责权限,定期和不定期地进行检查。

第二节 库存现金的审计

库存现金包括人民币现金和外币现金。库存现金是企业流动性最强的资产,尽管其在企业资产总额中的比重不大,但容易发生舞弊,因此,注册会计师应该重视库存现金的审计。

一、库存现金的审计目标

（1）确定被审计单位资产负债表的货币资金项目中的库存现金在资产负债表日是否存在。

（2）确定记录的库存现金是否为被审计单位所拥有或控制。

（3）确定被审计单位所有应当记录的现金收支业务是否均已记录完毕,有无遗漏。

（4）确定库存现金的期末余额是否正确。

（5）确定库存现金在财务报表中的列报是否恰当。

二、库存现金的重大错报风险评估

现金业务经常出现的舞弊行为有:

（1）坐支现金。这是指违反现金管理制度,将应交存银行的收入或应由银行结算的支出,不通过银行办理,而直接以收入的现金进行支出并不通报开户银行的作弊手段。

（2）套取现金。这是指将银行存款和非现金结算凭证非法转换为现金或现金支票的作弊手段。

（3）白条抵库。这是指违反财会制度和处理手续,用便条、收据、临时凭证等来抵充现金或实物的作弊手段。

（4）挪用现金。这是指工作人员利用职务上的便利,擅自将自己主管、管理、经手的公款私自使用,为个人谋取私利,一段时间后归还的违法行为。

（5）贪污或侵占现金。这是指工作人员利用职务上的便利,擅自将自己主管、管理、经手的公款私自使用不予归还的违法行为。

（6）私设小金库。这是指在规定自己或基金外,私自筹集或转移资金,账外私自存储以供本单位自由支配的作弊手段。

三、库存现金的内部控制测试

（一）了解库存现金内部控制

注册会计师首先要通过查阅被审计单位的有关规章制度等重要文件,询问被审计单位有关人员,现场观察被审计单位的有关业务活动等方法获取被审单位内部控制的资料,然后对掌握的内部控制情况进行适当地记录。通常,大中型企业可采用编制内部控制流程图来记录被审单位的库存现金的内部控制情况;中小企业由于其业务处理流程较为简单,则可以文字叙述的方法对其内部控制情况进行记录。

(二)抽取并检查收款凭证

注册会计师应按现金的收款凭证分类,选取适当的样本量,进行以下检查:

(1)核对现金日记账的收入金额是否正确。

(2)核对现金收款凭证与应收账款明细账的有关记录是否相符。

(3)核对实收金额与销货发票是否一致。

(三)抽取并检查付款凭证

注册会计师应按照现金付款凭证分类,选取适当的样本量,进行以下检查:

(1)检查付款的授权批准手续是否符合规定。例如,被审单位部门经理审批本部门的付款申请,审核付款业务是否真实发生、付款金额是否准确,以及后附票据是否齐备,并在复核无误后签字认可。在财务部门安排付款前,财务经理再次复核经审批的付款申请及后附相关凭据或证明,如核对一致,进行签字认可并安排付款。针对该内部控制,注册会计师可以实施询问、观察和核对等控制测试程序。

(2)核对现金日记账的付出金额是否正确。

(3)核对现金付款凭证与应付账款明细账的记录是否一致。

(4)核对实付金额与购货发票是否相符。

(四)抽取一定期间的现金日记账与总账核对

注册会计师应抽取一定期间的现金日记账,检查其加总是否正确无误,现金日记账是否与总分类账核对相符。

(五)检查外币现金的折算方法是否符合有关规定,是否与上年度一致

对于有外币现金的被审计单位,注册会计师应检查外币现金日记账及"财务费用""在建工程"等账户的记录,确定企业有关外币现金的增减变动是否采用交易发生日的即期汇率将外币金额折算为记账本位币金额,或者采用按照系统合理的方法确定的、与交易发生日即期汇率近似的汇率折算为记账本位币,选择采用汇率的方法前后各期是否一致;检查企业的外币现金的期末余额是否采用期末即期汇率折算为记账本位币金额;折算差额的会计处理是否正确。

(六)评价库存现金的内部控制

注册会计师在完成上述控制测试程序后,即可对库存现金的内部控制进行评价。评价时,注册会计师应先确定库存现金内部控制可信赖的程度以及存在的薄弱环节和缺点,再据以确定在库存现金实质性程序中对哪些环节可以适当减少审计程序,节约审计时间,对哪些环节应增加审计程序并做重点检查,提高审计质量,降低审计风险。

四、库存现金的实质性程序

库存现金的实质性程序一般包括如下几项。

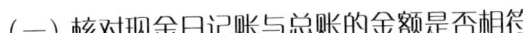

（一）核对现金日记账与总账的金额是否相符

如果现金日记账与总账不相符，应查明原因，必要时应建议做出适当调整。

（二）监盘库存现金

监盘库存现金是证实资产负债表中货币资金项目所列库存现金是否存在的一项重要审计程序。监盘库存现金的时间和人员应视被审计单位的具体情况而定，但现金出纳员和被审计单位会计主管人员必须参加，并由注册会计师进行监盘。监盘库存现金的步骤与方法如下。

1. 制订监盘计划，确定监盘时间

对库存现金的监盘最好实施突击性的检查，时间最好选择在上午上班前或下午下班时。盘点的范围一般包括被审计单位各部门经管的现金，包括已收到但未存入银行的现金、零用金、找换金等。在进行现金盘点前，应由出纳员将现金集中起来存入保险柜。必要时可加以封存，然后由出纳员把已办妥现金收付手续的收付款凭证登入现金日记账。如被审计单位库存现金存放部门有两处或两处以上的，应同时进行盘点。

2. 审阅现金日记账并同时与现金收付凭证相核对

一方面检查现金日记账的记录与凭证的内容和金额是否相符；另一方面了解凭证日期与现金日记账日期是否相符或接近。

3. 由出纳员根据现金日记账加计累计数额，结出现金结余额

4. 盘点保险柜内的现金实存数

由注册会计师编制"库存现金监盘表"（格式参见表11-1），分币种、面值列示盘点金额。出纳员、会计主管及注册会计师应在"库存现金监盘表"上共同签字，作为重要的审计工作底稿。

5. 将盘点金额与现金日记账余额进行核对

如有差异，应要求被审计单位查明原因，必要时应提请被审计单位做出调整；如无法查明原因，应要求被审计单位按管理权限批准后做出调整。

6. 若有冲抵库存现金的借条、未提现支票、未作报销的原始凭证，应在"库存现金监盘表"中注明，必要时应提请被审计单位做出调整

7. 在非资产负债表日进行盘点和监盘时，应调整至资产负债表日的金额

调整公式为：

$$\begin{matrix}\text{资产负债表日库} \\ \text{存现金实存金额}\end{matrix} = \begin{matrix}\text{盘点日库存} \\ \text{现金实存金额}\end{matrix} + \begin{matrix}\text{资产负债表日后至盘} \\ \text{点日库存现金支出数}\end{matrix} - \begin{matrix}\text{资产负债表日后至盘} \\ \text{点日库存现金收入数}\end{matrix}$$

表 11-1　　　　　　　　　　　库存现金监盘表

被审计单位：＿＿＿＿＿＿＿＿＿＿	索引号：＿＿＿＿＿＿＿＿＿＿
项目：＿＿＿＿＿＿＿＿＿＿	财务报表截止日/期间：＿＿＿＿＿＿
编制：＿＿＿＿＿＿＿＿＿＿	复核：＿＿＿＿＿＿＿＿＿＿
日期：＿＿＿＿＿＿＿＿＿＿	日期：＿＿＿＿＿＿＿＿＿＿

检查盘点记录					实有库存现金盘点记录						
项目	项次	人民币	美元	×币	面额	人民币		美元		×币	
						张	金额	张	金额	张	金额
上一日账面库存余额	①				1 000 元						
盘点日未记账凭证收入金额	②				500 元						
盘点日未记账凭证支出金额	③				100 元						
盘点日账面应有金额	④=①+②－③				50 元						
盘点实有库存现金数额	⑤				20 元						
盘点日应有与实有差异	⑥=④－⑤				10 元						
差异原因分析	白条抵库				5 元						
					2 元						
					1 元						
					0.5 元						
					0.2 元						
					0.1 元						
					合计						
追溯调整	报表日至审计日库存现金付出总额				出纳员： 会计主管人员： 监盘人： 检查日期：						
	报表日至审计日库存现金收入总额										
	报表日库存现金应有余额										
	报表日账面汇率										
	报表日余额折合本位币金额										
	本位币合计										
审计说明：											

（三）抽查大额库存现金收支

注册会计师检查大额现金收支的原始凭证是否齐全、内容是否完整,有无授权批准,记账凭证与原始凭证是否相符,账务处理是否正确。如有与被审计单位生产经营无关的收支事项,注册会计师应查明原因作适当的记录。

（四）审查库存现金收支的正确截止

抽查资产负债表日前后若干天、一定金额以上的现金收支凭证实施截止测试,验证库存现金收支截止日期的正确性,以确定是否存在跨期事项、是否应考虑提出调整建议。

（五）检查库存现金是否在财务报表中做出恰当列报

根据《企业会计准则》规定,库存现金在资产负债表的"货币资金"项目中反映,注册会计师应在实施上述审计程序后,确定"库存现金"账户的期末余额是否恰当,进而确定库存现金是否在资产负债表中恰当披露。

【例 11-1】注册会计师李敏于 2×20 年 3 月 15 日上午 8 时对天河股份有限公司的库存现金进行监盘,结果如下:

(1) 现金日记账余额为 4 365 元。

(2) 清点库存现金计 100 元票 26 张,50 元票 19 张,20 元票 6 张,10 元票 13 张。

(3) 保险柜中另有职工李林 2019 年 3 月 2 日预借差旅费 500 元,领导已批准,未入账。已收款但未入账的凭证 6 张,金额为 435 元。

(4) 未经批准的职工胡云借据一张,金额为 500 元。

(5) 2×20 年 1 月 1 日至 2×20 年 3 月 14 日现金支出总额为 23 000 元、现金收入总额为 22 300 元。

被审计单位 2×19 年 12 月 31 日库存现金余额为 5 000 元。银行核定天河股份有限公司的库存限额为 5 000 元。审计工作底稿复核人王楠,复核日期为 2×20 年 3 月 20 日。

要求:①根据上述审查和清点结果,编制库存现金监盘表。②针对该公司库存现金业务中存在的问题,提出改进意见。

【解答】库存现金监盘表及注册会计师针对该公司库存现金业务中存在的问题所提出的改进意见如表 11-2 所示。

表 11-2 　　　　　　　　　　　　库存现金监盘表

被审计单位:　　天河公司　　　　　　　　索引号:　　　　　　XJ-2　　　　　　

项目:　　库存现金监盘　　　　　　　　财务报表截止日/期间:　2×19 年 12 月 31 日　

编制:　　李敏　　　　　　　　　　　　复核:　　　　王楠　　　　　　

日期:　2×20 年 3 月 15 日　　　　　　日期:　　2×20 年 3 月 20 日　　

检查盘点记录				实有库存现金盘点记录						
项目	项次	人民币	美元	×币	面额	人民币		美元		×币	
						张	金额	张	金额	张	金额
上一日账面库存余额	①	4 365			1 000 元						
盘点日未记账凭证收入金额	②	435			500 元						
盘点日未记账凭证支出金额	③	500			100 元	26	2 600				
盘点日账面应有金额	④=①+②-③	4 300			50 元	19	950				

（续表）

	检查盘点记录				实有库存现金盘点记录						
项目	项次	人民币	美元	×币	面额	人民币		美元		×币	
						张	金额	张	金额	张	金额
盘点实有库存现金数额	⑤	3 800			20元	6	120				
盘点日应有与实有差异	⑥=④－⑤	500			10元	13	130				
差异原因分析	白条抵库	500			5元						
					2元						
					1元						
					0.5元						
					0.2元						
					0.1元						
					合计		3 800				
追溯调整	报表日至审计日库存现金付出总额	23 000			出纳员:吴琳						
	报表日至审计日库存现金收入总额	22 300			会计主管人员:冯志						
	报表日库存现金应有余额	5 000			监盘人:李敏						
	报表日账面汇率				检查日期:2×20年3月15日						
	报表日余额折合本位币金额										
	本位币合计										

审计说明:天河公司2×20年3月15日的库存现金账实不符,短缺现金500元的原因为白条抵库问题,应及时补办手续或尽快收回不符合规定的借出款项;天河公司出纳人员现金收支业务入账不及时;2×20年度财务报表中库存现金列报恰当。

第三节 | 银行存款的审计

一、银行存款审计目标

银行存款是指企业存放在银行或其他金融机构的各种款项。按照国家有关规定,凡是独立核算的企业都必须在当地银行开设账户。企业在银行开设账户以后,除按核定的限额保留库存现金外,超过限额的现金必须存入银行;除了在规定的范围内可以用现金直接支付款项外,在经营过程中所发生的一切货币收支业务,都必须通过银行存款账户进行结算。

银行存款的审计目标包括:

（1）确定被审计单位资产负债表的货币资金项目中的银行存款在资产负债表日是否确实存在。

（2）确定记录的银行存款是否为被审计单位所拥有或控制。

（3）确定被审计单位所有应当记录的银行存款收支业务是否均已记录完毕，有无遗漏。

（4）确定银行存款的期末余额是否正确。

（5）确定银行存款在财务报表中的列报是否恰当。

二、银行存款的重大错报风险评估

银行存款业务中常见的舞弊行为如下。

1. 银行存款入账不及时、不足额

注册会计师可将应收账款明细账户的记录与银行转来的凭证及其他会计凭证进行核对来发现问题和疑点，然后再追踪调查该项经济业务的来龙去脉，查清存在的问题。

2. 出租出借银行账户收取好处费

注册会计师可审阅银行存款日记账中的摘要及余额记录，分析有无收款不正常的业务内容或模糊不清的摘要记录，如有，应进行账证核对，了解与付款单位有无可能发生业务往来，结合审查银行存款减少过程中的情况来查证问题。

3. 多头开户，截留存款

多头开户，截留存款是指在不同银行中分别开设账户，根据需要将不同资金在不同账户中结算，以隐匿资金或逃避银行监督。注册会计师应将企业的主营业务收入明细账与库存商品明细账核对，检查是否有发出商品而货款长期未收，审查有无假退货。如发现疑点应与供应商联系，查证款项的去向。

4. 挪用或贪污银行存款

财务人员将销售款挪用或贪污后，在账上仍作银行存款和营业收入同时增加的处理。注册会计师应将银行存款日记账与银行对账单进行核对等方法来查证问题。

5. 从银行存款中提取库存现金的用途不合法、不合理

有些企业从银行存款中提取出库存现金用于非法开支。注册会计师应检查提取库存现金的有关会计资料中的摘要说明，有无正当理由；提取库存现金后核对其是否记入库存现金账；检查现金日记账和付款凭证上所反映的业务内容，以及通过"库存现金"的对方科目来分析该笔库存现金的去向是否明确、是否合法。

三、银行存款的内部控制测试

1. 了解银行存款的内部控制

注册会计师对银行存款内部控制的了解一般与了解库存现金的内部控制同时进行。注册会计师应当注意的内容包括：

（1）银行存款的收支是否按规定的程序和权限办理。

（2）银行账户是否存在与本单位经营无关的款项收支情况。

（3）是否存在出租、出借银行账户的情况。

（4）出纳与会计的职责是否严格分离。

（5）是否定期取得银行对账单并编制银行存款余额调节表等。

2. 抽取并检查银行存款收款凭证

注册会计师应选取适当的样本量，进行以下检查：

（1）核对银行存款收款凭证与存入银行账户的日期和金额是否相符。

（2）核对银行存款日记账的收入金额是否正确。

（3）核对银行存款收款凭证与银行对账单是否相符。

（4）核对银行存款收款凭证与应收账款明细账的有关记录是否相符。

（5）核对实收金额与销货发票是否一致。

3. 抽取并检查银行存款付款凭证

注册会计师应选取适当的样本量，进行以下检查：

（1）检查付款的授权批准手续是否符合规定。

（2）核对银行存款日记账的付出金额是否正确。

（3）核对银行存款付款凭证与银行对账单是否相符。

（4）核对银行存款付款凭证与应付账款明细账的记录是否一致。

（5）核对实付金额与购货发票是否相符。

4. 抽取一定期间的银行存款日记账与总账核对

注册会计师应抽取一定期间的银行存款日记账，检查其有无计算错误，并与银行存款总分类账核对。

5. 抽取一定期间银行存款余额调节表，查验其是否按月正确编制并经复核

注册会计师必须抽取一定期间的银行存款余额调节表，将其同银行对账单、银行存款日记账及总账进行核对，确定被审计单位是否按月正确编制并复核银行存款余额调节表。

6. 检查外币银行存款的折算方法是否符合有关规定，是否与上年度一致

对于有外币银行存款的被审计单位，注册会计师应检查外币银行存款日记账及"财务费用""在建工程"等账户的记录，确定有关外币银行存款的增减变动是否采用交易发生日的即期汇率将外币金额折算为记账本位币金额，或者采用按照系统合理的方法确定的、与交易发生日即期汇率近似的汇率折算为记账本位币，选择采用汇率的方法前后各期是否一致；检查企业的外币银行存款的余额是否采用期末即期汇率折算为记账本位币金额；折算差额的会计处理是否正确。

7. 评价银行存款的内部控制

注册会计师在完成上述程序之后，即可对银行存款的内部控制进行评价。评价时，注册会计师首先确定银行存款内部控制可信赖的程度以及存在的薄弱环节和缺点，然后据以确定在银行存款实质性程序中对哪些环节可以适当减少审计程序，节约审计时间，对哪些环节应增加审计程序并作重点检查，提高审计质量，降低审计风险。

四、银行存款的实质性程序

银行存款的实质性程序一般包括以下几项。

（一）获取或编制银行存款余额明细表

复核加计是否正确，并与总账数和日记账合计数核对是否相符。如果不相符，应查明原因，必要时应建议做出适当调整。

（二）执行实质性分析程序

注册会计师应计算银行存款累计余额应收利息收入，分析比较被审计单位银行存款应

收利息收入与实际利息收入的差异是否恰当,评估利息收入的合理性,检查是否存在高息资金拆借,确认银行存款余额是否存在,利息收入是否已经完整记录。

(三)取得并检查银行存款余额对账单和银行存款余额调节表

取得并检查银行存款余额对账单和银行存款余额调节表是证实资产负债表中所列银行存款是否存在的重要程序。银行存款余额调节表通常是按银行账户及货币种类分别编制,其格式如表11-3所示。如果企业的货币资金内部控制可以信赖,注册会计师可采用复核被审单位提供的银行存款余额调节表;反之,则应自行编制银行存款余额调节表。具体测试程序通常如下。

表 11-3 　　　　　　　　　　　　　　**银行存款余额调节表**

年 月 日

编制人:	日期:	索引号:
复核人:	日期:	页次:
户 别:		币别:

项 目

银行对账单余额(年 月 日)

加:企业已收,银行尚未入账金额
　　其中:1._____元
　　　　 2._____元
　　减:企业已付,银行尚未入账金额
　　其中:1._____元
　　　　 2._____元
调整后银行对账单金额
企业银行存款日记账金额(年 月 日)
加:银行已收,企业尚未入账金额
　　其中:1._____元
　　　　 2._____元
　　减:银行已付,企业尚未入账金额
　　其中:1._____元
　　　　 2._____元
　　调整后企业银行存款日记账金额

经办会计人员:(签字)　　　　　　　　　　　　　　　　　　　会计主管:(签字)

1. 核实银行存款余额调节表数据计算的正确性

(1)将被审计单位资产负债表日的银行存款对账单余额与银行询证函回函核对,确认是否一致;将银行对账单、银行存款日记账和总账上的结账日余额与银行存款余额调节表上调节前的相应余额核对,验证调节表上的列示是否正确。

(2)将银行对账单记录与银行存款日记账逐笔核对,核实调节表上各调节项目的列示是否真实、完整,验证调节后两者的余额计算是否正确、是否相符。如不相符,说明其中一方或双方存在记账差错,并进一步追查原因、扩大测试范围。

2. 调查未达账项的真实性

(1)追查截止日银行对账单上的在途存款,并在银行存款余额调节表上注明存款日期。

(2)列示未兑现支票清单,注明开票日期和收款人姓名或单位,并调查金额较大的未兑现支票、可提现的未兑现支票,以及注册会计师认为较重要的未兑现支票。

（3）审查直至截止日银行已收、被审单位未收的款项的性质及其款项来源。

（4）审查直至截止日银行已付、被审单位未付的款项的性质及其款项来源。

【例 11-2】天河股份有限公司是 ABC 会计师事务所的常年审计客户，ABC 会计师事务所负责天河股份有限公司 2×20 年度财务报表审计，并委派 A 注册会计师担任项目合伙人。A 注册会计师在审计银行存款过程中发现，12 月 31 日，天河股份有限公司银行存款日记账余额为 432 万元，银行转来对账单余额为 664 万元。经逐笔核对，A 注册会计师发现以下未达账项：

（1）天河股份有限公司已将 12 月 28 日收到的 A 公司 480 万元转账支票赔款登记入账，但银行尚未记账。

（2）B 公司尚未将 12 月 29 日收到的天河股份有限公司开出的支付 B 公司咨询费 360 万元转账支票送存银行。

（3）天河股份有限公司委托银行代收 C 公司购货款 384 万元，银行已于 12 月 30 日收妥并登记入账，但甲公司尚未收到收款通知。

（4）12 月份天河公司发生借款利息 32 万元，银行已减少其存款，但天河公司尚未收到银行的付款通知。

要求：假定 A 注册会计师在 2×21 年 1 月 5 日编制了银行存款余额调节表，2×21 年 1 月 6 日 B 注册会计师做了复核，被审计单位的经办会计人员为 C，会计主管为 D，请代为编制余下的银行存款余额调节表。

【解答】天河公司余下的银行存款余额调节表如表 11-4 所示。

表 11-4

银行存款余额调节表

2×20 年 12 月 31 日

编制人：A	日期：2×21 年 1 月 5 日	索引号：ZA
复核人：B	日期：2×21 年 1 月 6 日	页次：1
户别：X		币别：人民币

项　目

银行对账单余额（2×20 年 12 月 31 日）<u>6 640 000</u> 元

加：企业已收，银行尚未入账金额
　　其中：1. 12 月 28 日收到的 A 公司转账支票<u>4 800 000</u> 元
　　　　　2. ＿＿＿＿＿＿＿＿＿＿＿＿＿ 元
减：企业已付，银行尚未入账金额
　　其中：1. 12 月 29 日开出的支付 B 公司支票<u>3 600 000</u> 元
　　　　　2. ＿＿＿＿＿＿＿＿＿＿＿＿＿ 元
调整后银行对账单金额：<u>7 840 000</u> 元
企业银行存款日记账金额（2×20 年 12 月 31 日）<u>4 320 000</u> 元
加：银行已收，企业尚未入账金额
　　其中：1. 12 月 30 日银行已收妥 C 公司购货款<u>3 840 000</u> 元
　　　　　2. ＿＿＿＿＿＿＿＿＿＿＿＿＿ 元
减：银行已付，企业尚未入账金额
　　其中：1. 12 月份天河公司发生借款利息<u>320 000</u> 元
　　　　　2. ＿＿＿＿＿＿＿＿＿＿＿＿＿ 元
调整后企业银行存款日记账金额：<u>7 840 000</u> 元

经办会计人员：（C）　　　　　　　　　　　　　　　　　　会计主管：（D）

(四) 检查银行存单

编制银行存单检查表,检查是否与账面记录金额一致,是否被质押或限制使用,存单是否为被审计单位所拥有。

(1) 对已质押的定期存款,应检查定期存单,并与相应的质押合同核对,同时关注定期存单对应的质押借款有无入账。

(2) 对未质押的定期存款,应检查开户证实书原件。

(3) 对审计外勤工作结束日前已提取的定期存款,应核对相应的兑付凭证、银行对账单和定期存款复印件。

(五) 函证银行存款余额

函证银行存款余额是证实资产负债表所列货币资金中的银行存款是否存在的又一重要程序。通过向往来银行函证,注册会计师不仅可以了解企业银行存款的存在,还可了解企业所欠银行债务的情况,有助于发现企业未入账的银行借款和未披露的或有负债。向被审计单位开户银行的询证函参考格式见下面的知识链接。

【知识链接】

银行存款函证范围

根据 CSA1312 第十二条规定,注册会计师应当对银行存款(包括零余额账户和在本期内注销的账户)、借款及与金融机构往来的其他重要信息实施函证程序,除非有充分证据表明某一银行存款、借款及与金融机构往来的其他重要信息对财务报表不重要且与之相关的重大错报风险很低。如果不对这些项目实施函证程序,注册会计师应当在审计工作底稿中说明理由。

根据财协字〔1999〕1 号文件,各商业银行、政策性银行、非银行金融机构要在收到询证函之日起 10 个工作日内,根据函证的具体要求,及时回函,并可按国家有关规定收取询证费用。

银行询证函

编号

××(银行):

本公司聘请的××会计师事务所正在对本公司××××年度财务报表进行审计,按照中国注册会计师审计准则的要求,询证本公司与贵行相关的信息。下列信息出自本公司记录,如与贵行记录相符,请在本函下端"信息证明无误"处签章证明;如有不符,请在"信息不符"处列明不符项目及具体内容;如存在与本公司有关的未列入本函的其他重要信息,也请在"信息不符"处列出其详细资料。回函请直接寄到××会计师事务所。

回函地址: 邮编:

电话: 传真: 联系人:

截至××××年××月××日,本公司与贵行相关的信息列示如下:

1. 银行存款

账户名称	银行账号	币种	利率	余额	起止日期	是否被质押、用于担保或存在其他使用限制	备注

除上述列示的银行存款外,本公司并无在贵行的其他借款。

注:"截止日期"一栏仅适用于定期存款,如为活期或保证金存款,可只填写"活期"或"保证金"字样。

2. 银行借款

借款人名称	币种	本息余额	借款日期	到期日期	利率	借款条件	抵(质)押品担保人	备注

除上述列示的银行借款外,本公司并无向贵行的其他借款。

注:此项仅函证截至资产负债表日本公司尚未归还的借款。

3. 截至函证日之前12个月内注销的账户

账户名称	银行账号	币种	注销账户日期

除上述列示的账户外,本公司并无截至函证日之前12个月内在贵行注销的其他账户。

4. 委托存款

账户名称	银行账号	借款方	币种	利率	余额	存款起止日期	备注

除上述列示的委托存款外,本公司并无通过贵行办理的其他委托存款。

5. 委托贷款

账户名称	银行账号	资金使用方	币种	利率	本金	利息	贷款起止日期	备注

除上述列示的委托贷款外,本公司并无通过贵行办理的其他委托贷款。

6. 担保

(1)本公司为其他单位提供的、以贵行为担保受益人的担保。

被担保人	担保方式	担保金额	担保期限	担保事由	担保合同编号	被担保人与贵行就担保事项往来的内容(借款等)	备注

除上述列示的担保外,本公司并无其他以贵行为担保受益人的担保。

注:如采用抵押或质押方式提供担保的,应在备注中说明抵押物或质押物情况。

（2）贵行向本公司提供的担保。

被担保人	担保方式	担保金额	担保期限	担保事由	担保合同编号	被担保人与贵行就担保事项往来的内容(借款等)	备注

除上述列示的担保外,本公司并无贵行提供的其他担保。

7. 本公司名称为出票人且由贵行承兑而尚未支付的银行承兑汇票

银行承兑汇票	票面金额	出票日	到期日

除上述列示的银行承兑汇票外,本公司并无由贵行承兑而尚未支付的其他银行承兑汇票。

8. 本公司向贵行已贴现而尚未到期的商业汇票

商业汇票号码	付款人名称	承兑人名称	票面金额	票面利率	出票日	到期日	贴现日	贴现率	贴现净额

除上述列示的商业汇票外,本公司并无向贵行已贴现而尚未到期的其他商业汇票。

9. 本公司为持票人且由贵行托收的商业汇票

商业汇票号码	承兑人名称	票面金额	出票日	到期日

除上述列示的商业汇票外,本公司并无由贵行托收的其他商业汇票。

10. 本公司为申请人,由贵行开具的、未履行完毕的不可撤销信用证

信用证号码	受益人	信用证金额	到期日	未使用金额

除上述列示的不可撤销信用证外,本公司并无由贵行开具的、未履行完毕的其他不可撤销信用证。

11. 本公司与贵行之间未履行完毕的外汇买卖合约

类 别	合约号码	买卖币种	未履行的合约买卖金额	汇率	交收日期
贵行卖予本公司					
本公司卖予贵行					

除上述列示的外汇买卖合约外,本公司并无与贵行之间未履行完毕的其他外汇买卖合约。

12. 本公司存放于贵行的有价证券或其他产权文件

有价证券或其他产权文件名称	产权文件编号	数量	金额

除上述列示的有价证券或其他产权文件外,本公司并无存放于贵行的其他有价证券或其他产权文件。

注:此项不包括本公司存放在贵行保管箱中的有价证券或其他产权文件。

13. 其他重大事项

_____

_____

注:此项应填列注册会计师认为重大且应予函证的其他事项,如信托存款等;如无则应填写"不适用"。

（公司盖章）

年 月 日

_____

以下仅供被询证银行使用

_____

结论:(1) 信息证明无误。

（银行盖章）

经办人: 年 月 日

(2) 信息不符,请列示不符项目及具体内容(对于在本函前述第 1 项至第 13 项中漏列的其他重要信息,请列出详细资料)。

（银行盖章）

经办人: 年 月 日

【知识链接】

银行存款函证程序

银行函证程序已成为全球会计行业公认的、能够有效提供审计证据的审计鉴证程序。

澳大利亚、英国、美国、中国香港等国家和地区的大型银行已设立了集中的询证函处理中心，在获得有关客户的允许及授权下，直接应注册会计师或其他客户的要求，专职处理会计师事务所或其他第三方所要求的银行询证函。

(六) 抽查大额银行存款收支

注册会计师应抽查大额银行存款收支的原始凭证，检查原始凭证是否齐全、记账凭证与原始凭证是否相符、账务处理是否正确、是否记录于恰当的会计期间等内容。如有与被审计单位生产经营无关的收支事项，注册会计师应查明原因并做相应的记录。

(七) 检查银行存款收支的正确截止日期

选取资产负债表日前后若干张、一定金额以上的凭证实施截止测试，关注业务内容及对应项目，如有跨期收支事项，应考虑是否提请被审计单位进行调整。为了确保银行存款收付的正确截止，注册会计师应当在清点支票及支票存根时，确定被审计单位在结束日签发的最后一张支票号码，并检查该号码之前的所有支票均已寄出并入账。

(八) 审查外币银行存款的折算是否正确

对于有外币银行存款收支业务的被审计单位，注册会计师应审查被审计单位对外币银行存款的收支是否按所规定的汇率折合为记账本位币金额；外币银行存款的期末余额是否按期末市场汇率折合为记账本位币金额；外币折合差额是否按规定记入有关账户。

(九) 检查银行存款是否在财务报表中做出恰当列报

根据《企业会计准则》规定，银行存款在资产负债表的"货币资金"项目中反映，所以，注册会计师应在实施上述审计程序后，确定"银行存款"账户的期末余额是否恰当，进而确定银行存款是否在资产负债表中恰当披露。此外，如果企业的银行存款存在抵押、冻结等使用限制情况或者潜在回收风险，注册会计师应关注企业是否已经恰当披露有关情况。

【关键术语】

货币资金内部控制　库存现金监盘　银行存款函证　银行存款余额调节表

【拓展分析】

1. 天河股份有限公司是 ABC 会计师事务所的常年审计客户，ABC 会计师事务所负责天河股份有限公司 2×20 年度财务报表审计，并委派 A 注册会计师担任项目合伙人。审计工作底稿记载的与货币资金相关资料如下。

资料一：天河股份有限公司规定所有货币资金的支付均须通过财务经理王某审批。A 注册会计师通过询问王某，获悉天河股份有限公司有两名出纳，其中，张某为现金出纳员，李某为银行出纳员。

资料二：A 注册会计师索取了天河股份有限公司 2×20 年 12 月 31 日的银行存款余额调节表，见表 11-5。

表 11-5

银行存款余额调节表

2×20 年 12 月 31 日

编制人:李某　　　　　　日期:2×21 年 1 月 3 日　　　　　　索引号:××

复核人:张某　　　　　　日期:2×21 年 1 月 31 日　　　　　　页　次:××

户　别:×　　　　　　　　　　　　　　　　　　　　　　　　　币　别:人民币

项　目

银行对账单余额(2×20 年 12 月 31 日)813 000 元

加:企业已收,银行尚未入账金额

其中:1. 2×20 年 12 月 24 日收到丙公司转账支票 250 000 元

　　　2. 2×20 年 12 月 31 日收到丁公司转账支票 117 000 元

减:企业已付,银行尚未入账金额

其中:2×20 年 12 月 28 日向 E 银行开出转账支票 30 000 元

调整后银行对账单金额 1 150 000 元

企业银行存款日记账金额(2×20 年 12 月 31 日)974 880 元

加:银行已收,企业尚未入账金额

其中:1. 2×20 年 12 月 23 日由 H 银行转入 200 000 元

　　　2. 2×20 年 12 月 31 日开户银行计算本月利息 120 元

减:银行已付,企业尚未入账金额

其中:2×20 年 12 月 31 日开户银行代扣水费 25 000 元

调整后企业银行存款日记账金额 1 150 000 元

　　资料三:A 注册会计师在审计时发现,天河股份有限公司某银行账户的银行存款对账单余额与银行存款日记账余额不符。

　　资料四:天河股份有限公司 2×20 年度的借款规模、存款规模分别与 2×19 年度基本持平,但财务费用比 2×19 年度有所下降。A 注册会计师通过询问天河股份有限公司的财务人员得到如下解释。

　　(1) 天河股份有限公司于 2×19 年 1 月初借入 3 年期的工程项目专门借款 10 000 000 元,该工程项目于 2×20 年 1 月开工建设,预计在 2×20 年 6 月完工。

　　(2) 天河股份有限公司在 2×20 年度以美元结算的货币性负债的金额一直大于以美元结算的货币性资产的金额。人民币对美元的汇率在 2×20 年上半年保持稳定,从 2×20 年下半年开始有较大上升。

　　(3) 为了缓解流动资金紧张的压力,天河股份有限公司从 2×20 年 4 月起增加了银行承兑汇票的贴现规模。

　　(4) 根据天河股份有限公司与开户银行签订的存款协议,从 2×20 年 7 月 1 日起,天河股份有限公司在开户银行的存款余额超过 1 000 000 元的部分所适用的银行存款利率上浮 0.5%。

　　要求:

　　(1) 针对资料一及资料二,天河股份有限公司与货币资金相关的内部控制是否存在缺陷,简要说明理由。

（2）针对资料二的每一项未达账项，注册会计师应当实施的审计程序是什么？（写出一项审计程序）

（3）针对资料三，请列出注册会计师应当实施的最有效的审计程序。

（4）针对资料四，天河股份有限公司提供的理由能否解释财务费用变动趋势；如果不能解释，请说明原因。

2. ABC会计师事务所负责甲公司2×20年度财务报表审计，审计项目组认为货币资金的存在和完整性认定存在舞弊导致的重大错报风险，审计工作底稿中与货币资金审计相关的内容摘录如下：

（1）2×21年2月2日，审计项目组要求甲公司管理层于次日对库存现金进行盘点，2月3日，审计项目组在现场实施了监盘，并将结果与现金日记账进行了核对，未发现差异。

（2）在结合已有银行账户清单对甲公司银行存款进行审计时，项目组分析被审计单位可能存在账外账，要求甲公司管理层重新提供了一份《已开立银行结算账户清单》。

（3）X银行回函表明，甲公司的存款账户于2×20年12月20日收到某账户的跨行汇款200万元，甲公司当日将该笔款项汇回该账户。考虑到该情况不影响2×20年12月31日银行存款余额，注册会计师没有实施其他审计程序。

（4）审计项目组未对年末余额小于10万元的银行账户实施函证，这些账户年末余额合计小于实际执行的重要性，审计项目组检查了银行对账单原件和银行存款余额调节表，对结果表示满意。

（5）针对大额款项的支出，项目组根据评估结果考虑漏记的风险较大，从银行存款日记账追查至相关原始凭证加以确认。

（6）审计项目组发现X银行询证函回函上的印章与以前年度的不同，甲公司管理层解释X银行于2×20年年中变更了印章样式，并提供了X银行的收款回单，审计项目组通过比对印章样式，认可了甲公司管理层的解释。

要求：针对上述事项（1）～事项（6），逐项指出审计项目组的做法是否恰当；如不恰当，提出改进建议。

【课程思政案例】

千山药机货币资金审计失败案例

一、千山药机简介

湖南千山制药机械股份有限公司（以下简称千山药机）创建于2002年10月，于2011年5月在深圳证交所创业板挂牌上市。公司从单纯生产制药装备，逐步向制药装备、包装机械、医疗器械、药品包装材料等方面进行全面拓展，最终发展成为中国制药专用装备制造业的先锋企业，也是我国精准医疗领域的开拓者，拥有18家全资或控股子公司。公司在2014年开始向新的领域基因检测业务进行探索，同年成立"千山学院"，培养创新人才，也获得了"国家企业技术中心"的认定，在这一年里千山药机的发展进入了一个新的转折点，开始走向辉煌时刻。随后，千山药机又进行了一系列的并购重组，扩大了步伐，进入"大健康"产业，成为成绩斐然的"排头兵"企业。

二、千山药机财务舞弊回顾

2019年11月，千山药机被曝出涉嫌财务舞弊，受到证监会的立案调查。2019年11月

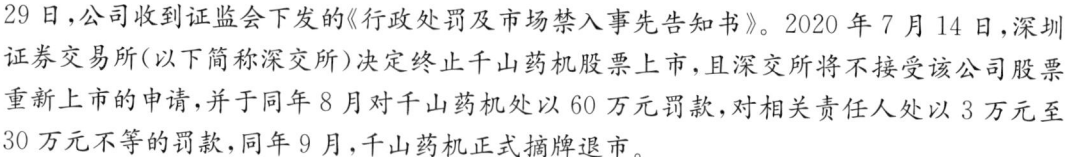

29日,公司收到证监会下发的《行政处罚及市场禁入事先告知书》。2020年7月14日,深圳证券交易所(以下简称深交所)决定终止千山药机股票上市,且深交所将不接受该公司股票重新上市的申请,并于同年8月对千山药机处以60万元罚款,对相关责任人处以3万元至30万元不等的罚款,同年9月,千山药机正式摘牌退市。

1. 虚构收入

千山药机与湖南省浏阳市华冠出口花炮有限公司(简称华冠花炮)分别在2014年12月、2016年3月、2016年8月签订烟花生产线合同,协议约定向华冠花炮分别提供10条、20条、5条,一共35条生产线。其间,千山药机在未满足收入确认条件下,于2015年与2016年提前确认了收入。千山药机这一操作违反了发生认定,分别虚构销售收入8 974.36万元和22 435.90万元,虚增利润5 769.37万元和13 733.16万元。

2. 操纵回款

千山药机分别在2015年和2016年对九江清源实业集团有限公司等6家客户应收账款进行操纵,在其银行对账单并不存在回款记录的情况下操纵回款,导致应收账款减少,从而少提坏账准备,达到利润增加的目的。

此外,千山药机还对应收账款保理业务进行违规转让,虚增利润。根据证监会的通告,千山药机对一项2017年的16 574.17万元应收账款保理业务进行了差错更正。这项保理业务最早是千山药机与中国民族证券有限责任公司签订的,2015年,千山药机才与太平洋证券股份有限公司(以下简称太平洋证券)签订新协议,约定三者之间的资金支付。2016年,千山药机向太平洋证券支付16 577.40万元,解除应收账款保理业务,对于未收回款项11 656.10万元,本该计入应收账款,但千山药机将支付款项伪造成公司内部账户间的资金流转,掩盖与太平洋证券解除保理业务的事实,也未记录未收回的应收账款,加之该笔应收账款回收可能性较小,应全额计入坏账准备,千山药机也未计提,导致资产减值损失减少,最终虚增利润11 656.10万元。

3. 虚增在建工程

2016年,千山药机借助虚假支付与虚假背书,虚增在建工程9 166.24万元。千山药机在与长沙春华建筑有限公司签订的协议中,通过将银行存款支付给其他方或虚列的方式,将5 861.29万元计入在建工程。此外,千山药机又通过虚列背书,再次虚增在建工程3 304.95万元。

三、瑞华会计师事务所对千山药机货币资金审计失败分析

2011年至2017年期间,瑞华会计师事务所或其合并事务所为千山药机提供年审业务。在这6年间,前5年均出具标准无保留审计意见,最后1年为无法表示意见。在千山药机进行财务舞弊期间,面对千山药机的充满漏洞的财务信息,瑞华会计师事务所仍对2015—2016年财务报告出具标准无保留审计意见。针对瑞华所上述违法行为,证监会于2021年4月12日对其进行了处罚:没收瑞华会计师事务所业务收入140万元,并处以280万元的罚款;对程红彬、刘兴武、刘杰给予警告,并分别处以5万元的罚款。

瑞华所在对千山药机2015年度、2016年度财务报表审计过程中未勤勉尽责,货币资金审计程序存在缺陷:

(1)未对获取的证据的真实性进行有效识别。在2015年、2016年年度审计中,瑞华所在审计底稿中收录了公司银行账户对账单,但审计底稿中未记录对银行流水的检查过程和结论。经查,在审计过程中,瑞华所审计人员未亲自前往相关开户银行调取公司银行账户对账单,直接将其作为审计证据收录入审计工作底稿中,也没有对重要银行账户的大额资金收付记录进行充分、有效的检查,未通过电子银行核对等方式对公司财务部提供的银行账户对账单可靠性予以验证。瑞华所未能对其至千山药机财务部获取的银行账户对账单的真实性予以充分核实,予以有效识别,而是将其视为适当、有效的审计证据予以使用,审计程序不充分导致未能及时发现公司舞弊行为。

(2)样本选取不恰当,审计程序不充分。瑞华所对公司银行存款收付记录与银行对账单进行了抽样核对。其中,在2015年审计过程中,瑞华所从公司49个银行结算账户中抽取30笔收款记录和30笔付款记录与银行对账单核对;在2016年审计过程中,瑞华所从公司58个银行结算账户中抽取26笔收款记录和25笔付款记录与银行对账单核对。瑞华所在选取银行账户核对检查时,抽取的样本量较少,且不具备代表性,对大额异常的资金进出未予以重点关注并选取检查。工商银行1901×××1166账户、华夏银行1345×××3894账户,是2015年、2016年公司资金借贷发生额最大的2个银行账户,瑞华所对工商银行1901×××1166账户2015年的发生额,仅检查了2笔收款记录,合计为1 093万元,占该账户公司账面借方发生额的比例为3.48%;2016年,仅检查了1笔往来款145万元,2笔与公司内部其他银行账户转账共4 200万元,合计为4 345万元,占该账户账面借方发生额的比例为2.24%;检查了2笔付款记录,合计为2 700万元,占该账户账面贷方发生额的比例为1.52%。对华夏银行1345×××3894账户2015年的发生额,仅检查了2笔收款记录,合计为5 141.43万元,占该账户账面借方发生额的比例为4.40%;2016年检查了4笔收款记录,均为与子公司或公司内部其他银行账户之间的交易记录,合计为1.64亿元,占该账户账面借方发生额的比例为22.00%;检查了2笔付款记录,均为与公司内部其他银行账户之间的转账,合计为371万元,占该账户账面贷方发生额的比例为0.54%。瑞华所在审计中对公司银行存款发生额的关注度明显不足,抽样检查数量及金额比例较少,审计检查样本主要为公司内部银行账户之间的资金往来,对大额异常的资金进出关注较少,样本选取明显存在缺陷。

(3)未对银行大额存单持续关注,审计程序不充分适当。在2015年审计过程中,瑞华所对公司华夏银行1345×××9535账户定期存款单1.66亿元进行了检查,查看了存单原件,对银行账户进行了函证,认定该存单与公司账目一致,存单没有质押。该存单存入日期为2015年11月30日,到期日为2016年11月30日,年利率为1.95%。但是,在2016年审计过程中,瑞华所对此大额存单项目未予持续关注,未对该存单项目变化以及相关资金使用情况予以检查核对。经查明,因千山药机与太平洋证券解除应收账款保理业务,千山药机于2016年11月30日自其华夏银行1345×××9535账户向太平洋证券华夏银行1345×××8292账户支付16 577.397 3万元。但是,千山药机会计账上未记录减少银行存款16 577.397 3万元,未记录解除保理后应增加的应收账款11 656.103 8万元,并且未对该应收账款计提坏账准备,而是将支付给太平洋证券的资金作为千山药机华夏银行长沙分行1345×××9535账户与千山药机中国工商银行1901×××1166账户之间的银行转款进行处理。瑞华所在2016年审计中未对华夏银行1345×××9535账户的资金情况予以检查,未及时发现千山药机大额资金转出账实不符、隐瞒解除应收账款保理业务的情况。

瑞华所在对千山药机2015年、2016年财务报表审计中,获取的货币资金项目审计证据不适当,审计样本选取不恰当、不充分,对异常银行大额存单变动等未保持应有关注,未能及时识别财务报告的重大错报风险。上述行为不符合《中国注册会计师审计准则第 1101 号——注册会计师的总体目标和审计工作的基本要求》第 28 条,《中国注册会计师审计准则第 1301 号——审计证据》第 3 条、第 10 条、第 11 条,《中国注册会计师审计准则第 1314 号——审计抽样》第 15 条、第 16 条规定。

案例思考和讨论题

1. 阅读财政部、证监会 2023 年 12 月发布的《关于强化上市公司及拟上市企业内部控制建设推进内部控制评价和审计的通知》,指出千山药机的内部控制存在哪些缺陷。千山药机应如何完善公司的内部控制制度以提升公司内部治理?

2. 讨论本案例中签字注册会计师刘杰在提供 2008—2010 年的 IPO 审计服务后,依然连续进行了 2011—2013 年的年报审计业务对审计独立性有何影响。请你思考可以建立和完善哪些制度以增强审计独立性。

3. 结合该案例具体分析注册会计师在审计过程中是否充分保持职业怀疑态度,并说明原因。

4. 注册会计师在获取银行对账单过程中如何保持职业谨慎性,以核实银行对账单的真实性?

5. 分析注册会计师执行的银行存款收付款抽查程序、大额银行存单审计程序存在哪些缺陷并提出改进建议。

6. 调查目前会计师事务所在银行存款审计中应用人工智能、大数据分析、区块链等技术的情况及发展趋势。

练 习 题

一、单项选择题

1. 下列选项中,属于货币资金审计涉及的凭证和会计记录的是( )。

    A. 存货盘点表单   B. 请购单

    C. 销售单   D. 现金盘点表

2. 被审计单位货币资金循环的下列职责分工易导致内部控制失效的是( )。

    A. 出纳员负责库存现金、银行存款日记账和总账的登记

    B. 报销单据的填制和审核分离

    C. 支票与印章由不同人保管

    D. 出纳员以外人员负责银行存款余额调节表的编制

3. 下列有关货币资金的内部控制中,存在设计缺陷的是( )。

    A. 财务专用章应由专人保管,个人名章必须由本人或其授权人员保管

    B. 因特殊情况需坐支现金的,应事先报经总经理审查批准

    C. 严禁未经授权的机构或人员办理货币资金业务或直接接触货币资金

    D. 企业有关部门或个人用款时,应当提前向审批人提交货币资金支付申请,注明款项的用途、金额、预算、支付方式等内容,并附有效经济合同或相关证明

4. 审查库存现金时,由出纳员清点库存现金以后,填制"库存现金监盘表"的人员应是( )。

    A. 审计人员   B. 出纳员

    C. 会计主管   D. 财务经理

5. 库存现金盘点与存货盘点方式的区别在于( )。

    A. 存货盘点采取突击性方式

    B. 库存现金盘点采取突击性方式

    C. 库存现金和存货盘点均采取突击性方式

    D. 库存现金盘点采取预告方式

6. 注册会计师通常通过( )来了解库存现金内部控制。

    A. 库存现金盘点表

    B. 库存现金监盘表

    C. 银行对账单

    D. 库存现金内部控制流程图

7. 注册会计师测试库存现金余额的起点是( )。

    A. 核对现金日记账与总账的金额是否相符

B. 监盘库存现金

C. 抽取大额现金收支凭证

D. 检查库存现金是否在财务报表中做出恰当列报

8. 下列选项中,不属于注册会计师测试被审计单位现金收款凭证时检查的内容的是( )。

A. 核对现金日记账的收入金额是否正确

B. 检查收款的授权批准手续是否符合规定

C. 核对现金收款凭证与应收账款明细账的有关记录是否相符

D. 核对实收金额与销货发票是否一致

9. 下列关于库存现金监盘的说法中,正确的是( )。

A. 如果存在多处存放库存现金的情况,应同时进行盘点

B. 注册会计师盘点库存现金

C. 盘点库存现金前,注册会计师将库存现金都锁入保险柜

D. 库存现金盘点范围为财务部门保管的各种用途的库存现金

10. 下列选项中,不属于银行存款控制测试的是( )。

A. 抽取并检查银行存款付款凭证

B. 了解银行存款的内部控制

C. 检查外币银行存款的折算方法是否符合有关规定,是否与上年度一致

D. 获取或编制银行存款余额明细表,复核加计是否正确,并与总账数和日记账合计数核对是否相符

11. 下列关于银行存款审计的说法中,不正确的是( )。

A. 如果在同一银行开立多个账户,应针对每一账户分别编制对应的银行存款余额调节表

B. 如果在不同银行开立多个账户,应针对每一银行的每一账户分别编制对应的银行存款余额调节表

C. 如果本年银行存款账户少于上年,减少向银行函证的数量

D. 如果本年开户银行个数多于上年,增加向银行函证的数量

12. 各商业银行、政策性银行、非银行金融机构要在( ),根据函证的具体要求,及时回函并可按照国家的有关规定收取询证费用。

A. 收到询证函次日起 10 个工作日内

B. 收到询证函之日起 10 日内

C. 收到询证函之日起 10 个工作日内

D. 收到询证函次日起 10 日内

13. 如果被审计单位某银行账户的银行对账单余额与银行存款日记账余额不符,最有效的审计程序是( )。

A. 重新测试相关的内部控制

B. 检查该银行账户的银行存款余额调节表

C. 重新计算银行对账单和银行存款日记账的余额

D. 询问出纳

14. 如果注册会计师要证实被审计单位在临近资产负债表日签发的支票是否均已登记入账,最有效的审计程序是( )。

    A. 检查最后1个月的支票存根和银行存款日记账

    B. 询问出纳

    C. 函证开户银行

    D. 检查银行对账单

15. 银行存款截止测试的关键是( )。

    A. 审查被审年度各月的银行存款余额调节表

    B. 确定被审年度企业对各银行账户开出的最后一张支票的号码

    C. 审查被审年度各月的银行对账单

    D. 确定企业在被审年度记录的最后一笔银行存款业务

16. 下列控制活动中,最能预防员工挪用现金收入的是( )。

    A. 会计主管每日复核库存现金汇总表与现金日记账是否相符

    B. 负责现金收支的岗位与应收账款记账岗位职责分离

    C. 每一笔应收账款在作为坏账处理前均由董事会审批

    D. 会计主管审查出纳员记录的每一笔现金收入

17. 关于注册会计师获取并检查银行对账单,下列说法中,错误的是( )。

    A. 注册会计师应当取得被审计单位加盖银行印章的银行对账单

    B. 注册会计师应对银行对账单的真实性保持警觉

    C. 注册会计师可以观察被审计单位人员登录并操作网银系统导出信息的过程

    D. 为测试银行账户交易入账的真实性,注册会计师在验证银行对账单的真实性后,从银行对账单中选取样本与银行存款日记账进行核对

18. 注册会计师取得并检查银行存款余额调节表,实施的下列审计程序中错误的是( )。

    A. 检查调节表中加计数是否正确,调节后银行存款日记账余额与银行对账单余额是否一致

    B. 对于企付银未付款项,检查被审计单位付款的原始凭证

    C. 对于银收企未收、银付企未付款项,检查收、付款项的内容及金额,确定是否为截止错报

    D. 关注长期未达账项,查看是否存在挪用资金等事项

二、多项选择题

1. 货币资金审计涉及的凭证和会计记录主要有( )。

    A. 存货盘点表单　　　　　　　　　B. 请购单

    C. 银行存款余额调节表　　　　　　D. 银行对账单

2. 下列各项中,属于一个良好的货币资金内部控制应该达到的要求有( )。

    A. 货币资金收支与记账的岗位分离

    B. 控制现金坐支,当日收入现金应及时送存银行

    C. 按月盘点现金,编制银行存款余额调节表,以做到账实相符

    D. 如果货币资金内部控制良好,可以不对货币资金收支业务进行内部审计

3. 下列与货币资金内部控制相关的说法中,不正确的有(   )。

    A. 对于审批人超越授权范围审批的货币资金业务,经办人员可以先办理,然后向审批人的上级授权部门报告

    B. 出纳人员应当根据复核无误的支付申请,按规定办理货币资金支付手续,及时登记库存现金和银行存款日记账

    C. 企业应当定期和不定期地进行库存现金盘点,确保库存现金账面余额与实际库存相符

    D. 出纳人员支付货币资金后,复核人员应立即进行复核

4. 下列各项中,属于注册会计师测试现金付款内部控制时应当实施的程序有(   )。

    A. 核对现金日记账的收入金额是否正确

    B. 核对库存现金收款凭证与应收账款明细账的有关记录是否相符

    C. 检查付款的授权批准手续是否符合规定

    D. 核对现金日记账的付出金额是否正确

5. 盘点库存现金前,注册会计师需要将现金日记账与现金收付原始凭证相核对,核对的内容包括(   )。

    A. 现金日记账的记录与凭证的内容是否相符

    B. 现金日记账的记录与凭证的金额是否相符

    C. 现金日记账的记录与凭证的日期是否相符或接近

    D. 现金日记账的记录与凭证的签名是否为同一个人

6. 下列人员中,可以在库存现金监盘表中签字的有(   )。

    A. 被审计单位总经理   B. 被审计单位出纳员

    C. 被审计单位会计主管   D. 被审计单位内部审计负责人

7. 下列选项中,属于库存现金监盘表中的内容的有(   )。

    A. 盘点日未记账传票收入金额   B. 盘点日未记账传票支出金额

    C. 银行已收企业未收金额   D. 银行已付企业未付金额

8. 下列选项中,属于审计库存现金的实质性程序的有(   )。

    A. 检查外币现金的折算方法是否符合有关规定,是否与上年度一致

    B. 抽查大额库存现金收支

    C. 抽查资产负债表日前后若干天的、一定金额以上的现金收支凭证实施截止测试

    D. 检查库存现金是否在财务报表中做出恰当列报

9. 下列关于库存现金监盘的说法中,不正确的有(   )。

    A. 库存现金监盘表中的金额应当与资产负债表的货币资金项目相符

    B. 如果存在多处存放库存现金的情况,应集中到一个保险柜

    C. 库存现金监盘表应当由被审计单位的出纳编制

    D. 在非资产负债表日进行盘点和监盘时,应调整至资产负债表日的金额

10. 下列选项中,属于银行存款实质性程序的有(   )。

    A. 函证银行存款余额,编制银行函证结果汇总表,检查银行回函

    B. 检查外币银行存款的折算方法是否符合有关规定,是否与上年度一致

    C. 了解银行存款的内部控制

D. 取得并检查银行存款余额对账单和银行存款余额调节表

11. 注册会计师通过向被审计单位的开户银行发送询证函,能够实现的目的有( )。

   A. 了解企业资产的存在

   B. 了解企业账面反映所欠银行债务的情况

   C. 有助于发现企业未入账的银行借款

   D. 有助于发现企业未披露的或有负债

12. 在通常情况下,应当函证的银行存款账户包括( )。

   A. 零余额账户

   B. 本期内注销的账户

   C. 本期新增的账户

   D. 非零余额账户

13. 下列关于函证银行存款的说法中,正确的有( )。

   A. 注册会计师应当向被审计单位在本期存过款的银行发函

   B. 如果有充分证据表明某一银行存款及与金融机构往来的其他重要信息对财务报表不重要,那么可以不函证该账户与其他重要信息

   C. 有充分证据表明与某一银行存款及与金融机构往来的其他重要信息相关的重大错报风险很低,那么可以不函证该账户与其他重要信息

   D. 如果不函证银行存款及与金融机构往来的其他重要信息,注册会计师应当在审计工作底稿中说明理由

14. 下列银行存款的内部控制中,不存在设计缺陷的有( )。

   A. 除了在规定的范围内可以用现金直接支付款项外,在经营过程中所发生的一切货币收支业务,都必须通过"银行存款"账户进行结算

   B. 按照我国现金管理的有关规定,超过规定限额以上的现金支出一律使用支票

   C. 对于支票报销和现金报销,报销人员报销时应当有正常的报批手续、适当的付款凭据,有关采购支出还应具有验收手续

   D. 企业应当指定出纳以外的专人不定期核对银行账户,编制银行存款余额调节表

15. 下列关于银行存款审计的说法中,不正确的有( )。

   A. 如果注册会计师通过检查发现某"银行存款"账户存款人并非被审计单位,应当优先考虑建议通过银行将存款账户户名改为被审计单位

   B. 未达账项表明不存在舞弊

   C. 未经授权支付货币资金很可能表明存在舞弊

   D. 授权不清支付货币资金很可能表明存在舞弊

三、判断题

1. 除了岗位分离和授权批准制度外,库存现金和银行存款的管理制度以及票据和有关印章的保管制度也是货币资金内部控制的要点。 ( )

2. 库存现金在企业资产总额中的比重很小,因此审计人员没必要重视库存现金的审计。 ( )

3. 货币资金的支出要有合理、合法的凭据,并要有核准手续。 ( )

4. 出纳人员可以兼任库存现金总账的登记工作,不得由一人办理货币资金业务的全过程。

                                     （ ）

5. 银行存款的函证一般采用否定式函证。   （ ）

6. 单位现金收入应及时存入银行,不得直接用于单位自身的支出,因特殊情况需要坐支现金的,应事先报经开户银行审查批准。   （ ）

7. 被审计单位资产负债表中的现金数额,应以盘点日实有数额为准。 （ ）

8. 计算存入非银行金融机构的存款占银行存款的比例,主要是为了分析这些资金的安全性。   （ ）

9. 函证银行存款的唯一目的是证实银行存款是否真实存在。 （ ）

10. 被审计单位资产负债表上的银行存款余额应以编制的银行存款余额调节表调整后的数额为准。   （ ）

四、思考题

1. 为什么货币资金在资产负债表中所占比重不大,但注册会计师通常在年报审计中对其执行详细的审计?

2. 结合上市公司货币资金舞弊案例,分析货币资金业务容易出现的问题。

3. 为什么由独立的专门人员每月对银行存款余额进行调节是一项重要的货币资金内部控制? 哪些人被普遍认为与该项职责不独立?

4. 库存现金监盘程序与存货监盘程序有何区别?

5. 银行存款、应收账款和应付账款的函证有何区别?

6. 审查银行存款余额调节表的目的是什么? 重点审查哪些内容?

7. 你认为银行存款余额调节表中的未达账项均应调整吗,为什么? 银行存款余额调节表中的未达账项产生的原因有哪些,注册会计师应当如何处理?

第四篇

完成审计工作与出具审计报告

第十二章
完成审计工作与审计报告

教学目标 ⋯⋯⋯⋯⋯⋯

　　本章主要介绍审计完成阶段的主要工作内容及审计报告的类型和编制。通过学习,学生应理解掌握审计完成阶段的主要工作、审计报告的意见类型及其编制。

第一节 | 完成审计工作概述

　　完成审计工作阶段是审计的最后一个阶段。注册会计师按业务循环完成各财务报表项目的审计测试和一些特殊项目的审计工作后,在完成审计工作阶段汇总审计测试结果,进行更具综合性的审计工作,如评价审计中的重大发现,评价审计过程中发现的错报,关注期后事项对财务报表的影响,复核审计工作底稿和财务报表等。注册会计师在此基础上,评价审计结果,在与被审计单位沟通后,获取管理层书面声明,确定应出具的审计报告的意见类型和措辞,进而编制并致送审计报告,终结审计工作。

一、评价审计过程中识别出的错报

　　在评价审计过程中识别出错报时,注册会计师的目标是:①评价识别出的错报对审计的影响;②评价未更正错报对财务报表的影响。未更正错报是指注册会计师在审计过程中累积的且被审计单位未予更正的错报。

　　(一)累积识别出的错报

　　注册会计师应当累积审计过程中识别出的错报,除非错报明显微小。

　　(二)随着审计的推进考虑识别出的错报

　　如果出现下列情形之一,注册会计师应当确定是否需要修改总体审计策略和具体审计计划:

　　(1)识别出的错报的性质以及错报发生的环境表明可能存在其他错报,并且可能存在的其他错报与审计过程中累积的错报合计起来可能是重大的;

　　(2)审计过程中累积的错报合计数接近按照《中国注册会计师审计准则第1221号——计划和执行审计工作时的重要性》的规定确定的重要性。

　　如果管理层应注册会计师的要求,检查了某类交易、账户余额或披露并更正了已发现的

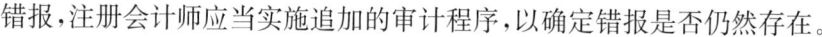

错报,注册会计师应当实施追加的审计程序,以确定错报是否仍然存在。

(三)沟通和更正错报

除非法律法规禁止,注册会计师应当及时将审计过程中累积的所有错报(即超过明显微小错报临界值的所有错报)与适当层级的管理层进行沟通。注册会计师还应当要求管理层更正这些错报。

注册会计师及时与适当层级的管理层沟通错报事项是重要的,因为这能使管理层评价各类交易、账户余额和披露是否存在错报,如有异议则告知注册会计师,并采取必要行动。适当层级的管理层通常是指有责任和权限对错报进行评价并采取必要行动的人员。

法律法规可能限制注册会计师就某些错报与管理层或被审计单位的其他人员沟通。例如,如果与管理层沟通可能不利于适当机构对被审计单位发生的或怀疑存在的违反法律法规行为进行调查,法律法规可能明确禁止进行沟通。在某些情况下,注册会计师的保密义务与通报义务之间存在的潜在冲突可能很复杂。此时,注册会计师可以考虑征询法律意见。

管理层更正所有错报(包括注册会计师通报的错报),能够保持会计账簿和记录的准确性,降低由于与本期相关的、非重大的且尚未更正的错报的累积影响而导致未来期间财务报表出现重大错报的风险。

如果管理层拒绝更正沟通的部分或全部错报,注册会计师应当了解管理层不更正错报的理由,并在评价财务报表整体是否不存在重大错报时考虑该理由。《中国注册会计师审计准则第1501号——对财务报表形成审计意见和出具审计报告》要求注册会计师评价财务报表是否在所有重大方面按照适用的财务报告编制基础编制。这项评价包括考虑被审计单位会计实务的质量(包括表明管理层的判断可能出现偏向的迹象)。注册会计师对管理层不更正错报的理由的理解,可能影响其对被审计单位会计实务质量的考虑。

(四)评价未更正错报的影响

1. 重新评估重要性

在评价未更正错报的影响之前,注册会计师应当重新评估按照《中国注册会计师审计准则第1221号——计划和执行审计工作时的重要性》的规定确定的重要性,以根据被审计单位的实际财务结果确认其是否适当。这是因为注册会计师在确定重要性时,通常依据对被审计单位财务结果的估计,此时可能尚不知道实际的财务结果。因此,在评价未更正错报的影响之前,注册会计师可能有必要依据实际的财务结果对重要性作出修改。如果注册会计师对重要性或重要性水平(如适用)进行的重新评估导致需要确定较低的金额,则应重新考虑实际执行的重要性和进一步审计程序的性质、时间安排和范围的适当性,以获取充分、适当的审计证据,作为发表审计意见的基础。

例如,注册会计师在计划审计工作时确定的财务报表整体的重要性为100万元(经常性业务的税前利润2000万元×5%),实际执行的重要性为50万元。在审计过程中,注册会计师识别出若干项重大错报,管理层已同意调整,合计调减税前利润800万元。在评价未更正错报之前,注册会计师根据调整后的税前利润1200万元,重新计算财务报表整体的重要性(60万元)和实际执行的重要性(30万元)。在这种情况下,注册会计师需要考虑以下几个方面的问题:①识别出的重大错报800万元远远超出计划阶段确定的财务报表整体的重要性100万元,表明存在比可接受的低风险水平更大的风险,注册会计师需要重新考虑对重大错报风险的评估结果及其应对措施;②基于调整后的财务报表整体的重要性和实际执行的重要性,已经实施的审计程序是否充分(例如,实际执行的重要性降低可能意味着在采用审计抽样实施细节测试时需要增加样本量);③注册会计师应当用调整后的财务报表整体的重要性60万元评价未更正错报是否重大。

2. 确定未更正错报单独或汇总起来是否重大

注册会计师应当确定未更正错报单独或汇总起来是否重大。在确定时,注册会计师应当考虑:

(1) 相对特定类别的交易、账户余额或披露以及财务报表整体而言,错报的金额和性质以及错报发生的特定环境。

注册会计师在评价未更正错报是否重大时,除考虑未更正错报单独或连同其他未更正错报的金额是否超过财务报表整体的重要性(即定量因素)外,还需要考虑错报性质以及错报发生的特定环境(即定性因素)。

注册会计师需要考虑每一项与金额相关的错报,以评价其对相关类别的交易、账户余额或披露的影响,包括评价该项错报是否超过特定类别的交易、账户余额或披露的重要性水平(如适用)。如果注册会计师认为某一单项错报是重大的,则该项错报不太可能为其他错报抵销。例如,如果收入存在重大高估,即使这项错报对收益的影响完全可被相同金额的费用高估所抵销,注册会计师仍认为财务报表整体存在重大错报。对于同一账户余额或同一类别的交易内部的错报,这种抵销可能是适当的。然而,在得出抵销非重大错报是适当的这一结论之前,注册会计师需要考虑可能存在其他未被发现的错报的风险。

确定一项分类错报是否重大,需要进行定性评估。例如,分类错报对负债或其他合同条款的影响,对单个财务报表项目或小计数的影响,以及对关键比率的影响。即使分类错报超过了在评价其他错报时运用的重要性水平,注册会计师可能仍然认为该分类错报对财务报表整体不产生重大影响。例如,如果资产负债表项目之间的分类错报金额相对于所影响的资产负债表项目金额较小,并且对利润表或所有关键比率以及披露不产生影响,注册会计师可能认为这种分类错报对财务报表整体不产生重大影响。

在某些情况下,即使某些错报低于财务报表整体的重要性,但因与这些错报相关的某些情况,在将其单独或连同审计过程中累积的其他错报一并考虑时,注册会计师也可能将这些错报评价为重大错报。例如,某项错报的金额虽然低于财务报表整体的重要性,但对被审计单位的盈亏状况有决定性的影响,注册会计师应认为该项错报是重大错报。

(2) 与以前期间相关的未更正错报对相关类别的交易、账户余额或披露以及财务报表整体的影响。

与以前期间相关的非重大未更正错报的累积影响可能对本期财务报表产生重大影响。有多种可接受的方法供注册会计师评价这些未更正错报对本期财务报表的影响。在不同期间使用相同的评价方法可以保持一致性。

除非法律法规禁止,注册会计师应当与治理层沟通未更正错报,以及这些错报单独或汇总起来可能对审计意见产生的影响。在沟通时,注册会计师应当逐项指明重大的未更正错报。注册会计师应当要求被审计单位更正未更正错报。如果存在大量单项不重大的未更正错报,注册会计师可能就未更正错报的笔数和总金额的影响进行沟通,而不是逐笔沟通单项未更正错报的细节。

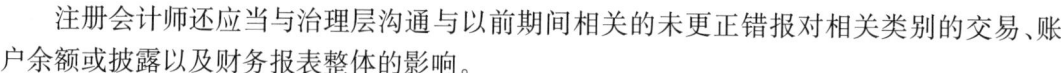

注册会计师还应当与治理层沟通与以前期间相关的未更正错报对相关类别的交易、账户余额或披露以及财务报表整体的影响。

（五）书面声明

注册会计师应当要求管理层和治理层（如适用）提供书面声明，说明其是否认为未更正错报单独或汇总起来对财务报表整体的影响不重大。这些错报项目的概要应当包含在书面声明中或附在其后。由于编制财务报表要求管理层和治理层（如适用）调整财务报表以更正重大错报，注册会计师应当要求其提供有关未更正错报的书面声明。在某些情况下，管理层和治理层（如适用）可能并不认为注册会计师提出的某些未更正的错报是错报。基于这一原因，他们可能在书面声明中增加以下表述："因为[描述理由]，我们不同意……事项和……事项构成错报。"然而，即使获取了这一声明，注册会计师仍需要对未更正错报的影响形成结论。

二、实施分析程序

在临近审计结束时，注册会计师应当运用分析程序，帮助其对财务报表形成总体结论，以确定财务报表是否与其对被审计单位的了解一致。

实施分析程序的结果可能有助于注册会计师识别出以前未识别的重大错报风险，在这种情况下，注册会计师需要修改重大错报风险的评估结果，并相应修改原计划实施的进一步审计程序。

三、复核审计工作

对审计工作的复核包括项目组内部复核和作为会计师事务所业务质量管理措施而执行的项目质量复核（如适用）。

（一）项目组内部复核

1. 复核人员

《会计师事务所质量管理准则第 5101 号——业务质量管理》规定，会计师事务所针对业务执行的质量目标应当包括由经验较为丰富的项目组成员对经验较为缺乏的项目组成员的工作进行指导、监督和复核。会计师事务所应当基于这一质量目标，确定有关复核的政策和程序。

对一些较为复杂、审计风险较高的领域，例如，舞弊风险的评估与应对、重大会计估计及其他复杂的会计问题、审核会议记录和重大合同、关联方关系和交易、持续经营存在的问题等，需要指派经验丰富的项目组成员执行复核，必要时可以由项目合伙人执行复核。

2. 复核范围

执行复核时，复核人员需要考虑的事项包括但不限于：

（1）审计工作是否已按照职业准则和适用的法律法规的规定执行。

（2）重大事项是否已提请进一步考虑。

（3）相关事项是否已进行适当咨询，由此形成的结论是否已得到记录和执行。

（4）是否需要修改已执行审计工作的性质、时间安排和范围。

（5）已执行的审计工作是否支持形成的结论，并已得到适当记录。

（6）已获取的审计证据是否充分、适当。

（7）审计程序的目标是否已实现。

3. 复核时间

审计项目复核贯穿审计全过程，随着审计工作的开展，复核人员在审计计划阶段、执行阶段和完成阶段及时复核相应的审计工作底稿。例如,在审计计划阶段,复核人员复核记录总体审计策略和具体审计计划的审计工作底稿;在审计执行阶段,复核人员复核记录控制测试和实质性程序的审计工作底稿等。在完成审计工作阶段复核记录重大事项、审计调整及未更正错报的审计工作底稿等。

4. 项目合伙人复核

项目合伙人应当对管理和实现审计项目的高质量承担总体责任。项目合伙人应当在审计过程中的适当时点复核审计工作底稿,包括与下列方面相关的审计工作底稿:

(1) 重大事项。

(2) 重大判断,包括与在审计中遇到的困难或有争议事项相关的判断,以及得出的结论。

(3) 根据项目合伙人的职业判断,与项目合伙人的职责有关的其他事项。

在审计报告日或审计报告日之前,项目合伙人应当通过复核审计工作底稿与项目组讨论,确信已获取充分、适当的审计证据,支持得出的结论和拟出具的审计报告。此外,项目合伙人应当在签署审计报告前复核财务报表、审计报告以及相关的审计工作底稿,包括对关键审计事项的描述(如适用)。项目合伙人还应当在与管理层、治理层或相关监管机构签署正式书面沟通文件之前对其进行复核。《中国注册会计师审计准则第 1131 号——审计工作底稿》要求项目合伙人记录复核的范围和时间。

(二) 项目质量复核

根据《会计师事务所质量管理准则第 5101 号——业务质量管理》的规定,会计师事务所应当就项目质量复核制定政策和程序,并对上市实体财务报表审计业务、法律法规要求实施项目质量复核的审计业务或其他业务,以及会计师事务所认为,为应对一项或多项质量风险,有必要实施项目质量复核的审计业务或其他业务实施项目质量复核。

第二节　评价审计结果

一、编制审计差异调整表

在完成财务报表各项目的实质性程序后,对审计项目组成员在审计中发现的被审计单位的会计处理方法与有关会计准则的规定不一致,即审计差异内容,审计项目经理应根据审计重要性原则予以初步确定并汇总,并建议被审计单位进行调整,使经审计的财务报表所载信息能够真实反映被审计单位的财务状况、经营成果和现金流量。这一对审计差异内容的"初步确定并汇总"直至形成"经审计的财务报表"的过程,主要是通过编制审计差异调整表和试算平衡表得以完成的。

审计差异内容按是否需要调整账户记录可分为核算错误和重分类错误。核算错误是因企业对经济业务进行了不正确的会计处理而引起的错误。用审计重要性原则来衡量每一项核算错误,又可把这些核算错误区分为建议调整的不符事项和不建议调整的不符事项;重分类错误是因企业未按有关会计准则编制财务报表而引起的错误,如企业在应付账款项目中反映的预付账款、在应收账款项目中反映的预收账款等。

无论是核算错误还是重分类错误,在审计工作底稿中通常都是以会计分录的形式反映的。由于审计中发现的错误往往不止一两项,为便于审计项目的各级负责人综合判断、分析和决定,也为了便于有效编制试算平衡表和被审计单位编制财务报表,通常需要将这些错误分别汇总至账项调整分录汇总表、重分类调整分录汇总表和未更正错报汇总表。三张汇总表的参考格式见表 13-1 至表 13-3。

表 13-1   账项调整分录汇总表

被审计单位: 索引号:

项目: 财务报表截止日/期间:

编制: 复核:

日期: 日期: 单位:

序号	内容及说明	索引号	调整内容				影响利润表 +(一)	影响资产负债表 +(一)
			借方项目	借方金额	贷方项目	贷方金额		

与被审计单位的沟通:

参加人员:

被审计单位:_____

审计项目组:_____

被审计单位的意见:

_____

_____

_____

结论:

是否同意上述审计调整:_____

被审计单位授权代表签字:_____ 日期:_____

表 13-2 　　　　　　　　　　　　　　**重分类调整分录汇总表**

被审计单位：　　　　　　　　　　　　　　　　　　　索引号：

项目：　　　　　　　　　　　　　　　　　　　　　　财务报表截止日/期间：

编制：　　　　　　　　　　　　　　　　　　　　　　复核：

日期：　　　　　　　　　　　　　　　　　　　　　　日期：　　　　　　　　单位：

序号	内容及说明	索引号	调整项目和金额			
			借方项目	借方金额	贷方项目	贷方金额

与被审计单位的沟通：

参加人员：

被审计单位：＿＿＿＿＿＿＿＿＿＿＿＿＿＿＿＿＿＿＿＿＿＿＿＿＿＿＿＿＿＿＿＿

审计项目组：＿＿＿＿＿＿＿＿＿＿＿＿＿＿＿＿＿＿＿＿＿＿＿＿＿＿＿＿＿＿＿＿

被审计单位的意见：

＿＿＿＿＿＿＿＿＿＿＿＿＿＿＿＿＿＿＿＿＿＿＿＿＿＿＿＿＿＿＿＿＿＿＿＿＿＿

＿＿＿＿＿＿＿＿＿＿＿＿＿＿＿＿＿＿＿＿＿＿＿＿＿＿＿＿＿＿＿＿＿＿＿＿＿＿

＿＿＿＿＿＿＿＿＿＿＿＿＿＿＿＿＿＿＿＿＿＿＿＿＿＿＿＿＿＿＿＿＿＿＿＿＿＿

＿＿＿＿＿＿＿＿＿＿＿＿＿＿＿＿＿＿＿＿＿＿＿＿＿＿＿＿＿＿＿＿＿＿＿＿＿＿

结论：

是否同意上述审计调整：＿＿＿＿＿＿＿＿＿＿＿＿＿＿＿

被审计单位授权代表签字：＿＿＿＿＿＿＿＿＿＿＿＿＿＿＿＿　日期：＿＿＿＿＿＿

表 13-3   **未更正错报汇总表**

被审计单位：   索引号：
项目：   财务报表截止日/期间：
编制：   复核：
日期：   日期：   单位：

序号	内容及说明	索引号	未调整内容			
			借方项目	借方金额	贷方项目	贷方金额

未更正错报的影响：
      项目   金额   百分比

1. 总资产

2. 净资产

3. 销售收入

4. 费用总额

5. 毛利

6. 净利润

结论：

是否同意上述审计调整：_____

被审计单位授权代表签字：_____   日期：_____

二、编制试算平衡表

    试算平衡表是注册会计师在被审计单位提供未调整财务报表的基础上，考虑调整分录、重分类分录等内容后所确定的已审计数和报表反映数的表式。资产负债表、利润表的试算平衡表的参考格式见表 13-4 和表 13-5。

表 13-4　　　　　　　　　　资产负债表试算平衡表　　　　　　　　　　单位：

项目	期末未审数	账项调整		重分类调整		期末审定数	项目	期末未审数	账项调整		重分类调整		期末审定数
		借方	贷方	借方	贷方				借方	贷方	借方	贷方	
货币资金							短期借款						
交易性金融资产							交易性金融负债						
衍生金融资产							衍生金融负债						
应收票据							应付票据						
应收账款							应付账款						
应收款项融资							预收款项						
预付款项							合同负债						
其他应收款							应付职工薪酬						
存货							应交税费						
合同资产							其他应付款						
持有待售资产							持有待售负债						
一年内到期的非流动资产							一年内到期的非流动负债						
其他流动资产							其他流动负债						
债权投资							长期借款						
其他债权投资							应付债券						
长期应收款							租赁负债						
长期股权投资							长期应付款						
其他权益工具投资							预计负债						
其他非流动金融资产							递延所得税负债						
投资性房地产							其他非流动负债						
固定资产							实收资本（或股本）						
在建工程							其他权益工具						
生产性生物资产							资本公积						
油气资产							其他综合收益						
使用权资产							专项储备						
无形资产							盈余公积						
开发支出							未分配利润						
商誉													
长期待摊费用													
递延所得税资产													
其他非流动资产													
合计							合计						

表 13-5　　　　　　　　**利润表试算平衡表工作底稿**

被审计单位：＿＿＿＿＿＿＿＿＿　　　索引号：＿＿＿＿＿＿＿＿＿

项目：＿＿＿＿＿＿＿＿＿　　　　　财务报表截止日/期间：＿＿＿＿＿＿

编制：＿＿＿＿＿＿＿＿＿　　　　　复核：＿＿＿＿＿＿＿＿＿

日期：＿＿＿＿＿＿＿＿＿　　　　　日期：＿＿＿＿＿＿＿＿＿　　　　单位：

项目	审计前金额	调整金额		审定金额
		借方	贷方	
一、营业收入				
减:营业成本				
税金及附加				
销售费用				
管理费用				
研发费用				
财务费用				
加:其他收益				
投资收益				
净敞口套期收益				
公允价值变动收益				
信用减值损失				
资产减值损失				
资产处置收益				
二、营业利润				
加:营业外收入				
减:营业外支出				
三、利润总额				
减:所得税费用				
四、净利润				
五、其他综合收益的税后净额				
六、综合收益总额				
七、每股收益				

第三节 审 计 报 告

审计报告是指注册会计师根据中国注册会计师审计准则的规定,在执行审计工作的基础上对财务报表是否在所有重大方面按照财务报告编制基础编制并实现合法、公允反映发表审计意见的书面文件。审计报告是审计工作的最终成果,具有法定证明效力。

一、审计报告的基本要素

(一)标题

审计报告的标题应当统一规范为"审计报告"。

(二)收件人

审计报告的收件人是指注册会计师按照业务约定书的要求致送审计报告的对象,一般是指审计业务的委托人,审计报告应当载明收件人的全称。注册会计师应当与委托人在业务约定书中约定致送审计报告的对象,以防止在此问题上发生分歧或审计报告被委托人滥用。对整套通用目的财务报表出具审计报告时,审计报告的致送对象通常为被审计单位的全体股东或董事会。

(三)审计意见

审计报告的第一部分应当包含"审计意见",并以"审计意见"为标题,该部分应当包括下列方面:

(1)指出被审计单位的名称。

(2)说明财务报表已经审计。

(3)指出构成整套财务报表的每张财务报表的名称。

(4)提及财务报表附注,包括重要会计政策的说明和其他解释性信息。

(5)指明财务报表的日期或涵盖的期间。

如果对财务报表发表无保留意见,除非法律、法规另有规定,审计意见应当使用"我们认为,财务报表在所有重大方面按照适用的财务报表编制基础(如企业会计准则等)编制,公允反映了……"的措辞。

(四)形成审计意见的基础

审计报告应当包含标题为"形成审计意见的基础"的部分。该部分应当紧接在审计意见部分之后,并包括下列方面:

(1)说明注册会计师按照审计准则的规定执行了审计工作。

(2)提及审计报告中用于描述审计准则规定的注册会计师责任的部分。

(3)声明注册会计师按照与审计相关的职业道德要求独立于被审计单位,并按照这些要求履行了职业道德方面的其他责任。声明中应当指明适用的职业道德要求,如中国注册会计师职业道德守则。

(五)管理层对财务报表的责任

审计报告应当包含标题为"管理层对财务报表的责任"的部分。审计报告中应当使用特定国家或地区法律框架中的恰当术语,而不必限定为"管理层"。在某些国家或地区,恰当的术语可能是"治理层"。该部分应当说明管理层负责下列方面:

(1)按照适用的财务报表编制基础编制财务报表,使其实现公允反映,并设计、执行和维护必要的内部控制,以使财务报表不存在由于舞弊或错误导致的重大错报。

(2)评估被审计单位的持续经营能力和使用持续经营假设是否适当,并披露与持续经

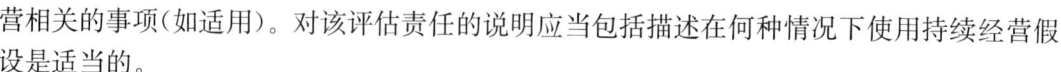

营相关的事项（如适用）。对该评估责任的说明应当包括描述在何种情况下使用持续经营假设是适当的。

（六）注册会计师对财务报表审计的责任

审计报告应当包含标题为"注册会计师对财务报表审计的责任"的部分。审计报告应当包括下列内容：

（1）说明注册会计师的目标是对财务报表整体是否不存在由于舞弊或错误导致的重大错报获取合理保证，并出具包含审计意见的审计报告。

（2）说明合理保证是高水平的保证，但并不能保证按照审计准则执行审计在某一重大错报存在时总能发现。

（3）说明错报可能由于舞弊或错误导致。

注册会计师对财务报表审计的责任部分还应当包括下列内容：

（1）说明在按照审计准则执行审计工作的过程中，注册会计师运用职业判断，并保持职业怀疑。

（2）通过说明注册会计师的责任，对审计工作进行描述。这些责任包括：①识别和评估由于舞弊或错误导致的财务报表重大错报风险，对这些风险有针对性地设计和实施审计程序，获取充分、适当的审计证据，作为发表审计意见的基础。由于舞弊可能涉及串通、伪造、故意遗漏、虚假陈述或凌驾于内部控制之上，未能发现由于舞弊导致的重大错报的风险高于未能发现由于错误导致的重大错报的风险。②了解与审计相关的内部控制，以设计恰当的审计程序，但目的并非对内部控制的有效性发表意见。当注册会计师有责任在财务报表审计的同时对内部控制的有效性发表意见时，应当略去上述"目的并非对内部控制的有效性发表意见"的表述。③评价管理层选用会计政策的恰当性和做出会计估计及相关披露的合理性。④对管理层使用持续经营假设的恰当性得出结论。同时，基于所获取的审计证据，对是否存在与特定事项或情况相关的重大不确定性，从而可能导致对被审计单位的持续经营能力产生重大疑虑得出结论。如果注册会计师得出结论认为存在重大不确定性，审计准则要求注册会计师在审计报告中提请报表使用者注意财务报表中的相关披露；如果披露不充分，注册会计师应当发表非无保留意见。注册会计师的结论基于审计报告日可获得的信息。然而，未来的事项或情况可能导致被审计单位不能持续经营。⑤评价财务报表的总体列报、结构和内容（包括披露），并评价财务报表是否公允反映相关交易和事项。

注册会计师对财务报表审计的责任部分还应当包括下列内容：

（1）说明注册会计师与治理层就计划的审计范围、时间安排和重大审计发现等进行沟通，包括沟通注册会计师在审计中识别的值得关注的内部控制缺陷。

（2）对于上市实体财务报表审计，指出注册会计师就遵守关于独立性的相关职业道德要求向治理层提供声明，并与治理层沟通可能被合理认为影响注册会计师独立性的所有关系和其他事项，以及相关的防范措施（如适用）。

（3）对于上市实体财务报表审计，以及决定按照《中国注册会计师审计准则第 1504号——在审计报告中沟通关键审计事项》的规定沟通关键审计事项的其他情况，说明注册会计师从与治理层沟通的事项中确定哪些事项对当期财务报表审计最为重要，因而构成关键审计事项。注册会计师在审计报告中描述这些事项，除非法律、法规不允许公开披露这些事项，或在极其罕见的情形下，注册会计师合理预期在审计报告中沟通某事项造成的负面后果超过产生的公众利益方面的益处,因而确定不应在审计报告中沟通该事项。

（七）按照相关要求,履行其他报告责任

除审计准则规定的注册会计师责任外,如果注册会计师在对财务报表出具的审计报告中履行其他报告责任（如适用）,应当在审计报告中将其单独作为一部分,并以"对其他法律和监管要求的报告"为标题,或使用适合于该部分内容的其他标题,除非其他报告责任与审计准则所要求的报告责任涉及相同的主题。如果涉及相同的主题,其他报告责任可以在审计准则所要求的同一报告要素部分列示。如果将其他报告责任在审计准则要求的同一报告要素部分列示,审计报告应当清楚区分其他报告责任和审计准则要求的报告责任。

（八）注册会计师的签名和盖章

注册会计师在审计报告上签名并盖章,有利于明确法律责任。审计报告应当由项目合伙人和另一名负责该项目的注册会计师签名和盖章。

（九）会计师事务所的名称、地址及盖章

审计报告应当载明会计师事务所的名称和地址,并加盖会计师事务所公章。根据《中华人民共和国注册会计师法》的规定,注册会计师承办的业务,由其所在的会计师事务所统一受理并与委托人签订委托合同。因此,审计报告除了应由注册会计师签名并盖章外,还应载明会计师事务所的名称和地址,并加盖会计师事务所公章。

（十）报告日期

审计报告应当注明报告日期。审计报告的日期不应早于注册会计师获取充分、适当的审计证据并在此基础上对财务报表形成审计意见的日期。此外,注册会计师在确定审计报告日期时,还应当考虑:构成整套财务报表的所有报表（包括相关附注）已编制完成;被审计单位的董事会、管理层或类似机构已经认可其对财务报表负责。

在适用的情况下,审计报告还可能包括与持续经营相关的重大不确定性、关键审计事项、其他信息。

为了增加审计报告的信息含量,增强其相关性和决策有用性,提高审计工作的透明度,维护社会公众利益,2016年12月,中国注册会计师协会颁布了《中国注册会计师审计准则第1504号——在审计报告中沟通关键审计事项》。该准则要求在审计报告中增设关键审计事项部分,披露审计工作中的重点难点等审计项目的个性化信息。

关键审计事项是指审计师根据职业判断,认为在当期财务报表审计中至关重要的事项。关键审计事项可能涉及注册会计师评估的重大错报风险较高的领域或识别出的特别风险、财务报表中涉及管理层重大判断（包括被认为具有高度不确定性的会计估计）的领域、当期重大交易或事项对审计的影响。

二、无保留意见的审计报告

无保留意见是指当注册会计师认为财务报表在所有重大方面按照适用的财务报表编制基础的规定编制并实现公允反映时发表的审计意见。

无保留意见的审计报告范例如下。

审计报告

天河股份有限公司全体股东：

一、对财务报表出具的审计报告①

（一）审计意见

我们审计了天河股份有限公司（以下简称天河公司）财务报表，包括2×20年12月31日的资产负债表、2×20年度的利润表、现金流量表、所有者权益变动表以及相关财务报表附注。

我们认为，后附的财务报表在所有重大方面按照《企业会计准则》的规定编制，公允反映了天河公司2×20年12月31日的财务状况以及2×20年度的经营成果和现金流量。

（二）形成审计意见的基础

我们按照中国注册会计师审计准则的规定执行了审计工作。审计报告的"注册会计师对财务报表审计的责任"部分进一步阐述了我们在这些准则下的责任。按照中国注册会计师职业道德守则，我们独立于天河公司，并履行了职业道德方面的其他责任。我们相信，我们获取的审计证据是充分、适当的，为发表审计意见提供了基础。

（三）关键审计事项

关键审计事项是我们根据职业判断，认为对本期财务报表审计最为重要的事项。这些事项的应对以对财务报表整体进行审计并形成意见为背景，我们不对这些事项单独发表意见。

［按照《中国注册会计师审计准则第1504号——在审计报告中沟通关键审计事项》的规定描述每一关键审计事项。］

（四）管理层和治理层对财务报表的责任

天河公司管理层（以下简称管理层）负责按照《企业会计准则》的规定编制财务报表，使其实现公允反映，并设计、执行和维护必要的内部控制，以使财务报表不存在由于舞弊或错误导致的重大错报。

在编制财务报表时，管理层负责评估天河公司的持续经营能力，披露与持续经营相关的事项（如适用），并运用持续经营假设，除非管理层计划清算天河公司、停止营运或别无其他现实的选择。

治理层负责监督公司的财务报表过程。

（五）注册会计师对财务报表审计的责任

我们的目标是对财务报表整体是否不存在由于舞弊或错误导致的重大错报获取合理保证，并出具包含审计意见的审计报告。合理保证是高水平的保证，但并不能保证按照审计准则执行的审计在某一重大错报存在时总能发现。错报可能由舞弊或错误所导致，如果合理预期错报单独或汇总起来可能影响财务报表使用者依据财务报表做出的经济决策，则通常认为错报是重大的。

在按照审计准则执行审计的过程中，我们运用了职业判断，保持了职业怀疑。同时，我们也执行了以下工作。

---

① 如果审计报告不包含"按照相关法律、法规的要求报告的事项"部分，则不需要加入此标题。

（续上）

1. 识别和评估由于舞弊或错误导致的财务报表重大错报风险,设计和实施审计程序以应对这些风险,并获取充分、适当的审计证据,作为发表审计意见的基础。由于舞弊可能涉及串通、伪造、故意遗漏、虚假陈述或凌驾于内部控制之上,未能发现由于舞弊导致的重大错报的风险高于未能发现由于错误导致的重大错报的风险。

2. 了解与审计相关的内部控制,以设计恰当的审计程序,但目的并非对内部控制的有效性发表意见。

3. 评价管理层选用会计政策的恰当性和做出会计估计及相关披露的合理性。

4. 对管理层使用持续经营假设的恰当性得出结论。同时,根据所获取的审计证据,就可能导致对天河公司持续经营能力产生重大疑虑的事项或情况是否存在重大不确定性得出结论。如果我们得出结论认为存在重大不确定性,审计准则要求我们在审计报告中提请报表使用者注意财务报表中的相关披露;如果披露不充分,我们应当发表非无保留意见。我们的结论基于审计报告日可获得的信息。然而,未来的事项或情况可能导致天河公司不能持续经营。

5. 评价财务报表的总体列报、结构和内容(包括披露),并评价财务报表是否公允反映交易和事项。

我们与治理层就计划的审计范围、时间安排和重大审计发现等事项进行沟通,包括我们在审计中识别出的值得关注的内部控制缺陷。

我们还就已遵守与独立性相关的相关职业道德要求向治理层提供声明,并与治理层沟通可能被合理认为影响我们独立性的所有关系和其他事项,以及相关的防范措施(如适用)。

从与治理层沟通的事项中,我们确定哪些项目对本期财务报表审计最为重要,因而构成关键审计事项。我们在审计报告中描述这些事项,除非法律、法规不允许公开披露这些事项,或在极少数情形下,如果合理预期在审计报告中沟通某事项造成的负面后果超过在公众利益方面产生的益处,我们确定不应在审计报告中沟通该事项。

二、对其他法律和监管要求的报告

[本部分的格式和内容,取决于法律、法规对其他报告责任的性质的规定。本部分应当说明相关法律、法规规定的事项(其他报告责任),除非其他报告责任涉及的事项与审计准则所规定的报告责任涉及的事项相同。如果涉及相同的事项,其他报告责任可以在审计准则规定的同一报告要素部分中列示。当其他报告责任和审计准则规定的报告责任涉及同一事项,并且审计报告中的措辞能够将其他报告责任与审计准则规定的责任(如差异存在)予以清楚地区分时,允许将两者合并列示(即包含在"对财务报表审计的报告"部分中,并使用适当的副标题)。]

会计师事务所　　　　　　　　　中国注册会计师:×××(项目合伙人)
(盖章)　　　　　　　　　　　　　　　　　(签名并盖章)

　　　　　　　　　　　　　　　中国注册会计师:×××
　　　　　　　　　　　　　　　　　　(签名并盖章)

中国广州市　　　　　　　　　　　　　　　2×21年3月5日

三、非无保留意见的审计报告

非无保留意见是指对财务报表发表的保留意见、否定意见或无法表示意见。当存在下列情形之一时，注册会计师应当在审计报告中发表非无保留意见：①根据获取的审计证据，得出财务报表整体存在重大错报的结论。②无法获取充分、适当的审计证据，不能得出财务报表整体不存在重大错报的结论。非无保留意见的类型如表 13-6 所示。

表 13-6　　　　　　　　　　　　　　　非无保留意见的类型

导致发表非无保留意见的事项的性质	这些事项对财务报表产生或可能产生影响的广泛性	
	重大但不具有广泛性	重大且具有广泛性
财务报表存在重大错报	保留意见	否定意见
无法获取充分、适当的审计证据	保留意见	无法表示意见

在发表非无保留意见时，注册会计师应当对审计意见部分使用恰当的标题，如"保留意见""否定意见"或"无法表示意见"。

如果对财务报表发表非无保留意见，除在审计报告中包含规定的审计报告要素外，注册会计师还应当将"形成审计意见的基础"这一标题修改为恰当的标题，如"形成保留意见的基础""形成否定意见的基础"或"形成无法表示意见的基础"，并在该部分对导致发表非无保留意见的事项进行描述。

（一）保留意见的审计报告

当存在下列情形之一时，注册会计师应当发表保留意见：①在获取充分、适当的审计证据后，注册会计师认为错报单独或累计起来对财务报表影响重大，但不具有广泛性；②注册会计师无法获取充分、适当的审计证据以作为形成审计意见的基础，但认为未发现的错报（如存在）对财务报表可能产生的影响重大，但不具有广泛性。

当由于财务报表存在重大错报而发表保留意见时，注册会计师应当在审计意见部分中说明：注册会计师认为，除了形成保留意见的基础部分所述事项产生的影响外，后附的财务报表在所有重大方面按照适用的财务报表编制基础编制，公允反映了……

当无法获取充分、适当的审计证据而导致发表保留意见时，注册会计师应当在审计意见段中使用"除……可能产生的影响外"等措辞。

保留意见审计报告范例如下。

审 计 报 告

天河股份有限公司全体股东：

一、对财务报表出具的审计报告①

（一）保留意见

我们审计了天河股份有限公司（以下简称天河公司）财务报表，包括 2×20 年 12 月 31 日的资产负债表、2×20 年度的利润表、现金流量表、所有者权益变动表以及相关财务报表附注。

---

①　如果审计报告不包含"按照相关法律、法规的要求报告的事项"部分，则不需要加入此标题。

（续上）

我们认为，除"形成保留意见的基础"部分所述事项产生的影响外，后附的财务报表在所有重大方面按照《企业会计准则》的规定编制，公允反映了天河公司 2×20 年 12 月 31 日的财务状况以及 2×20 年度的经营成果和现金流量。

（二）形成保留意见的基础

天河公司 2×20 年 12 月 1 日资产负债表中存货的列示金额为×元。天河公司管理层（以下简称管理层）根据成本对存货进行计量，而没有根据成本与可变现净值孰低的原则进行计量，这不符合《企业会计准则》的规定。天河公司的会计记录显示，如果管理层以成本与可变现净值孰低来计量存货，存货列示金额将减少×元。相应地，资产减值损失将增加×元，所得税、净利润和股东权益将分别减少×元、×元和×元。

我们按照中国注册会计师审计准则的规定执行了审计工作。审计报告的"注册会计师对财务报表审计的责任"部分进一步阐述了我们在这些准则下的责任。按照中国注册会计师职业道德守则，我们独立于天河公司，并履行了职业道德方面的其他责任。我们相信，我们获取的审计证据是充分、适当的，为发表审计保留意见提供了基础。

（三）关键审计事项

关键审计事项是我们根据职业判断，认为对本期财务报表审计最为重要的事项。这些事项的应对以对财务报表整体进行审计并形成意见为背景，我们不对这些事项单独发表意见。

［按照《中国注册会计师审计准则第 1504 号——在审计报告中沟通关键审计事项》的规定描述每一关键审计事项。］

（四）管理层和治理层对财务报表的责任

管理层负责按照《企业会计准则》的规定编制财务报表，使其实现公允反映，并设计、执行和维护必要的内部控制，以使财务报表不存在由于舞弊或错误导致的重大错报。

在编制财务报表时，管理层负责评估天河公司的持续经营能力，披露与持续经营相关的事项（如适用），并运用持续经营假设，除非管理层计划清算天河公司、停止营运或别无其他现实的选择。

治理层负责监督公司的财务报表过程。

（五）注册会计师对财务报表审计的责任

我们的目标是对财务报表整体是否不存在由于舞弊或错误导致的重大错报获取合理保证，并出具包含审计意见的审计报告。合理保证是高水平的保证，但并不能保证按照审计准则执行的审计在某一重大错报存在时总能发现。错报可能由舞弊或错误所导致，如果合理预期错报单独或汇总起来可能影响财务报表使用者依据财务报表做出的经济决策，则通常认为错报是重大的。

在按照审计准则执行审计的过程中，我们运用了职业判断，保持了职业怀疑。同时，我们也执行了以下工作。

1. 识别和评估由于舞弊或错误导致的财务报表重大错报风险，设计和实施审计程序以应对这些风险，并获取充分、适当的审计证据，作为发表审计意见的基础。由于舞弊可能涉及串通、伪造、故意遗漏、虚假陈述或凌驾于内部控制之上，未能发现由于舞弊

（续上）

导致的重大错报的风险高于未能发现由于错误导致的重大错报的风险。

2. 了解与审计相关的内部控制，以设计恰当的审计程序，但目的并非对内部控制的有效性发表意见。

3. 评价管理层选用会计政策的恰当性和做出会计估计及相关披露的合理性。

4. 对管理层使用持续经营假设的恰当性得出结论。同时，根据所获取的审计证据，就可能导致对天河公司持续经营能力产生重大疑虑的事项或情况是否存在重大不确定性得出结论。如果我们得出结论认为存在重大不确定性，审计准则要求我们在审计报告中提请报表使用者注意财务报表中的相关披露；如果披露不充分，我们应当发表非无保留意见。我们的结论基于审计报告日可获得的信息。然而，未来的事项或情况可能导致天河公司不能持续经营。

5. 评价财务报表的总体列报、结构和内容（包括披露），并评价财务报表是否公允反映交易和事项。

我们与治理层就计划的审计范围、时间安排和重大审计发现等事项进行沟通，包括我们在审计中识别出的值得关注的内部控制缺陷。

我们还就已遵守与独立性相关的相关职业道德要求向治理层提供声明，并与治理层沟通可能被合理认为影响我们独立性的所有关系和其他事项，以及相关的防范措施（如适用）。

从与治理层沟通的事项中，我们确定哪些项目对本期财务报表审计最为重要，因而构成关键审计事项。我们在审计报告中描述这些事项，除非法律、法规不允许公开披露这些事项，或在极少数情形下，如果合理预期在审计报告中沟通某事项造成的负面后果超过在公众利益方面产生的益处，我们确定不应在审计报告中沟通该事项。

二、对其他法律和监管要求的报告

［本部分的格式和内容，取决于法律、法规对其他报告责任的性质的规定。本部分应当说明相关法律、法规规定的事项（其他报告责任），除非其他报告责任涉及的事项与审计准则所规定的报告责任涉及的事项相同。如果涉及相同的事项，其他报告责任可以在审计准则规定的同一报告要素部分中列示。当其他报告责任和审计准则规定的报告责任涉及同一事项，并且审计报告中的措辞能够将其他报告责任与审计准则规定的责任（如差异存在）予以清楚地区分时，允许将两者合并列示（即包含在"对财务报表审计的报告"部分中，并使用适当的副标题）。］

会计师事务所   中国注册会计师：×××（项目合伙人）

（盖章）   （签名并盖章）

            中国注册会计师：×××

               （签名并盖章）

中国广州市   2×21年3月5日

（二）否定意见的审计报告

注册会计师在获取充分、适当的审计证据后，如果认为错报单独或累计起来对财务报表的影响重大且具有广泛性，应当发表否定意见。

当发表否定意见时，注册会计师应当在审计意见部分说明：注册会计师认为，由于形成否定意见的基础部分所述事项的重要性，后附的财务报表没有在所有重大方面按照适用的财务报表编制基础的规定编制，未能公允反映……

否定意见审计报告范例如下。

审计报告

天河股份有限公司全体股东：

一、对财务报表出具的审计报告[①]

（一）否定意见

我们审计了天河股份有限公司及其子公司（以下简称天河集团）的合并财务报表，包括2×20年12月31日的合并资产负债表、2×20年度的合并利润表、合并现金流量表、合并所有者权益变动表以及相关合并财务报表附注。

我们认为，由于"形成否定意见的基础"部分所述事项的重要性，后附的合并财务报表没有在所有重大方面按照适用的财务报表编制基础的规定编制，未能公允反映天河集团2×20年12月31日的合并财务状况以及2×20年度的合并经营成果和合并现金流量。

（二）形成否定意见的基础

如财务报表附注×所述，2×20年12月1日，天河集团通过非同一控制下的企业合并获得对越秀公司的控制权，因未能取得购买日越秀公司某些重要资产和负债的公允价值，故未将越秀公司纳入合并财务报表的范围。按照××财务报表编制基础的规定，该集团应将这一子公司纳入合并范围，并以暂估金额为基础核算该项收购。如果将越秀公司纳入合并财务报表的范围，后附的天河集团合并财务报表的多个报表项目将受到重大影响。但我们无法确定未将越秀公司纳入合并范围对合并财务报表产生的影响。

我们按照中国注册会计师审计准则的规定执行了审计工作。审计报告的"注册会计师对财务报表审计的责任"部分进一步阐述了我们在这些准则下的责任。按照中国注册会计师职业道德守则，我们独立于天河集团，并履行了职业道德方面的其他责任。我们相信，我们获取的审计证据是充分、适当的，为发表否定审计意见提供了基础。

（三）关键审计事项

除"形成否定意见的基础"部分所述事项外，我们认为，没有其他需要在我们的报告中沟通的关键审计事项。

（四）管理层和治理层对合并财务报表的责任

天河集团管理层（以下简称管理层）负责按照《企业会计准则》的规定编制财务报表，使其实现公允反映，并设计、执行和维护必要的内部控制，以使财务报表不存在由于舞弊或错误导致的重大错报。

在编制财务报表时，管理层负责评估天河集团的持续经营能力，披露与持续经营相关的事项（如适用），并运用持续经营假设，除非管理层计划清算天河集团、停止营运或别无其他现实的选择。

[①]　如果审计报告不包含"按照相关法律、法规的要求报告的事项"部分，则不需要加入此标题。

（续上）

治理层负责监督公司的财务报表过程。

（五）注册会计师对合并财务报表审计的责任

我们的目标是对财务报表整体是否不存在由于舞弊或错误导致的重大错报获取合理保证，并出具包含审计意见的审计报告。合理保证是高水平的保证，但并不能保证按照审计准则执行的审计在某一重大错报存在时总能发现。错报可能由舞弊或错误所导致，如果合理预期错报单独或汇总起来可能影响财务报表使用者依据财务报表做出的经济决策，则通常认为错报是重大的。

在按照审计准则执行审计的过程中，我们运用了职业判断，保持了职业怀疑。同时，我们也执行了以下工作。

1. 识别和评估由于舞弊或错误导致的财务报表重大错报风险，设计和实施审计程序以应对这些风险，并获取充分、适当的审计证据，作为发表审计意见的基础。由于舞弊可能涉及串通、伪造、故意遗漏、虚假陈述或凌驾于内部控制之上，未能发现由于舞弊导致的重大错报的风险高于未能发现由于错误导致的重大错报的风险。

2. 了解与审计相关的内部控制，以设计恰当的审计程序，但目的并非对内部控制的有效性发表意见。

3. 评价管理层选用会计政策的恰当性和做出会计估计及相关披露的合理性。

4. 对管理层使用持续经营假设的恰当性得出结论。同时，根据所获取的审计证据，就可能导致对天河集团持续经营能力产生重大疑虑的事项或情况是否存在重大不确定性得出结论。如果我们得出结论认为存在重大不确定性，审计准则要求我们在审计报告中提请报表使用者注意财务报表中的相关披露；如果披露不充分，我们应当发表非无保留意见。我们的结论基于审计报告日可获得的信息。然而，未来的事项或情况可能导致天河集团不能持续经营。

5. 评价财务报表的总体列报、结构和内容（包括披露），并评价财务报表是否公允反映交易和事项。

我们与治理层就计划的审计范围、时间安排和重大审计发现等事项进行沟通，包括我们在审计中识别出的值得关注的内部控制缺陷。

我们还就已遵守与独立性相关的职业道德要求向治理层提供声明，并与治理层沟通可能被合理认为影响我们独立性的所有关系和其他事项，以及相关的防范措施（如适用）。

从与治理层沟通的事项中，我们确定哪些项目对本期财务报表审计最为重要，因而构成关键审计事项。我们在审计报告中描述这些事项，除非法律、法规不允许公开披露这些事项，或在极少数情形下，如果合理预期在审计报告中沟通某事项造成的负面后果超过在公众利益方面产生的益处，我们确定不应在审计报告中沟通该事项。

二、对其他法律和监管要求的报告

［本部分的格式和内容，取决于法律、法规对其他报告责任的性质的规定。本部分应当说明相关法律、法规规定的事项（其他报告责任），除非其他报告责任涉及的事项与

（续上）

审计准则所规定的报告责任涉及的事项相同。如果涉及相同的事项,其他报告责任可以在审计准则规定的同一报告要素部分中列示。当其他报告责任和审计准则规定的报告责任涉及同一事项,并且审计报告中的措辞能够将其他报告责任与审计准则规定的责任(如差异存在)予以清楚地区分时,允许将两者合并列示(即包含在"对财务报表审计的报告"部分中,并使用适当的副标题)。]

会计师事务所　　　　　　　　中国注册会计师:×××(项目合伙人)
（盖章）　　　　　　　　　　　　　　　（签名并盖章）
　　　　　　　　　　　　　　中国注册会计师:×××
　　　　　　　　　　　　　　　　　　　（签名并盖章）
中国广州市　　　　　　　　　　2×21年3月5日

（三）无法表示意见的审计报告

注册会计师如果无法获取充分、适当的审计证据以作为形成审计意见的基础,但认为未发现的错报(如存在)对财务报表可能产生的影响重大且具有广泛性,注册会计师应当发表无法表示意见的审计报告。

在极其特殊的情况下,可能存在多个不确定事项。尽管注册会计师对每个单独的不确定事项获取了充分、适当的审计证据,但由于不确定事项之间可能存在相互影响,以及其可能对财务报表产生累积影响,注册会计师不可能对财务报表形成审计意见。在这种情况下,注册会计师应当发表无法表示意见。

当由于无法获取充分、适当的审计证据而发表无法表示意见时,注册会计师应当:①说明注册会计师不对后附的财务报表发表审计意见。②说明由于形成无法表示意见的基础部分所述事项的重要性,注册会计师无法获取充分、适当的审计证据以对财务报表发表审计意见提供基础。③修改"审计意见"部分中财务报表已经审计的说明,改为注册会计师接受委托审计财务报表。

当注册会计师对财务报表发表无法表示意见时,审计报告中不应当包含"形成审计意见的基础"部分的下列内容:①提及审计报告中用于描述注册会计师责任的部分。②说明注册会计师是否已获取充分、适当的审计证据以作为形成审计意见的基础。

当由于无法获取充分、适当的审计证据而发表无法表示意见时,注册会计师应当对"注册会计师对财务报表审计的责任"做出的表述进行修改,仅包含下列内容:①注册会计师的责任是按照中国注册会计师审计准则的规定,对被审计单位财务报表执行审计工作,以出具审计报告。②但由于形成无法表示意见的基础部分所述的事项,注册会计师无法获取充分、适当的审计证据以作为发表审计意见的基础。③关于注册会计师在独立性和职业道德方面的其他责任的声明。

除非法律、法规另有规定,当对财务报表发表无法表示意见时,注册会计师不得在审计报告中包含关键审计事项部分和其他信息部分。

无法表示意见的审计报告范例如下。

审计报告

天河股份有限公司全体股东：

一、对财务报表出具的审计报告①

（一）无法表示意见

我们接受委托，审计天河股份有限公司（以下简称天河公司）财务报表，包括2×20年12月31日的资产负债表、2×20年度的利润表、现金流量表、所有者权益变动表以及相关财务报表附注。

我们不对后附的天河公司财务报表发表审计意见。由于"形成无法表示意见的基础"部分所述事项的重要性，我们无法获取充分、适当的审计证据以作为对财务报表发表审计意见的基础。

（二）形成无法表示意见的基础

我们于2019年1月接受委托审计天河公司财务报表，因而未能对天河公司2×20年年初金额为×元的存货和年末金额为×元的存货实施监盘程序。此外，我们也无法实施替代审计程序获取充分、适当的审计证据。并且，天河公司于2×20年9月采用新的应收账款电算化系统，由于存在系统缺陷导致应收账款出现大量错误。截至报告日，天河公司管理层（以下简称管理层）仍在纠正系统缺陷并更正错误，我们也无法实施替代审计程序，以对截至2×20年12月31日的应收账款总额×元获取充分、适当的审计证据。因此，我们无法确定是否有必要对存货、应收账款以及财务报表其他项目做出调整，也无法确定应调整的金额。

（三）管理层和治理层对财务报表的责任

管理层负责按照《企业会计准则》的规定编制财务报表，使其实现公允反映，并设计、执行和维护必要的内部控制，以使财务报表不存在由于舞弊或错误导致的重大错报。

在编制财务报表时，管理层负责评估天河公司的持续经营能力，披露与持续经营相关的事项（如适用），并运用持续经营假设，除非管理层计划清算天河公司、停止营运或别无其他现实的选择。

治理层负责监督公司的财务报表过程。

（四）注册会计师对财务报表审计的责任

我们的责任是按照中国注册会计师审计准则的规定，对天河公司的财务报表执行审计工作，以出具审计报告。但由于"形成无法表示意见的基础"部分所述的事项，我们无法获取充分、适当的审计证据以作为发表审计意见的基础。

按照中国注册会计师职业道德守则，我们独立于天河公司，并履行了职业道德方面的其他责任。

二、对其他法律和监管要求的报告

［本部分的格式和内容，取决于法律、法规对其他报告责任的性质的规定。本部分应当说明相关法律、法规规定的事项（其他报告责任），除非其他报告责任涉及的事项与审计准则所规定的报告责任涉及的事项相同。如果涉及相同的事项，其他报告责任可以在审

---

① 如果审计报告不包含"按照相关法律、法规的要求报告的事项"部分，则不需要加入此标题。

（续上）

计准则规定的同一报告要素部分中列示。当其他报告责任和审计准则规定的报告责任涉及同一事项，并且审计报告中的措辞能够将其他报告责任与审计准则规定的责任（如差异存在）予以清楚地区分时，允许将两者合并列示（即包含在"对财务报表审计的报告"部分中，并使用适当的副标题）。］

会计师事务所　　　　　　　　中国注册会计师：×××（项目合伙人）
（盖章）　　　　　　　　　　　　　　　　　　（签名并盖章）
　　　　　　　　　　　　　　　中国注册会计师：×××
　　　　　　　　　　　　　　　　　　　　　　（签名并盖章）
中国广州市　　　　　　　　　　　　　　　　2×21年3月5日

（四）在审计报告中增加强调事项段和其他事项段

为提供必要的补充信息，注册会计师可以在审计报告中增加强调事项段和其他事项段。

1. 强调事项段和其他事项段的含义

强调事项段是指审计报告中含有的一个段落，该段落提及已在财务报表中恰当列报或披露的事项，根据注册会计师的职业判断，该事项对财务报表使用者理解财务报表至关重要。其他事项段是指审计报告中含有的一个段落，该段落提及未在财务报表中列报或披露的事项，根据注册会计师的职业判断，该事项与财务报表使用者理解审计工作、注册会计师的责任或审计报告相关。

2. 增加强调事项段的情形

审计中有时会出现这样的情况，注册会计师认为有必要提醒财务报表使用者关注已在财务报表中列报或披露，且根据职业判断认为对财务报表使用者理解财务报表至关重要的事项，可以在审计报告中的增加强调事项段。增加强调事项段应同时满足下列条件：第一，该事项不会导致注册会计师按照准则的规定发表非无保留意见；第二，该事项未被确定为将要在审计报告中沟通的关键审计事项。增加强调事项段的情形包括：

（1）法律、法规规定的财务报表编制基础是不可接受的，但其是基于法律、法规做出的规定。

（2）提醒财务报表使用者关注财务报表按照特殊目的编制基础进行编制。

（3）注册会计师在审计报告日后知悉了某些事实（即期后事项），并且出具了新的或经修改的审计报告。

例如，被审计单位存在异常诉讼或监管行动的未来结果存在不确定性；在财务报表日至审计报告日之间被审计单位发生重大期后事项；在允许的情况下，被审计单位提前应用对财务报表有重大影响的新会计准则；被审计单位存在已经或持续对财务状况产生重大影响的特大灾难。

如果在审计报告中需要增加强调事项段，注册会计师应当采取下列措施：

（1）将强调事项段作为单独的一部分置于审计报告中，并使用包含"强调事项"这一术语的适当标题。

（2）明确提及被强调事项以及相关披露的位置，以便能够在财务报表中找到对该事项的详细描述。强调事项段应当仅提及已在财务报表中列报或披露的信息。

（3）指出审计意见没有因该强调事项而改变。

3. 增加其他事项段的情形

如果认为有必要沟通虽然未在财务报表中列报或披露，但根据职业判断认为与财务报表使用者理解审计工作、注册会计师的责任或审计报告相关的事项，在同时满足下列条件时，注册会计师应当在审计报告中增加其他事项段：第一，该事项未被法律、法规禁止；第二，该事项未被确定为将要在审计报告中沟通的关键审计事项。可能需要增加其他事项段的情形包括：

（1）与使用者理解审计工作相关的情形。例如，法律、法规可能要求注册会计师在审计报告中沟通与计划及范围相关的事项，或者注册会计师可能认为有必要在其他事项段中沟通与审计计划及范围相关的事项；在少数情况下，即使由于管理层对审计范围施加的限制导致无法获取充分、适当的审计证据可能产生的影响具有广泛性，注册会计师也不能解除业务约定。在这种情况下，注册会计师可能认为有必要在审计报告中包含其他事项段，解释为何不能解除业务约定。

（2）与使用者理解注册会计师的责任或审计报告相关的情形。法律、法规或得到广泛认可的惯例可能要求或允许注册会计师详细说明某些事项，以进一步解释注册会计师在财务报表审计中的责任或审计报告。

（3）对两套或两套以上财务报表出具审计报告的情形。被审计单位可能按照通用目的编制基础（如×国财务报表编制基础）编制一套财务报表，且按照另一个通用目的编制基础（如国际财务报表准则）编制另一套财务报表，并委托注册会计师同时对两套财务报表出具审计报告。如果注册会计师已确定两个财务报表编制基础在各自情形下是可接受的，可以在审计报告中增加其他事项段，说明该被审计单位根据另一个通用目的编制基础编制了另一套财务报表以及注册会计师对这些财务报表出具了审计报告。

（4）限制审计报告分发和使用的情形。为特定目的编制的财务报表可能按照通用目的编制基础编制，因为财务报表预期使用者已确定这种通用目的财务报表能够满足他们对财务信息的需求。由于审计报告旨在提供给特定使用者，注册会计师可能认为在这种情况下需要增加其他事项段，说明审计报告只是提供给财务报表预期使用者，不应被分发给其他机构或人员或者被其他机构或人员使用。

如果在审计报告中包含其他事项段，注册会计师应当将该段落作为单独的一部分，并使用"其他事项"或其他适当标题。

包含强调事项段及其他事项段的审计报告范例如下。

审 计 报 告

天河股份有限公司全体股东：

一、对财务报表出具的审计报告①

（一）审计意见

我们审计了天河股份有限公司（以下简称天河公司）财务报表，包括2×20年12月31日的资产负债表、2×20年度的利润表、现金流量表、所有者权益变动表以及相关财务报表附注。

---

① 如果审计报告不包含"按照相关法律、法规的要求报告的事项"部分，则不需要加入此标题。

（续上）

我们认为，后附的财务报表在所有重大方面按照《企业会计准则》的规定编制，公允反映了天河公司2×20年12月31日的财务状况以及2×20年度的经营成果和现金流量。

（二）形成审计意见的基础

我们按照中国注册会计师审计准则的规定执行了审计工作。审计报告的"注册会计师对财务报表审计的责任"部分进一步阐述了我们在这些准则下的责任。按照中国注册会计师职业道德守则，我们独立于天河公司，并履行了职业道德方面的其他责任。我们相信，我们获取的审计证据是充分、适当的，为发表审计意见提供了基础。

（三）强调事项

我们提醒财务报表使用者关注，财务报表附注×描述了火灾对天河公司的生产设备造成的影响。本段内容不影响已发表的审计意见。

（四）关键审计事项

关键审计事项是我们根据职业判断，认为对本期财务报表审计最为重要的事项。这些事项的应对以对财务报表整体进行审计并形成意见为背景，我们不对这些事项单独发表意见。

［按照《中国注册会计师审计准则第1504号——在审计报告中沟通关键审计事项》的规定描述每一关键审计事项。］

（五）其他事项

2×19年12月31日的资产负债表，2×19年度的利润表、现金流量表、股东权益变动表以及相关财务报表附注由其他会计师事务所审计，并于2×20年3月31日发表了无保留意见。

（六）管理层和治理层对财务报表的责任

天河公司管理层（以下简称管理层）负责按照《企业会计准则》的规定编制财务报表，使其实现公允反映，并设计、执行和维护必要的内部控制，以使财务报表不存在由于舞弊或错误导致的重大错报。

在编制财务报表时，管理层负责评估天河公司的持续经营能力，披露与持续经营相关的事项（如适用），并运用持续经营假设，除非管理层计划清算天河公司、停止营运或别无其他现实的选择。

治理层负责监督公司的财务报表过程。

（七）注册会计师对财务报表审计的责任

我们的目标是对财务报表整体是否不存在由于舞弊或错误导致的重大错报获取合理保证，并出具包含审计意见的审计报告。合理保证是高水平的保证，但并不能保证按照审计准则执行的审计在某一重大错报存在时总能发现。错报可能由舞弊或错误所导致，如果合理预期错报单独或汇总起来可能影响财务报表使用者依据财务报表做出的经济决策，则通常认为错报是重大的。

在按照审计准则执行审计的过程中，我们运用了职业判断，保持了职业怀疑。同时，我们也执行了以下工作。

（续上）

1. 识别和评估由于舞弊或错误导致的财务报表重大错报风险，设计和实施审计程序以应对这些风险，并获取充分、适当的审计证据，作为发表审计意见的基础。由于舞弊可能涉及串通、伪造、故意遗漏、虚假陈述或凌驾于内部控制之上，未能发现由于舞弊导致的重大错报的风险高于未能发现由于错误导致的重大错报的风险。

2. 了解与审计相关的内部控制，以设计恰当的审计程序，但目的并非对内部控制的有效性发表意见。

3. 评价管理层选用会计政策的恰当性和做出会计估计及相关披露的合理性。

4. 对管理层使用持续经营假设的恰当性得出结论。同时，根据所获取的审计证据，就可能导致对天河公司持续经营能力产生重大疑虑的事项或情况是否存在重大不确定性得出结论。如果我们得出结论认为存在重大不确定性，审计准则要求我们在审计报告中提请报表使用者注意财务报表中的相关披露；如果披露不充分，我们应当发表非无保留意见。我们的结论基于审计报告日可获得的信息。然而，未来的事项或情况可能导致天河公司不能持续经营。

5. 评价财务报表的总体列报、结构和内容（包括披露），并评价对财务报表是否公允反映交易和事项。

我们与治理层就计划的审计范围、时间安排和重大审计发现等事项进行沟通，包括我们在审计中识别出的值得关注的内部控制缺陷。

我们还就已遵守与独立性相关的相关职业道德要求向治理层提供声明，并与治理层沟通可能被合理认为影响我们独立性的所有关系和其他事项，以及相关的防范措施（如适用）。

从与治理层沟通的事项中，我们确定哪些项目对本期财务报表审计最为重要，因而构成关键审计事项。我们在审计报告中描述这些事项，除非法律、法规不允许公开披露这些事项，或在极少数情形下，如果合理预期在审计报告中沟通某事项造成的负面后果超过在公众利益方面产生的益处，我们确定不应在审计报告中沟通该事项。

二、对其他法律和监管要求的报告

[本部分的格式和内容，取决于法律、法规对其他报告责任的性质的规定。本部分应当说明相关法律、法规规定的事项（其他报告责任），除非其他报告责任涉及的事项与审计准则所规定的报告责任涉及的事项相同。如果涉及相同的事项，其他报告责任可以在审计准则规定的同一报告要素部分中列示。当其他报告责任和审计准则规定的报告责任涉及同一事项，并且审计报告中的措辞能够将其他报告责任与审计准则规定的责任（如差异存在）予以清楚地区分时，允许将两者合并列示（即包含在"对财务报表审计的报告"部分中，并使用适当的副标题）。]

会计师事务所　　　　　　　　中国注册会计师：×××（项目合伙人）

（盖章）　　　　　　　　　　　　　　　　　　　（签名并盖章）

　　　　　　　　　　　　　中国注册会计师：×××

　　　　　　　　　　　　　　　　　　　　　（签名并盖章）

中国广州市　　　　　　　　　　　　　　　2×21年3月5日

【知识链接】

详式审计报告

详式审计报告又称长式审计报告,是指对审计对象所有重要事项都要做详细说明和分析的审计报告。详式审计报告一般适用于非公布目的,具有非标准审计报告的特点。国家审计机关的审计报告和内部审计报告都属于这种类型。

详式审计报告没有规范的写法,没有固定的格式,一般根据被审计单位的具体情况撰写。其基本内容包括以下几个方面:

(1) 审计概况。说明审计任务的依据、审计的目的范围,被审计单位的基本情况,审计的经过等。

(2) 存在问题或违纪事实。详细列出在财务审计中发现的问题,分析这些问题造成的影响及危害。如果是财经法纪审计,还应详细列出被审计单位的违纪事实,分析其后果,并确定有关人员的责任。

(3) 审计意见或审计结论。对被审计单位财务活动情况做出评价,并对违纪行为提出审计处理意见的建议。

(4) 改进建议。对于财务管理中的薄弱环节提出改进的措施,堵塞漏洞,以利于今后的工作;

(5) 审计附件。将审计中发现的有关证据,如账簿记录、调查记录、会计报表等必要的资料附在审计报告的后面。

【关键术语】

期后事项　管理层声明书　律师声明书　账项调整分录汇总表　重分类调整分录汇总表
未更正错报汇总表　审计报告　无保留意见　保留意见　否定意见　无法表示意见

【拓展分析】

粤星会计师事务所接受委托对天河股份有限公司(以下简称天河公司)2×20年度财务报表进行审计。注册会计师于2×21年3月18日完成了审计工作,按审计业务约定书的要求,应于2×21年3月28日提交审计报告。天河公司2×20年度审计前的利润总额为120万元。注册会计师确定的财务报表层次的重要性水平为10万元。现假定存在以下几种情况:

(1) 天河公司在2×20年变更了发出存货的计价方法,并在财务报表附注中作了充分披露。注册会计师认为变更是合法和合理的。

(2) 在某诉讼案中,天河公司被起诉侵权,原告要求赔偿75万元,至2×20年12月31日胜负难以预料。诉讼案和可能的影响均已列示在财务报表附注中。

(3) 注册会计师得知天河公司2×20年涉及的诉讼案于2×21年3月20日判决,天河公司败诉,应向原告赔偿45万元,天河公司对判决结果没有提出异议,并在财务报表附注5中进行披露。注册会计师在3月26日完成了对该事项的审计工作,提请天河公司调整2×20年度财务报表,被天河公司拒绝。

(4) 天河公司于2×20年7月购买某公司发行的债券,确认为持有至到期投资,成本为

112万元,2×20年12月31日的市价为80万元。天河公司仅在财务报表附注中揭示了该市价。

(5) 天河公司在2×20年11月购入一台设备,当月投入使用,2×20年未提取折旧。该设备原始价值为50万元,月折旧率为2%。

(6) 对应收账款进行函证时,其中对余额为10万元的客户A公司的函证未收到回函,注册会计师运用替代审计程序收集了充分、适当的审计证据。

(7) 天河公司利润总额中的70%是由其境外子公司提供的,注册会计师无法赴国外对子公司的财务报表进行审查,也无法通过其他审计程序进行验证。

要求:

(1) 假定天河公司不接受注册会计师的调整意见,针对上述情况,说明注册会计师分别应当出具何种意见的审计报告,并简要说明理由。

(2) 假定只存在情况(3)和情况(4),且天河公司不接受注册会计师的调整意见,说明注册会计师应当出具何种意见的审计报告,请简要说明理由,并代注册会计师编写审计报告。

【课程思政案例】

2022年证券市场分析报告——审计报告分析

截至2023年6月底,5 172家上市公司披露了审计报告。从审计意见看,5 039份审计报告为无保留意见(带有解释性说明的无保留意见104份)、96为保留意见、37份为无法表示意见,分别占比97.4%、1.9%和0.7%,非标意见总计237份,占比4.6%。为便于分析,下文将带持续经营重大不确定性段、强调事项段及其他信息段中包含其他信息未更正重大错报说明的无保留意见合称为"带有解释性说明的无保留意见"。

1. 上市公司非标意见数量及占比均下降,信息披露质量不断提高

在上市公司2022年审计报告中,非标意见237份,占比4.6%,同比下降0.6个百分点。非标意见数量及占比下降受多种因素影响,一是注册制下上市公司数量快速增长,2022年同比增长360家,增幅为7.5%,计算基数加大;二是退市改革已见成效,2022年29家公司涉及非标意见退市,此类公司退市后对全市场非标意见占比产生缓释作用;三是随着债务重组、新增贸易业务等会计问题口径更加明确,上市公司财务信息披露质量有所提高。非标意见下降与上市公司整体质量提升关系密切。

2. 涉审计意见退市比例高,推动退市常态化作用显著

在2023年的44家退市公司中,21家公司因触及财务类退市指标退市,其中的17家因被出具非无保留审计意见而退市,审计意见退市的公司占比为81.0%,较2022年的72.5%进一步提升,另有18家公司因被出具无法表示意见被实施*ST,体现出相关会计师事务所能够发挥资本市场"看门人"作用,独立客观公正发表审计意见,助力退市公司应退尽退,维护资本市场秩序。

3. 大所非标报告比例与上年持平,风险公司向中小所聚集

从会计师事务所来看,大所审计4 105家上市公司,出具124份非标报告,非标报告占比3.0%,与上年持平,非标报告占比维持较低水平与大所主动辞退高风险客户、降低风险敞口密切相关;中小所审计1 067家上市公司,出具113份非标意见,非标报告占比10.6%,远高

于大所,但与上年相比(12.6%)呈下降趋势。从客户风险结构来看,大所ST公司客户占比仅为1.8%,中小所ST公司客户占比为6.8%,反映出风险公司向中小所聚集。

4. 持续经营问题仍为最主要非标事项

上市公司非标事项主要包括持续经营存疑、往来款项的可收回性、重大交易真实性及商业合理性、诉讼或立案调查结果存在重大不确定性、关联方资金占用及违规担保、长期资产减值、审计范围受限、内部控制存在重大缺陷等。99份非标报告涉及持续经营相关问题,较上年下降15份,其中的48份为带持续经营重大不确定性段落的无保留意见,20份为保留意见,31份为无法表示意见。

5. 一人签署多家上市公司审计报告情况有所改善

注册会计师签署报告家数受到会计师事务所一体化管理程度、上市公司规模大小、审计项目复杂程度、审计团队人数等多种因素影响。在2022年年报审计中,5662名注册会计师签署了5172家上市公司的年度审计报告,人均签署报告1.9份,与上年基本持平;签署家数超10家的注册会计师从4名减少至2名,最高签署家数从12家减少到11家,一人签署多家上市公司审计报告的情况有所改善。

案例思考和讨论题

1. 你认为在现阶段的中国资本市场,审计报告的重要程度如何? 为什么?

2. 注册会计师肩负着维护社会公众利益的重大责任,作为当代大学生,你认为应如何培养社会责任意识?

练 习 题

姓名_____
学号_____
分数_____

一、单项选择题

1. 下列关于审计报告的说法中,错误的是(　　　)。
   - A. 注册会计师应当以书面形式出具审计报告
   - B. 注册会计师应当将已审计的财务报表附于审计报告之后
   - C. 审计报告是注册会计师根据审计准则的规定执行审计工作的最终成果
   - D. 审计报告要对被审计单位的财务报表是否能够在所有方面按照编制基础编制,并实现公允反映发表明确意见

2. 在审计的完成阶段,审计项目经理应通过编制审计差异调整表来汇总审计差异。下列关于审计差异调整表的说法中,不正确的是(　　　)。
   - A. 账项调整分录汇总表用来汇总因对经济业务进行了不正确的会计核算而引起的错误
   - B. 重分类调整分类汇总表用来汇总会计核算正确未能在财务报表中正确列报的错报
   - C. 未更正错报汇总表用来汇总被审计单位因各种原因拒绝调整的核算错误和重分类错误
   - D. 未更正错报汇总表用来汇总那些因注册会计师认为不重要而无须建议调整的错误

3. 在编制了审计差异调整表和试算平衡表以后,注册会计师主要应根据已审财务报表和(　　　)确定审计意见的类型。
   - A. 账项调整分录汇总表
   - B. 重分类调整分录汇总表
   - C. 未更正错报汇总表
   - D. 资产负债表试算平衡表

4. 当审计报告的意见段中出现"除……的影响外"的字样时,表明审计报告是(　　　)。
   - A. 无保留意见
   - B. 保留意见
   - C. 否定意见
   - D. 无法表示意见

5. 下列情况中,注册会计师应当出具否定意见审计报告的是(　　　)。
   - A. 财务报表存在错报,但不影响财务报表使用者对报表的理解
   - B. 注册会计师对个别重要的会计事项没有取得必要的审计证据
   - C. 被审计财务报表虚盈实亏,被审计单位不同意调整
   - D. 被审计单位内部控制极其混乱,会计记录缺乏系统性和完整性

6. 下列情形中,通常对财务报表不具有广泛影响的是(　　　)。
   - A. 被审计单位更换全新的会计操作系统
   - B. 被审计单位没有将年内收购的一家重要子公司纳入合并范围
   - C. 针对已经减值的某管理用固定资产,没有计提固定资产减值准备
   - D. 当与披露相关时,产生的影响对财务报表使用者理解财务报表至关重要

7. 注册会计师应当发表无法表示意见还是保留意见,其关键在于(   )。
   A. 财务报表中错报性质的严重程度
   B. 被审计单位滥用会计政策的严重程度
   C. 被审计单位会计估计的不合理程度
   D. 审计范围受到限制的严重程度

8. 如果对影响财务报表的重大事项无法实施必要的审计程序,在不考虑其他因素的情况下,注册会计师应当(   )。
   A. 发表无保留意见
   B. 发表保留意见或否定意见
   C. 发表保留意见或无法表示意见
   D. 发表带强调事项段的无保留意见

9. 下列事项中,不属于增加强调事项段的情形的是(   )。
   A. 在允许的情况下,提前应用对财务报表有重大影响的新会计准则
   B. 审计的财务报表采用特殊目的的编制基础编制
   C. 审计报告日后发现,含有已审计财务报表的文件中的其他信息与财务报表不一致,并且需要对其他信息作出修改,但管理层拒绝修改
   D. 存在已经或持续对被审计单位财务状况产生重大影响的特大灾难

10. 下列各项中,注册会计师在审计报告中沟通关键审计事项时,通常描述的内容不包括(   )。
   A. 对关键审计事项单独发表的意见　　B. 确定为关键审计事项的原因
   C. 对关键审计事项实施审计程序的结果　　D. 对关键审计事项的主要看法

二、多项选择题

1. 针对财务报表审计,关于审计报告日,下列说法中,正确的有(   )。
   A. 审计报告日不应早于财务报表批准日
   B. 审计报告日不应晚于注册会计师获取充分、适当的审计证据,并在此基础上对财务报表形成审计意见的日期
   C. 注册会计师签署审计报告的日期可能与管理层签署已审计财务报表的日期为同一天
   D. 注册会计师签署审计报告的日期可能晚于管理层签署已审计财务报表的日期

2. 下列各项中,构成审计报告的要素的有(   )。
   A. 审计业务约定书　　　　　　　　B. 管理层对财务报表的责任
   C. 注册会计师的签名和盖章　　　　D. 报告日期

3. 下列各项错报中,通常对财务报表具有广泛影响的有(   )。
   A. 被审计单位没有披露关键管理人员薪酬
   B. 信息系统缺陷导致的应收账款、存货等多个财务报表项目的错报
   C. 被审计单位没有将年内收购的一家重要子公司纳入合并范围
   D. 被审计单位没有按照成本与可变现净值孰低原则对期末存货进行计量

4. 下面关于审计报告日的说法中,正确的有(   )。

A. 注册会计师完成审计工作的日期

B. 注册会计师正式对外签发审计报告的日期

C. 通常与管理层签署已审计财务报表的日期为同一天

D. 可能晚于管理层签署已审计财务报表的日期

5. 如果财务报表没有公允反映,注册会计师出具的审计报告可能为(　　)。

A. 无保留意见的审计报告　　　　　B. 保留意见的审计报告

C. 否定意见的审计报告　　　　　　D. 无法表示意见的审计报告

6. 下列有关审计报告的作用的说法中,正确的有(　　)。

A. 对被审计单位财务报表合法性、公允性发表意见

B. 提高或降低财务报表使用者对财务报表的信赖程度

C. 对审计工作质量和注册会计师的审计责任进行证明

D. 为财务报表使用者利用被审计单位的财务信息提供建议

7. 下列情形中,注册会计师应当在审计报告中增加强调事项段的有(　　)。

A. 异常诉讼的未来结果存在不确定性

B. 提前应用(在允许的情况下)对财务报表有广泛影响的新会计准则

C. 存在持续对被审计单位财务状况产生重大影响的特大灾难

D. 未对期末存货实施监盘

8. 需要增加强调事项段予以说明的事项应当同时具备的条件有(　　)。

A. 对财务报表有重大影响

B. 可能对财务报表有重大影响,但被审计单位已作了恰当的处理和充分的披露

C. 影响注册会计师的审计意见

D. 不影响注册会计师的审计意见

9. 注册会计师应当在强调事项中指明(　　)。

A. 导致所发表审计意见的原因

B. 该段内容用于提醒财务报表使用者关注

C. 该段内容不影响注册会计师的审计意见

D. 重大事件对财务报表的影响程度

10. 下列情况中,可能应当对财务报表发表无法表示意见的有(　　)。

A. 注册会计师未能对存货进行监盘

B. 财务报表虚盈实亏

C. 未能取得被投资的单位的财务报表

D. 被审计单位内部控制混乱,会计记录缺乏系统性和完整性

三、判断题

1. 审计报告应当载明会计师事务所的名称和地址,并加盖公章。　　　　　　(　　)

2. 被审计单位运用持续经营假设是适当的,但存在重大不确定性,且财务报表对重大不确定性已作出充分披露,注册会计师应在审计报告中增加强调事项段。　　(　　)

3. 注册会计师发现甲公司于2022年年初开始使用新的ERP系统,因系统缺陷导致2022年度成本核算混乱,审计项目组无法对营业成本、存货等广泛的项目实施审计程序,应出具

保留意见审计报告。 （　　）

4. 审计差异按照是否需要调整账户记录可分为核算差异和重分类差异。 （　　）

5. 注册会计师发现了多项重大错报(如商誉、固定资产、存货和应收账款的减值准备计提均不充分)，这些重大错报影响多个财务报表项目，应出具无法表示意见审计报告。 （　　）

6. 在对财务报表形成审计意见时，注册会计师应当根据已获取的审计证据，评价是否已对财务报表整体不存在重大错报获取合理保证。 （　　）

7. 当被审计单位选择和运用的会计政策不符合会计准则和会计制度的要求时，注册会计师应当出具保留意见或否定意见的审计报告。 （　　）

8. 审计报告的收件人一般为被审计单位的管理层。 （　　）

9. 审计报告中增加的强调事项段，仅用于提醒财务报表使用者关注，并不影响已发表的审计意见。 （　　）

10. 审计报告的意见段应当说明被审计单位财务报表的合法性和公允性。 （　　）

11. 当其他信息和财务报表之间存在重大不一致时，注册会计师应当要求管理层更正其他信息。 （　　）

四、思考题

1. 审计报告按审计意见分为哪些类型？

2. 在什么情况下，注册会计师可以出具标准审计报告？其标准格式是什么？

3. 在什么情况下，注册会计师可在审计报告意见段后增加强调事项段？

参考文献

1. 阿尔文·A.阿伦斯,兰德尔·J.埃尔德,马克·S.比斯利.审计学:一种整合方法[M].北京:中国人民大学出版社,2013.
2. 秦荣生,卢春泉.审计学[M].北京:人民大学出版社,2014.
3. 李晓慧.审计学:实务与案例[M].北京:人民大学出版社,2017.
4. 李晓慧.审计学:原理与案例[M].北京:人民大学出版社,2018.
5. 刘雪清,封桂芹.审计[M].北京:清华大学出版社,2016.
6. 刘明辉,史德刚.审计[M].大连:东北财经大学出版社,2017.
7. 郝北平.审计[M].北京:北京理工大学出版社,2016.
8. 宋常.审计学[M].北京:人民大学出版社,2022.
9. 王砚书,董丽英.审计案例[M].大连:东北财经大学出版社,2019.
10. 威廉·梅西尔,斯蒂文·格洛弗,道格拉斯·普拉维特.审计学:一种系统的方法[M].9版.北京:清华大学出版社,2015.
11. 颜晓燕,朱清贞,陈福庭.注册会计师审计经典案例教程[M].北京:清华大学出版社,2017.
12. 杨罡.财务报表审计案例分析[M].上海:立信会计出版社,2021.
13. 赵保卿.审计案例研究[M].北京:中国广播电视大学出版社,2010.
14. 中国注册会计师协会.审计[M].北京:经济科学出版社,2023.
15. 朱锦余.审计[M].大连:东北财经大学出版社,2019.